项目
管理
XIANGMUGUANLI

高等学校项目管理系列规划教材

U0665511

项目成本管理

戚安邦 ◎ 主编　　孙贤伟 ◎ 副主编

Project Cost
Management

中国电力出版社
CHINA ELECTRIC POWER PRESS

内 容 提 要

本书共分8章，系统全面地介绍了项目成本管理的理论和方法，主要内容包括：第1章概论；第2章项目成本管理方法论；第3章项目资源计划编制；第4章项目成本估算；第5章项目成本预算；第6章项目成本控制；第7章项目成本变更；第8章项目价款支付管理。本书每章都有该章学习目标，以帮助读者快速了解该章的主要内容、应掌握的知识点。另外，每章后面都安排了复习思考题，题型多样，有利于读者总结归纳所学知识，巩固对本章内容的吸收和理解。

本书适合作为高等学校项目管理专业和工程管理专业基础课程的教材，也可作为专门从事项目成本、造价和价值管理的工料测量人员及注册造价工程师的参考用书。

图书在版编目（CIP）数据

项目成本管理：第2版 / 戚安邦主编. —北京：中国电力出版社，2016.12 （2017.6重印）
ISBN 978-7-5198-0192-2

Ⅰ. ①项… Ⅱ. ①戚… Ⅲ. ①项目管理—成本管理—高等学校—教材 Ⅳ. ①F224.5

中国版本图书馆 CIP 数据核字(2016)第 305927 号

中国电力出版社出版、发行

北京市东城区北京站西街19号　　100005　http://www.cepp.sgcc.com.cn
责任编辑：李　静
责任校对：太兴华　　　责任印制：赵　磊
航远印刷有限公司印刷·各地新华书店经售
2016年12月第1版·2017年6月北京第2次印刷
787mm×1092mm　16开本·20印张·335千字
定价：45.00元

《高等学校项目管理系列规划教材》专家委员会

主　任　钱福培　国际项目管理协会（IPMA）中国认证委员会主任

西北工业大学教授

（以下按姓氏拼音排序）

委　员　陈德泉　中科院科技政策与管理科学研究所教授

陈信祥　北京项目管理协会副会长兼秘书长

过剑寿　北京项目管理协会副秘书长

胡新渝　北京项目管理协会副会长

欧立雄　中国（双法）项目管理研究委员会副主任兼秘书长

西北工业大学国际项目管理研究院副院长

王守清　清华大学国际工程项目管理研究院副院长、教授

王瑶琪　中央财经大学副校长、教授

薛　岩　中国（双法）项目管理研究委员会副主任委员

北京大学软件与微电子学院教授

邹祖烨　北京项目管理协会常务副会长

| 总　序 |

随着市场经济的发展，市场竞争越来越激烈，越来越多的企业采用项目的形式开展工作，项目已逐步成为各类企业应对变化和挑战、实现战略目标的有效途径，成为经济社会发展的助推器。项目管理能力也正在成为企业核心竞争力的重要组成部分。

近年来，我国许多支柱产业和领先行业都引入了项目管理理念和方法，项目管理作为一种通用的管理技术，已被广泛地应用到航空、航天、冶金、煤炭、水利、电力、建工、造船、石化、矿产、机电、兵器、IT、金融、保险、教育及政府部门，获得了瞩目的效率和效益。项目管理的理念、方法及标准已得到政府部门、相关机构和众多企业的认可，各行各业对项目管理人才的需求急剧增加，已纳入 2010—2020 年国家人才规划。杰出的项目管理人才成为组织的高端人才和社会的稀缺资源。

我国项目管理的学位教育近年来的发展也十分迅速，目前已有 200多所院校设立了工程管理本科专业，在教育部本科专业目录中英文名为"Project Management"，即项目管理。2004 年，中央财经大学等院校经国家教委批准，自主设置了项目管理本科专业并正式招生。2004 年 72所高校正式开办项目管理领域工程硕士专业学位教育以来，我国项目管理学位教育发展更为迅猛。项目管理领域工程硕士的报考人数和录取人数迅速跃居全国 40 余个工程硕士专业的第一位。目前全国已经有 161所高校具有项目管理领域工程硕士培养权，每年招生 1 万余人。

2006 年 7 月，经全国自学考试办公室批准，福建省和天津市分别开设了高等教育自学考试项目管理专业（独立本科段），分别由福州大学、厦门大学和天津理工大学担任主考学校，并对合格者授予项目管理学士学位，使项目管理本科学位教育又向前迈进了一步。

为适应我国社会经济发展的需要，满足社会各行各业对具有国际视野的应用型项目管理专业人才不断增长的迫切要求，促进我国项目管理专业教育体系的建设与完善，从 2010 年起，中国（双法）项目管理研究委员会（PMRC）与北京项目管理协会联合，共同向北京市高等教育自学考试办公室申报并组织开办了与国际项目管理专业资质认证体系（IPMP）相结合的高等教育自学考试项目管理专业（专科、独立本科段）项目。该项目的特色是"学历证书和从业资格证书"相结合，学生毕业时既能取得国家承认的、由中央财经大学作为主考学校的高等教育自学考试学历证书，同时成绩合格者又能取得相应级别的、由中国（双法）项目管理研究委员会引进的国际项目管理专业资质证书。开考三年多来，报考已近万人次。在北京试点成功后，考试将陆续在河北等其他省市展开。

为了规范高等教育自学考试项目管理专业考试，满足其持续发展的需求，提高教学及考试质量，我们设立了"高等教育自学考试项目管理专业专家委员会"和"高等学校项目管理系列规划教材编写委员会"，就高等教育自学考试项目管理专业建设、教学与考试标准、题库建设、教材建设等进行研讨和规划。本系列教材共有 12 册，面向项目管理的本科学位教育，同时兼顾其他项目管理学历和学位教育的需要。

本系列教材的突出特点是与国际项目管理资质认证标准的融合，注重理论与实际相结合，既有基础理论及知识体系的阐述，又有案例、方法的解读与点评。本系列教材难度适中，能同时满足工科与非工科背景考生的学习和备考需求。教材每章后均配有多种题型的练习题，这些练习题与考试题型保持一致，以方便考生的学习和掌握。

本系列教材的编写委员会由国际项目管理专业资质认证辅导与评估专家、高等学校项目管理学位教育负责人和具有丰富的项目管理教学经验的教师组成，因而教材内容充分符合与国际接轨的要求。

项目管理是一门发展迅速的学科，其理论、方法、体系、应用等方面还在不断发展与完善之中，加之专业的局限性和写作时间限制，本系列教材定会有其不足之处，敬请广大项目管理专业师生与考生在教学和学习备考过程中提出宝贵意见和建议，并及时反馈给我们，以便我们能够及时对教材进行修订与完善，也便于我们不断提高教材质量，更好地为项目管理专业的广大师生服务。

中国（双法）项目管理研究委员会副主任兼秘书长

西北工业大学国际项目管理研究院副院长

高等学校项目管理系列规划教材编委会主任

|前　言|

　　2000 年出版的《工程项目全面造价管理》是本书主编于 20 世纪 90 年代末完成的管理学博士学位论文专著，之后在其基础上进行全面修订和改编并于 2004 年出版了《建设项目全过程造价管理原理与方法》（2005 年全国造价工程师继续教育教材），随后又进行了修订改编并于 2006 年出版了《项目成本管理》，本书是本书主编 2006 年出版的《项目成本管理》一书的全面修订、改编。由此可见，本书是本书主编经过二十多年不断地研究和改进而成的本领域最新的教科书。

　　本书的特色有四个方面：其一，它不像传统的教科书那样仅限于讨论工程项目造价管理，而是讨论各种项目（包括 IT 和 R&D 等一般性项目）的造价、成本和价值三方面的全面管理；其二，它不像传统教科书那样仅限于对项目成本管理的讨论，而是全面讨论各种项目的造价、成本和价值三方面的全面管理；其三，它不像传统的教科书那样主要从项目承包商角度讨论项目成本与造价管理，而是一并讨论了项目业主、项目承包商和项目供应商等相关利益主体的项目造价、成本和价值的全面管理；其四，它不像传统教科书那样仅限于对于项目造价的估算、预算及其控制等方面的内容，而是在此基础上新增了对于项目成本变更（第 7 章）和项目价款支付管理（第 8 章）等方面的全新内容。所以，这是一本全新的项目成本管理的教科书。

　　本书共分 8 章，系统全面地介绍了项目成本管理的理论和方法，主要内容包括：第 1 章概论；第 2 章项目成本管理方法论；第 3 章项目资源计划编制；第 4 章项目成本估算；第 5 章项目成本预算；第 6 章项目成本控制；第 7 章项目成本变更；第 8 章项目价款支付管理。本书每章都有该章学习目标，以帮助读者快速了解该章的主要内容、应掌握的知识点。另外，每章后面都安排了复习思考题，题型多样，有利于读者总结归纳所学知识，巩固对本章内容的吸收和理解。

本书中的许多内容涉及国内最新的工程造价管理所使用建设工程工程量清单计价和管理的方法（GB 50500—2013），以及国际上最新的国际咨询工程师联合会的合同条款（FIDIC 的合同条款）等实用性的内容。

本书体例完整，内容新颖，结构严谨，实用性强，突出对基本理论、基本技能的掌握和应用能力的培养。

本书由南开大学商学院戚安邦教授担任主编。本书的编写具体分工如下：戚安邦教授编写了第 5~8 章；天津理工大学管理学院孙贤伟教授编写了第 1~4 章。另外，戚安邦教授的 5 位博士研究生参加了本书的修订和编写工作，其中陈海龙参加了第 1 章和第 2 章的修订，高跃参加了第 4 章和第 5 章的修订，郑丽霞参加了第 3 章和第 7 章的修订，陈丽兰参加了第 6 章的修订，张辉参加了第 8 章的修订。此外，戚安邦教授的两位硕士研究生张群和陈璐璐也参加了本书的某些编写和修订工作。

本书在编写过程中参阅了大量资料及有关人员的研究成果，其中许多有益的内容对完成本书的编写帮助很大，在此对他们表示衷心的感谢。

由于编者水平有限，疏漏之处在所难免，敬请广大读者批评指正。

|目 录|

第1章

| 概论

本章学习目标

　　本章是对于项目成本管理的总论和介绍，讨论成本、项目成本、项目成本管理、项目成本管理的原理、项目价值管理及项目成本管理最新发展等方面的内容。

　　重点掌握：成本的概念、项目成本的概念、项目成本管理的概念、项目成本管理的原理、项目价值的概念。

　　了解：成本分类、成本的应用、成本影响因素、项目成本、项目成本分类、成本确定的原理、成本控制的原理、项目成本形成的原理、项目成本的影响因素、项目成本的划分、项目价值管理的原理、项目价值管理途径与机理、项目成本管理的发展阶段、项目成本管理范式的转换、我国项目成本管理发展的历程。

1.1 项目成本的概念

成本在不同领域中有不同的定义，其中最重要的定义包括财务会计成本与管理会计成本的定义。

1.1.1 成本的概念

成本在不同领域中有不同的定义，其中最重要的定义包括两个方面。其一是财务会计成本与管理会计成本的定义，人们以财务会计和管理会计的划分为依据而将成本分为财务会计成本和管理会计成本两大类。其二是企业或组织的运营成本与项目成本的定义，人们以两种不同的活动为依据而将成本分为日常运营成本和项目成本两大类。这些有关成本的定义和内涵将分述如下。

1. 成本的定义

（1）广义成本的定义。广义成本的定义认为：成本是市场经济中商品或服务价值的组成部分。因为在市场经济活动中人们要进行商品或服务的生产经营活动或开展项目活动就必须耗费一定的资源，而这些资源的价值就是人们开展日常运营或项目活动的成本，所以实际上任何成本都是人们为了创造商品或服务价值所垫付的费用。

（2）官方的定义。国家财政部在《企业会计准则》中规定：费用是指企业在日常活动中发生的、会导致所有者权益减少的、与向所有者分配利润无关的经济利益的总流出。费用只有在经济利益很可能流出从而导致企业资产减少或者负债增加，且经济利益的流出额能够可靠计量时才能予以确认。此处的"费用"指的就是成本，即从所有者（业主）权益角度出发的定义。

2. 成本的具体内涵

在上述有关成本的基本定义中包含如下四个层次的内涵。

（1）成本是开展生产和社会活动所耗费资源的经济价值。企业或组织进行产品或服务的生产与经营活动就需要消耗资源从而产生成本，政府、学校和其他组织开展的非营利性活动也需要消耗资源从而发生成本。

（2）成本是为实现特定目的而付出的经济价值。无论是企业开展营利性生产及经营活动发生的成本，还是政府、学校和其他组织开展非营利性活动发生的成本，都是人们开展活动而消耗资源所形成的付出。

（3）成本是组织为实现既定目的而垫付的资金。无论是企业营利性生产经营活动的成本，还是政府、学校和其他组织非营利性活动的成本，都是为实现组织的既定目的而垫付的资金，都应是可收回的。

（4）成本是组织为达到既定目的而损失的机会。因为人们可以使用相等经济价值去做多件事情，若人们选做其中 A 事情就牺牲了做其他事情的机会，因此做其他事情中的最高价值就是做 A 事情的机会成本。

1.1.2 成本的分类

成本可按不同特性进行分类，人们可通过对成本进行分类而更好地认识和管理成本。在成本管理中人们对于成本的分类主要包括以下几种。

1. 按照作用可分为财务会计成本和管理会计成本

这种成本分类的根本作用是指导人们开展成本管理，二者具体定义如下。

（1）财务会计成本。这是按国家现行财税制度进行核算的成本，是为国家和组织两者开展依法核算服务的成本。它主要用于对外（以及向国家）报告各种组织的财务和成本情况，以保护相关者利益和反映企业或组织财务状况。例如，我国规定：财政部负责制定企业财务规章制度，各级财政部门应当加强对企业财务的指导、管理和监督。

（2）管理会计成本。这是根据组织管理和决策的需要而按照组织自己的办法核算的成本，是组织为满足自己的管理需要核算的成本，即为实体组织内部的财务和成本管理使用的成本。例如，管理会计中的成本预测、利润预测、资金需求量预测和成本比较等管理会计核算方法，都是为更好地管理和决策组织成本服务的。

从成本管理角度出发，二者都是不可或缺的，而且这也是最重要的成本分类。

2. 按照成本核算对象可分为日常运营成本和项目成本

按照成本核算对象，成本可划分为日常运营成本和项目成本两类，这是两种完全不同核算对象的成本，所以它们需要使用不同的成本管理方法。

（1）日常运营成本。日常运营成本是企业或组织在一定时期内开展周而复始，不断重复的日常运营活动所形成的成本，国家财政部对此成本的核算范围有十分明确而具体的规定，本书所说的日常运营成本是指经常性的生产经营活动所形成的成本。

（2）项目成本。这是企业或组织项目活动的成本，由于项目是一次性和独特性的，所以项目成本与日常运营成本的管理完全不同。例如，建筑项目、IT 项目和研发项目的科目设置与核算方法都不相同，这些项目都有自己独特的成本科目与核算方法。

因此，日常运营成本和项目成本的分类也是成本管理中的重要分类。

3. 按照财务会计规定可分为固定成本和变动成本

按照财务会计的规定，成本可分成固定成本和变动成本两类。

（1）固定成本。这是指在给定时期内固定不变的那种成本，不管人们活动的规模或产出物数量如何变化，如企业的固定资产折旧所形成的成本科目就是固定成本。

（2）变动成本。变动成本是指随人们经营活动规模或产出物数量多少而按照一定比例进行变化的成本，如企业生产的原材料费的成本科目就是变动成本。

但是现代管理会计的观点认为，这种传统的财务成本分类会使人们产生固定成本就一定是始终不变的错误思想，所以现代管理会计使用下面的分类。

4. 按照管理会计规定可分为消耗资源成本和占用资源成本

按照现代管理会计的规定，成本可分为消耗资源成本和占用资源成本两类。管理会计认为实际上人们活动中没有固定不变的成本，只有人们在开展活动中消耗资源和占用资源所形成的两类成本。

（1）消耗资源成本。这是指在人们在开展活动过程中因所使用资源的全部价值都转移到产品、服务或项目中而形成的成本，如各种项目中所消耗的商品或物力资源就属于消耗资源成本。

（2）占用资源成本。这是指那些在人们开展活动过程中所使用资源的部分价值转移到产品、服务或项目中的成本，如各种项目中所消耗的劳力、人力或设备资源就属于占用资源成本。

这种成本分类将以前认为的固定成本看成了占用资源成本，这样就迫使人们在这种占用资源不被占用时，通过寻找新的用途而降低项目成本。例如，项目占用的人力和设备资源如短期或长期不被占用，就可以通过租赁降低项目成本。

5. 按成本核算范围可分为单位成本和总成本

人们还可按核算范围的不同而将成本分为单位成本和总成本，以便能够从活动的整体上和具体活动上去分别管理和控制人们活动的单位成本和总成本。

（1）单位成本。这是指人们为生产某单位产品或某项目部分的成本，如加工制造企业生产的单件成本和工程建设项目分部分项工程的综合单价等都属于单位成本的范畴。单位成本中的单位是指成本的计量单位，如按吨、千克、米或个去核算单位成本。

（2）总成本。这是指人们开展某个产品生产或某个项目实施的全部成本，总成本有一个核算范围的问题，即人们究竟按何种计量范围核算得到的总成本，如人们可以按整个车间、整个企业，或整个项目在具体给定的时间范围内核算得到总成本。

6. 按决策时间可分为初始决策成本和跟踪决策成本

人们还可以按时间将成本分为初始决策成本和跟踪决策成本两种。

（1）初始决策成本。这是一种人们根据预测数据在开展生产经营或项目活动的"事前"所计划和安排的成本，所以也被称为"零起点"的计划成本。但是这种成本多数在后续的"事中"会发生变更或修订，而一旦出现变更就会形成跟踪决策成本。

（2）跟踪决策成本。这是人们根据实际情况需要在生产经营或项目活动的"事中"重新计划安排的成本，故也被称为"非零起点"的计划成本。但是这种成本在后续的"事中"也还会发生变更或修订，一直到人们完成了生产经营或项目活动才会有实际成本。

7. 按成本的实现程度可分为计划、实际和机会成本

人们还可按成本的实现情况而将成本分为计划成本、实际成本和机会成本。

（1）计划成本。这是一种人们计划和安排的成本，是指导人们在生产经营或项目活动中开展成本管理的依据和标准，如定额成本、目标成本和标准成本等都是计划成本。

（2）实际成本。这是一种人们根据实际发生的各种成本而核算得出的已发生的成本，是一种人们必须核算但是已经无法改变而客观存在的成本。

（3）机会成本。这是指由于人们为生产某产品或实施某个项目所放弃的在其他产品或其他项目中所能获得最多收益的价值，它是一种按资源的社会价值核算出来的虚拟性成本。

8. 按确定性情况可分为确定性、风险性和完全不确定性成本

人们开展活动的成本会有某种程度的不确定性，因为人们所处的市场环境和条件是变化的，所以人们就必须根据成本的不确定性情况给出如下的成本分类。

（1）确定性成本。这是指人们在开展产品生产或项目活动中确定会发生的成本（发生概率为100%），不管人们如何努力控制它都一定会发生，而且其发生时间和数量是确定的。

（2）风险性成本。这是指人们在开展产品生产或项目活动中有可能发生的成本（发生概率小于100%），如气象预报降水概率是70%，因此可能发生的排水费就是风险性成本。

（3）完全不确定性成本。这是指人们在开展产品生产或项目活动中有可能发生，但人们不知道其是否发生以及发生概率是多少的成本，如在强对流天气中就会有完全不确定性成本存在。

这种成本分类的目的是为了有针对性地开展成本的管理，对于确定性成本人们管不管都是不变的，人们要管的是风险性成本和完全不确定性成本。

9. 按计划程度项目成本可分为估算和预算成本

在项目成本管理中人们可按计划程度不同而将成本划分为估算成本和预算成本。

（1）项目估算成本。这是指人们根据历史经验或可比资料，预测和估计的项目成本，通常它是项目预算成本的基础。所以，项目估算成本是一种相对粗略的项目计划成本，它在工程项目管理领域中又分为初步估算、设计概算和施工图预算等不同计划深度的估算成本。

（2）项目预算成本。这是人们根据项目估算成本，进一步考虑项目各种风险而给出的一种项目计划成本。项目预算成本是指导人们项目实施的计划成本和项目成本控制的基线，它在工程项目管理领域中又分为项目业主、总包商和分包商等不同利益方的项目预算成本。

1.1.3 成本的应用与影响因素

从上述成本分类的讨论中可知，使用不同分类标准可以对成本进行众多种类的划分，这种分类的根本作用是找出影响因素去开展好成本管理。

1. 不同分类成本的应用

从成本管理的角度，上述不同项目成本分类开展的具体应用主要有四个方面。

（1）财务会计成本的应用。按照财务会计的观点，成本是取得资产的一种代价，它表现为企业或组织资源的不利变化（资源的消耗或占用），它具体表现为企业资产的流出或减少。

1）财务会计成本的作用。其主要用于财务核算和管理，即确定企业或组织在一定时期内的成本，并借此计算出企业或组织的利润、税金和所有者权益等，这些为合理确定企业或组织的产品或劳务的售价提供依据。另外，财务会计成本是按照国家统一的财务会计制度和成本核算规定，通过正常的财务成本核算制度和程序核算出来的企业或组织的成本，它涉及企业或组织的产品成本、服务成本、经营成本、劳务成本和项目成本等各方面。然而，财务会计成本及其核算不能满足企业或组织开展成本管理的各种需要，所以就有了管理会计成本及其核算方法。

2）财务会计成本的特性。财务会计成本必须按照国家现行财税制度开展核算和管理, 必须按照现行国家有关企业财务通则和会计准则去确定和核算自己的成本。财务会计成本是对企业或组织已完成资金运动的全面核算与监督, 是为与企业有经济利害关系的投资人、债权人和政府有关部门提供企业或组织财务状况与赢利能力等经济信息服务的, 所以它是通过一系列国家规定的会计程序, 按照国家规定的财务信息处理方法, 最终核算出来的企业或经济组织的实际成本, 因此其首要特性是客观真实性。同时, 财务会计成本具有事后反应的特性, 因为它核算的是企业或组织已真实发生的经济活动成本, 其核算资料都是企业或组织实际经济活动费用和收入, 且其核算必须以会计凭证为依据并定期地编制财务会计成本报表。

（2）管理会计成本的应用。按管理会计的定义, 成本是企业或组织为达到某特定目标而牺牲或放弃的资源。成本及其核算是为企业或组织的内部计划和决策服务的。

1）管理会计成本的作用。管理会计成本与财务会计成本的作用不同, 它更多是为企业计划和决策服务的, 所以它的核算方法和制度等国家并没有作相关规定。例如, 在管理会计中的计划成本、定额成本、标准成本、预测成本等都是为企业或组织进行计划和决策使用的。所以管理会计就是为企业或经济组织内部计划、评价、决策和控制, 以及确保企业资源的合理使用提供成本信息, 从而进行的成本确认、计量、归集、分析、编报、解释和传递的工作。所以管理会计又被称为"内部报告会计", 它是以现在和未来的资金运动为对象, 以提高经济效益为目的, 以为管理者提供决策依据为目标而进行的成本管理活动。因此, 管理会计具有"事前"核算的特征, 其侧重点是为企业内部成本管理服务, 所以它是属于经营分析型的成本管理工作。

2）管理会计成本的特性。管理会计成本及其核算信息可以跨越过去、现在和未来三个时态, 这与财务会计成本必须是当期已发生的"事后"时态不同。管理会计成本及其核算既并没有标准格式和固定报告日期, 也不需要对外公开, 它只是供企业或组织的内部管理和决策使用。另外, 管理会计在向企业内部管理部门提供信息时, 其成本除了价值量的单位外, 还经常使用劳动量等非价值量的单位。这种成本及其核算需要根据管理者的需要提供定性的、定量的、特定的、可选择的、非精确性的成本信息。但是, 财务会计成本核算必须用价值量, 并要满足全面性、系统性、连续性、综合性、真实性、准确性、合法性等要求。

综上所述, 财务会计成本和管理会计成本的应用和特性有很大不同, 所以大家必须充分学习和认识这些不同。

（3）日常运营成本的应用。这是企业或组织开展周而复始不断重复的商品或服务活动的日常运营过程中资源耗费所形成的成本，是运营活动所产生的商品或服务的价值组成部分。

1）日常运营成本的作用。人们要进行日常生产或服务活动就必须消耗和占用资源，这包括人力资源、物力资源和财力资源等，这些资源的价值就是人们开展日常运营活动的成本。日常运营成本实际是为生成商品或提供服务而获得特定收入所需的一种垫付，它是与运营活动收入直接相关的。日常运营成本主要包括主营业务成本和非主营业务成本，主营业务成本是企业或组织未提供主营的商品或服务而发生的运营成本，是在主营的商品或服务的活动过程中所形成的日常运营成本。

2）日常运营成本的特性。日常运营成本的主要特性是"各不相同"，其中商品生产企业的日常运营成本构成主要包括直接材料费、直接工资、其他直接支出、制造费用等，而服务提供企业的日常运营成本主要包括直接从事服务工作的人员工资、福利、直接与服务相关的各种费用、服务资产的折旧费等。由于服务本身具有非实物性、不可储存性及生产与消费同时性等特征，因此其运营成本的构成与核算与产品生产的成本核算有很多不同。另外，从事不同服务类企业的日常运营成本构成与核算也不相同，如交通运输、邮政、商业批发或零售等。

（4）项目成本的应用。项目成本又称为项目造价（工程项目称为工程造价），任何项目成本都是因项目实现过程中所消耗和占用资源而形成的，而且都是一种投资或垫付。

1）项目成本的作用。在管理会计中项目成本被分为消耗资源的成本和占用资源的成本，这给人们提供了进行两种不同项目成本的管理和控制的不同方法。对于消耗资源所形成的成本，人们可通过控制项目实现过程中资源消耗数量或质量进行管理和控制；对于占用资源所形成的成本，人们可在项目实现过程中通过为那些不占用的资源寻找新的占用途径和用途而进行管理和控制。

2）项目成本的特性。项目成本是为获得项目投资收益而进行的一种垫付，这种垫付又分成两种情况去获得补偿或回收：其一是在将实现的项目投入运营来收回项目成本并获得额外收益，通常工程建设项目或投资项目就属于这种；其二是在项目实现过程中将项目成本的垫付收回并获得额外收益，如大型活动项目或服务项目。但是无论如何，人们只有使用项目成本才能够获得项目收益。实际上，对于第一种情况人们需要先进行项目成本的管理，然后在项目投入运营后进一步开展运营成本的管理，进而通过提取折旧和获得利润等方法来收回项目成本。

综上所述，运营成本与项目成本在概念与核算方法等方面均有很大不同。由于本书的主题是项目成本管理，因此有关项目成本的概念将在下节中展开详细的讨论。

2. 成本的影响因素

任何成本都会受各方面影响而发生变化，成本主要的影响因素有以下两方面。

（1）内部影响因素。这是指企业或组织在开展具体活动中所使用的技术、组织、管理和控制等方面的问题而影响成本的因素，这种影响因素是可控或可改变的。

1）企业或组织所用专业技术方法的影响。同样的活动会有多种不同的专业技术方法，人们选择不同的专业技术方法会直接影响成本的大小和构成。例如，在建设项目中使用先进机械设备和技术方法就会使成本降低。实际上，人类社会就是通过不断的技术创新和技术进步去提高劳动生产率和降低成本，从而增加社会财富的。

2）企业或组织所使用组织管理方法的影响。在更多情况下，人们所用组织和管控方法的不同，也会直接影响到成本的大小和构成。例如，在工程建设项目中，人们有总包、分包和自建的组织管理方法，而由专业承包商实施就比项目业主自建要节约很多成本，所以人们也通过社会分工和竞争等组织管理方法降低成本。

3）企业或组织所用成本管理方法的影响。人们所用成本管理方法也是直接影响成本的因素，因为人们可使用更有效的成本管理方法去降低成本。例如，我国20世纪50年代从苏联引进的工程项目定额管理方法仅适合计划经济基于"平调"的资源配置方法，若在我国现行市场经济中使用就会导致成本的增加和浪费。

（2）成本的外部影响因素。这是指企业或组织无法左右或改变的外部环境与条件等对人们开展活动的成本所造成影响的因素，如人们开展项目活动所需耗费资源的市场价格就属于成本的外部影响因素，因为企业和组织是无法控制资源的市场价格的。

1）国家或国际的宏观环境影响因素。这是影响成本的重要因素之一，因为这种宏观环境影响因素不是哪个组织能够控制和改变的。例如，由于国家或国际众多国家货币宽松政策而带来的汇率变化就是外部影响因素。

2）地区或行业的中观环境影响因素。这主要包括人们活动所在地区和所属具体行业的环境影响，它也不是某个组织或企业所能够自行改变的。例如，企业所处地区物价、当地行业环境、国家的行业支持政策等都属于这类外部影响因素。

3）活动或项目的微观环境影响因素。更加直接影响成本的外部因素是活动或项目所处的微观环境，如活动或项目所需资源的市场价格和供给情况等都属于外部影响因素，因为这些都完全不以人们的意志为转移的。

实际上，人们活动或项目成本的变化同时受内部和外部两方面因素的共同影响，企业或组织要努力发挥主观能动性去改变成本的内部影响因素，而政府和国家则可采取不同的行业政策、宏观政策和补贴行为去改变成本的外部影响因素。

1.2 项目成本管理的概念

项目成本管理是整个项目管理领域中的一个专项管理或专门管理领域。由于任何项目活动都是为创造新增价值服务的，因此项目成本的确切含义应该是完成项目所投入的"本钱"，因此项目成本包含"费用"和"价值"两方面的意思。

1.2.1 项目成本的概念

随着现代项目管理的发展，有关项目成本的概念也有了很大变化。

1. 项目成本的定义

按照非专业的理解，项目成本就是完成项目任务所发生的花费。但是按照项目成本管理专业的观点，项目成本的定义有狭义和广义之分。其中，狭义的项目成本是指在为开展项目各种活动而消耗和占用资源所形成的花费；广义的项目成本包括项目花费和项目新增价值的全部价值。例如，根据中国工程造价管理协会 1996 年给出的工程造价定义：凡有承发包情况的项目合同成本被称为项目造价，因为此时的项目成本中包含有国家收取的税金和承包商利润等项目价值的成分。对于没有承包而自我开发的项目而言，由于没有承发包的利润和税金问题，其项目成本被称为项目花费。实际上，任何项目活动所消耗和专用资源而形成的是项目成本，但是项目最终完成带来人们所需的功能，这些项目功能就形成了项目的价值。

所以狭义项目成本的定义是：项目成本只是人们为实现项目价值而做的一种垫付（或投资）行为，这是由在项目功能实现过程中所消耗和占用各种资源形成的花费。广义项目成本的定义是：项目成本包括项目所需花费和项目新增的价值。对于项目承包商而言，广义的项目成本就是项目造价。对项目业主或投资人来说，项目成本包括项目造价和由项目功能所体现的价值。

2. 项目成本的分类

人们按照不同的分类标准，可以把项目成本划分成众多种类，在项目成本的分类中最主要和最有用的主要包括以下几种。

（1）按照项目实施者分类。按照项目实施者分类项目成本可分为两类：一是自我实施项目的成本，这只包括在项目实现过程中所消耗和占用各种资源形成的花费；

二是承发包项目的成本，从项目业主或投资人角度出发，这种项目成本中还必须包括项目承包商应该获得的利润和项目必须上交国家的税金等。所以，实施者不同的项目会有不同的项目成本的科目和范围。

（2）按照项目相关利益主体分类。按照项目相关利益主体分类项目成本可分为项目业主的成本（在工程领域中叫工程造价）、项目承包商的成本（承包商自身的项目成本花费）、项目供应商的成本（项目供应商生产和提供某种项目所需资源的成本）、政府部门的项目成本（政府为项目所花费的成本）。所以，人们各有不同的项目成本及其管理内容与范畴。

（3）按照项目所有者分类。按照项目所有者分类项目成本可分为三类；一是企业单位项目的成本；二是事业单位项目的成本（如高校中的教育项目成本与科研院所的科学研究项目的成本）；三是政府部门项目的成本（多数是公益性项目的成本，其中包含许多属于经济学中的转移支付范畴的花费）。所以，不同所有者的项目，会有不同的项目成本的科目、范围与核算方法。

（4）按照项目信息缺口分类。按照项目信息缺口分类项目成本可分为四类：一是开放性项目（信息缺口很大）成本（有很高的不确定性和风险性）；二是半开放性项目（信息缺口较大）成本（有相对较高的不确定性和风险性）；三是半封闭性项目（信息缺口较小）成本（相对较低的不确定性和风险性）；四是封闭性项目（信息缺口极小）成本（相对很低的不确定性和风险性）。

另外，项目还可以按照很多种标准进行分类，而不同类的项目成本会有不同的范围、内容与管理方法，所以项目成本管理必须根据项目分类的情况去选用方法和开展管理。现代项目管理理论认为，项目成本管理的真正作用是能够以较小的项目成本去实现较大的项目价值所开展的项目专项管理工作。

1.2.2 项目成本管理的概念

项目成本管理是现代项目管理知识体系中九个项目专项管理中最为重要的专项之一，因为实际上所有项目管理工作都是通过降低项目成本去为创造项目更大价值服务的。实际上，在英文中"Cost"不但有成本或花费的意思，也有价值和价格的意思，所以现代项目成本管理包含项目成本管理与项目价值管理两层含义。

本书作者从博士论文开始研究项目成本管理的原理与方法，多年的研究发现项目成本管理必须包括两方面的内容：一是项目价值最大化的管理；二是项目成本最小化的管理。从而实现以最小项目成本获得最大项目价值的根本目的，所以项目成本和项目价值的管理都应属于本书界定的广义项目成本管理的范畴。

1. 广义的项目成本管理

广义的项目成本管理是指以最小项目成本去获得最大项目价值的管理工作，它既包括狭义的项目成本管理，也包括项目价值的管理。

（1）项目成本与价值的定义。如前所述，项目成本是指在为实现项目目标所开展的各种项目活动中所消耗资源而形成的费用，而项目价值包含项目成本及项目所涉及的税金与项目实施者的利润等内容。虽然不同国家的财税与会计制度和规定不同，其项目成本包含的范围与内容也不同，而且各国在项目成本与价值核算的法规方面也有差异，但是从经济角度出发，项目的价值越大而成本越小才是项目成本管理成功之所在，所以广义的项目成本管理关键在于努力实现项目价值的最大化和项目成本的最小化。

（2）广义项目成本与价值的关系。从价值工程的角度上讲，项目成本与项目价值的关系是与项目功能直接关联的，所以项目成本、项目价值和项目功能之间的关系可以用如式（1-1）给出：

$$项目价值 = \frac{项目功能}{项目成本}$$

或

$$V = \frac{F}{C} \tag{1-1}$$

式中：V 为项目价值；F 为项目功能；C 为项目成本。

由式（1-1）可知，项目成本和项目功能是构成项目价值的两大要素，项目成本是为了实现项目功能所做出的各种投入或花费，而项目价值则是由花费了项目成本所生成的项目功能而得以体现或实现的。由于项目成本是为生成项目功能所做的花费或投资，因此广义项目成本管理必须从项目成本、项目功能和价值三个方面去开展全面而集成的管理。

（3）广义的项目成本管理的途径。广义的项目成本管理认为：在确保项目价值、功能与目标的前提下，人们可以通过开展对于项目活动种类、规模、内容和方法等方面的管理实现项目成本的降低与项目价值的提升。所以广义项目成本管理的主要内涵如式（1-2）所示：

$$V \uparrow = \frac{\uparrow_3 \overset{\rightarrow 2}{F} \uparrow_1}{\uparrow_3 \underset{\rightarrow 1}{C} \downarrow_2} \tag{1-2}$$

式中：V 为项目价值；F 为项目功能；C 为项目成本。

由式（1-2）可以看出，广义项目成本管理有多种途径，具体包括以下几种。

1）当项目成本不变而项目功能上升时。即式（1-2）中项目成本和项目功能的脚标均为 1 的情况，此时项目价值会得以增加。

2）当项目功能不变而项目成本下降时。即式（1-2）中项目成本和项目功能的脚标均为 2 的情况，此时项目价值也会得以增加。

3）当项目成本较小上升而项目功能较大上升时。即式（1-2）中项目成本和项目功能的脚标均为 3 的情况，此时项目价值也能够得以上升。

由以上分析可知，广义的项目成本管理不仅仅是努力降低项目成本，还包括努力提升项目功能从而增加项目价值。

2. 广义项目成本管理的内容

所有为降低项目成本和增加项目价值的管理活动都属于广义项目成本管理的内容，所以广义的项目成本管理不仅要以合理成本去完成项目全部活动，而且要努力设法实现项目功能的提升和项目价值的最大化。同时，广义项目成本管理不但要管理项目成本，而且要全面集成管理影响项目成本的项目质量、时间和范围等。

广义的项目成本管理的基本内容包括项目成本与价值的计划与确定和项目成本与价值的监督与控制两个方面。其中，项目成本与价值的计划与确定又分为项目资源计划、项目成本与项目价值估算和项目成本与项目价值预算等方面；项目成本与价值的监督与控制又分成项目成本与项目价值的监督和项目成本与项目价值的控制两个方面，这些方面的具体内容分述如下。

（1）项目资源计划的制订。这是项目广义成本管理的首要任务，因为任何项目成本都是由人们开展项目活动所需占用和消耗资源的价值构成的，而任何项目价值都是由人们开展项目活动所消耗的成本和所创造的新增价值共同构成的。所以根据项目范围计划所确定的项目资源需求，加上按照项目风险管理计划所必要的裕量，进一步按照项目时间计划规定的项目资源投入时间就可以做出项目资源计划了。

（2）项目成本与项目价值的估算。这是指根据项目资源计划及项目各种资源的市场价格和价格信息，估算和确定出的项目活动成本和整个项目全部成本的管理工作。在项目成本估算中最主要的任务是确定整个项目所需人、机、料、费等项目成本要素及它们所需费用的情况。在项目价值估算中人们需要指根据项目成本估算结果及人们期望通过项目而实现新增价值的大小，按照项目成本加上新增价值的方法作出的项目价值估计，所以项目价值估算中最主要的任务是确定项目新增价值的大小。

（3）项目成本与项目价值的预算。按照成本管理理论，预算作为动词是指人们为开展某种活动所做的相关经费计划的工作，而预算作为名词是指人们为开展某种活动所作的经费计划书。所以项目成本与价值的预算是人们对于项目活动成本和价值的计划工作，是人们制定的项目成本以价值控制基线的管理工作，即包括根据项目成本与价值估算去安排好项目各项活动及整个项目成本与价值总预算两方面的工作。其中，项目价值预算的关键是合理地确定出项目价值的期望和要求，最重要的是项目价值必须大于项目成本。

（4）项目成本与项目价值的监督。这方面的工作包括：实际项目成本和价值与计划项目成本和价值的差异分析工作，项目成本与项目价值形成环境和条件的发展变化的分析工作，项目成本和项目价值未来发展与变化趋势的分析和预测工作，项目各种纠偏措施或项目变更的成本与价值分析和预测工作，等等。因此在项目成本与项目价值监督中，人们需要运用项目挣值管理方法、项目投资回收分析方法、项目统计差异分析等方法做好项目成本与项目价值两方面的监督工作。

（5）项目成本与项目价值的控制。这是指在项目实施过程中依据项目成本与价值的预算，努力将项目实际成本和项目价值控制在项目成本与项目价值的预算范围之内所开展的管理工作。它包括制定项目成本与项目价值的控制界限，度量项目实际发生的成本与价值情况，分析项目实际与计划的成本和价值之间的差异，采取纠偏措施或变更项目成本与价值的预算等方法实现对项目成本和项目价值的全面控制，尤其是对项目新增价值的控制。

事实上，上述项目成本与项目价值管理的各项工作之间并没有严格而清晰的界限，而且在项目成本与价值管理工作中它们多数是经常相互重叠和相互影响的。

1.3 项目成本管理的发展历程

现代项目管理是从传统项目管理基础上发展起来的，为了更好地学习项目成本管理就需要了解项目成本管理的发展历程，尤其是20世纪80年代后现代项目管理的理论和方法的发展和进步，改变了原有很多项目成本管理的理论和方法。

1.3.1 项目成本管理的发展阶段

项目成本管理的发展至今的历史过程中主要有三个基本发展阶段，即古典项目成本管理、传统项目成本管理和现代项目成本管理阶段，具体分述如下。

1. 古典项目成本管理阶段

项目成本管理始于人们对家居和宫殿建造成本的管理，此后人们对项目成本管理的认识随着生产力的提高和科技的进步而逐步发展和进步。最早的阶段被称为古

典项目成本管理阶段，这一阶段始于人类最早的渔猎和家居建设项目，一直到 19
世纪工业革命而达到终点。由于这一阶段的项目成本管理的对象主要是简单的项目，
因此相关的项目成本管理理论与方法十分粗略。中华民族是人类对建设项目成本管
理认识和研究最早的民族之一，英国著名项目成本管理专家阿斯沃斯（A.Ashworth）
曾说："人们在 2000 多年前就认识到在建造工程之前计算工程成本的重要性。"实
际上中华民族早在 2000 多年前就首创了家居与宫殿工程项目成本的管理方法，随
后中华民族和其他民族一道不断地改进和发展了人类对建设项目成本管理的理论
与方法，从而形成了项目成本管理的古典阶段。

2. 传统项目成本管理阶段

随着工业革命的到来和资本主义的发展，16 世纪开始的项目管理专业分工进
一步细化，从而出现了工程项目资源和成本估算专业人员，如自 19 世纪开始的英
国工料测量师（Quantity Surveyor, QS）就是专门从事工程项目成本确定与控制的
职业。所以可以说，传统项目成本管理阶段起始的标志应该是 1868 年经英国皇家
批准成立的"皇家特许测量师协会"（RICS），其工料测量师就是专门从事工程项
目成本确定与控制的专业人员，这推动了项目成本管理理论与方法的发展而使其进
入了传统阶段。这一阶段一直持续到 20 世纪 80 年代才最终结束，其中传统资本主
义经济学的发展和应用对传统项目成本管理理论和方法的发展起到极大的推动作
用，像工程经济学等项目评估的理论和方法随后都成为现代项目成本管理的内容。
后来，各国纷纷建立项目成本管理方面的协会并组织人们开展研究和推广项目成本
管理的方法，如美国造价工程师协会（American Association of Cost Engineering,
AACE）和国际造价工程师联合会（International Cost Engineering Council，ICEC）
等。特别到了 20 世纪 60～70 年代，众多国家项目成本管理协会开展了这方面职业
资质的认证，从而使项目成本管理理论和方法获得了长足的发展和进步。

3. 现代项目成本管理阶段

现代项目成本管理阶段始于 20 世纪 80 年代，在这个阶段传统项目管理范式转
换成了现代项目管理范式。此时，人们借助现代项目管理领域中出现的新理论与新
方法，开始项目成本管理主导模式的变革，从而进入了更加关注项目范围、项目集
成和项目风险对于项目成本综合影响的现代项目成本管理阶段。项目成本管理进入
现代项目成本管理阶段的重要标志有三个：一是在 20 世纪 70 年代后期以英国项目
成本管理学界为主研究提出了项目全生命周期成本管理的理论和方法；二是在 20
世纪 80 年代后期，我国的项目成本管理学界提出了项目全过程成本管理的理念和

方法；三是在 20 世纪 90 年代初以美国项目成本管理学界为主研究和推出了全面成本管理的理念和方法。其中，前述的 AACE 还于 1992 年更名为"国际全面成本管理促进协会"（Association of Advanced Cost Engineering International, AACE-I）。正是这些全新的理论与方法的发展，推动了项目成本管理进入了现代阶段。

1.3.2　现代项目成本管理范式的转换进程

如上所述，项目成本管理理论与方法是随着社会的进步而不断发展的，有关现代项目成本管理方式转换的进程讨论如下。

1. 现代项目成本管理范式转换的准备阶段

20 世纪 50 年代的战后全球性重建工作使得工程项目成本管理的职业化获得了很大的发展，各国相继建立了项目成本管理方面的学会或协会。除了上述英国在 19 世纪成立的 RICS 外，1951 年澳大利亚成立了工料测量师协会，1956 年美国成立了 AACE，1959 年加拿大成立了工料测量师协会，等等。在 20 世纪 50~60 年代先后有二十多个国家成立了项目成本管理的专业协会且随后他们建立了 ICEC。他们成立后积极组织本专业人员并与大专院校合作，对项目成本确定与控制及其风险管理等许多方面的理论与方法开展了全面的研究，这些研究奠定了现代项目成本管理范式转换的基础，因而被看作现代项目成本管理范式转换的前期准备阶段。

2. 现代项目成本管理范式转换的进程

20 世纪 70 年代前后，这些协会和相关学术机构开始了对于项目成本管理新范式和新方法的探索工作。例如，美国国防部 1967 年推出了"项目成本与进度控制系统规范"（C/SCSC），此后经不断改进而于 1996 年后变成了现在的项目挣值管理的规范，其包含的项目成本和进度两要素集成管理的思想，是现代项目成本管理范式的主要标志之一。另外，从 20 世纪 70 年代末起，英国人提出了项目生命周期成本管理方法，即涵盖项目"从生到死"的全面集成管理方法，这也是现代项目成本管理范式转换的标志之一。到 20 世纪 80 年代，人们更加注重项目方全面集成管理，从而使得项目成本管理实现了从传统到现代的范式转换而进入了一个以全面集成为主导的现代项目成本管理的阶段。

3. 现代项目成本管理范式的内涵

现代项目成本管理范式的主要内涵包括两点：一是现代项目成本管理的理论和方法以全面集成管理的原理和方法为主，这包括项目全生命周期成本集成管理、项目全要素成本的集成管理、项目全风险成本的集成管理和项目全团队成本的集成管理等；二是现代项目成本管理的理论和方法以基于活动的项目成本管理为主，这包括基于活动的项目成本确定原理和方法,以及基于活动的项目成本控制原理与方法等。从 20 世纪 80 年代后期开始,随着这些项目成本管理的理论和方法的出现和应用,现代项目成本管理模式逐步变成了主流范式,从而最终使基于活动和全面集成的项目成本管理理论和方法成为现代项目成本管理范式的主要内涵。

1.3.3 我国项目成本管理的发展历程

因为我国在社会主义计划经济中使用基于"平调"的资源配置模式和标准定额为主导的工程项目造价管理方法,这给我国项目成本管理的范式转换及其与国际接轨带来了很多的障碍,由此导致我国在从传统向现代项目成本管理范式转换的进程中落后于世界发达国家,但是也形成了自己独特的项目成本管理发展历程。

新中国成立至今,我国以工程项目成本管理为主的项目成本管理历程基本可以分为两大阶段。

1. 我国传统项目成本管理的发展阶段

新中国前 30 年实行计划经济体制,所以当时用的是基于计划经济"资源平调"体制下的项目成本管理方法,这又可分为三个阶段。

(1) 1956—1957 年。1956 年,苏联开始对中国的援建项目。借此,我国全面引进、消化和吸收了苏联的项目概预算管理制度,然后给出了我国的建设项目各阶段工程造价概预算管理的办法。另外,我国还颁布了《基本建设工程设计与预算文件审核批准暂行办法》和《工业与民用建设设计及预算编制办法》等国家法规与文件。从 1956 年全国建立标准定额管理分支机构开始了,我国进入了传统项目成本管理的阶段。

(2) 1958—1976 年。由于"左倾"错误思想统治了那个时期我国各方面工作,使得许多项目成本管理部门被撤销和概预算人员被精简下放。在"文化大革命"期间,我国的工程项目概预算编制和定额管理机构多数被撤销或破坏,工程项目成本管理队伍和人员或改行或流失,结果造成了建设项目成本管理的倒退,这是新中国成立后工程项目成本管理最为糟糕的一个阶段。

(3) 1977—1990 年。1977 年我国开始恢复和重建国家的工程造价管理机构,1983 年成立了前国家计委基本建设标准定额局,1988 年该局划归国家建设部并成立了建设部标准定额司。随后,在这一机构的领导下,我国完成了传统项目成本管理体制和方法的恢复工作。此时,国际上正在开展从传统向现代项目成本管理范式的转换,但我国未能全面与国际接轨去做好这种项目成本管理方式的转换。

20世纪90年代初，由于我国经济体制从计划经济向市场经济转型而引进和推广了某些市场经济的项目成本管理理论和方法，从而开始了从传统项目成本管理范式向现代项目成本管理范式转换的探索和尝试。例如，建设工程造价管理首先是从苏联引进的标准定额管理模式，逐步向"定额量、市场价、竞争费"的半市场化和更进一步市场定价的工程造价管理体制改革。

2. 我国现代项目成本管理范式的转换阶段

（1）我国现代项目成本管理范式的转换进程。我国这种现代项目成本管理范式的转换，从20世纪90年代初开始发展至今，整个转换进程主要经历了三个阶段，具体如下。

1）我国现代项目成本管理范式的过渡阶段。自我国实行"改革开放"的政策以后，国内许多高等院校和学术机构开始介绍、引进当时国际上先进的项目成本管理理论、方法与技术，从而使得我国在项目成本管理理论与实践方面都获得了高速发展。这不但为我国现代项目成本管理范式的转换奠定了基础，而且起到了积极的推动作用。

2）我国项目成本管理范式的起步阶段。在20世纪90年代前后提出和开展项目全过程成本管理理论和方法的研究和推广开始，我国这方面学者从不同的角度对项目全过程成本管理的原理和方法进行了深入的研究和应用（如本书作者的博士学位论文就是这方面最早的成果之一），但是我国现代项目成本管理的范式转换聚焦在了项目全过程成本管理的思想、原理和方法方面，这方面的成果最终变成了现代项目成本管理范式的核心内容之一。

3）我国现代项目成本管理范式的国际接轨阶段。从2000年开始前建设部课题组开展了国家下达的"中国工程造价管理'十五'期间改革规划方案"的研究课题（本书作者是课题组成员之一），研究结果规定到2005年全面取消基于标准定额的项目成本和造价的管理体制和方法。随后在学习和借鉴英国工料测量规范的基础上于2002年推出了中国的建设工程工程量清单计价规范的草案，并最终于2003年推出《建设工程工程量清单计价规范》（GB 50500—2003），这是我国从传统向现代项目成本管理新范式转换的根本标志。

综上所述，虽然我国至今仍受以前传统项目成本管理体制的影响，但是向现代项目成本管理的范式转换是不可逆转的。

（2）我国现代项目成本管理范式转换的路线与问题。由于计划经济和传统方法的影响，我国从传统向现代项目成本管理的范式转换不会一步到位，所以我国的这种转换有其独特的过程。

1）我国现代项目成本管理范式转换的路线图。我国现代项目成本管理范式转换的路线图及其相应模型如图1-1所示。

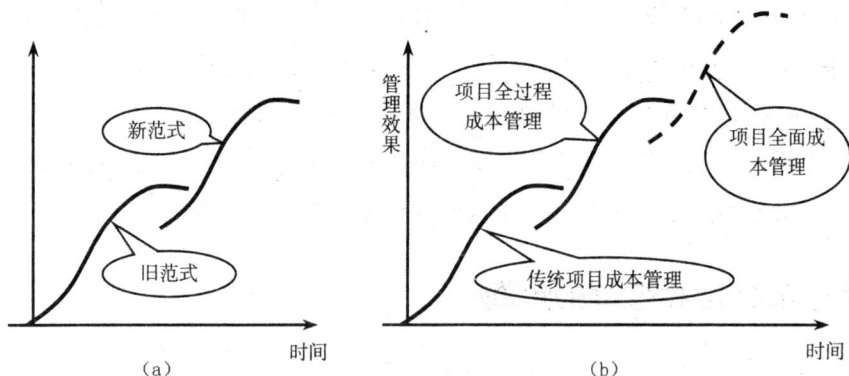

图 1-1　我国项目成本管理范式转换路线图

由图1-1（a）可以看出，图中（a）部分给出的是旧范式向新范式转换的示意，而图中（b）部分给出的是中国从传统向现代项目成本管理范式的转换。由图中可知，任何这种范式转换有三个特点：一是新旧范式具有不同的生命周期曲线；二是在这种转换中新旧范式有并存时间；三是新旧范式转换的根本目的是提高管理效果。由图1-1（b）中可知，我国这种范式转换需要分两个阶段，第一阶段是从传统范式转换到我国创建的项目全过程成本管理的模式，第二阶段是进一步转换成国际通行的现代项目全面成本管理的模式。现在我国已经进入了项目全面成本管理的模式，所以必须学习和掌握好这一现代项目成本管理的模式。

2）我国项目成本管理范式转换中需解决的问题。我国传统项目成本管理范式存在的问题主要是基于"标准定额"和"资源平调"的管理模式与方法，这种方法存在着以下几个方面的问题。

① 我国传统项目成本管理的方法主要是从苏联引进的一种基于标准定额的工程项目成本管理的方法，这种根本方法无法适应现在的市场经济体制的要求。因为市场经济体制是以市场价格作为资源配置和项目成本确定的基本机制，所以我国在现有市场经济条件下已无法使用计划经济的标准定额管理模式和方法了。

② 传统项目成本管理的造价确定问题。我国传统的项目成本确定包括项目初步估算、项目设计概算、项目详细估算、项目预算、项目成本结算、项目完工与交付等环节和内容的管理。但是具体的项目成本确定方法是有较多错误的，如定额相对固定不变，不考虑项目实际情况等方面的严重缺陷。

③ 传统项目成本管理的造价控制问题。我国传统的项目成本控制的核心是控制项目成本的结算和变更，这包括工程预付款的支付与扣回方法、工程款结算与决算控制方法等。但是这些控制方法多是一种事后算账而缺乏事前控制等方面的方法，难以起到节约项目资源、改进项目工作和降低项目成本的目的。

综上所述，我国传统的项目成本管理方法不科学，所以我们做好现代项目成本管理范式的转换，并且必须学习正确的现代项目成本管理方法。

1.4   项目成本管理的原理

人们要想学习项目成本管理的原理，首先需要了解最基本的成本管理原理，而成本管理涉及六个方面的内容，即成本预测、决策、计划、核算、分析和考核的成本管理工作。其中，成本预测、决策和计划工作都属于"事前"管理，也被称为"成本确定工作"；而成本核算、分析与考核工作都属于"事中"管理，也被称为"成本控制工作"。这两方面的成本管理工作各有不同的原理，具体如下。

1.4.1   成本确定工作

在成本确定工作中先有成本预测，然后人们根据成本预测结果作出成本决策，进而编制成本计划，有关这些成本确定工作分别介绍如下。

1. 成本预测

成本预测包括两方面工作：一是根据企业或组织日常运营或项目活动成本的历史统计资料和数据，作出基于企业或组织条件和内部影响因素的成本预测；二是根据企业或组织所处的市场情况和外部环境等影响因素的情况，作出基于企业或组织日常运营或项目活动外部环境及其影响因素的成本预测。这两方面的结果都用于指导人们决策和计划企业或组织在一定时间内开展项目或日常运营活动的成本目标或水平，以及相应的项目或日常运营活动成本计划与安排。具体内容如下。

（1）成本预测的概念。从概念上说，成本预测就是运用一定的科学方法，对未来企业或组织的项目或日常运营的成本水平及其变化趋势作出科学的估计。成本预测包括对于未来成本水平及其变动趋势的预测，因为随着当今社会的市场竞争日益加剧,企业或组织规模的环境与条件愈加复杂,人们必须对企业或组织的未来成本作出预测。

(2)成本预测的作用。成本预测的主要作用就是为企业或组织开展项目活动或日常运营活动的成本决策和成本计划工作提供依据和信息,人们通过成本预测去获得更多的项目或日常运营活动成本的信息,这既可以使成本计划和决策建立在更加客观实际的基础之上,也可以为整个企业或组织的其他管理决策提供必要的信息和保障。

(3)成本预测的原理。从原理上说,成本预测是根据企业或组织项目或日常运营活动成本的历史数据和企业或组织外部环境与条件发展变化的数据,使用社会统计学、运筹学和系统科学等方法,去预测企业或组织未来成本的发展变化。由于企业或组织的成本历史资料数据较少且时效性有限,以及环境与条件发展变化等原因,成本预测不可避免地具有一定的局限性和不准确性,这也是成本预测的一个客观现实和特征。

2. 成本决策

(1)成本决策的概念。成本决策是指人们依据所掌握的企业或组织的各种外部环境与内部条件信息(包括成本预测信息),制订多种成本计划和决策的备选方案并最终作出成本决策的工作。成本决策除了要依据成本预测的信息外,还需要加上成本决策者的经验、判断和直觉,以便在多种成本决策方案中选择出满意的成本方案。

(2)成本决策的作用。成本决策的根本作用是为企业或组织未来的日常运营或项目活动的成本计划和安排确定方向、目标和要求,借此去努力降低企业或组织的成本并全面提高企业或组织的经济效益。由于项目成本决策中涉及大量的资金投入和项目全生命周期等全面考虑,因此项目成本的成本决策相对比较复杂且包含项目成本初始决策和项目成本跟踪决策等一系列的成本决策工作。

(3)成本决策的原理。从原理上说,成本决策工作包括七个方面的内容,即收集信息、提出问题、确定目标、拟订方案、分析评价、优化方案和作出选择。成本决策的原理和过程如图1-2所示。由该图可知,成本决策并非一蹴而就,而是需要反复综合考虑企业或组织项目或日常运营活动各方面的目标、要求、约束、环境和条件,分析和比较各个备选方案的成本和价值等工作。

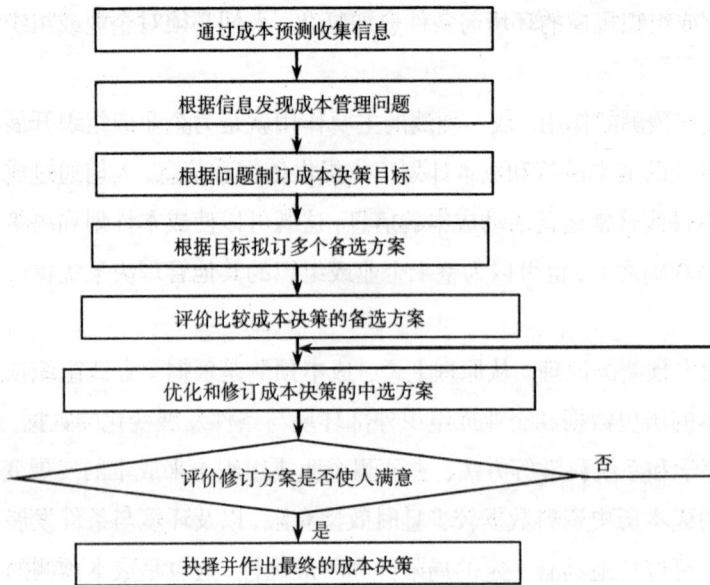

图 1-2　成本决策的原理与过程示意图

3．成本计划

这是在成本预测和决策基础上，使用成本计划的技术方法，安排好企业或组织的项目或日常运营活动成本的具体指标与任务的成本管理工作。人们根据成本决策的结果正确地制订成本计划，而人们所指定的成本计划结果实际就是成本决策的进一步细化和具体安排。成本计划经企业或组织的管理决策机构批准后就具有了相应的权威性和指导性，从而成为后续成本管理必须坚决贯彻和执行的目标和要求。

（1）成本计划的概念。成本计划是人们对于企业或组织在一定时期内项目活动或日常运营活动的预算安排，由此生成的成本计划书规定了企业或组织在计划期内的成本水平以及相应的降低成本水平的工作和主要措施。所以成本计划是成本"事前管理"的最后一项工作，而成本计划书是人们后续开展的成本控制的依据与基准。

（2）成本计划的作用。成本计划的主要作用有三个：其一，它是确定成本目标的一种努力，这种努力可以使人们明确今后成本控制的目标、指标和任务；其二，它是落实成本控制责任和加强成本控制的手段，这种手段会使成本控制的责任落实到了具体部门或个人；其三，它是评价和考核成本实施与控制绩效的标准，依据它可去开展成本控制的奖惩以及未来成本的改进工作和措施。

（3）成本计划的原理。不同企业或组织及其不同的项目活动或日常运营活动的成本计划的原理会有所不同，如企业或组织在日常运营活动成本计划的编制中需要使用生产成本要素、劳动生产定额和生产费用用途等方法,而项目活动成本计划则需要根据项目过程"由粗略到详细地逐步"制订出项目成本的计划。当然,成本计划的原理在很多方面也有共性,如不管是日常运营还是项目都要考虑价值大于成本的原理等。

1.4.2 成本控制

成本控制先要开展成本核算,然后根据成本核算结果开展成本分析,再进一步根据成本分析结果去开展成本考核工作,最后根据成本考核结果进行相应奖惩工作和改进日后成本管理的政策、原理和方法修订等工作。

1. 成本核算

成本核算的目的是为后续开展成本分析和成本考核提供实际成本的信息,从而全面准确地给出成本实际控制的结果,因为企业或组织各种活动的效率高低、资源利用好坏、技术和管理水平高低等最终都表现在他们的成本核算结果之中。

(1)成本核算的概念。成本核算是指对企业或组织的项目活动或日常运营活动实际成本的确认、计量、记录、分配、结算和计算等一系列活动所构成的项目成本控制工作,它是核实和确定企业或组织的项目活动或日常运营活动实际成本控制结果的管理工作。虽然企业或组织的项目活动或日常运营活动成本核算在方法和内容上会有所不同,但是主要的项目成本核算方法、原理和内容基本是相通的。例如,成本核算必须严格遵守国家、企业和合同中的各项规定等。

(2)成本核算的作用。成本核算的主要作用是对企业或组织的活动中所发生的成本作科学的统计和如实的反映,以便为今后更好地开展企业或组织的成本控制提供必要的信息。成本核算的作用是对成本计划实施、成本管理绩效和成本目标实现情况进行考察与核定,从而评价企业或组织的成本控制工作效果,研究并找出降低成本和进行成本管理持续改进的有效方法。因此,成本核算在成本控制中具有十分重要的作用和地位。

(3)成本核算的原理。从原理上说,首先,成本核算要审核企业或组织活动的成本是否已经真实发生、是否是应当发生的、是否是应当计入项目或日常运营成本之中;其次,成本核算要对企业或组织已发生成本按照用途或分类进行分配、计算、核定和归集,以计算出企业或组织的项目获得或日常运营活动成本的指标。所以,在成本核算中必须坚持合法性、可靠性、相关性、一致性、权责发生制和按实际成本计价等一系列的原则。

2．成本分析

这主要是运用成本核算中所获得的成本信息，通过对照实际成本与成本计划和比较实际成本与成本核算历史资料等工作，去发现企业和组织在活动成本控制上所存在的问题，以便解决问题和更好地开展后续的成本控制工作。

（1）成本分析的概念。成本分析是利用成本核算工作所获得的信息和其他方面的有关资料，分析成本水平的发展变化与成本内涵的构成及变动情况，分析和研究影响企业或组织活动成本升降的各种因素及其发展变化，从而找出降低企业或组织活动成本的途径等方面的成本控制工作。所以，成本分析是人们把握成本发展变动的规律、总结成本管理的经验和教训、寻求更好的成本管理方法和途径的一项工作。成本分析包括"事前""事中"和"事后"三个方面的成本分析工作，即"事前"的预测性成本分析工作，"事中"的监控性成本分析工作和"事后"的结果性成本分析工作。

（2）成本分析的作用。成本分析的作用有四个方面：一是借助社会统计学分析方法深入分析和评价成本计划的执行和完成结果，分清成本计划的执行和完成结果中客观环境的影响和人们主观努力带来的结果，以便后续开展成本考核和奖惩，以提高企业或组织成员成本管理的主观能动性和积极性；二是使用概率统计学和社会统计学的原理与方法揭示成本升降变化的真正原因，正确地影响成本高低和变化的各种影响因素及其发展规律，进一步利用这些规律提高成本管理的水平；三是根据上述规律研究和制定降低成本的政策、途径和方法；四是借助成本分析的结果确定适应新情况的标准成本水平及与企业成本水平有关的各种劳动消耗定额和材料消耗定额等。

（3）成本分析的原理。成本分析必须用两个原理：一是绩效分析与原因分析相结合的原理，即成本分析不仅仅是要分析和找出企业或组织的成本实际情况及其与计划的差异，还要找出造成这些差异的原因和影响因素，以便找到解决问题和改进成本绩效的方法与途径；二是内部比较分析与外部比较分析相结合的原理，即不仅要对照比较企业或组织的成本实际与计划、目标、标准和历史情况，而且要对照比较分析和找出企业或组织成本与国内外平均水平和先进水平之间的差异和问题，以便制订出未来努力的正确方向和目标。

3．成本考核

成本考核是根据成本计划实际完成情况与成本计划实施者应承担的成本责任进行对比，考核、评价、奖惩及后续应用的成本管理工作，这是对照企业或组织的成本计划指标和成本实现结果去进行全面审核和评价的成本控制工作。

（1）成本考核的概念。成本考核是成本计划与控制的重要内容和手段，是实现成本科学而有效管理的重要环节和内容。同时，成本考核还是企业或组织的绩效考核中十分重要的组成部分，它多数时间是同组织或个人的任务完成情况考核和绩效考核同时进行。对于企业或组织的项目活动成本考核而言，如果项目业主通过承发包合同委托项目承包商实施项目，则这种项目的成本考核还是两个组织之间成本结算的依据，他们之间根据这种成本考核的结果开展项目成本的给付或结算。

（2）成本考核的作用。成本考核的根本作用是评价企业或组织各责任中心（如生产车间或项目团队等成本中心）的成本业绩，促使这些责任中心对其负有责任的成本开展更有效的控制，借此去控制和降低企业或组织活动的成本。同时，成本考核的作用还包括对每个责任中心和责任人的成本控制绩效进行全面评价并据此给予相应奖惩。通常，企业或组织中的责任中心是指具有责、权、利相结合的部门、团队或个人，成本考核就是针对这些责任中心的责任成本开展相关成本控制绩效的考核。

（3）成本考核的原理。成本考核的原理包括：必须以国家政策和政策法令为依据的成本考核原理；必须以企业或组织的成本计划为标准的成本考核原理；必须以完整可靠的成本核算资料和数据为依据的成本考核原理；必须以提高企业或者组织的成本管理和经济效益为目标的成本考核原理。所以在成本考核中除了考核和评价企业或组织的成本计划完成情况以外，还必须评价企业或组织对国家现行财税制度和纪律的执行情况。成本考核的关键在于不能将客观因素造成的成本实际与计划之间的差异错误地"归罪"为企业或组织的主观努力不够并借此对他们进行奖罚，所以在成本考核中人们必须严格划分可控成本和不可控成本，而成本考核主要考核可控成本的情况和责任。

综上所述，成本管理主要涉及"事前"和"事中"管理两个方面，而"事后"成本管理主要是吸取成本管理经验教训以及改进后期成本管理。

1.5　项目成本管理的基本原理

项目成本管理与日常运营成本管理在原理上有很大的不同，特别是当项目存在承发包情况的时候更是这样，所以本节将专门讨论项目成本管理的基本原理。

1.5.1　项目成本形成的原理

项目成本形成的根源是人们在开展项目活动中消耗或占用了某些资源，而为获得这些项目消耗或占用资源所需的花费就形成了项目的成本。

1. 项目活动是形成项目成本的本源

不管是项目业主自行实施的项目，还是项目业主通过承发包由承包商进行实施的项目，项目成本核算和管理方法中最重要的原理就是：项目的全部成本都是为实现项目目标而开展的项目活动所形成的。这既包括项目业务活动，即生成项目产出物活动所形成的成本，也包括项目管理活动所形成的成本。

（1）只有开展项目活动才会消耗资源和占用资源。因为只有人们开展某种项目活动才会消耗和占用各种资源，所以开展项目活动是形成项目成本的本源，或者说项目活动是形成项目成本的根本变量或动因。虽然不同项目活动所占用与消耗的资源种类、数量、质量和方法等也会有所不同，但是由于项目活动才会造成项目成本这一原理对于所有项目都相同的，这也是项目成本必须采用"基于活动的成本核算"（Activity Based Costing，ABC）和"基于活动的成本管理"（Activity Based Cost Management，ABCM）的根本原因。不管是发达资本主义国家现行的项目成本管理方法，还是我国现行的建设工程工程量清单计价规范（GB 50500—2013）[①]，使用原理都是基于活动的项目成本核算与管理的方法。

（2）项目活动的特性是形成项目成本的主要动因。项目活动的特性主要包括项目活动的数量、规模、种类、复杂程度、质量要求及项目活动方法等。显然，项目活动数量越多或规模越大，项目所消耗和占用资源的数量就越多从而形成的项目成本越高。同时，对项目活动质量要求越高，项目所消耗和占用资源的数量就越多从而形成的从而成本就越高。另外，项目活动的种类越多或复杂程度越高，项目所需占用和消耗的资源就会越多从而项目所形成的成本就越高。更进一步，项目活动所采用的方法不同也会影响项目成本的高低，先进与科学的项目活动方法就能够提高劳动生产率并能降低项目活动成本。由此可知，项目活动的以上特性是项目成本高低的动因，因此人们必须使用这些项目活动的特性作基本变量去确定和控制好项目的实际成本。这就是基于活动的项目成本核算和管理的原理，其最大好处是能更为科学地确定和合理地控制好项目的成本。

---

① 中华人民共和国国家标准，GB 50500—2013，中华人民共和国住房和城乡建设部和中华人民共和国国家质量监督检验和检疫总局联合发布，2012 年 12 月 5 日发布，2013 年 4 月 1 日施行。——编者注

2．获得和使用项目资源而形成了项目成本

由于项目开展活动就需要占用和消耗资源，而为获得项目所需各种资源所付出的代价就形成了项目成本。通常，项目所需消耗的各种资源可按照直接付现或分批采购及期货交易等方式获得，所以在采购项目所需消耗资源的过程中就形成了项目消耗资源的成本。对于项目所需占用的各种设备和人力资源，则是按照租赁、服务或劳务合同及招投标等方式获得，由此就形成了项目占用资源的成本。很显然，不管是项目所需消耗资源还是占用资源的成本，都应该是按照基于活动的成本核算与控制方法进行管理，因为它们都是开展项目活动而形成的。

1.5.2　项目成本的影响因素

项目成本的影响因素有很多，如市场因素、环境因素、政策因素、竞争因素等。按照可控程度，这些可以分成影响项目成本的内部因素和外部因素两种。

1．影响项目成本的内部因素

影响项目成本的内部因素是指那些项目相关利益主体能够自行管理和控制的因素，主要包括以下三个方面。

（1）项目活动的技术和方法。项目成本多少除了取决于项目活动种类、数量和复杂程度以外，主要还取决于人们采用什么样的方法与技术开展和完成具体的项目活动。通常，同样的项目活动采用不同的项目活动方法，其效率及其所需资源种类和数量就会不同，从而就会导致项目成本的不同。因此，项目活动方法和技术是影响项目成本的主要因素之一，所以在确定项目成本时需要分析和确定项目活动最优或最实用的技术与方法。这就是为什么人们在项目招投标等过程中要比较不同投标方案的工作方法并作出选择和决策的原因，因为这样做有两个明显的好处：一是鼓励项目实施组织采用先进项目活动方法以节约成本；二是能够更加科学地确定和控制项目成本或造价。

（2）项目活动的组织与管理方法。项目的成本高低还取决于人们如何组织与管理方法，因为即便是相同种类和数量的项目活动，如果人们采用不同的项目活动组织方法与管理方式就会造成不同的项目活动效率与效果，从而导致不同的项目成本。例如，现有项目多数通过承发包去按照专业分工组织实施的，这种项目实施组织方式因按照专业分工与合作去开展项目，所以就会使得项目所需资源减少而使项目成本得以降低。因此，项目成本管理不但要管理项目活动的种类、数量和活动方法，还必须进一步做好项目活动的组织工作，这包括项目活动的组织方式、组织结构和管理方法等。

（3）项目成本科目的设置。传统的项目成本确定与控制方法将项目成本分别按照固定成本和变动成本进行管理与控制，由于其中的固定成本被冠以"固定"的"头衔"而给人一种无法降低或消除的感觉，结果使得人们很少努力去采取措施降低这类项目成本。但是按照基于活动的成本核算理论，传统的固定成本应该作为占用资源的成本来考虑，这样当这种资源在"未被占用的时间"就可以去转作他用（为其寻找新的用途），从而降低项目成本。所以这种项目成本科目的划分给了人们更加充分利用项目"占用资源"的机会和方法（如通过租赁而获得某种收益）。由此可见，项目成本的高低在很大程度上还取决于项目成本科目的设置与划分，如应该使用项目占用资源成本科目去代替项目的"固定成本"之类的项目成本科目等。

综上所述，基于活动的项目成本确定与控制方法是一种能够相对科学而准确地确定和控制项目成本的技术方法，因为这种方法充分考虑了上述影响项目成本的内部因素，所以这种方法更符合项目成本自身的客观规律和影响控制的原理。

2. 影响项目成本的外部因素

影响项目成本的外部因素是指项目所有相关利益主体无法控制但对于项目成本会造成直接或间接影响的因素。这方面也主要有三个影响因素，具体如下。

（1）项目所需资源的市场价格变化因素。项目所需资源的市场价格的变化会直接影响项目成本的高低，不管是项目所需消耗资源的市场价格变化，还是项目所需占用资源的市场价格变化。所以，在项目成本的确定和控制中必须充分考虑这种因素对项目成本的影响，特别是对于那些实施周期需要多年的项目，人们必须在项目确定和控制中充分考虑在整个项目实施周期中项目所需消耗或占用资源市场价格的每一次变化及这些变化的累积效果。

（2）市场竞争环境的发展变化因素。按照我国合同法的规定，任何商品或服务的合同价格取决于两个方面的因素：一是企业或组织在生产商品或提供劳务中实际发生的成本情况；二是企业或组织所生产商品或提供劳务的具体市场竞争情况。因为项目所需资源都是通过市场进行配置的，所以这些资源的市场竞争情况及其发展变化也是影响项目成本的外部因素之一。市场经济很重要的一个特征就是借助市场竞争降低社会成本和增加社会价值，所以市场竞争的发展变化就成了项目成本的重要影响因素。这种市场竞争的根本原理实际就是利用了资源的稀缺性特征去实现资源的价值性，即如果市场上对于资源的需求者增多而供应者减少则这种资源的价格就会上升，而如果项目需要这种资源，就会导致项目成本的升高。

（3）政府相关政策发展变化的因素。政府政策发展变化的影响因素也是项目成本的一种外部影响因素,这既包括政府宏观经济调控政策方面对于项目成本的影响(如为克服通货膨胀而采取的财政与金融政策对于项目成本的影响),也包括政府对于产业政策或行业政策等方面的变化对于项目成本的影响(如对于新产品研发项目或文化创新与创意项目的政策鼓励对于这类项目成本的影响),等等。实际上,国家和政府宏观经济调控是根据国民经济发展变化情况不断改变的,如为了调整产业结构和区域经济等的需要而采取新的产业政策或地区政策,这些都会给项目成本带来较大的影响,尤其是对于项目周期很长的项目,因为这些方面的政策变化长期积累会给整个项目的成本带来更大的影响。

1.5.3 项目成本的划分

项目成本可从不同角度进行划分,主要的项目成本分类有以下几种。

1. 按要素划分的项目成本

项目成本的构成可以按照项目所消耗或占用资源的性质进行划分,使用这种划分的结果将使一个项目的成本包括以下几个方面。

(1)项目的人工费(占用资源)。项目的人工费是为项目工作的各类人员(如设计师、计算机程序员、研究员、油漆工或其他方面工作人员)的报酬总和,包括工资、津贴和奖金等全部发生在项目人员方面的成本。人力资源是一种项目占用资源,项目的人工费多数是按照占用时间计算的,这是整个项目成本中起决定作用的重要组成部分。

(2)项目的材料费(消耗资源)。任何项目都会消耗各种原材料,这些项目所消耗材料的价值都会转移到项目中从而形成项目的成本。这种成本包括人们为实现项目所购买的各种原料、材料和其他物料的费用,除了机器设备等固定资产外的材料都属于此列。例如,研发项目中所使用的各种试验用原料、材料、试剂等成本就属于这一成本类别的范畴。

(3)项目的设备费(占用资源)。项目设备费包括项目使用各种设备和仪器等所发生的费用,这也是一种占用资源所形成的成本,项目的设备费多数以租赁费(或折旧费加修理费和运行费等)的形式出现。即便是有时为实施项目而专门购买某种仪器或设备,只要不是一次性消耗掉它们而只是占用这种设备或仪器资源,它就应该按占用资源成本计算。

(4)项目的分包费(消耗和占用资源)。项目分包费是指将项目的某些工作通过承发包的形式分包给专门的承包商完成时发生在分包商身上的那部分成本。当项目实施者因缺少某种专门技术或资源时,人们多数就会委托具有这方面优势的分包商去完成这类项目任务，并需要向分包商支付费用，故项目分包费也是项目的一个重要构成部分。因为项目的分包工作越来越多，所以项目分包费项目成本也是整个项目成本的重要组成部分。

（5）项目的其他费用（消耗和占用资源）。项目的其他费用包括许多具体内容，如项目业主或其代理人在项目期间所发生的费用，项目的政府主管部门所收取的各种费用，项目实施过程中所发生的其他性质的费用，等等。例如，各种为项目而发生的差旅费、住宿费和补贴。另外，项目其他费用还包括为项目实施所需的各种措施费、临时设施费和项目变更费用，等等。

以上项目各项成本构成在不同项目中所占比例会有很大不同，但是它们作为项目成本构成的组成部分都是存在的，虽然它们各自独立，但是也是相互关联的。

2. 按性质划分的项目成本

项目成本管理既涉及财务会计成本核算与控制，也涉及管理会计成本核算与控制，所以项目成本的划分需按财务会计和管理会计两方面的成本性质进行划分。

（1）从财务会计角度划分。财务会计要求人们按照项目成本科目的核算性质去划分项目而给出整个项目成本的构成，这种项目成本构成可以划分为以下几个方面。

1）项目直接成本。这是指项目直接消耗的各种资源所形成的项目有关成本，包括项目的直接人工费、直接材料费、直接设备费及其他直接费用。例如，如果为某个项目购进并使用了一批材料，则该部分材料成本就属于项目的直接成本部分。

2）项目间接成本。项目间接成本是指那些项目直接成本以外，需要由项目进行分摊或承担的一类费用，多数是由项目业主或项目实施组织在开展项目时发生的一种费用，其中包括项目的管理成本、项目的保险费和融资成本等。

（2）从管理会计角度划分。管理会计要求人们按照项目资源的性质将项目成本划分为消耗性资源的项目成本和占用类资源的项目成本，以便人们可以分别开展管理。这种项目成本构成可以划分为以下几个方面。

1）项目的资源消耗成本。如前所述，这是指由项目消耗的那些全部价值都转移到项目中的资源所形成的项目成本，包括项目各种材料费等，因为项目材料类资源的全部价值都会直接转移到项目价值中，所以这是项目资源消耗类的成本部分。

2）项目的资源占用成本。这是指项目因在一定时间内占用资源所形成的成本，包括项目直接或间接占用的资源（设备和办公室等资源）所形成的项目成本，以及项目全部或部分占用的资源（工作和管理人员）所形成的项目成本。

上述这些按照不同的划分标志而给出的项目成本构成，可以使人们从不同的角度去更好地认识项目成本的特性和内涵。项目成本管理人员和项目经理都必须十分清楚地了解这些项目成本的构成，以便更好地开展项目成本的管理。

3．按项目阶段划分的项目成本

从项目的生命周期来看，项目成本应包括在项目全过程中各个阶段所发生的成本。按时间划分的项目成本的构成主要有以下几个方面。

（1）项目定义与决策成本。项目定义与决策阶段工作是决定项目成败的重要工作。在这一阶段，人们要完成的活动包括项目的立项与初步可行性研究、项目的详细可行性研究、项目的初步设计等活动或工作。人们完成这些项目工作就需要耗费人力、物力和其他各种资源，就需要花费资金，这些构成了整个项目定义与决策活动的成本。

（2）项目计划与设计成本。项目计划与设计工作是整个的计划和安排工作，同样会消耗资源和发生费用。例如，在项目设计中会发生人工费用、设备费用与耗材费用，在项目计划中会发生人工费用和管理费用等。这些费用也是构成整个项目成本的一个重要组成部分，即项目的设计与计划成本。

（3）项目实施与控制成本。项目实施与控制成本是指人们在项目实施的过程中，为生成项目产出物开展的各项业务工作和管理工作所耗用资源而形成的成本。这既包括在项目实施与控制中所消耗和占用的物质资源成本，也包括在项目实施和控制过程中所消耗和占用的人力资源成本，是在整个项目成本中所占比例最大的一部分成本。

（4）项目完工与交付成本。项目完工与交付成本是指在整个项目的结束阶段所发生的各种成本，主要包括项目的管理终结成本与项目的合同终结成本等内容。其中，前者是项目实施组织发生的一种管理成本，后者是项目实施组织同其他组织（如项目业主和供应商等）共同工作所发生的成本。这些项目终结工作的成本同样是整个项目成本的重要部分。

1.5.4　项目成本管理的基本原理

从基本原理上说，项目成本管理应该包括项目成本、项目功能和项目价值三个方面的管理原理，因为"项目价值等于项目功能与项目成本之比"是这方面的根本原理。所以项目成本管理包括合理地确定项目价值和有效地控制项目成本两个方面，而这都是为提高项目价值服务的项目成本管理工作。因此，项目成本管理的根本原理有两个：一是努力实现项目价值的最大化和项目成本的最小化目标；二是努力实现项目价值分配的合理化而满足相关利益主体的要求和超越其期望的目标。

1. 项目成本管理的概念

不同的教科书和项目管理协会等组织会有自己的项目成本管理定义和内涵界定，而本书给出的是编者自己多年研究和提出的项目成本管理定义与内涵。

（1）项目成本管理的定义。项目成本管理是指为实现项目成本最小化和项目价值最大化所开展的一种项目专项管理，这种管理的基本目标是在保障实现项目既定目标或功能的前提下，通过对项目成本开展估算、预算、实施、控制和改进等管理工作，努力实现项目价值最大化和项目成本最小化。这种管理的主要内容包括项目的资源计划、项目成本的估算、项目成本的预算、项目预算的控制和项目成本管理改进等一系列工作。因此也可以说，项目成本管理就是为确保项目在既定预算之内按时、按质、经济、高效地实现项目目标所开展的一种项目管理工作。

（2）项目成本管理的边界。长期以来，我国在项目成本管理方面的认识严重遭受计划经济体制下的工程建设项目造价管理方面的原理与方法的影响，使得我国的项目成本管理主要局限在基于工程项目成本定额的管理范畴之内。然而，随着现代项目管理内涵的不断丰富，人们开始研究和认识了各种一般项目的成本管理原理和方法，这种关于项目成本管理的发展主要表现在两个方面：一是这种项目成本管理拓展到了如创新项目等各种项目的成本管理，而工程建设项目造价管理只是其中的一个类别而已；二是这种项目成本管理的范畴不仅是基于定额的项目成本的确定与结算控制，还包括提高项目功能和增加项目价值等方面的管理。

2. 项目成本管理的内涵

现代项目成本管理在内涵上有了很大的拓展，既要全面管理项目成本及其变化因素，又要积极扩大项目功能和增加项目价值，这些项目成本管理的内涵如下。

（1）项目成本管理应该涉及对于项目占用和耗用资源的管理。项目成本管理必须设法管理和减低项目对于各种资源的消耗和占用，这方面的管理是项目成本管理的核心工作。其中，项目对于各种资源的消耗可以通过节约的方法实现，而项目对于各种资源的占用可以通过降低占用时间的方法实现。

（2）项目成本管理应该包括对于项目活动规模和方法的管理。项目所需资源是由于人们要开展项目活动造成的，如果项目有无效或低效的活动就会增加资源的占用或消耗，所以项目成本管理必须做好两方面工作：一是设法消减各种项目无效活动；二是设法改善各种项目低效活动。

（3）项目成本管理需要包括提升项目功能与价值方面的管理。开展项目活动的目的是实现项目既定功能并借此去获得新增价值，所以项目成本管理还必须包括提高项目功能以增加项目价值的管理工作，这包括增加项目成本去扩大项目功能以大大提高项目价值等方面的项目成本管理工作内容。

综上所述，项目成本管理内涵还包括各种提高项目功能和增加项目价值的管理内容，这涉及管理和控制项目范围、时间、质量、资源配置、活动规模、活动内容和方法等各种能够实现项目价值最大化的项目管理工作。

3. 项目成本管理的基本原理

从上述项目成本管理的内涵可知，项目成本管理涉及努力降低项目成本和积极提升项目价值两个方面的工作。因为项目成本管理的根本目的是为了企业或组织创造出新增价值，即开展项目成本最小化和项目价值最大化的管理的原理。

（1）努力降低项目成本的管理原理。项目成本管理的首要任务是努力降低项目成本，这可通过努力降低项目对资源的消耗和占用来实现，而节约项目成本的间接效果是实现项目价值的增加。人们还可以通过管理和控制项目范围、项目时间和项目质量等方面的管理工作去实现降低项目成本的目的，如通过项目范围管理去消减项目的活动数量和规模从而节约项目成本，通过项目时间管理去消减项目活动的时间（时间就是金钱）以节约项目成本，等等。所以从原理上说，项目成本管理要求人们不能仅限于对项目成本自身的管理，还须开展项目成本关联要素的全面集成管理。否则，人们不但无法实现项目成本最小化和价值最大化的目标，最终会因"抠门"而导致项目价值的低下。

更进一步说，项目成本管理不仅要对项目所需资源进行全面管理，而且还要通过项目资源配置实现降低项目成本的目标。同时，人们在项目资源获得过程中还需要根据市场的资源供应情况做好对项目所需资源价格的控制，如通过大宗采购、套期保值、合理控制采购试点和批量等方法去降低项目成本。另外，在项目设计和实施阶段中人们还可以选用替代资源，以实现项目成本降低和价值提升的目的。

（2）努力增加项目价值的管理原理。不管是对于投资项目和新产品开发项目还是对于信息系统建设项目和工程建设项目所开展的成本管理，人们都必须在降低项目成本的同时做好增加项目价值的管理工作。因为从管理原理角度出发，人们所有活动（包括项目成本管理活动）都是以提升价值而去获得更大收益为目的的，所以提升项目价值的管理工作必须是项目成本工作的工作之一。例如，不管是人们在项目定义与决策阶段对于项目价值与成本的预测和分析（如项目净现值分析和现金流量分析等），还是在项目计划与设计阶段的项目方案比较、选优和风险分析（如项目量本利分析和敏感性分析等），以及在项目实施与控制阶段的项目变更和跟踪决策（如项目范围、时间和质量的变更决策等），这些都属于人们为提升项目价值所开展的项目成本管理工作的范畴。

所以从原理上说，项目成本管理必须包括项目成本降低和项目价值增加两方面的管理工作。从经济学的原理出发，古今中外人们开展的任何一个项目都是为获得某种新增价值服务的，这种项目新增价值的描述如式（1-3）所示：

$$项目新增价值=项目价值-项目成本 \qquad (1-3)$$

显然，如果项目没有新增价值，人们就不需要它，当然也就不需要对这种项目开展成本管理。人们作为项目业主开展投资项目的根本目的是通过项目获得投资收益，而人们作为项目承包商去承担项目实施的目的是为获得带来的新增价值的项目造价，即使是政府开展项目也是为公众获得某种新增加值或利益服务的。实际上，所有项目相关利益主体都希望通过项目获得新增价值，所以任何项目成本管理的首要任务都是提升项目的新增价值。虽然项目业主、承包商和政府部门的项目成本管理有所不同，但人们借助管理去提升项目新增价值的目标和原理是相同的，因此从原理上项目成本管理必须开展项目成本降低和项目价值提升两方面的管理。

4. 项目成本管理的工作内容

根据上述项目成本管理的原理，人们需要开展多方面的项目成本管理工作，这主要包括项目工作与活动的分解、项目资源的计划与安排、项目成本的估算、项目成本的预算、项目成本的控制、项目成本的终结六个方面。

（1）项目工作与活动的分解。项目成本是由于人们开展项目活动而消耗和占用资源造成的，所以项目成本管理工作的首要任务就是根据项目目标和项目产出物及项目可交付物等一系列依据，去分解和得到项目所需开展的各种工作包和项目活动或任务，以便借此进行项目成本估算和预算等工作。中国有句话说得好，"别看你今天闹得欢，小心将来拉清单"，所以项目成本管理的首要任务是在项目成本计划之前先要按照"充分/必要"的基本原则，使用项目工作分解结构（Work Breakdown Structure，WBS）等方法去分解界定出项目工作包和项目活动的清单（工程项目叫分部分项工程量清单）。

（2）项目资源的计划与安排。这是人们根据项目工作分解结构和项目活动清单及项目活动进度安排等依据，计划和安排好项目所需的各种资源，以及设计和安排好项目资源采购作业计划等方面的项目成本管理工作。这包括识别和确定项目全部活动所需的各种消耗和占用资源的种类、数量和资源投入时间，然后根据需要编制出项目所需资源计划和项目资源采购作业计划等方面的项目成本管理具体工作内容。在项目资源计划编制工作中,最为重要的一点是既要确定项目所需资源的计划,也要计划安排好项目资源的采购作业计划,只有这样才能保证项目在实施中有足够的资源使用。

(3)项目成本的估算。这是人们根据项目工作分解结构和项目活动清单、项目活动进度安排、项目所需资源计划和项目资源采购作业计划,以及项目所需资源的市价或预期价格等信息,估算出项目各种活动和整个项目成本的管理工作。项目成本估算中最主要的内容是估算出各项目活动的单位成本(或综合单价)及项目总成本。按照人们对项目本身的认识深度不同,进一步还分为不同详细程度的项目成本估算工作。例如,在工程项目造价管理中有项目成本初步估算、设计概算、施工图预算(详细项目成本估算)等项目成本估算工作。另外,项目业主和项目承包商也各自会有不同的项目成本估算,他们的项目成本估算的口径、内容和方法也各有不同。

(4)项目成本的预算。这是指人们在项目成本估算基础上,进一步考虑项目的各种风险因素,从而制定出项目成本控制基线和项目成本计划的管理工作。其具体内容包括确定项目各项活动的成本预算、确定项目风险性所需预算(如项目不可预见费等)和确定项目成本的总预算等。项目成本预算实际上就是项目成本的计划安排,其结果是确定和给出相对合理与科学的项目成本控制基线。同样,项目业主和项目承包商等各自也都会有自己的项目成本预算,而且这些不同项目相关利益主体的成本预算的口径、内容和方法更是各有不同。例如,项目业主的成本预算中不但要包括项目承包商的成本预算,而且还包括项目承包商的利润和国家的税金,以及项目业主为应对项目不可预见风险而准备的项目管理储备等。

(5)项目成本的控制。这是指依据项目成本预算和项目所处环境与条件的发展变化情况,努力将项目实际成本控制在预算范围之内或积极开展项目预算变更等方面的项目成本管理工作。项目成本控制包括"控"和"制"两个方面的具体工作内容,其中的"控"是指保障项目成本预算不能失控的工作,"制"是指一旦项目预算失控而采取的紧急制止工作。项目成本控制的具体内容包括度量项目实际发生的成本情况、分析项目实际发生成本与项目预算的差异、采取相应的项目预算变更和项目成本纠偏措施、根据项目预算做好项目成本结算和项目索赔办理等工作。此处需要明确的是,项目成本计划不周是由于项目自身的一次性和独特性等特性使然,而项目成本预算变更是对项目成本计划不周的积极改变,因为人们随着项目不断开展才能更好地认识项目及其成本,所以项目成本管理应该积极进行项目成本预算的变更。

（6）项目成本的终结。这是指项目完工与交付阶段所开展的项目成本管理工作，是专门为终结项目成本管理和总结项目成本管理经验所开展的项目成本管理工作。其中，终结项目成本管理的工作主要是项目最终结算和项目所有权的转移等方面的工作，而总结项目成本管理经验方面的工作主要是为了"吃—堑长—智"而日后能做好类似项目的工作。项目业主和承包商等会有完全不同的项目成本终结工作，而且二者需要共同开展项目成本的最终结算工作，项目总承包商需要与分包商共同开展项目成本的最终结算工作，项目分包商与供应商也需要开展项目成本的最终结算工作，等等。另外，项目业主还需要同项目贷款银行和政府主管部门等开展项目成本的终结工作。

1.6　项目价值管理

任何人或组织花费项目成本都是为获得项目价值，所以项目成本管理最重要的是如何提高项目价值，这是比降低项目成本更高层次的项目成本管理工作。

1.6.1　项目价值

任何一种产品、服务、一件事情或项目都有其价值，项目有其产出物和相应的工作与活动，项目工作创造了项目产出物，而项目产出物具有自己的价值。

1. 项目价值的概念

本书在式（1-1）中给出了项目成本、项目功能和项目价值的关系，具体内涵如下。

（1）该公式中的 C 代表为实现项目功能所付出的项目成本。从投资角度上说，任何项目成本只是实现项目价值 V 而垫付的资金，人们要实现项目价值 V 就须先投入项目成本 C，这是为获得项目功能 F 和实现项目价值 V 而付出的项目投入。因此，正确的项目成本管理必须以努力实现项目价值的最大化为目标，而降低项目成本的根本目的还是为实现项目价值最大化服务的。

（2）该公式中的 F 代表体现项目价值的项目功能。从投资角度来看，任何项目功能 F 都是人们为实现项目价值而在投入一定成本后所获得的。所以，项目功能实际上是对于项目价值的一种描述，因为项目功能 F 与项目成本 C 之比即项目价值 V。因此，正确的项目成本管理必须将努力提高该公式中的项目功能 F 作为实现项目价值最大化的主要工作和手段之一。

（3）该式中的 V 代表的是项目功能和项目成本的性价比。人们认定项目功能是否"值得"则需将项目功能与项目成本相比较，所以式（1-1）中的 V 表示的项目价值不仅取决于 C 所表示的项目成本，还取决于 F 表示的项目功能，这是人们对投入项目成本所获项目功能是否"值得"的主观认定。因此，项目成本管理还必须考虑人们对于项目价值的主观偏好，以实现项目价值 V 的最大化。

（4）项目成本管理必须是以项目价值为导向的。项目成本管理必须以项目价值最大化为导向，因为获得项目更大价值是人们投入项目成本和开展项目成本管理的根本原因和理由。因此，项目价值管理就必须从项目成本和项目功能两个方面入手，从而实现提高项目价值的根本目的。从主观角度出发，项目价值就是项目相关利益主体的要求和期望的体现；从客观角度出发，项目成本是由市场和竞争情况决定的；所以项目成本管理要以项目价值为导向。

2. 项目价值的分类

任何产品或服务都有使用价值和市场价值两个方面，因为任何产品或服务都有自己的生产和消费两个过程，它们的买卖过程形成了其市场价值，它们的消费过程形成了其使用阶段。例如，人们买卖汽车（产品）或汽车保险（服务）而花钱所形成的是它们的市场价值，但人们在使用汽车或汽车保险的过程中获得的是它们的使用价值。同样，项目在确定项目造价（或价值）的过程中形成了市场价值，然后在人们使用项目功能的过程中实现了项目的使用价值。

（1）项目的使用价值。项目的使用价值是在项目使用过程中通过使用者的体验而实现的，所以项目这种使用价值中既有项目自身功能的客观价值，也有人们使用项目的主观体验的价值。项目的产出物就是某种有形或无形的产品或服务，人们对于项目产品所具有的使用价值的主观认识就是项目的使用价值。

（2）项目的市场价值。项目的市场价值是在项目交易过程中通过项目实施者和使用者的博弈而实现的。人们在购买项目时首先看其功能好坏，然后比较同项目的市场价格，进一步分析是否"合算"而确定项目的市场价值。项目的市场价值多数通过招投标，以及根据项目功能与成本之比和市场同类项目的功能与成本之比确定的。

1.6.2 项目价值管理的原理与方法

利用式（1-1）给出的价值工程公式去开展项目成本管理，就可以通过有组织和系统性地开展活动和合理配置资源，最终达到提高项目新增价值的科学管理。所以，项目价值管理是在价值工程的基础上发展起来的，并且项目价值管理是项目管理的重要工作，更是项目成本管理的最重要的部分，因为任何项目成本管理的目的都是为实现项目价值最大化服务的，即以较小的项目成本实现较大的项目价值。

1. 项目价值管理的目标

从根本上说，项目价值管理的目标是要实现项目价值大于成本，从而为项目相关利益主体实现新增价值。这种项目价值管理目标可用式（1-4）给出示意：

$$项目价值 - 项目成本 > 0 \qquad (1-4)$$

实现这种项目价值管理目标有两方面的具体目标，具体分述如下。

（1）项目价值最大化的具体目标。项目价值最大化问题实际就是经济学或管理学中有关强调"效率"的问题，即如何更大增加项目价值的问题，所以项目价值管理首先需要项目全体相关利益主体同心协力创造项目的新增价值并努力实现项目新增价值的最大化。实际上，人们开展任何活动都是为获得某种好处或叫"新增价值"，而且这种"新增价值"越大越好。对于项目这种事情也同样，所以项目成本管理必须以努力实现项目价值最大化为目标。

（2）项目价值分配合理化的具体目标。项目价值分配合理化的问题就是经济学或管理学中有关强调"公平"的问题，即如何实现项目价值分配合理化的问题。实践证明，一旦项目相关利益主体们因项目价值分配不公而出现冲突就会破坏项目的合作，从而就无法获得项目新增价值和实现项目价值最大化。项目相关利益主体们需要公平地分享项目新增价值，这就是必须实施项目价值分配合理化管理的原因。

实际上，上述两个方面的具体目标缺一不可且必须保持很好的均衡，因为经济学和管理学的研究证明，过度强调效率会牺牲公平且反之亦然。

2. 项目价值管理的原理和方法

项目价值管理的原理涉及项目价值、项目功能和项目成本三方面的管理，人们要提高项目价值就必须努力管理好项目功能和项目成本，其最重要的管理原理和方法如下。

（1）改善项目功能的管理原理和方法。项目价值都是由项目功能去实现的，所以项目价值管理的首要方法是通过提高和改进项目功能去实现项目价值提升。在项目价值管理过程中，人们首先需要了解项目相关利益主体们对项目功能的要求和期望，并据此消减无效或低效的项目功能及为此支付的成本，所以这是一种提高项目功能和降低项目成本，从而双向提高项目价值的管理原理和方法。

（2）合理配置资源的管理原理和方法。人们在项目功能实现过程中需要消耗和占用资源，而采用合理配置资源的管理方法也能降低项目成本和提升项目价值，因此人们必须做好项目资源的合理配置，减少各种"停工待料"等项目资源配置不合理问题，在实现项目既定功能的前提下降低项目成本和提升项目价值。所以，项目价值管理需要借助价值分析方法找出项目资源配置不当的地方和问题，进而采取相应措施去提高项目的价值。

（3）消除无效活动的管理原理和方法。如果人们能够借助价值工程的方法消减项目实施方案和项目组织方法中所包含的各种无效活动，则项目所需资源就可以得以节省，从而在实现既定项目功能的同时就可以降低项目成本和提高项目价值。实际上，20世纪90年代提出的"过程再造"或"再造工程"等方面原理和方法就是使用了这个道理，当然这些原理和方法也可在项目价值管理中进行应用。

（4）改进活动方法的管理原理和方法。在既定项目实施方案和组织方法中，人们可采用不同的技术和方法，而不同的项目实施和组织技术与方法会形成不同的项目活动效率和成本，所以人们可通过改进项目实施技术和组织方法去提高项目活动效率，节约低效项目多余的消耗与占用的资源，进而就可实现降低项目成本和提高项目价值的目的。

（5）积极开展创新的管理原理和方法。在项目技术、组织和控制等方面的创新也可以实现同时降低项目成本和提高项目价值的目标，所以项目管理者要引导和鼓励人们充分发挥主观能动性和创新精神去开展创新，从而实现项目价值最大化。在传统项目成本管理中人们靠各种"抠门"方法去降低成本，但这无法降低项目成本，只会导致项目价值分配不公。

1.6.3 项目价值管理途径与作用机理

人们实现项目价值最大化的途径和手段有多种，这涉及项目价值、项目成本与项目功能这三个变量的增减和变化等具体的途径与作用机理。

1. 项目价值管理的途径

人们通过改进项目功能与项目成本两方面的管理去实现提高项目价值的目的。根据价值工程原理，实施项目价值管理有五种途径和手段，具体见表1-1：

表1-1 项目价值管理的途径和手段

途 径	项目功能（F）	项目成本（C）	项目价值（V）
1	↑	→	↑
2	→	↓	↑
3	↑	↓	↑↑

途　径	项目功能（F）	项目成本（C）	项目价值（V）
4	↑↑	↑	↑
5	↓	↓↓	↑

注　其中↑代表上升，→代表不变，↓代表下降，↑↑代表大大上升，↓↓代表大大下降。

（1）项目成本不变而提高项目功能就会提高项目价值。这是因为人们用同样项目成本而获得了更多的项目功能，当然提高的项目功能必须是能够满足项目相关利益主体们的要求和期望。因此，项目管理者需要通过对项目相关利益主体要求和期望的分析，去找出需要提高的项目功能，然后通过增加这种项目功能去实现提高项目价值的目的。

（2）项目功能不变而降低项目成本去提高项目价值。这可以通过消除无效项目活动和改进项目活动方法与合理配置资源等办法去降低项目成本，在保持项目功能不变的情况下实现项目价值的提高。这包括消减项目功能中无效或低效的功能，从而减少实现这些功能所需的资源而降低项目成本，但是通过传统项目成本管理的"抠门"方法去实现降低成本不属此类。

（3）项目功能提高且项目成本降低会大大提高项目价值。人们也可同时对项目功能和项目成本开展管理，从而实现项目功能提高且项目成本降低的目的。这有三种办法可以实现：一是用先进的项目实施技术和科学的管理方法提高项目效率；二是减少对于项目相关利益主体无用的项目功能；三是增加有价值的项目功能。借此人们就可提高项目功能、节约项目成本和提高项目价值。

（4）项目成本略升而项目功能大增从而提高项目价值。如果项目成本增加较少，但项目功能提升很大，这就可以使项目价值有更大的提升。只要新增项目价值高于为此新增加的项目成本，人们就可以借助这种途径和方法提高项目的价值。虽然这种提高项目价值的方法需要同时增加项目成本，但是项目价值的增加大于项目成本的增加，人们就能实现获得项目新增价值。

（5）项目功能略降而项目成本大降从而提高项目价值。如果可以通过略微降低某些项目功能而使项目成本大大降低，这也可以提高项目价值或获得新增的项目价值。当然，这种项目功能的降低必须以不损害项目相关利益主体利益为前提，所以这种项目价值提升的方法必须经过项目相关利益主体的同意，因为项目功能的好坏必须由项目相关利益主体决定。

综上所述，项目价值管理或项目价值导向的成本管理与传统项目成本管理不同，并非仅靠降低项目成本一条途径和方法，而是有多种途径和方法，最终的目标是使项目相关利益主体能够获得相对满意的项目价值。

2. 项目价值管理的作用机理

人们之所以要开展项目成本管理，不是为了"省钱"，而是为了"赚钱"，所以项目成本管理最基本作用机理有三个：一是实现项目成本最小化；二是实现项目价值最大化；三是实现项目价值分配合理化。以上三个方面的作用机理分述如下。

（1）项目成本最小化。项目成本管理的首要作用机理是设法实现项目成本的最小化，这包括通过项目成本管理去消减不必要的项目活动而降低项目成本，通过项目成本管理合理地配置项目资源等具体工作。所以，在项目成本的确定中人们要按照"充分必要原则"确定项目活动，在项目活动开展过程中要合理配置项目所需的各种资源，进一步采用各种"增产节约"的方式去降低成本，最终实现项目成本最小化的根本目标。

（2）项目价值最大化。项目成本最小化的根本目的是要实现项目价值的最大化，而这需要按照价值工程的原理去设法提高项目价值。特别是，当项目的成本有一定程度的上升，而项目价值会大大上升时，人们就不能"抠门"而应该增加项目成本去获得更大的新增项目价值，这才是项目成本管理最基本的作用机理。为此人们需要借助项目全团队管理等方法去协调好各方的利益，大家共同为实现项目价值最大化而努力。

（3）项目价值分配合理化。显然，人们只有通过项目相关利益主体之间价值分配的合理化才能消除因项目价值分配不公而在他们之间出现的冲突和由此带来的项目成本上升与项目价值下降的问题，这是项目成本管理第三个重要作用机理。如果项目业主只想自己"少花钱多办事"而项目承包商只想自己"少干活多拿钱"，这样就会导致项目业主的利益受损而出现利益冲突与合同纠纷，结果会导致无法实现项目价值最大化目标。

复习思考题

一、单选题

1. 下列因素中（　　）不是影响项目成本的内部因素。

A. 企业或组织所使用的专业技术方法的影响

B. 企业或组织所使用组织和管理方法的影响

C. 企业或组织所使用成本管理方法的影响

    D. 国家或国际的宏观环境影响因素

2. 按照项目实施者可以将项目成本分为（　　）。

    A. 项目业主的成本、项目供应商的成本、项目承包商的成本

    B. 自我实施项目的成本和业务实施项目的成本

    C. 企业单位的项目成本、事业单位的项目成本和政府部门的项目成本

    D. 开放性的成本、半开放性的成本和半封闭性的成本

3. 成本可按不同特性进行分类，而人们之所以要对成本进行分类最主要的是为了更好地认识和管理成本，因为通过分类人们可以看到成本不同方面的实质内涵。成本按照作用可以分为（　　）。

    A. 日常运营成本和项目成本　　　　B. 固定成本和变动成本

    C. 财务会计成本和管理会计成本　　D. 单位成本和总成本

4. 按照项目实施者的不同可以将项目成本划分为（　　）。

    A. 自我实施项目的成本和业务实施项目的成本

    B. 固定成本和变动成本

    C. 项目业主的成本、项目承包商的成本、项目供应商的成本

    D. 企业单位的项目成本、事业单位的项目成本和政府部门的项目成本

5. 根据项目成本、项目功能和项目价值之间的关系，当项目成本不变而项目功能上升时（　　）。

    A. 项目的价值将会增加　　　　　　B. 项目的价值不会改变

    C. 项目的价值将会减少　　　　　　D. 项目的价值没有明显变化

6. 分析企业或组织所处的市场情况和外部环境等影响因素的情况做外部环境及其影响因素对于企业或组织日常运营或项目成本的影响是（　　）。

    A. 成本预测工作之一　　　　　　　B. 成本决策工作之一

    C. 成本计划工作之一　　　　　　　D. 成本控制工作之一

7. （　　）是为项目工作的各类人员（如设计师、计算机程序员、研究员、油漆工或其他方面工作人员）的报酬总和，包括人们的工资、津贴和奖金等全部发生在项目人员方面的成本。

    A. 项目的人工费　　　　　　　　　B. 项目的材料费

    C. 项目的设备费　　　　　　　　　D. 项目的分包费

8. 项目成本管理就是指为实现（　　）所开展的一种项目专项管理。

    A. 项目成本最小化和项目价值最小化

B. 项目成本最大化和项目价值最大化

C. 项目成本最小化和项目价值最大化

D. 项目成本最大化和项目价值最小化

9. 在产品或服务的使用过程中通过使用者的体验而实现的价值是（　　）。

A. 项目的市场价值　　　　　　　B. 项目的价值总和

C. 项目的使用价值　　　　　　　D. 项目的拆除价值

10. 项目价值管理目标是要实现（　　），从而为项目相关利益主体实现新增价值。

A. 项目价值等于项目成本

B. 项目价值大于项目成本

C. 项目价值小于项目成本

D. 随情况而定的项目价值与项目成本的关系

二、多选题

1. 项目管理的具体任务是在整个项目和各个项目阶段中通过开展（　　），使用相应的管理知识、技能、方法和工具做好计划与控制等方面的管理工作。

A. 项目起始管理工作　　　　　　B. 项目计划管理工作

C. 项目组织管理工作　　　　　　D. 项目控制和结束管理工作

2. 成本的基本定义中包含有几个层次的具体内涵，包括（　　）。

A. 成本是开展生产和社会活动所耗费资源的经济价值

B. 成本是为实现特定目的而付出的经济价值

C. 成本是组织为实现既定目的而垫付的资金

D. 成本是组织为达到既定目的而损失的机会

3. 项目成本是为获得项目投资收益而进行的一种垫付（或叫投资），这种垫付又通过（　　）两种情况获得补偿或回收。

A. 将已经实现的项目投入运营来收回项目成本并获得额外收益

B. 项目实现过程中将项目成本的垫付收回并获得额外收益

C. 通过项目建设者的与该项目无关的收入来获得额外收入

D. 通过其他项目的收入来收回项目的成本

4. 由于项目成本是为生成项目功能所做的投入或投资，因此广义的项目成本管理必须从（　　）三个方面去开展全面的管理。

A. 项目成本　　　　　　　　　　B. 项目功能

C. 项目时间　　　　　　　　　　D. 项目价值

5. 在确保项目价值、功能与目标的前提下，人们可以通过开展对于（　　）等方面的管理，去实现项目成本的降低与项目价值的提升。

    A. 项目活动种类　　　　　　　　　B. 项目活动规模

    C. 项目活动内容　　　　　　　　　D. 项目活动方法

6. 成本控制工作一般需要进行（　　）等工作。

    A. 成本预测　　　　　　　　　　　B. 成本核算

    C. 成本分析　　　　　　　　　　　D. 成本考核

7. 影响项目成本的内部因素是指那些项目相关利益主体能够自行管理和控制的因素，这主要包括（　　）等几个方面。

    A. 项目活动的技术和方法会影响项目成本

    B. 项目活动的组织管理会影响项目成本

    C. 项目成本科目的设置会影响项目成本

    D. 项目所需资源的市场价格变化会影响项目成本

8. 下列对于成本的划分是按照要素来进行划分的项目成本有（　　）。

    A. 项目的人工费　　　　　　　　　B. 项目的材料费

    C. 项目的设备费　　　　　　　　　D. 项目的分包费

9. 下列对于成本的划分是从财会的角度来进行划分的项目成本有（　　）。

    A. 项目直接成本　　　　　　　　　B. 项目全团队成本

    C. 项目全要素成本　　　　　　　　D. 项目间接成本

10. 项目成本管理最基本的作用包括（　　）。

    A. 实现项目成本最小化　　　　　　B. 实现项目价值最大化

    C. 实现项目成本最大化　　　　　　D. 实现项目价值分配合理化

三、简答题

1. 简述广义的项目成本的定义。

2. 成本与项目成本有何相同之处？

3. 我国传统项目成本管理有哪些主要问题？

4. 成本的主要影响因素有哪些？

5. "事前"成本管理有哪些工作？

6. "事中"成本管理有哪些工作？

7. 为什么要努力实现项目价值的最大化？

8. 为什么要实现项目价值分配的合理化？

第 2 章
| 项目成本管理方法论

本章学习目标

　　本章主要介绍了成本管理及项目成本管理的基本方法，包括成本管理的基本方法、项目成本管理的基本方法、项目成本集成管理的方法，使读者对成本管理及项目成本管理的基本概念及理念有初步和整体的认识。

　　重点掌握：成本管理的基本方法、项目成本确定的基本方法、项目全要素成本集成管理的方法、项目全风险成本集成管理的方法、项目全团队成本集成管理的方法。

　　一般掌握：项目成本确定与项目成本控制的基本方法。

　　了解：项目成本控制的基本方法。

2.1　成本管理的基本方法

　　人们要学习好项目成本管理的基本方法，首先需要学习好成本管理的基本方法。这包括成本管理中的预测、决策、计划、核算、分析和考核的基本方法。其中的成本预测、决策和计划的方法属于成本确定方法的范畴，而成本核算、分析与考核的方法则属于成本控制方法的范畴，这两方面的成本管理基本方法分述如下。

2.1.1　成本确定的基本方法

　　成本确定是"事前"的成本管理工作，包括成本预测、决策和计划三个方面。

1. 成本预测的基本方法

　　人们要预测成本目标实现的可能结果和情况，就需要使用成本预测的基本方法。根据成本预测的目的和要求的不同，有多种具体的成本预测基本方法。

　　（1）定性和定量的成本预测方法。定性预测方法是指根据专家经验及运用逻辑思维去预计和推断未来成本发展变化的预测方法，这种方法多用于粗略或初始的成本预测。定量预测方法是指根据历史资料及成本与影响因素之间的数量关系，通过建立数学模型来预计推断未来成本的各种预测方法，这种方法多用于对成本进行详细或深入的预测。

　　（2）成本发展变化趋势的预测方法。通常，这是使用按时间顺序排列给出的成本历史资料，运用一定的数学模型和方法去预测成本未来发展变化的方法。这种成本预测的基本方法又分为简单平均预测方法、加权平均预测方法和指数平滑预测方法等。按照成本历史数据每组的样本多少而划分成五日均线、十日均线或月均线及年均线等预测方法。

　　（3）成本变化因果关系的预测方法。这是根据成本与其相关因素之间的内在联系，运用统计的相关或回归分析等数学方法，建立相关的成本因果预测模型，然后进行成本影响因素和结果的预测的方法。其中，最常用的该类成本预测基本方法包括本量利分析方法、投入产出分析方法、回归分析方法等，这些都属于成本因果预测基本方法的范畴。

　　另外，还有一些其他专用的成本预测基本方法，这些成本预测的基本方法既可以用来预测人们的项目活动成本，也可以用来预测人们日常运营活动的成本。

2. 成本决策的基本方法

　　不管人们开展何种活动都要作出成本决策，所以人们需要成本决策的基本方法。其方法会因成本决策内容及目的不同而不同，使用较多的相关方法如下。

（1）总量分析与决策的基本方法。总量分析与决策的方法是一种以企业或组织的总量指标为依据作出成本决策的基本方法。在这种成本决策方法中，人们主要考虑的是企业或组织花费多少成本才能够实现其总收入、总利润或总成本等总量指标，所以需要借助编制成本与总量的平衡分析表等技术手段进行分析和决策。

（2）增量分析与决策的基本方法。这是一种将企业或组织的多个日常活动方案，通过两两比较分析而最终作出成本决策的方法。这种方法关注的是企业或组织某活动的多种备选方案中，各个不同方案的成本会带来的收益增量情况，从而分析和找出企业或组织的该活动的成本方案究竟能够带来多大的收益增量，并据此作出成本决策的基本方法。

（3）关联分析与决策的基本方法。这是以企业或组织日常运营活动的关联成本大小作为决策的依据或对象，通过对企业或组织具体活动可能导致的关联成本大小确定成本方案。很显然，那些关联成本小的活动方案是应该决策和选择的方案。这种方法由于需要分析企业或组织活动的关联收益和成本，因此相对比较复杂和困难，但是十分有效。

（4）线性规划的基本方法。线性规划的基本方法是将运筹学的线性规划原理运用在开展组织或企业活动的成本决策中。这种方法需要依据企业或组织开展活动的历史数据建立目标函数和约束条件，进而使用建立的目标函数和约束条件去开展成本决策。这种方法不但可以用于线性关系的成本规划决策，也可以开展非线性的成本规划决策。

当然，不同的企业或组织的不同活动需要使用不同的成本决策方法。

3. 成本计划的基本方法

人们开展成本预测和决策的根本目的是为了成功地编制成本计划，因为最终的成本计划书才是成本确定工作的最终结果。由于企业或组织及其开展的活动不同，所以有多种不同的成本计划基本方法。

（1）周期成本计划方法。由于企业或组织的日常运营活动是一种周而复始不断重复的活动，因此这种活动的成本计划方法是一种按照一定时间的周期性成本计划方法。而且，这种成本计划可依据的历史数据与资料相对较多，所以这种方法是根据前期成本实际情况和本期的日常运营活动需要，借助成本预测数据和决策方案去制订成本计划。

（2）标准成本计划方法。这是依据成本预测或决策所指定的标准成本数据编制成本计划的方法，这种方法的成本标准包括前期成本标准、现期成本标准、将来成本标准，甚至将来/将来成本标准和前期/前期成本标准等不同的数据，而现期成本标准是根据前期和将来成本标准计算得来的，并且是根据这种现期成本标准去制订成本计划。

（3）定额成本计划方法。这是依据构成活动成本的各方面定额去编制成本计划的方法，这种方法既需要各种活动所需资源"用量"的定额，也要有各种资源"单价"的定额。另外，这种方法还需要使用如人工消耗定额、材料消耗定额、机械设备占用时间定额和各种取费的定额等，因为成本计划就是根据这些定额计算和制订出来的。

（4）目标成本计划方法。这是以实现企业或组织的预期成本和利润目标为主导的成本计划方法，这种方法首先确定人们会为企业或组织提供的产品或服务（项目）投入的资源，然后根据企业或组织的目标去计划和安排成本，所以这是一种以市场和利润为导向的成本计划方法，是一种面向产品或服务价值分析和目标分解的成本计划方法。

（5）作业成本计划方法。这是根据企业或组织在提供产品或服务（项目）全过程中的各项活动作为成本计划的基本对象，去计划和安排企业或组织全部作业成本的方法。这种方法把成本计划过程分为两阶段：先是根据每项作业（活动）中所需资源计算出作业成本；然后根据产品或服务所耗费作业数量计算出产品或服务的总成本。

2.1.2　成本控制的基本方法

企业或组织活动的"事中"成本管理工作也有许多方法，这包括成本核算、成本分析和成本考核的基本方法，具体分述如下。

1. 成本核算的基本方法

不管是企业或组织开展的任何活动，大都需要进行成本核算，这就需要有相应的方法，成本核算基本方法主要包括以下几种。

（1）项目活动成本核算的基本方法。这方面的方法进一步按照项目不同阶段的情况又分为在项目起始阶段（成本信息较少）使用的项目成本初步估算方法、在项目设计阶段（成本信息增多）使用的项目成本设计概算方法、在项目计划阶段（成本信息较详尽）使用的项目成本详细估算的方法、在项目实施过程中使用的项目成本结算的方法，以及在针对不同项目相关利益主体的项目成本核算方法（项目业主或项目承包商）等。由于企业或组织的项目活动也有多方面的成本核算需要，所以他们会使用多种项目成本核算的方法以满足项目成本核算多方面的需要。

（2）日常运营的成本核算基本方法。由于日常运营活动的周而复始和不断重复特性，因此日常运营成本核算的基本方法是根据企业或组织既定的开展成本核算的内容、方法、目的和作用而开展不同产品或服务的方法。这种方法主要包括针对产品品种进行核算的品种法、针对产品批量进行核算的分批法、针对日常运营活动已完成工作的分步法等。由于这也会涉及多方面的成本核算需要，因此人们需要使用多种成本核算方法，以满足该企业成本核算多方面的需要。因此，人们需要根据企业日常运营成本管理的需要综合运用各种成本核算方法，以达到做好成本核算和实现成本管理与控制目标的目的。

2. 成本分析的基本方法

在企业或组织的成本分析工作中，通常使用的分析方法主要有以下三种。

（1）成本对比分析法。这是根据企业或组织活动的实际成本情况，与它们的成本计划指标，以及国内外成本先进水平进行多方面的对比，借此揭示企业或组织的项目活动或日常运营活动的成本差异情况及分析这些差异产生的原因的方法。在这种成本分析的方法中，人们需要开展包括绝对数分析（如绝对差异分析）、相对数分析（如计划完成相对数和动态相对数分析等）、平均数分析及环比和定基相对分析等工作。

（2）成本因素分析法。这是利用综合指数编制与影响因素分析等方法，分析和找出这些因素对整个成本计划指标的影响情况的方法，这是利用统计学中的指数分析去找出事物总体成本变动所受各种因素的影响程度的成本分析方法。这种方法中需要使用连环替代法、差额分析法、指标分解法和定基替代法等一系列技术方法，使用这些技术方法能够使人们找出反映事物总体成本的影响因素及这些影响因素的影响程度。

（3）成本相关分析法。这是利用统计学的相关分析和回归分析等技术去分析两个成本指标之间相互关系的方法，由此分析和找出当某个成本指标发生了变化时受其影响的相关成本指标会发生何种变化。其中，成本相关分析的技术是将两个对等的成本数列用相关分析方法去确定出反映这两个成本之间变动的联系程度和联系方向的相关系数的分析方法。成本回归分析的技术方法是在两个或多个有联系的成本数列中，确定哪些是因变量哪些是自变量，以及确定参数并得出回归方程的分析方法。

另外，从社会统计学的角度，还有许多成本分析的具体技术方法，包括绝对数和相对数分析方法、平均数和指数分析方法、相关和动态分析方法等。

3．成本考核的基本方法

成本考核是考查与审核成本实际情况和成本管理绩效，以全面评价和考核企业或组织成本管理工作绩效的工作，成本考核的基本方法包括以下两种。

（1）传统的成本考核方法。这主要是针对企业或组织项目活动或日常运营中的成本计划完成情况进行考核，这种方法主要包括成本计划完成情况的绝对数分析方法、成本计划完成情况的相对数分析方法和成本计划完成情况的平均数分析方法，如成本的计划完成程度相对数分析、实际成本的定基和环比动态相对数分析，以及人均或单个产品或活动的单位成本分析等。这是一种将企业或组织实际成本结果对照成本计划加以分析和确定成本控制绩效的客观实际情况的考核方法。

（2）现代成本考核方法。这主要是围绕企业或组织的责任成本中心既定成本管理责任，考核具体完成情况所使用的方法。这种方法首先要区分企业或组织活动成本的可控与不可控因素，通过分析找出成本计划完成情况中由于人们主观努力不够造成的成本问题，然后根据人们努力的结果去考核他们成本管理绩效，并据此开展相应的成本考核奖惩或激励。这种现代成本考核方法与只是简单给出基于计划差异的传统成本考核方法相比，在改善和提高成本控制等方面，效果和作用更大且更为直接，所以更为有效。

综上所述，成本管理涉及六方面的具体工作并有六种成本管理基本方法。

2.2　项目成本管理的基本方法

同样，项目成本管理也有项目成本确定和项目成本控制两种基本方法，具体如下。

2.2.1　项目成本确定的基本方法

由于项目活动具有独特性、一次性和不确定性等特性，所以项目成本确定的基本方法与日常运营成本确定的基本方法有很多不同之处。

1．项目成本确定的过程

项目的一次性、独特性和相对不确定性等特性决定了项目的成本确定是一种"循序渐进"的过程，因为项目成本确定是一种"逐步细化"的过程。在这个过程中包括项目成本初步估算、项目成本设计概算、项目成本详细估算和项目成本预算等步骤和内容，有关项目成本确定过程中各个步骤具体讨论如下。

（1）项目成本初步估算。在项目最初的定义与决策阶段，人们使用的项目成本确定方法是一种十分粗略的项目成本初步估算的方法，这种方法所获得的项目成本计划结果与实际项目成本有 30%及以上的差异。因为此时人们对项目的认识还不够深入和详细，所使用的项目成本确定依据也只是项目的初步方案或计划安排，所以无法确定出精确的项目成本。但是，人们还必须使用项目成本初步估算方法去获得项目成本初步估算的结果，因为人们需要使用这一结果去开展项目初步的可行性分析和有关项目初始决策。

（2）项目成本设计概算。在项目后续的方案设计与计划阶段，人们会使用一种相对精确的项目成本设计概算的方法，这种方法所获得的项目成本计划结果与实际项目成本至少会有 10%及以上的差异。此时，人们对项目的认识虽然比项目初始阶段相对深入和详细，但是由于此时人们是依据项目技术设计方案及计划数据去确定项目成本，因此仍无法确定出十分精确的项目成本。同样，人们也必须使用项目成本设计概算的方法去得到项目成本设计概算，以便用这一结果去开展项目详细的可行性分析和项目决策。

（3）项目成本详细估算。这是在项目进一步的详细设计与计划阶段使用的详细项目成本估算的方法，这种方法所获得的项目成本计划结果与实际项目成本多数会有 5%及以上的差异。此时人们对项目的认识比此前阶段更为深入和详细，因此此时可以确定出更为精确的项目成本详细估算。此时，人们使用这种方法得到项目成本更为精确的确定和计划结果，并根据这一结果去开展项目的集成计划、项目专项计划和项目的最终决策。

（4）项目成本预算。这是在项目最终的计划安排阶段人们使用的项目成本确定方法，是一种全面考虑项目各种风险等因素的项目成本确定方法，这种方法所获得的项目成本计划结果与实际项目成本多数只有 5%以内的差异。此时人们对项目的认识比此前更为深入，因此可用更完备的项目成本信息和依据去确定出更精确的项目成本计划。此时，人们需要按照在项目中所扮演的不同角色去制定各自的项目成本预算，如项目业主的成本预算和项目承包商的成本预算等。

并非所有的项目都包括上述过程中的所有环节，如原始创新或自我创新型的项目就很难作出详细的成本估算。有关项目成本确定的基本方法及各种不同项目的成本确定方法等内容，本书将在后续的章节中予以全面而详细的讨论。

2. 项目成本确定的基本方法

项目成本确定的基本方法会因项目、项目所在国家和地区，以及项目成本管理需要的不同而不同，最基本的方法包括以下几种。

（1）基于活动的项目成本确定方法。在市场经济和现代项目管理环境下，项目成本确定的基本方法是基于活动的成本确定方法，这是一种主要依据项目工作分解结构、项目活动清单、项目各项活动所需资源，以及这些项目所需资源的市场价格等信息确定项目成本估算和预算的方法。这也被称为"自下而上"的项目成本确定方法，因为这种方法首先确定项目每项活动的成本，然后向上累计获得项目工作包成本，最终累计所有项目活动成本从而获得整个项目成本。现在英美等国就采用这种方法去确定项目成本，我国现在规定采用的《建设工程工程量清单计价规范》也包含这种方法的成分。实践证明，这种项目成本确定基本方法是相对比较科学和可靠的项目成本确定方法。

（2）基于定额的项目成本确定方法。在计划经济或传统项目管理的环境下，项目成本确定的基本方法是基于"统一或标准定额"的方法，这是一种依据项目所需资源数量的标准定额和项目所需资源价格的标准定额作为主要信息确定项目成本的方法。这种方法可以按照"项目估算定额""项目概算定额"和"项目预算定额"给出详细程度不同的项目成本确定方法。虽然，今天我国已经实行了市场经济体制并且国家已不再发布"统一或标准定额"，但是现在我国仍有许多企业或组织在项目成本确定中使用这种方法。需要特别提出的是，如果使用企业或组织的标准定额去确定项目成本是正确的，特别是像承包商等从事项目活动的组织，都应该根据自己以前所开展项目的成本资料去编制自己的项目活动消耗和占用资源的定额，并据此去确定项目成本。

（3）基于工料测量的项目成本确定方法。在由 50 多个国家或地区组成的英联邦及一些受其控制的其他一些国家和地区中，人们在使用基于工料测量的项目成本确定方法，这种方法主要依据项目所需"工"（人力和设备等）和"料"（材料和消耗性资源等）的数量信息分别确定出项目的成本估算和预算。这也是一种"自下而上"的项目成本确定基本方法，如英国皇家的土木工程工料测量规范就规定了从 A 到 Z 共计 26 种不同土木工程的工量测量规范或方法，人们在开展土木工程的时候就可以依据这一规范去确定土木工程项目的成本估算和预算。这种项目成本确定方法已经有一百多年的历史，实践证明这种基于工量测量的项目成本确定基本方法是相对科学和可靠的，我国现行的《建设工程工程量清单计价规范》最初就是参考这种项目成本确定方法制定的。

（4）基于统计资料的项目成本确定方法。对于市场经济发达的地区，某些相对重复开展的项目人们可以使用这种项目成本确定的方法。例如，在美国的某些地区或行业中，人们就使用这种基于统计资料的成本确定方法。这种方法借助计算机数据库和统计学的方法，依据项目数据库中的成本资料及其发展变化预测数据，确定项目的成本估算和预算。这种方法借助数据库资料可以计算和确定出某地区或行业开展某种项目工作的平均成本水平及先进水平，所以项目业主可以使用统计资料的平均水平去确定招标的标底价（或拦标价），而项目承包商可以对照统计资料的先进水平去确定投标的价格（包括估算和预算成本）。实践证明，这种基于统计资料的项目成本确定的基本方法是相对科学和可靠的，但是唯一的问题是在人们缺乏统计资料的时候无法使用该方法。

综上所述，当今世界有多种不同的项目成本确定的基本方法，不同的方法适用于不同的环境和条件，本书后续章节将全面而详细地讨论这些方法。

2.2.2　项目成本控制的基本方法

同样，由于项目活动具有独特性、一次性和不确定性等特性，项目成本控制工作与日常运营成本控制工作也有很大不同，因此项目成本控制的基本方法也与日常运营成本控制方法有很多不同之处，具体内容如下。

1. 项目成本分析和预测的基本方法

在项目成本分析工作中，人们通常采用的分析方法主要分"事前"和"事中"两方面的项目成本分析方法（因为项目只有一次，所以没有"事后"的问题）。有关"事前"项目成本分析与预测方法和"事中"项目成本分析与预测方法分别如下。

（1）"事前"项目成本分析与预测方法。这是指在项目实施工作开始之前，人们为项目成本计划和决策而开展的项目成本分析与预测工作的基本方法，其属于项目前评估和项目可行性分析方法的范畴。同时，这方面方法还有关于项目活动、项目环境与条件、项目所需资源、项目所需资源价格等方面的具体情况、发展趋势和充分必要性等方面的分析和预测方法，因为这些分析和预测结果也是项目成本控制的依据或决策支持数据。

（2）"事中"项目成本分析与预测方法。这种方法是在项目实施的过程之中人们为项目成本计划控制和变更等而开展的项目成本分析与预测工作，属于项目跟踪评估或项目跟踪决策所需的项目成本分析与预测方法。在这方面方法中使用最为广泛的应是项目挣值分析和预测的方法，这种方法的实质是一种统计学的综合指数编制和分析方法。另外，这方面方法还包括对于项目各种变更方案的成本分析和预测的方法（这些属于项目跟踪评估方法的范畴），项目实际成本发展变化结果的因素分析法和相关分析法，以及从统计学角度对于项目环境与条件发展变化（如项目所需资源价格等）的动态分析方法等，这些都是为开展项目成本控制所需的项目成本分析和预测的方法。

2. 项目成本核算的基本方法

由于项目活动有很多是通过承发包而委托给项目总包商或项目分包商去实施或完成的，因此项目成本的核算就具有了对内和对外两个方面的核算工作，结果就导致存在两种不同的项目成本核算基本方法。

（1）企业或组织内部的项目成本核算基本方法。这种方法主要包括针对项目的不同产出物而开展成本核算的方法，这是一种以项目所生成的产出物为对象去核算项目成本实际情况及控制绩效的方法；针对项目工作包或项目活动而开展成本核算的方法，这是一种以项目工作包或项目活动为对象去核算项目成本实际情况及控制绩效的方法；针对项目的所有已完成工作或活动而开展成本核算的方法，这是一种以项目累计全部已完成的项目工作或活动为对象去核算项目成本实际情况及控制绩效的方法；针对项目成本责任单位的责任成本核算方法，这是一种以承担项目成本控制责任单位（或个人）为对象去核算项目成本实际情况及控制绩效的方法。

（2）企业或组织之间的项目成本核算基本方法。对于项目业主委托给项目承包商完成的工作而言，这种项目成本核算基本方法是十分重要的项目成本管理方法。这种核算方法必须在项目业主和项目承包商之间的合同中进行相关约定，并且针对项目所采取的不同的合同方式（如固定总价合同、成本加成合同、固定单价合同）等会有不同的这方面的项目成本核算基本方法，因为这种项目成本核算工作涉及项目责任成本和项目实际成本两方面的核算和结算工作而需要使用相应两种不同的方法。这方面的基本方法主要有基于时点（也称"节点"或"里程碑"）的成本核算方法，即按照项目进度计划规定的某个时点去核算项目已发生成本的方法；基于时期（也称"工期"或"周期"）的成本核算方法，即按照项目实施累计时间周期情况去核算成本的方法；基于项目任务完成比例的成本核算方法，即按项目所完成工作比例情况核算成本的方法（如只要项目工作开工就按照五五比例或四六比例进行成本核算与结算的方法）；等等。

由此可知，企业或组织的项目成本核算包括内部成本核算方法和外部成本核算方法两类，这些都是在项目成本控制中需要使用的不同成本核算的基本方法。

3. 项目成本考核的基本方法

项目成本考核的方法也分为两种不同的方法，其中的企业或组织对内的项目成本考核内容和方法是一种责任成本考核的方法，目的在于追究项目成本控制责任及对其采取相应的奖惩。企业或组织之间的项目成本考核方法则是一种为项目成本结算服务的考核方法，目的在于确定项目成本控制责任及其相应的成本结算工作。另外，由于项目成本考核中有许多项目成本因各种原因发生变更（如成本索赔等）的情况，因此在这方面的基本方法还必须有考核项目变更影响的方法，多需要使用"剔除项目环境与条件影响因素"的方法去使项目成本考核更加合理和科学。

2.3　项目成本管理的方法论

除了上述项目成本管理的基本方法以外，本节将专门讨论项目成本管理的方法论，即现代项目管理各种方法的逻辑关系和安排。

2.3.1　项目成本管理方法论模型

现代项目成本管理方法论是涉及多维度和由多种项目成本管理方法的组合与安排而成的，这主要包括项目全过程成本集成管理方法、项目全要素成本集成管理方法、项目全风险成本集成管理方法和项目全团队成本集成管理方法。

1. 项目成本管理方法论的维度模型

本书作者通过多年的研究发现，项目成本管理的方法论中含有四个维度或方面的方法，有关这四个维度或方面的方法的组合如图 2-1 所示。

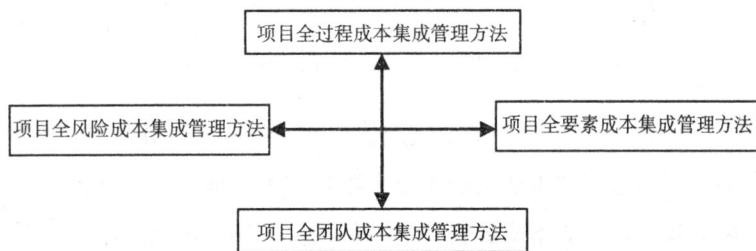

图 2-1　项目成本管理方法论的维度与组合

由图 2-1 可以看出，项目成本管理方法论是涉及四个维度或四个方面的项目成本管理方法的组合与安排，作者多年的研究结果表明项目全面集成项目全过程成本、全要素成本、全团队成本和全风险管理成本这四个维度的共同管理，可以弥补传统单一维度项目成本管理方法的缺陷或问题，因为这将项目成本各方面的影响因素都进行了管理。

2．项目成本管理方法论的内容模型

从科学学上说，方法论是指某个领域中所用各种相关方法的合理安排与组合。因此项目成本管理的方法论就是一系列项目成本管理具体方法的合理安排和组织的结果。本书作者自20世纪90年代博士论文阶段就开始了这方面的研究，经多年研究而提出了本书后续要讨论的项目成本与价值集成管理的方法论。

根据图2-1给出的项目成本管理方法论的四维度模型可知，这种方法论应该主要是由四个方面的具体方法安排与组合而成的。作者经多年研究进一步给出了图2-2所示的项目成本管理的方法论的模型，具体内涵讨论如下。

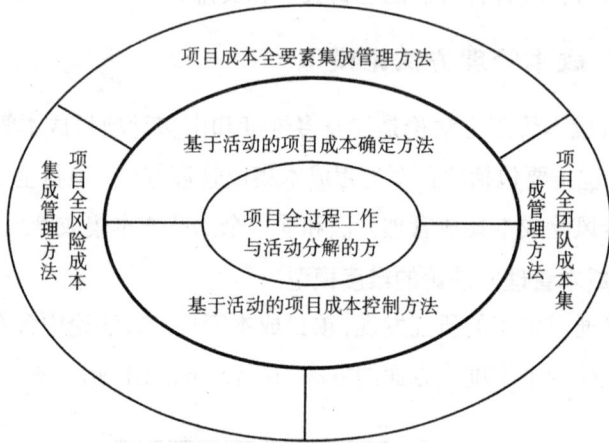

图 2-2 项目成本管理方法论模型示意图

由图2-2可知，项目全过程成本集成管理方法中的三种具体方法被放在了图2-2的中心位置，因为这三种方法构成了整个项目成本集成管理方法论的基础。项目全要素、全风险和全团队成本集成管理的三种相关方法被放在图中外部椭圆中，因为它们是辅助性的项目成本集成管理方法。

3．项目成本管理方法论的基础方法和辅助方法

如图2-2所示，这种方法论中的基础方法就是指项目全过程成本集成管理方法的三个具体方法。因为项目成本管理必须是基于项目活动的，所以这方面的首要具体方法就是项目全过程工作与活动分解的方法，然后人们才可以使用基于活动的项目成本确定方法去开展项目成本的估算和预算（这是第二种具体方法），最后人们需要使用基于活动的项目成本控制方法去控制包括项目成本的结算和变更等。由此可见，这三者构成了项目成本管理方法论中的基础方法。

如图2-2所示，项目成本管理方法论中的三种辅助方法，将用于解决项目成本

管理中所涉及的三方面集成管理问题。首先,因为项目成本受项目有关各方面要素的关联影响,所以第一种辅助方法是项目全要素成本集成管理的方法;其次,项目成本涉及确定性、风险性和完全不确定性成本的集成管理,所以第二种辅助方法是项目全风险成本集成管理的方法;另外,项目成本涉及项目各个相关利益主体的利益安排,所以第三种辅助方法是项目全团队成本集成管理的方法。这三种辅助方法与项目全过程成本集成管理方法共同构成了项目成本全面集成管理的方法论。

2.3.2 项目全过程成本集成管理方法

项目全过程成本集成管理方法主要是针对项目的过程性去开展项目成本管理的一种方法,其基本内容包括项目全过程阶段划分方法、项目工作包与活动分解方法、项目全过程成本估算和预算方法及项目全过程成本控制和变更方法。

1. 项目全过程阶段划分方法

项目是一种通过开展项目活动去生成人们所需要项目产出物的独特过程,这使得任何项目都具有明确的时间起点和终点及由此界定出的项目全过程。这种项目全过程又具有明确的阶段性,即项目全过程可按照某种标志或方法划分成一系列的项目阶段。项目全过程的每个阶段都有其独特任务和明确的阶段起点和终点,以及其完整而独立的项目阶段性成果。人们可以使用各种方法将项目全过程划分成前后不同的项目阶段,而且不同的项目有不同的项目阶段划分。

但是,一般性项目的全过程应该划分成四个阶段,即定义与决策阶段、设计与计划阶段、实施与控制阶段和完工与交付阶段。首先,项目定义与决策阶段始于项目提案而终于项目起始决策,其"里程碑"多为项目方案的界定和项目起始决策的确定。然后,项目设计与计划阶段始于项目起始决策而终于项目设计方案和计划安排的确认,其"里程碑"是既定的项目设计方案与项目集成计划和项目各个专项计划;进一步,项目实施与控制阶段始于设计与计划的确定而终于项目各实施工作的终结,其"里程碑"就是项目方案和计划任务的完成;最后,项目完工与交付阶段始于项目实施的结束而终于项目成果投入使用,其"里程碑"是项目成果全面交付和项目投入日常运行。

由此可知,项目全过程成本集成管理方法的首要方法是将一个项目的全过程划分成一系列的项目阶段,从而使得项目成本管理更为有效和科学。

2. 项目工作包与活动分解方法

项目全过程是由一系列项目阶段构成的,项目阶段又是由一系列项目工作包构成的,而每个项目工作包进一步是由一系列具体项目活动构成的。所有项目全过程成本集成管理方法还必须有关于项目工作包与项目活动的分解方法。

项目工作包与项目活动的分解方法是一种层次型的结构化分析与设计的方法，这种方法首先需确定出项目整体目标，然后根据项目整体目标向下分解得到项目产出物，再进一步向下分解得到项目工作包的分解，进而给出一个项目的工作分解结构。从而，人们可以使用项目工作包作为项目成本初步估算和设计概算中确定项目成本的直接对象和依据，这是基于活动的项目成本管理方法的基本方法之一。

同理，项目工作分解结构中的每个项目工作包还需要进一步划分成一系列的项目活动，这些项目活动都是为生成项目产出物而必须开展的项目作业。从而，人们可以使用项目活动清单作为项目成本详细估算和预算中确定项目成本的直接对象和依据，所以这也是基于活动的项目成本管理方法的基本方法之一。这样人们就可以将项目先划分成项目阶段，再分成项目工作分解结构和工作包，最终分解得到项目具体活动的清单，从而可以使用基于活动的项目成本确定和控制的方法。对于项目全过程的分解所涉及的系列项目分解方法可由图 2-3 给出示意说明。

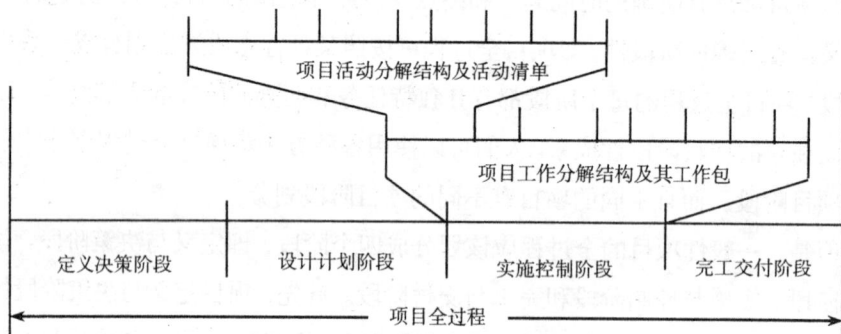

图 2-3　项目全过程工作与活动分解示意图

由图 2-3 可知，项目全过程成本集成管理方法中的项目阶段划分、项目工作分解和项目活动分解的方法将项目全过程的成本管理细化成了基于项目阶段、工作包和项目活动的成本管理。这样，人们就可以从对项目各项具体活动的成本管理入手，最终实现对整个项目全过程的成本管理。

3. 项目全过程成本估算和预算的方法

项目全过程成本集成管理的方法中还包含有项目全过程成本估算和项目成本预算的方法，这两种具体方法的说明如下。

（1）项目全过程成本估算的方法。项目全过程成本估算会根据前面所述的三种不同的项目全过程的分解结果信息和资料分别确定出项目初步估算（基于项目阶段的成本估算）、项目设计概算（基于项目工作包的成本估算）和项目详细估算（基于项目活动的成本估算）这样三种不同的项目成本确定的结果，所以就需要有三种不同的项目成本估算的方法。因此项目全过程成本估算的方法就可以用式（2-1）给出示意，其具体公式为：

$$C=C_i \qquad\qquad (2-1)$$

式中：$i=1, 2, 3, \cdots, n$；n 为项目阶段数、项目工作包数或项目具体活动的数；C 为项目估算总成本；C_i 为第 i 个项目阶段、工作包或具体活动的成本大小。

（2）项目全过程成本预算的方法。项目全过程成本预算是人们根据项目成本详细估算的结果及项目各方面的不确定性所带来的风险性成本确定出来的，此处可以使用图 2-4 给出项目全过程成本预算的示意。从图 2-4 中可以看出，项目成本预算是在项目成本估算基础上进一步增加了项目风险性成本而得出的结果。需要说明的是，项目业主和项目承包商各自应该有自己的项目成本预算，由于他们各自分担的项目风险不同，从而使得项目风险性成本不同，因此他们的项目成本预算是不同的，他们必须根据自己的项目风险确定自己的项目成本预算。

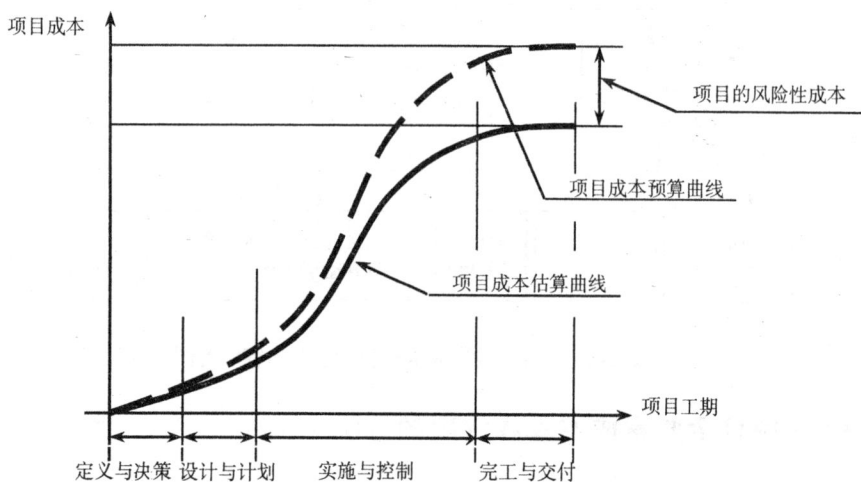

图 2-4 项目全过程成本估算与预算曲线示意图

4. 项目全过程成本控制和变更的方法

人们要实现对于项目全过程成本的管理，还要科学地控制好项目全过程的成本，因此项目全过程成本集成管理的方法中还需有项目全过程成本控制的方法。

（1）对于项目活动及其方法的控制。项目全过程成本的控制就必须从控制项目全过程的每项具体活动入手，人们需要通过努力消减无效的项目活动和改进低效项目活动的方法，减少项目活动对于资源的消耗与占用，最终实现项目全过程成本降低和项目价值提高的管理目标。

（2）对项目活动所需资源及其配置的控制。人们还必须从项目各项活动消耗与占用资源的控制入手，通过科学合理地采购与物流管理的方法降低资源消耗和占用，借助项目各种资源的科学配置的方法去减少由于项目资源配置不当所造成的项目资源损失及项目成本的提高。

（3）对项目成本结算与变更方面的控制。人们也需要从项目成本结算方法、时间、币种和套期保值等途径去设法控制项目的成本，以及通过科学合理地控制项目成本变更等方法去控制好项目的成本。这包括在项目所需大宗商品采购中使用集中采购、购买期货到期实物交割及外汇套期保值等方法和途径，就可获得采购数量优惠和降低项目采购风险成本等好处。

上述有关项目全过程成本控制的三方面方法之间的逻辑关系如图 2-5 所示。

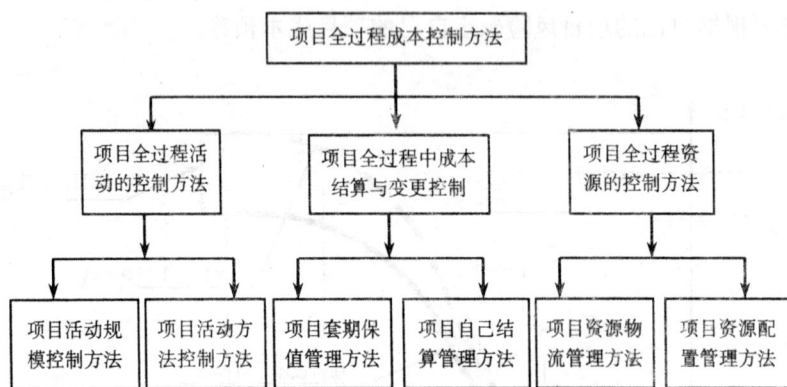

图 2-5　项目全过程成本控制的主要内容示意图

2.3.3　项目全要素成本集成管理的方法

这种方法所涉及的基本内容是四个项目目标要素的集成管理和项目资源要素与项目风险要素的全面集成管理，其先进之处在于这种方法不再只是针对项目成本单个要素开展成本管理工作，而是集成考虑项目目标要素中项目质量、时间、成本和范围四要素及其相互影响去开展项目成本的管理工作，同时考虑项目所需资源要素及项目风险要素对于项目成本的影响，从而更好地实现既定的项目成本管理的目标。因为项目成本与这些要素都是相互关联和影响的，所以只有集成管理好项目这些要素，人们才能够实现项目成本管理的目标。

1. 项目全要素之间的配置关系与集成管理

项目成本只是项目管理的重要对象之一，项目成本管理只是项目管理体系重要的专项管理之一，但项目成本会受到项目时间、质量、范围、资源和风险要素的直接影响，而且项目成本管理也会受到这些项目专项管理发展变化的影响。因此，人们必须科学正确地认识项目成本、时间、质量、范围、资源等要素之间的合理配置关系，并使用项目全要素成本集成管理的方法去实现项目成本及其相关要素的全面集成管理。实际上，在项目成本的确定和控制中必须全面集成考虑这些要素之间的合理配置关系，既不能过于"抠门儿"而导致项目成本不足而造成项目质量、范围和时间出问题，也不能由于项目质量、范围和时间等方面管理不善而导致项目成本的升高或项目价值的降低，这就是项目全要素集成管理的精髓所在。

在项目成本的形成过程中，需要科学与合理配置的基本要素涉及项目范围、时间、质量、成本、所需资源和风险。首先，中国人常说的做事要"多、快、好、省"，其中"多"是指项目范围（多多益善），"快"是指项目时间（快马加鞭），"好"是指项目质量（精益求精），"省"是指项目成本（勤俭节约）。这是项目目标分解给出的四个要素，在项目全要素成本集成管理的方法中，人们首先需要按照项目目标四要素的相互关联和影响去做好它们之间合理配置关系的集成安排，同时还要做好它们与项目所需资源和项目所面临的风险的合理配置与科学集成。

图 2-6 给出了项目这些要素之间的合理配置关系模型，其中的箭头描述了项目四个目标要素之间的相互影响和相互转换的配置关系模型，图中的椭圆形的框架表示项目所需资源和项目所面临风险的要素共同构成了项目全要素集成管理的整体。

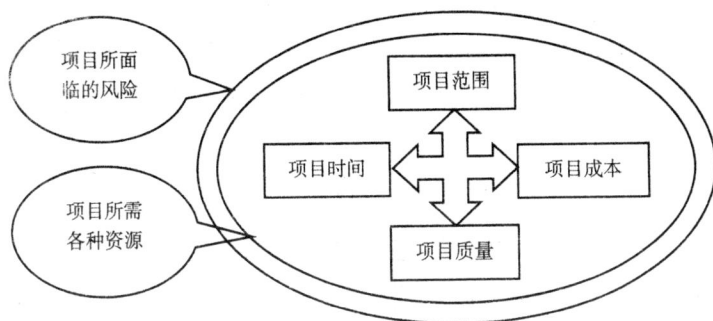

图 2-6　项目全要素集成关系示意图

由图 2-6 可以看出，人们要实现对项目成本的全面而有效的管理，就必须开展项目的范围、成本、时间、质量、资源和风险要素的全要素集成管理，因为项目的范围、时间、质量、资源和风险都直接影响着项目成本。很显然，项目范围的扩大或缩小会导致项目成本的变化，项目时间的延长或缩短也会导致项目成本的变化，项目质量提高或降低更会导致项目成本的变化，项目所需资源价格等方面的变化更会导致项目成本的变化。因此，人们必须从影响项目成本的全要素集成管理的角度，分析和找出它们的优先顺序和相互转换关系并使用项目成本全要素集成管理的方法，有关各个要素间的影响分析说明如下。

（1）项目范围与项目成本的相互影响与集成。显然，项目成本受其所需资源数量多少的影响，而项目所需资源数量受其项目开展活动多少的影响，由于项目所需开展活动的规模和内容属于项目范围的范畴，因此项目范围是项目成本的重要影响要素，二者之间关系如式（2-2）所示：

$$C = f(S) \tag{2-2}$$

式中：C 为项目成本；S 为项目范围。

由式（2-2）可知，因为项目范围（S）是导致项目成本变化的自变量，所以它是项目成本高低的决定因素，因此项目成本与项目范围必须实现科学的集成管理。由于项目范围（S）是一种人为决定和相对可控的变量，所以项目成本与项目范围实现集成管理是完全可行的。

（2）项目时间与项目成本的相互影响与集成。由于在项目实施过程中所需的资源都是在某个时期或时点上发生的，所以项目成本与项目时间也是直接关联和可以相互转换的。人们常说"时间就是金钱"是因为项目成本会随着项目时间不同而变化，所以项目各种成本都具有自己的时间价值，因此项目时间也是项目成本动因之一。实际上，从投资管理角度出发，项目早日完成和投入运营就能创造价值；而从成本管理角度出发，项目投入资源早晚与多寡对项目成本的影响都是不同的。通常，资金的时间价值是按照贷款的复利公式进行计算，因此项目时间对成本的影响可用式（2-3）给出示意：

$$C = f(T) \tag{2-3}$$

式中：C 为项目成本；T 为项目时间（包括时期和时点两方面的指标）。

由式（2-3）可知，项目成本还必须与项目时间实现科学的集成管理，因为项目时间也是决定项目成本的成本动因之一。对于项目成本而言，项目时间（T）是自变量，它的长短和早晚都是项目成本高低的决定因素。同样，由于项目时间（T）是人为计划安排的和相对可控的变量，因此项目时间也必须与项目成本实现集成管理，只有这样才能对项目成本进行科学的管理。

（3）项目质量与项目成本的相互影响与集成。项目质量包括项目产出物和项目工作两方面的质量，且项目产出物质量是由项目实施全过程中各项工作的质量予以保障的，而任何项目产出物质量的高低变更都会导致项目工作质量和数量的变化，而这些必然会导致项目所需资源的变化，从而对项目成本造成直接的影响。例如，只要项目产出物质量有所提高不但会导致项目质量检验与保障成本的提高（为保障实现项目产出物质量要求而开展检验和保障工作的成本），而且会导致项目质量失败补救成本的提高（由于项目质量保障的失败而出现质量事故及其补救措施时而发生的项目成本）。据此，人们可以将项目质量对于项目成本的影响用式（2-4）给出示意：

$$C = f(Q) \qquad (2-4)$$

式中：C 为项目成本；　Q 为项目质量。

由式（2-4）可知，项目质量也是决定项目成本的成本动因之一。在式（2-4）中，项目质量（Q）也是影响项目成本的自变量，由于项目质量（Q）也是人为计划安排的（项目质量计划）并且是相对可控的变量，因此项目质量也必须与项目成本实现集成的管理。同理，如果不顾项目质量因素去孤立地开展项目成本管理，人们同样会无法实现对项目成本的科学管理。

（4）项目所需资源与风险对项目成本的相互影响与集成。项目所需资源的价格变化同样会对项目成本造成影响，所以在项目全要素成本集成管理中还必须集成管理好项目所需资源的要素管理。同样，项目风险对于项目成本也会有很大的影响，所以也必须作为项目全要素集成管理中的重要要素之一。实际上，正是由于项目风险的影响，才使得项目成本具有了不确定性，所以项目成本要素与项目风险要素也需要开展全面集成管理。由于对这一部分的集成管理下面有专门的项目全风险成本集成管理方法的讨论，所以不作详细讨论了。

2. 项目全要素成本集成管理的方法

由上述内容可知，项目成本管理不能孤立地去作项目成本单一要素的管理，而必须对项目范围、时间、质量、资源和风险进行全面的集成管理，这种项目全要素成本集成管理的方法可以用式（2-5）给出示意：

$$\text{FICM}=f(C,S,T,Q) \quad \text{st：}\{ R_1，R_2，R_3，R_4\} \qquad (2-5)$$

式中：FICM 为项目全要素成本集成管理；C 为项目成本；S 为项目范围；T 为项目时间；Q 为项目质量；f 为项目要素的科学配置关系；st 表示约束条件；R_1 代表人力资源；R_2 代表劳动力与物力资源；R_3 代表信息资源；R_4 代表项目风险。

由式（2-5）可知，要对项目成本进行科学的管理就必须使用项目全要素成本集成管理的方法，这种方法要求不能孤立地对项目成本单一要素开展管理，必须是全面集成地管理好影响项目成本各要素的发展和变动。因此，这种方法包括两个方面的内容；首先是关于项目范围、时间、质量和成本这四个项目目标要素与它们的约束条件项目所需资源和项目所面临风险的科学配置关系分析与确定的方法，这需要根据具体项目对这四个要素的优先顺序要求进行分析、预测、计划和安排；其次是关于项目目标四要素及其与项目所需资源和项目风险要素的科学配置关系的集成过程与方法，这需要根据具体项目的特性和条件去两两分步集成而最终获得这些要素的科学配置关系。这些方法的详细讨论将在本书后续章节中给出。

2.3.4　项目全风险成本集成管理的方法

项目实现过程是在有相对不确定性和存在许多风险因素的外部环境和条件下进行的，这就导致了项目风险要素的存在并且会直接影响到项目成本等。任何项目风险都会给项目带来某种损失或机遇的可能性，因此人们必须开展项目全风险成本集成管理，这就需要有项目全风险成本集成管理的方法。

1. 项目全风险成本的内涵和成因

由于项目不确定性因素的存在及其对项目成本的影响，因此项目成本中会有三种成分：第一类是确定性项目成本（其发生概率 $P=1$），人们确切地知道这种项目成本确定会发生并确切知道其大小；第二类是风险性的项目成本（其发生概率 $P<1$），人们知道项目成本会有几种可能及每种情况发生的概率分布的情况，但是人们不能肯定它是否会发生；第三类是完全不确定性的成本（其发生概率 P 未知），人们既不知道这种成本是否会发生，也不知道其发生的概率分布情况。项目成本全风险集成管理方法就是集成管理项目这三种不同性质的成本的方法。导致项目成本不确定性的主要原因有三方面：一是项目活动的不确定性；二是项目活动所需资源数量的不确定性；三是项目活动所需资源价格的不确定性。对于它们的详细说明如下。

（1）项目活动的不确定性。项目活动的不确定性是指在项目实现全过程中有些项目活动可能会发生也可能不发生（如若某建设项目遇上雨天则项目室外施工就要停工，就会有项目成本方面的风险），虽然人们在安排建设项目施工计划时有气象资料可作参考，但气象资料给出的也只是降雨可能性或叫概率，即"老天爷"是否下雨是不确定的，因此项目停工导致的项目成本也是不确定的，这是造成项目成本出现不确定性的根本原因之一。

（2）项目活动所需资源数量的不确定性。项目活动所需资源数量的不确定性是指在项目实施过程中有些项目活动的规模及其所需资源的数量会发生变化，其结果也会导致项目成本不确定，所以这也是造成项目成本不确定性的根源之一。例如，在建设项目地基开挖过程中因实际地质情况与地质勘查资料不一致时，项目工作量及其所需资源的数量就会变化，虽然人们事前会有使用抽样调查方法（地质勘探打眼儿取样）获得的项目地质勘探资料，这种调查结果方法所获结果只是一种相对可信的统计分析结果，这就会导致项目成本存在不确定性。

（3）项目活动所需资源价格的不确定性。项目活动所需资源价格的不确定性是指在项目实现全过程中项目活动所需资源的价格也会发生变化，从而造成项目成本的不确定性。例如，项目所需进口材料或设备会因汇率的变化而发生价格波动，从而带来项目成本的不确定性（出现汇兑损益）。同样，虽然人们可以对项目所需资源的价格进行事前预测，但实际上人们无法控制项目所需资源的市场价格的发展变化。由于项目活动所需资源价格的这种不确定性，直接导致了项目成本的变化，因此这也是项目成本存在不确定性的主要根源之一。

2. 项目风险性成本的发展与变化分析

随着项目实施的逐步开展，项目的信息会不断增加，项目环境与条件的各种不确定性会逐渐降低，项目成本会逐步从完全不确定性成本（$P = ?$）转变成为风险性成本（$P < 1$），然后进一步转变成确定性成本（$P = 1$），这使得人们对项目不确定性成本的认识随着项目实施而不断提高，最终到项目结束时所有的项目成本都会转化成确定性成本。这种项目成本的风险性发展与变化情况和结果如图 2-7 所示。

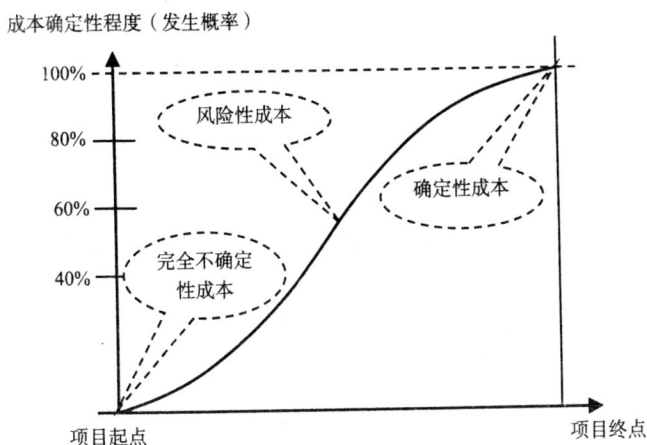

图 2-7　项目成本的不确定性及其变化示意图

由图 2-7 中可以看出，三种不同性质的项目成本最终在项目结束时都会变成确定性的成本（所谓"盖棺定论"）。其中，项目完全不确定性成本主要发生在项目起点时，实际上这种项目成本是很少有的。但是，所有项目风险性成本在项目终点时的发生概率（确定性）会达到 100% 而变成确定性的项目成本。

3. 项目全风险成本集成管理的方法

由所述可知，项目成本的不确定性是绝对的，而其确定性是相对的，项目成本的不确定性和风险性是客观存在的，集成管理这三类项目成本的方法讨论如下。

（1）项目全风险成本集成管理方法的模型。这种方法的模型可以使用式（2-6）给出示意：

$$RICM = f \, (\, CC,RC,UC \,) \qquad\qquad (2-6)$$

式中：RICM 为项目全风险成本集成管理；CC 表示确定性的项目成本；RC 为风险性的项目成本；UC 为完全不确定性的项目成本；f 为项目这三种不同确定性成本之间的相互转化关系。

由式（2-6）可知，这种方法必须综合考虑项目确定性成本、项目风险性成本和项目完全不确定性成本的全面集成管理（而不仅是对于确定性项目成本的单一管理），因为只有这样才能实现对于项目成本的全面与科学的管理。

（2）项目全风险成本集成管理方法的内涵。使用这种方法去对项目成本进行管理，首先，是要分析识别和度量确定出项目存在的各种风险，然后确定出项目三种不同性质的成本。其次，要通过控制各种项目风险活动的发生与发展，去直接或间接地控制项目的全风险成本。另外，还要开展对于项目不可预见费和管理储备的确定和控制，从而实现项目全风险成本集成管理的目标。因此，这种方法包括两种具体的技术方法：一是分析识别和度量确定项目风险性活动与风险性成本的方法；二是对于项目风险活动发生变化进程的控制方法。另外，人们还需要借助项目风险去设法增加项目价值，即努力利用项目各种不确定性去提升项目的价值，这也属于项目全风险成本集成管理方法的内涵。

2.3.5 项目全团队成本集成管理的方法

一个项目会涉及众多不同的相关利益主体，包括项目业主、项目承包商、项目设计方、项目供应商、项目的政府主管部门及项目所在社区等。他们一方面会为开展和实施项目而合作，另一方面由于各自的项目任务与利益的不同他们也会出现冲突和博弈。如果在项目实施过程中他们因利益冲突而发生纠纷，这就会导致项目成本的发展变化。所以人们在项目成本管理中必须协调好他们之间的利益关系而使他们构成一个全面合作的团队，并通过这个项目全团队的共同努力去实现项目成本管理的既定目标。因此，就需要有一套项目全团队成本集成管理的方法，一套专门用于使项目全团队能够团结合作和积极协调去开展项目成本集成管理的方法。

1. 项目全团队的成本或价值传递原理

在项目全团队的成员中项目业主是投资项目的一方，而其他全团队成员都是项目实施过程中各种项目所需商品或服务的提供者，他们通过提供某种商品或服务而获取收益。例如，建设项目的设计单位提供建筑设计服务，承包商提供建筑施工服务，监理公司提供工程建设质量保障服务，等等。为项目提供商品或服务项目相关利益主体多以合同方式与项目业主形成既定的合同关系，但是在项目所有合同的实施中会牵扯项目相关利益主体的利益冲突，所以他们必须共同合作管好项目成本。

实际上，项目全体相关利益主体在项目成本和价值方面都存在合作与博弈的问题，如项目业主和承包商都需要通过合同来保护自己的利益。他们借助项目合同使得双方各自履行项目合同的权利和义务，他们根据合同确定双方各自应得的项目价值和应承担的项目成本。这使得他们在项目价值和成本管理方面分工合作，而这种合作及整个项目的价值与成本传递机制可以用式（2-7）给出示意：

$$V_O = \frac{F_O}{C_O} - - - \to V_C = \frac{F_C}{C_C} - - - \to V_{SC} = \frac{F_C}{C_{SC}} - - - \to V_S = \frac{F_{SC}}{C_S} = \cdots\cdots \qquad (2\text{-}7)$$

注意：公式中的箭头必须从 C 出发，指向的必须是后面的 V

式中：V_O 为项目业主获得的价值；F_O 为项目业主得到的功能；C_O 为项目业主付的成本；V_C 为总包商获得的价值；C_C 为总包商付出的成本；V_{SC} 为分包商获得的价值；F_C 为分包商实现的功能；C_{SC} 为分包商付出的成本；V_S 为供应商获得的价值；F_{SC} 为供应商提供的功能；C_S 为供应商付出的成本；$=\cdots\cdots$ 为其他方面相关利益主体价值、功能和成本的省略。

在这种项目价值与成本的传递公式中的任一环节上都必须实现 $V-C >0$ 结果，即任何一方都必须有盈利的结果。若任何一处出现 $V-C <0$ 的情况，则整个项目价值和成本传递链条就破坏了，整个项目价值就无法实现了（整个项目就无法完成了）。所以，科学的项目成本管理不是由项目相关利益主体各自独立管理的，那样就会因为人们之间的"零和博弈"而造成项目成本和价值的损失，因此人们必须建立和使用项目全团队成本集成管理的方法去做好项目全团队成本的集成管理。

2. 项目全团队"零和博弈"的成本分析

项目商品或服务合同的买方总是希望"少花钱多办事"（如项目业主）；而项目商品或服务合同的卖方总是希望"多拿钱少干活"（如承包商）。但是式（2-7）告诉人们，项目的价值和成本是在项目全体相关利益主体之间传递和分配的，任何一方价值的额外增加都会导致他人价值损失或成本升高，这就是"零和博弈"。例如，在工程建设项目中，业主若在招投标中不顾投标者利益而压低中标价以节约成本，则日后承包商就会利用自己的专业优势去通过索赔等方式为自己争取更多的利益。

因此，实际上人们只有按照式（2-7）给出的模式去开展项目成本的全团队集成管理，从项目全团队出发去实现"项目价值最大化和项目价值分配合理化"，即使项目全团队都能够从项目中获益才是唯一正确的方法。因为，采用这种方法可以使项目全体相关利益主体共同合作去谋求项目价值的最大化和项目价值分配的合理化，从而实现"共赢"和"多赢"的效果。这包括合作双方可以通过集成管理避免不必要的项目资源浪费，或更高效科学地开展项目价值的实现和分配，从而全面降低项目成本和提升项目价值，并让大家分享项目成本降低和价值增加所带来的好处。这就是项目全团队成本集成管理方法的内涵，也是人们必须开展项目全团队成本集成管理的理由所在，因为只有这样才会使项目全团队每个成员都受益。

3. 项目全团队成本集成管理的内容

这种方法首先要求在项目所需商品或服务的买卖双方之间，在既有项目合同基础之上进一步建立合作伙伴式的关系，这种关系能够确保通过双方合作开展项目成本管理获得合理分配收益。这种项目全团队成本集成管理方法的合作与分享机制可以使用图 2-8 给出示意并说明如下。

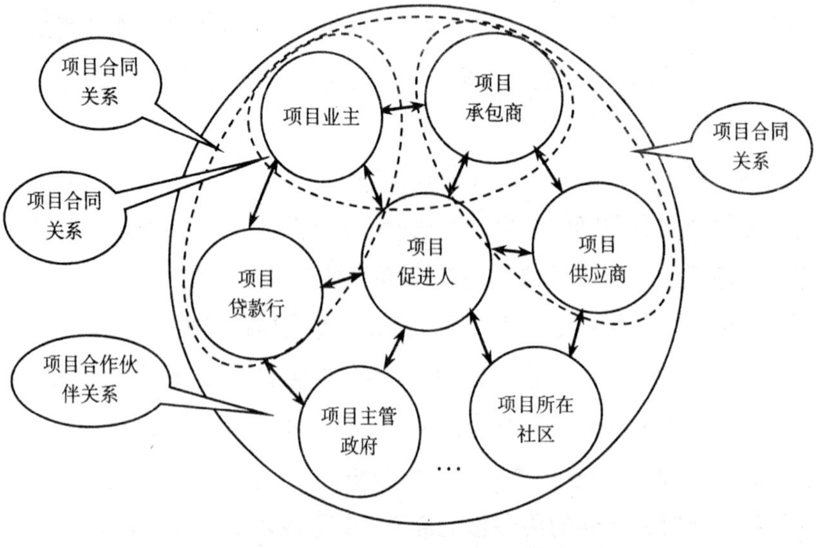

图 2-8　项目全团队的合同与合作伙伴关系示意图

由图 2-8 可见，这种管理方法的关键有两个方面：一是使用项目合同严格规定项目合同双方的权利和义务；二是借助合作伙伴关系使他们能够通过合作去实现项目价值的最大化和项目价值分配的合理化。所以，这是一种实现项目成本与价值科学管理的组织保障方法，是建立在项目全体团队成员之间合作伙伴关系基础之上的项目成本管理方法。这种方法改善了只是按照合同关系可能导致的利益冲突，改进了项目全团队成员间的合作，改善了项目全团队成员间的信息沟通与协调状况。

复习思考题

一、单选题

1. 在项目成本管理活动中，将批准的项目总成本估算分配到项目各项具体工作与活动中，进而确定、测量项目实际执行情况的成本基准，称为（　　）。

    A. 项目成本预算　　　　　　　　　　B. 项目成本控制

    C. 项目成本决算　　　　　　　　　　D. 项目成本核算

2. 按照时间顺序排列的有关历史成本资料，运用一定的数学模型和方法进行加工计算并预测企业或组织日常运营或项目活动的基本方法，称为（　　）。

    A. 项目成本定量预算法　　　　　　　B. 项目成本定性预算法

    C. 项目成本发展趋势预测法　　　　　D. 项目成本因果预测法

3. 在项目成本确定的过程中，采用（　　）方法所获得的项目成本计划结果与实际项目成本多数会有 5% 及以上的误差。

    A. 项目成本初步估算　　　　　　　　B. 项目成本涉及概算

    C. 项目成本详细估算　　　　　　　　D. 项目成本预算

4. 下列选项中（　　）不是导致项目成本不确定性的主要原因。

    A. 项目活动本身的不确定性

    B. 项目活动规模及资源数量的不确定性

    C. 项目所消耗和占用资源价格的不确定性

    D. 项目成本估算方法的不确定性

5. 随着项目实施的逐步开展，项目的不确定性成本会逐步（　　）。

    A. 从完全不确定性成本转变成为风险性成本，然后进一步转变成确定性成本

    B. 从确定性成本转变成为风险性成本，然后进一步转变成完全不确定性成本

    C. 从完全不确定性成本转变成为确定性成本，然后进一步转变成风险性

成本

  D. 从确定性成本转变成为完全不确定性成本，然后进一步转变成风险性成本

  6. 下列方法中，主要依据项目所需人力、设备及材料、消耗性资源等数量信息，分别确定出项目的成本估算和预算的选项包括（　　）。

  A. 基于活动的项目成本确定基本方法

  B. 基于工料测量的项目成本确定基本方法

  C. 基于定额的项目成本确定基本方法

  D. 基于统计资料的项目成本确定基本方法

二、多选题

  1. 下列属于"事前"成本管理的方法的是（　　）。

  A. 成本计划   B. 成本决策

  C. 成本分析和考核   D. 成本核算

  2. 下列属于成本因素分析方法的有（　　）。

  A. 连环替代法   B. 定基相对分析法

  C. 差额分析法   D. 指标分解法

  3. 下列属于项目全过程成本集成管理方法中首要和基本的方法的是（　　）。

  A. 项目阶段划分的方法   B. 项目工作分解的方法

  C. 项目活动分解的方法   D. 成本计划的方法

  4. 项目全过程成本集成管理的方法中项目全过程成本控制的方法包括（　　）。

  A. 对于项目活动和活动方法的控制

  B. 对于项目预算的控制

  C. 对项目活动所需资源及配置的控制

  D. 对项目成本结算与变更方面的控制

  5. 在项目成本的形成过程中，需要科学与合理配置的基本要素有四个：在《项目管理学》等教材中将这四个因素称为项目目标四要素，这些要素包括（　　）。

  A. 项目范围   B. 项目时间

  C. 项目风险   D. 项目成本

6. 下列（　　）属于为开展项目成本计划和决策所需使用的项目成本分析和预测的方法。

  A. 项目挣值分析和预测的方法   B. 项目净现值分析方法

  C. 项目内部收益率分析方法   D. 项目投资回收期分析方法

三、简答题

1. 简述基于活动的项目成本确定的概念。

2. 简述基于定额的项目成本确定的概念。

3. 简述项目全要素成本集成管理的方法。

4. 简述项目全团队成本集成管理的关键要素。

第3章
│ 项目资源计划编制

本章学习目标 ⋯⋯⋯⋯⋯⋯⋯⋯⋯⋯⋯⋯⋯⋯⋯⋯⋯⋯⋯⋯⋯⋯⋯⋯⋯⋯⋯⋯⋯⋯

通过本章学习，熟悉项目资源计划的定义、内容和作用；了解项目资源计划的编制过程，熟悉编制项目资源计划的过程和步骤，掌握编制项目资源计划的过程模型，学会运用各种编制项目资源计划的基本方法。

重点掌握：项目资源计划的定义、内容和作用；项目资源计划的编制过程和步骤，特别是编制项目资源计划所使用的基本方法等方面的内容。

一般掌握：我国项目资源计划依据和结果。

了解：项目资源计划的基本做法。

3.1　项目资源计划的概念

项目资源计划不但是项目成本确定的起点，也是后续项目成本估算、预算和控制的基础和依据，而且还是项目进度计划编制等方面的依据。

3.1.1　项目资源计划的定义与内涵

项目资源计划是对项目所需资源的一种预计、测算和计划安排，项目资源计划书是人们开展的项目成本估算的前提和依据。

1. 项目资源计划的定义

项目资源计划是指人们依据项目工作分解结构（WBS）、项目活动清单（AL）及项目时间进程等信息，通过分析和识别出项目所需消耗资源和占用资源的需要和要求，进而确定出项目所需要的各种资源的种类（包括人力、设备、材料、资金等），项目所需各种资源的数量和质量，以及项目所需资源的投入时间，最终制订出项目资源计划书的一种项目成本管理工作。

需要特别注意的是，项目资源计划不但需要全面考虑项目范围计划对于项目资源数量和质量的需要，而且要对应项目时间计划对于项目所需资源的投入时点（项目所需资源投入的具体时刻）和投入时期（项目所需资源应用的时间长短），并且还必须考虑项目所需资源的市场供应情况等一系列的相关因素，最终还需要从项目成本和价值管理的角度出发（如寻找物美价廉的可替代资源）去做好项目所需资源各种计划安排备选方案的制订和最终的优化安排。

2. 项目资源计划的内涵与作用

项目资源计划的内容和项目资源计划的根本作用具体分述如下。

（1）项目资源计划的内涵。首先，项目资源计划的内容涉及项目所需开展的全部工作与活动的资源需求，这包括项目实施和项目管理两个方面工作与活动所需的各种资源。其中，项目实施工作与活动是为直接生成项目产出物所开展的各种项目工作与活动（如建设项目的工程施工工作），项目管理工作与活动是为辅助和保障项目生成项目产出物所开展的各种项目工作与活动（如建设项目的造价管理工作）。因为这两方面的项目工作和活动都会消耗和占用资源，所以都必须被纳入到项目所需资源计划之中。实际上，按照西方发达国家项目成本管理的资源计划规定，项目实施与管理工作和活动所需资源都被直接编制在项目资源计划之中了。但是在我国现有项目成本管理所用的方法中，项目管理工作活动所需的成本是按照项目实施工作与活动的一定比例纳入项目成本预算的（如现行的建设工程工程量清单计价规范中规定，企业管理费是按照项目分布分项工程，即项目实施工作与活动的一定比例取费的），所以项目管理工作与活动所需的资源并非在项目资源计划中直接给出。

其次，项目所需资源包括项目在开展实施与管理工作和活动中所需占用的资源和所需消耗的资源，这是两种使用不同计划方法去进行计划和安排的项目所需资源。因为项目所需占用资源成本的高低取决于它们被占用的时间长短，显然它们被占用时间越长则项目成本就越高，所以这种项目所需资源的计划重点在于如何计划安排好其占用时间的长短；但项目所需消耗资源成本的高低取决于这种资源投入数量的多少和投入时点的早晚，显然这种资源的投入数量越多和越早则项目成本就越高。所以这是两种不同的项目资源计划内容，因此它们的计划安排需要使用不同的计划方法。

（2）项目资源计划的作用。首先，项目资源计划的根本作用是为项目成本估算和预算奠定基础和提供依据，因为现有主流的项目成本估算和预算方法都是依据项目资源计划编制而成的。实际上，项目估算是在项目资源计划的基础上，根据项目计划所需资源的市场价格及价格信息编制而成的，项目预算则是在项目估算的基础上进一步考虑项目各方面的风险的影响编制而成的。所以，如果没有项目资源计划，项目成本估算和预算就成了"无源之水"和"无本之木"，这就是项目资源计划的根本作用。

其次，项目资源计划还会影响到项目时间、质量、范围和风险管理等方面的计划与安排，因为这些项目计划之间存在相互影响和相互协调的作用。例如，当项目范围计划扩大或缩小时，项目资源计划就必然需要进行变更；反之，如果缺少项目所需资源人们就只好去修订或改变项目范围计划。同样，如果项目风险较大则项目所需资源的计划裕量就必须增加；反之，如果项目所需资源相对紧缺人们就必须减少项目所冒风险的计划与安排。

3.1.2 项目资源计划的内容

项目资源计划涉及以下四个方面的内容，它们就是项目资源计划的具体方面。

1. 项目所需资源的种类

项目所需资源的种类是决定项目成本多寡的首要因素，所以任何项目资源计划首先需要确定项目所需资源的具体种类。虽然项目资源可以有很多种不同的分类方法，但是在项目成本管理方面主要包括两种基本分类：第一种是按照项目所需资源的基本属性或物理特性而分成项目所需人力、材料、设备和资金四类（也被简称为人、机、料、费）；第二种是按照项目资源的使用与核算方式而分成项目所需占用资源和消耗资源两类。第一种分类是为确定项目所需资源数量和质量服务的，第二种分类是为确定项目所需资源的价格和开展项目成本估算和预算服务的。

（1）项目所需人力资源。这里的项目所需人力资源是一种广义的人力资源概念，实际上这包括项目所需的"劳心者"（管理者）和"劳力者"（被管理者）两个方面的人力资源。虽然这二者是两种不同的人力资源，但由于这两种项目所需资源都属于项目所需占用资源的范畴，他们都是按照项目所需占用他们的时间去确定由此产生的项目成本的，因此他们在项目资源计划中被归于同一种项目所需资源之中。

（2）项目所需设备资源。项目所需设备资源包括项目实施和管理过程中所需使用的各种机械设备和技术装备方面的资源，但是其中不能包括项目自身所包含的机械设备和技术装备。例如，在建设一家机床厂的工程项目中所使用的挖掘机等设备属于这类资源，但是未来机床厂建成后需要使用的机械加工设备不属于项目所需设备资源的范畴。因为前者属于项目所需占用资源的范畴，它们只是有部分价值转移到了项目成本或价值之中；而后者属于项目所需消耗资源的范畴（项目所需材料资源部分），因为它们的全部价值都转移到了项目成本或价值之中。

（3）项目所需材料资源。项目所需材料资源包括项目实施和管理中所需的各种原材料和商品等资源，以及包含项目之中在项目建成投入运营后所使用的各种设备等。很显然，项目实施和管理中所需的各种原材料和商品等资源的全部价值都会转移到项目的成本和价值之中，所以它们属于项目所需消耗资源的范畴。那些包含在项目之中以便在项目建成投入运营后所使用的各种设备等资源，由于它们的全部价值也都转移到了项目成本或价值中，所以它们也属于项目所需消耗资源的范畴。

（4）项目所需资金资源。项目所需资金资源主要是指项目所需缴纳或直接发生的各种费用情况，如项目所需缴纳的税金和所需支付的合理利润与各种管理费等，但是这不包括因项目所需消耗和占用资源所发生的费用或成本。因为从项目建设周期的角度出发，这种项目所需资金属于项目所需消耗资源的范畴；而从项目投资周期角度出发，项目所需全部资金则都属于项目所需占用资源的范畴，即项目的资金占用或项目总投资的范畴。

2. 项目所需资源的数量

项目所需资源数量的多寡同样是直接决定项目成本高低的关键要素，所以项目资源计划还需要进一步确定项目所需各种资源具体数量要求。这包括：项目对于人力资源的需求数量，因为这是决定项目所需占用资源成本多少的重要因素；项目所需各种机械设备和装备的需求数量，因为这也是决定项目所需占用资源成本多少的重要因素；项目对于各种原材料和商品等资源的需求数量，因为这是决定项目所需消耗资源成本多少的重要因素；项目所需缴纳的各种费用的数量，因为这也是决定项目所需消耗资源成本多少的重要因素。

3. 项目所需资源的质量

通常，人们在确定出项目所需资源的种类和数量的同时，还需要计划和安排项目所需资源的质量要求。这方面的计划和安排需要平衡两个方面的考虑：其一是项目所需资源的客观质量要求；其二是从降低项目成本和提高项目价值出发对于项目所需资源质量的具体考虑。因为在市场经济中多数时间市场上会有多种能够满足项目所需资源质量要求的可选择方案，所以在项目资源计划的安排过程中还需要使用价值工程的方法，按照"物美价廉"的要求去做好项目所需资源的质量方面的考虑和计划安排，从而确定出合理且有利的项目所需资源的质量安排。

4. 项目所需资源的投入时间

当人们确定了项目所需资源的种类、数量和质量之后，还需要进一步确定出项目所需各种资源的投入时间，并需要计划和安排项目所需资源的投入时点和时期两个方面。其中，项目所需资源的投入时点是指何时或在哪个时刻项目需要投入资源；项目所需资源的投入时期是指从项目所需资源投入的起点到终点之间的时间间隔。对于项目成本管理而言，项目所需各种资源都必须严格确定出投入时点和投入时期，因为这不但决定了项目所需成本的发生时期和时点，而且决定了项目所需成本的高低，如项目所需占用资源投入的时期越长则项目成本会越高。

3.2 编制项目资源计划的过程和依据

编制项目资源计划的过程涉及多个步骤和内容，而编制项目资源计划的依据涉及项目自身及环境与条件的众多方面。人们只有按照这些步骤所形成的过程和依据这些项目主要的信息才能编制出项目资源计划。

3.2.1 编制项目资源计划的过程

项目资源计划是依据一系列的项目文件和信息编制而成的，所以项目资源计划编制的过程及其前后相关步骤形成了一个完整的项目计划过程，有关这些项目资源计划及其前后的计划步骤和过程分述如下。

1. 编制项目资源计划之前的步骤和过程

在编制项目资源计划之前，人们首先需要制订出项目范围计划，以便人们可以根据项目工作与活动的范围去决定项目所需资源的种类和数量；同样，人们还需要制订出项目质量计划，以便人们可以根据项目质量计划去决定项目所需资源的质量要求；同样，人们还需要制订出项目时间计划，以便人们可以根据项目工作与活动的进度计划去决定项目所需资源的投入时点和时期；另外，人们多数时间还需要制订出项目风险管理计划，以便人们可以根据项目风险管理计划去决定项目所需资源的计划裕量大小。这些项目资源计划之前的项目计划工作是按照一定的先后步骤完成的，但是由于每个项目的项目范围、质量、时间、成本和风险等要素都具有不同的优先序列安排（如有的项目质量要素第一，而有的项目是时间要素第一），所以这些项目计划工作步骤的先后顺序是不同的，但是无论如何在项目资源计划之前必须做好这些项目的计划（至少要有相应的计划草案），因为它们都是项目资源计划的根本依据，当然项目资源计划（或计划草案）也是这些项目计划的依据之一。

2. 编制项目资源计划自身的步骤和过程

项目资源计划编制过程自身的步骤和内容有四个：第一步是根据项目范围计划确定出项目所需资源的种类和数量，这是根据项目工作与活动确定出项目所需的人、机、料、费等资源等方面的项目资源计划工作；第二步是根据项目质量计划确定项目所需资源的质量要求，这是根据项目产出物质量和项目工作质量确定出项目所需资源的质量要求及替代资源方案等方面的项目资源计划工作；第三步是根据项目时间计划确定项目所需资源的投入时点和时期，这是根据项目工作和活动的起始时间确定出项目所需资源的投入时点和时期等方面的项目资源计划工作；第四步是根据项目风险管理计划确定项目所需资源的计划裕量大小，这是根据项目风险情况确定出项目所需资源的数量和质量方面的裕量和要求等方面的项目资源计划工作。通常，这四个项目资源计划的步骤是按照这里给出的先后顺序进行的，但是对于有些项目的特殊情况则必须根据项目实际需要去开展项目资源计划的过程。

3. 编制项目资源计划之后的步骤和过程

从项目成本管理的角度出发，编制项目资源计划之后的步骤和过程主要是根据项目资源计划去编制项目成本估算和项目成本预算的步骤和过程；从项目集成计划的角度出发，项目资源计划之后的步骤和过程主要是根据项目资源计划去修订项目范围、质量、时间及风险管理的步骤和过程。很显然，人们只有编制出了项目资源计划才能进一步去编制项目成本的估算，而人们只有有了项目成本估算才能进一步去编制项目成本预算，这就是项目资源计划之后的主要步骤和过程。但是，通常项目各方面计划是按照一种不断修订和集成的过程编制的，所以人们在有了项目资源计划以后还需要去进一步审视和修订项目的范围计划、时间计划、质量计划和风险管理计划，这多数发生在根据项目资源供给情况确定出项目资源计划以后，由于项目资源供应方面的制约而不得不调整项目范围、质量、时间和风险管理计划的情况下。

3.2.2 编制项目资源计划的依据

项目资源计划编制的依据涉及项目的范围、质量、时间和风险管理等各个方面计划和要求的文件和相关各种支持细节与信息资料，具体分述如下。

1．项目范围计划

项目范围计划包括项目产出物范围的计划和项目工作范围的计划，这两方面的信息是确定项目所需资源数量和质量的根本依据。因为所有的项目资源都是为开展项目工作和活动服务的，而所有项目工作与活动都是为生成项目产出物服务的。有关项目范围计划中的这两方面的计划和要求，具体分述如下。

（1）项目产出物的范围计划。这是关于项目最终生成的无形服务或有形产品的计划和安排，如婚礼服务项目、软件开发项目和工程建设项目等，它们的最终结果或为无形的服务（婚礼），或为有形的产品（工程实体），或是介于两者之间的软件（软件代码和功能）。项目产出物的范围计划是人们制订项目资源计划质量方面的根本依据，因为人们需要据此去确定项目所需各种资源的质量方面的规定。

（2）项目工作的范围计划。这是关于项目所需开展工作与活动的计划安排，包括项目工作阶段、项目工作包、项目具体活动三个层次的计划和安排。其中，项目工作阶段的计划安排用来作为制订初步的项目资源计划的依据（并且作为项目初步估算的依据），项目工作包的计划安排用来作为制订相对详细的项目资源计划的依据（并且作为项目设计概算的依据），而项目具体活动的计划安排则用来作为制订最为详细的项目资源计划的依据（并且作为项目详细估算的依据）。作为项目资源计划依据的主要项目工作范围计划的文件包括以下两种。

1）项目工作分解结构（WBS）。项目工作分解结构（WBS）是使用层次结构图给出的既定项目全部工作的描述，项目工作分解结构是人们在项目实施过程中需要去完成的全部工作任务。由于要完成项目的这些工作任务需要投入各种资源，因此项目工作分解结构是安排项目资源计划的主要依据之一。另外，项目工作分解结构字典（WBSD）也属于这方面依据的内容，因为它给出了项目工作分解结构中各个节点的具体说明和支持细节。

2）项目活动清单（AL）。通常，项目工作分解结构给出的项目工作包中会包含多个项目具体活动,有关项目具体活动的信息则是确定项目资源需求和计划的更为详细的依据。另外,对于项目各项具体活动的说明和支持细节也是项目资源计划的重要依据。实际上,项目资源计划最重要的依据是项目活动清单及其支持细节方面的信息,因为所有项目资源都是因为开展项目具体活动所占用或消耗的。

2. 项目质量计划

项目质量计划包括项目产出物质量的计划要求和项目工作质量的计划要求,这两方面的信息也是确定项目所需资源数量和质量的根本依据。因为所有的项目资源不但要满足开展项目工作与活动和生成项目产出物服务的质量计划和要求,而且还要满足项目对于项目工作和项目产出物的质量计划和要求。有关项目质量计划中的这两个方面的计划和要求,具体分述如下。

(1)项目产出物质量计划和要求。任何项目的质量计划和安排首先给出的是项目产出物的质量计划和要求,如对于建设一个机床厂的项目而言,人们首先要对厂房(如抗震烈度要求)、机械加工设备(如加工精度要求)、厂区道路(路面等级)和绿化(绿化面积甚至树种和草种要求)等这些项目最终产出物的质量作出计划和要求,而这些质量计划和要求信息是确定项目所需消耗资源(主要是"料"和"费")质量和数量的重要依据。

(2)项目工作质量计划和要求。一个项目的质量计划和安排还需要给出对于项目工作质量的计划和要求,同样对于建设一个机床厂的项目,人们还要对项目实施工作(如厂房建设)、项目采购工作(如机械设备国内外采购)和项目管理工作(如项目监理)等这些项目工作的质量作出计划和要求,而这些项目工作质量的计划和要求是人们确定项目所需占用资源(主要是"人"和"机")质量和数量的根本依据。

综上所述,在通常情况下人们依据项目范围计划和项目质量计划就可以决定出项目所需资源的种类、质量和数量,因为只要人们有了这两方面的信息,人们就可以确定出项目资源计划中关于项目所需资源的种类、数量和质量的情况。例如,在前述机床厂建设项目的设计阶段需要哪些种类的设计工程师和专家顾问,他们的专业技术水平有什么要求;在该项目实施阶段需要哪些方面的专业技术人员和项目管理人员,需要哪些种类的原材料和机器设备,等等。这些关于项目资源的种类、数量和质量的要求是制定项目资源计划的核心任务之一。

3. 项目时间计划

项目时间计划包括项目时点和时期两个方面的计划要求,因为这两方面的信息是确定项目所需资源投入时点和时期数的根本依据。实际上，项目资源计划在需要满足开展项目工作与活动和生成项目产出物服务的要求及满足达到项目产出物和工作质量的要求的同时，还需要满足项目工作能够按时开始和完成及项目产出物能够按时交出的要求。有关项目时间计划这种依据的具体情况，分述如下。

（1）项目时点的计划。这是指项目、项目阶段、项目工作包、项目活动及项目关键路径的具体起点和终点方面的计划要求，通常说的项目进度计划就是一种强调时点的项目时间计划。这方面的计划和要求信息是确定项目资源投入和撤出时点的根本依据，因为具体时点上开始的项目工作就需要有相应的资源作为支持和投入。另外，项目资源投入时间的先后也会对项目成本带来相应的影响，因为项目资源所占用的资金都是有时间价值的。所以项目时点方面的计划信息是项目资源计划的重要依据，特别是对于项目所需消耗资源（主要是"料"和"费"）更是这样，因为多数这类资源的价值或成本在投入时点上会全部转移到项目成本或价值之中（如机床厂的机械设备）。

（2）项目时期的计划。这是指项目、项目阶段、项目工作包、项目活动及项目关键路径的具体起点和终点之间的时间间隔的计划要求，通常说的项目工期计划就是一种强调时点的项目时间计划。这方面的计划和要求信息是确定项目资源占用时间长短的根本依据，所以对于项目所需占用资源（主要是"人"和"机"）的计划安排更是如此。因为这类资源的价值或成本取决于占用时间的长短，如在机床厂建设项目中所使用施工机械设备和所占用的各种人力与劳力资源。当然，对于那些在项目工作周期内逐步消耗的资源而言，这方面的计划信息也是确定项目资源计划和项目成本估算的重要依据，如机床厂建设项目灌注地基过程中所使用的水泥与砂石等材料就是如此。

综上所述，项目范围、质量和时间这三个方面的计划信息都是项目资源计划的重要依据，只是它们三者是决定项目资源计划不同方面的依据而已。

4. 项目风险管理计划

任何项目资源计划都必须留有足够的计划裕量，以便在项目环境与条件发生变化的时候人们能够有足够的资源去应对由此造成的各种项目资源的短缺和项目成本的不足。因此，人们就需要依据项目风险管理计划去开展项目资源计划的制订，因为项目风险管理计划中给出了已识别的项目环境与条件发展变化风险的信息。通常这需要两个方面的项目风险管理计划信息：其一是项目风险识别与度量的信息；其二是项目风险应对与监控的信息。具体分述如下。

（1）项目风险识别与度量的信息。这方面的计划信息可以使人们在确定项目资源计划的时候，了解或知道项目何时会有何种风险，以及这些项目风险的发生概率大小、后果严重程度（项目风险收益和风险损失的大小）、风险的时间进程（项目风险如何逐步演变）和项目风险的关联影响（是否有多米诺骨牌效应等）。显然，所有这些方面的信息都是人们决定项目资源是否应该留有计划裕量的根本依据和重要信息。

（2）项目风险应对与监控的信息。这方面的计划信息可以使人们在确定项目资源计划的时候，了解和知道人们在开展项目风险应对措施和监控措施过程中需要的资源种类、数量和质量等方面的信息。例如，工程项目监理工作实际上就是一种项目风险管理方面的监控和应对方面的措施或工作，人们只有根据项目风险管理计划而知道究竟要采取何种项目监理（自行监理或委托监理公司）才会确定出由此所需的项目资源需求和计划。

5. 项目集成计划

项目集成计划包括项目目标要素的集成计划，以及项目目标、资源和风险要素的全面集成计划，这两方面的计划信息同样也是制订项目资源计划的根本依据。实际上，项目资源计划就是从项目目标要素集成计划和项目全要素集成计划中分解得到的，因为这种项目集成计划实际上就是按照合理配置关系去集成项目各个专项计划的结果而已。有关这两方面项目集成计划作为依据的具体情况，分述如下。

（1）项目目标四要素集成计划。任何项目都有项目范围、时间、质量和成本这四个方面的具体目标，但是这四种项目目标不但相互关联而且相互影响，甚至会有相互冲突和对立的问题。例如，项目范围扩大就会影响项目时间、质量和成本，所以在项目资源计划过程中人们必须充分考虑项目四目标要素之间的合理配置关系。不同项目的四目标要素之间的合理配置关系是不同的，因为项目不同这四个目标的优先序列是不同的。这种项目四目标要素优先序列的安排一方面取决于项目自身的客观要求（如博士论文研究与撰写项目永远是质量要素第一，而奥运会场馆建设项目多数是时间要素第一），另一方面取决于项目组织（业主或承包商）自身的管理政策、组织文化、组织获得资源的方式和手段及组织在项目资源管理方面的有关方针政策等（如项目组织对施工设备是购买还是租赁的政策等），这些都是制订项目资源计划的重要依据。

（2）项目目标、资源和风险全面集成计划。在制订项目目标四要素集成计划的同时，人们还需要考虑项目资源供应和项目风险等方面的各种制约，这包括前述"人、机、料、费"等各方面资源的制约和项目风险发生所需的项目资源计划余量，所有这些要素的全面集成结果就得到了项目全部要素的全面集成计划。项目全面集成计划是制订项目资源计划的最终的依据，因为这是综合平衡了项目各方面要素，最终按照项目各要素之间的合理配置关系所给出的计划结果。需要说明的是，实际上上述各个项目专项计划（范围、时间、质量等）都是依据这种项目全面集成计划分解得到的相关结果而已。确切地说，项目全面集成计划和项目资源计划是按照逐步优化和全面集成的方法，交叉平衡地进行计划安排的，所以项目资源计划也是项目全面集成计划的一个有机部分而已。

6．其他项目相关信息

除了上述这些依据之外，项目资源计划还需要依据一些其他的相关信息，具体主要包括以下两个方面的信息。

（1）组织所完成历史类似项目的信息。这是指组织已完成同类项目在项目所需资源、项目资源计划和项目实际实施消耗资源等方面的历史信息，此类信息可以作为新项目资源计划的参考资料，人们可以借鉴以前同类项目中的经验和教训，从而可以使人们安排的项目资源计划更加科学和符合组织自己在劳动生产率和材料消耗标准等方面实际。

（2）全社会同类项目资源占用或消耗的平均水平。由国家或地区的专业技术咨询公司或财务会计公司及其他社会组织或政府机构发布的各种全社会同类项目资源占用或消耗的平均水平也是制订项目资源计划的重要依据或参考。特别是对于专门从事项目实施的承包商而言，只有依靠这种信息才能明确自己制订的项目资源计划及据此作出的项目成本估算和预算与报价是否具有竞争力和能否中标等。

（3）国家或地区规定的各种定额、标准和计算规则。这是指项目资源计划编制中人们还需要参考关于"人、机、料、费"等方面的国家、地方或咨询机构发布的各种定额、标准和计算规则，因为某些项目工作的资源需求必须按照国家、行业、地区的官方或咨询机构发布的定额或计算规则去确定和安排。例如，英国和英联邦国家与地区（包括我国香港特别行政区）在工程建设项目方面就有统一的工料测量标准和计算规则，我国大陆也有自己的建设工程工程量清单计价规范，这些都是人们在项目资源计划编制中需要参照的依据。

3.3 编制项目资源计划的过程和方法

项目资源计划的编制是一个过程，而在这个过程中需要使用一系列的具体方法，所以本节将讨论项目资源计划编制的过程和方法。

3.3.1　编制项目资源计划的过程

在项目成本管理的项目资源计划制订中，人们还需要按照项目阶段、项目工作包和项目活动逐层分解的结果，通过一系列的步骤去最终制订出项目资源计划。

1. 编制项目资源计划的过程模型

如前所述，编制项目资源计划是一个逐步优化安排的过程，图 3-1 给出了编制项目资源计划过程的模型示意。由图 3-1 可知项目资源计划的编制过程主要包括三大部分：其一是项目工作与活动的分解过程；其二是项目资源需求的确定；其三是项目资源计划的编制。

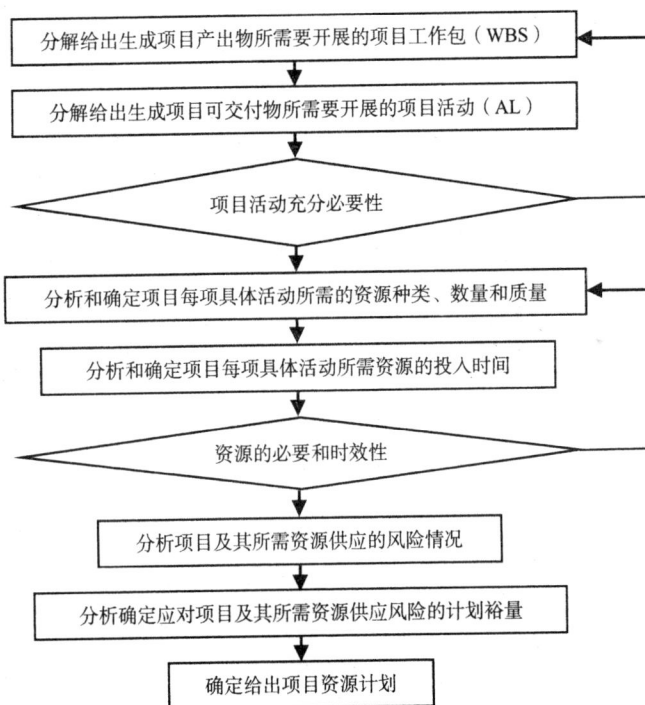

图 3-1　编制项目资源计划过程模型示意图

2. 编制项目资源计划过程的具体步骤

由图 3-1 可以看出，项目资源计划的编制过程主要有八个步骤，而这八个步骤又分成三个部分的主要内容，具体分别讨论如下。

（1）分解给出生成项目产出物所需要开展的项目工作包（WBS）。项目资源计划编制过程的第一步是分解给出生成项目产出物所需的全部项目工作包，因为正是要开展这些项目工作才需要消耗和占用各种资源，所以这是项目资源计划中的首要工作，其具体内容和方法将在后续章节讨论。

（2）分解给出生成项目可交付物所需要开展的项目具体活动（AL）。这是人们采用层层分解项目工作包的方法，系统地分解给出项目所需开展具体各项活动的工作。在这一工作中人们根据项目可交付物，去分析和生成项目结果所需的各项具体活动，从而给出项目资源计划的基础依据。

（3）分析和确定项目工作与活动的充分必要性。这是对前两个步骤分解得到的项目工作包和项目具体活动自身是否充分和必要的全面分析和确认，以便制订出的项目资源计划不但能够满足项目实施和管理的需要，同时能够做到没有浪费和剩余。其中，"充分"是指"凡是"为生成项目产出物的工作与活动一项也不能少，"必要"是指"凡不是"的一项也不能多。

（4）分析和确定项目每项具体活动所需的资源种类、数量和质量。这是在人们按照"充分与必要"的原则分解给出项目具体活动后，进一步根据开展各项项目活动所需的各种资源而确定给出项目全部活动所需的资源种类（人、机、物、料等）、数量和质量的要求。其中，需要特别注意的是那些对于多个项目活动共享的资源情况的分析与确定。

（5）分析和确定项目每项具体活动所需资源的投入时间。在分析和确定出全部项目活动所需占用与消耗的资源种类、数量和质量以后，人们还需要项目时间计划等方面的信息去分析和确定项目每项具体活动所需资源的投入时间分析和确定项目每项具体活动所需资源的投入时间，因为这也是制订项目资源计划的根本工作和重要步骤。

（6）分析和确定项目所需各种资源的必要性和时效性。这是对以上步骤分解得到的项目所需各种资源的基础上进一步全面分析和确认，项目资源计划中所列资源是否都是充分必要的和是否都能够按时获得和供项目使用。其中，"必要性"是指项目资源计划中不能够有"没用"的资源，"时效性"是指项目资源计划中的时间安排必须能够"及时"供项目实施和管理使用。

（7）分析项目及其所需资源供应的风险情况。这包括两个方面的具体内容：其一是分析确定项目自身的不确定性和风险情况；其二是分析确定项目资源供应的不确定性和风险情况。因为这两个方面都会直接影响项目资源计划的可行性和时效性，所以这些不确定性和风险情况的分析结果也是制订项目资源计划的重要工作和根本步骤之一。

（8）分析确定应对项目及其所需资源供应风险的计划裕量。在分析和确定出项目及其资源供应的各种不确定性和风险以后，人们就可以根据这方面的信息去制订项目资源计划的"计划裕量"了。这包括两个方面的"裕量"：其一是为应对这些风险所需的项目资源种类、数量和质量方面的计划裕量；其二是为应对这些风险所需的项目资源订货、采购和获得等各环节的时间计划裕量。

最终，在人们完成了上述整个项目资源计划过程的各个步骤之后，人们就可以获得一份作为项目成本估算、预算和控制的重要依据，即项目资源计划了。

3.3.2　编制项目资源计划的方法

编制项目资源计划的方法主要有三种，这些方法的具体做法分述如下。

1. 标准定额法

最初按照国家统一标准定额确定项目资源计划的编制方法是由苏联发明和使用的，它主要适用于社会主义计划经济"资源平调"（而不考虑项目所需各种资源的市场价值）的体系，因为在这种经济体制下的项目成本确定与控制并不需要十分精确的技术方法。至今，我国某些地方或行业仍在使用的一种计划经济时代的基于国家或地方"标准定额"的项目资源计划编制方法，这种方法所存在的问题和不足已经在前面作了较多讨论，主要问题是由于使用国家或地方的标准定额而不顾具体项目的客观实际情况去计划和安排项目资源（如项目实施的时间、地点、现场限制条件等）。

但是，如果人们使用企业或行业自己的"标准定额法"则可另当别论，因为企业或行业的实际项目资源消耗或占用的标准与定额就是具体企业或行业开展项目活动所占用和消耗资源的平均水平，而以此为依据去编制项目资源计划应该也是科学和可靠的。所以现在在这种方法的使用中，"标准定额"是企业或行业按照自己多年积累和不断修订的各种"标准定额"（包括劳动定额、材料消耗定额、费用定额等），因为这种企业或行业的"标准定额"是企业或行业资源需求的实际水平或历史水平，所以依据企业或行业"标准定额"开展项目资源计划的编制是科学可靠的。

这种方法的具体做法十分简单，只要企业或行业具有历史类似项目资源需求计划和实际情况的数据，人们就可以使用统计的方法依据它们最终确定出企业或行业开展项目所占用和消耗资源的平均水平和先进水平，然后将这些不同的项目资源消耗和占用资源水平数据作为"标准定额"，即可计算和确定出新项目的资源需求并安排和给出新项目的资源计划了。

2. 工料测量法

这种方法是由英国皇家特许测量师协会最早制订和推行使用的，这种方法至今仍然在众多的英联邦国家或地区中使用。这种方法是在有管理的市场经济体制下使用的项目资源计划编制方法，这种方法首先要给出项目活动清单（项目活动的规模和内容），然后再根据项目活动清单中各项具体活动的实际需要和既定的项目工料测量规则，人们就可以测量和计算给出项目所需占用和消耗的资源，最终加上应对项目风险的一定计划裕量即可编制给出项目资源计划了。

因此这种方法相对烦琐和需要大量的科学计算，实际上是一种借助工料测量规则使用科学计算方法编制项目资源计划的方法，当然使用这种给出的项目资源计划的精确度是相对较高的。这种方法的优点是使用项目活动清单作为项目工料测量的主要依据，使用工程测量和科学计算的方法计划和安排项目所需资源，所以它的计划精确度相对较高。

我国自1996年开始学习和引进这种方法，并在2000年开始编制中国的相应方法，到2003年我国提出了自己的建设工程工程量清单计价规范（GB 50500—2003），现在已经发展到了GB 50500—2013，并且很好地与国际习惯做法进行了接轨。虽然，这种方法是为工程建设项目资源计划制订服务的，但是实际上这种方法的原理是适用于多数项目种类的（如IT项目和R&D项目）。有关这种方法的具体做法可用表3-1给出示意，具体规范内容和要求可参见GB 50500—2013。

表3-1 项目资源计划的工程测量法示意表

项目阶段	工作包代码	工作包名称	活动代码	活动名称	责任人	活动描述	所需资源	单位	数量
定义/决策	101	定义工作							
1			101.1	提出提案	工程师	编写下面的提案	人工	小时	10
							纸张	公斤	2
			101.2	可行分析	经济师	可行性分析研究	人工	小时	20
							纸张	公斤	2
							计算机	台	3
			101.3	可行审批		……	……	……	……
……	……	……	……	……	……	……	……	……	……
全部项目	……	……	……	……	……	……	……	……	……

3. 统计资料法

这种方法是美国等发达国家使用的编制项目资源计划的方法，这是一种使用企业或行业组织自己的历史项目统计资料或者使用市场上各种项目咨询服务公司的商业数据库统计资料，编制项目资源计划的方法。这种方法根据数据库的资料，使用统计分析的方法给出具有统计意义的各种资源消耗或占用量的平均水平和先进水平，以及项目活动资源消耗和占用的平均水平和最高水平等数据，从而人们（项目咨询公司或项目实施者自身）可以使用它们去编制项目资源计划。

这是一种最接近实际情况和最适合市场经济使用的项目资源计划编制方法，所以这种方法主要是由美国和欧洲的市场型国家使用的项目资源计划编制方法。例如，总部设在美国马里兰州的美国独立项目分析公司就是一家专门从事这方面咨询服务的公司，二十多年前作者（陪同前中国建设部标准定额司代表团）访问的时候，该公司就是用自己的商用数据库（有数千个化工建设项目的数据），为像杜邦公司和埃克森石油等世界重要的化工和石油企业做提供统计数据和编制项目资源计划这样的工作。

3.3.3　项目资源计划编制的结果

项目资源计划编制的最终结果主要包括以下几个方面。

1. 项目资源计划书

项目资源计划书是对完成项目所需资源的计划安排，它是项目管理（尤其是项目成本管理）文件中一个重要组成部分。项目资源计划书要对项目活动所需资源的种类、数量、质量、资源的使用方式（消耗性还是占用性资源）及资源的投入时间进行全面的安排和必要的说明，这包括对项目所需人力资源、物力资源、设备和其他资源的计划的全面规定和说明。

另外，这一文件还要全面说明和描述项目资源的不确定性和风险性等方面的情况和其他一些内容。通常，项目资源计划书中的主要指标是实物量（吨、千克、米等），这主要适用于项目所需消耗资源的计量和说明，和劳动量指标（工时或工日），这主要适合于项目所需占用资源的计量和说明。同时为了便于确定项目资源的投入时间，还需要使用其他的一些指标对项目资源计划进行必要的描述。例如，有时需要使用相对指标和平均指标进行计量和说明（如每平方米/小时），甚至在某些情况下他还需要同时使用多种度量指标进行描述，以便于随后的项目资源计划实施与管理。

2．相关支持细节文件

这是对于项目资源计划文件的依据、内容、用途和细节等方面的说明文件，这一文件的主要内容包括：项目资源计划的依据说明，因为项目资源计划的依据是直接影响项目资源计划编制的关键因素；项目资源计划的编制方法说明，因为不同的项目资源计划编织方法其结果会不同；项目资源计划的各种假定条件说明，这包括在项目资源计划编制中使用的各种假定项目所需资源水平和项目资源定额等方面的说明；项目资源计划可能出现的变动范围的说明，这包括在各种项目资源计划假设条件和基础与依据发生变化后，项目资源计划可能会发生多大变化的说明。

这一文件主要是作为项目资源采购与获得计划书使用的，因为在人们作出了项目资源计划之后，就需要根据项目资源计划去开展项目所需消耗资源的采购和项目所需占用资源的租赁、雇用或招投标等工作。人们只有按照项目资源计划制订出项目资源采购与获得计划书以后，才能够通过一系列的相关工作保障项目实施与管理过程中能够按质按量和准确及时地供应项目所需占用和消耗的资源。

复习思考题

一、单选题

1．项目资源计划的结果主要有（　　）种。

    A．一   B．两   C．三   D．四

2．项目资源计划的编制依据主要有（　　）种。

    A．三   B．四   C．五   D．六

3．项目资源计划的编制过程中有（　　）个步骤。

    A．五   B．六   C．七   D．八

4．项目资源计划的编制方法主要有（　　）种。

    A．三   B．四   C．五   D．六

5．任何项目资源计划都必须留有足够的计划裕量，以便在项目（　　）发生变化的时候人们能够有足够的资源去应对由此造成的各种项目资源的短缺和项目成本的不足。

    A．环境   B．条件   C．环境与条件   D．其他

6．项目资源计划编制过程的第一步是分解和给出生成项目产出物所需的全部（　　）。

    A．项目活动   B．项目工作包   C．项目阶段   D．项目里程碑

7. 在编制项目资源计划的标准定额法中，企业或行业按照自己多年积累和不断修订的各种（　　）去开展项目资源计划的方法是科学可靠的。

　　A. 统一标准　　　　B. 统一定额　　　　C. 标准定额　　　　D. 非标准定额

8. 工料测量法是由（　　）最早制订和推行使用的，这种方法至今仍然在众多的英联邦国家或地区中使用。

　　A. 国际造价工程师联合会　　　　　　B. 美国造价工程师协会

　　C. 中国工程造价协会　　　　　　　　D. 英国皇家特许测量师协会

9. 编制项目资源计划所依据的（　　）包括项目目标要素的集成计划，以及项目目标、资源和风险要素的全面集成计划的信息。

　　A. 项目范围计划　　　　　　　　　　B. 项目时间计划

　　C. 项目集成计划　　　　　　　　　　D. 项目质量计划

10. 编制项目资源计划最重要的依据是（　　）方面的信息，因为所有项目资源都是因为开展项目具体活动所占用或消耗的。

　　A. 项目阶段及其支持信息　　　　　　B. 项目工作包及其支持信息

　　C. 项目里程碑及其支持信息　　　　　D. 项目活动清单及其支持细节

二、多选题

1. 项目资源计划书是人们开展的（　　）的前提和依据。

　　A. 项目成本估算　　　　　　　　　　B. 项目成本决算

　　C. 项目成本结算　　　　　　　　　　D. 项目成本预算

2. 项目资源计划会影响到（　　）管理等方面的计划与安排，因为这些项目计划之间存在相互影响和相互协调的作用。

　　A. 项目范围　　　　　　　　　　　　B. 项目时间

　　C. 项目质量　　　　　　　　　　　　D. 项目风险

3. 项目资源计划的内容涉及（　　）方面的内容。

　　A. 项目所需资源的种类　　　　　　　B. 项目所需资源的数量

　　C. 项目所需资源的质量　　　　　　　D. 项目所需资源的投入时间

4. 项目资源计划的依据涉及（　　）方面的内容。

　　A. 项目的范围计划和要求　　　　　　B. 项目的时间计划和要求

　　C. 项目的质量计划和要求　　　　　　D. 项目的风险管理计划和要求

　　E. 其他相关各种信息资料　　　　　　F. 项目的成本计划和要求

5. 项目资源计划依据的其他相关资料包括（　　）的内容。

    A. 组织所完成历史类似项目的信息

    B. 全社会同类项目资源占用或消耗的平均水平

    C. 国家或地区规定的各种定额、标准和计算规则

    D. 与项目资源计划有关的其他信息资料

6. 项目资源计划主要包括（　　）这两种项目所需资源的计划和安排。

    A. 项目所需其他资源　　　　　　B. 项目所需消耗资源

    C. 项目所需借用资源　　　　　　D. 项目所需占用资源

7. 编制项目资源计划所依据的项目范围计划包括（　　）两种项目范围计划安排信息。

    A. 项目产出物的范围　　　　　　B. 项目工作的范围

    C. 项目时间的范围　　　　　　　D. 项目质量的范围

8. 编制项目资源计划所依据的项目时间计划包括（　　）两方面的时间计划安排信息。

    A. 项目完工时间的计划安排　　　B. 项目时期的计划安排

    C. 项目总工期的计划安排　　　　D. 项目时点的计划安排

9. 编制项目资源计划所依据的项目质量计划包括（　　）两方面的质量计划安排信息。

    A. 项目消耗资源质量的计划安排　B. 项目工作质量的计划安排

    C. 项目产出物质量的计划安排　　D. 项目占用资源质量的计划安排

10. 项目资源计划的根本作用是为（　　）奠定基础和提供依据

    A. 项目成本估算　　　　　　　　B. 项目成本预算

    C. 项目成本结算　　　　　　　　D. 项目成本决算

三、简答题

1. 简述项目资源计划的定义。

2. 简述项目资源计划的作用。

3. 简述项目资源计划的内容。

4. 项目资源计划的编制方法主要有哪几种？

5. 项目资源计划的编制过程中有哪些重要的步骤？

第4章
| 项目成本估算

4.1　项目成本估算的概念

项目成本估算既是项目成本管理的基础性工作，也是后续的项目成本预算和项目成本控制的基础和依据，所以它在项目成本管理中具有十分重要的地位。

4.1.1　项目成本估算的内涵

项目成本估算实际上就是对项目所需成本的一种估计和测算，它是项目业主或承包商等项目相关利益主体的项目成本决策支持工作和项目成本计划安排的前期工作，其结果是项目决策和项目成本预算及项目承发包合同定价的基础和依据。

1. 项目成本估算的含义

项目成本估算与项目成本预算不同，其具体含义讨论如下。

（1）项目成本估算的定义。项目成本估算作为动词是指用项目工作与活动所需占用和消耗资源，以及用这些资源的价格信息预测和估计项目成本的项目管理工作；项目成本估算作为名词是指项目成本估算工作的结果，即项目成本估算书及相关文件。项目成本估算包括收集相关信息，然后对项目成本进行估计和测算，最终给出项目成本估算文件等工作。

（2）项目成本估算的不精确性。项目成本估算中的"估"字是指人们对于项目成本的估计和预测，"算"字是指人们对于项目成本的计算和测算，由于是"估计"和"测算"就导致了项目成本估算的结果都存在不同程度的不精确性。由于项目成本估算不足而导致项目预算不准确，最终造成项目成为"烂尾工程"是常见的"项目管理疾病"。所以，努力消减项目成本估算的不精确性是项目成本管理的重要工作之一。

（3）项目成本估算的精确度划分。造成项目成本估算不精确的根源是项目成本估算信息的不完备性。因为人们在项目初期阶段对于项目成本的认识是有限的，人们对项目成本的认识需要随着项目的逐步展开不断加深和扩大，所以在不同项目阶段就会有不同精度的项目成本估算。所以项目成本估算可分成项目成本初步估算、项目成本设计概算和项目成本详细估算等几种不同精确度的项目成本估算阶段和结果。甚至在项目成本初步估算阶段还可进一步分成不同的项目成本初步估算，具体见表 4-1。

表 4-1　不同精确度和用途的项目成本初步估算说明表

序号	项目成本估算时间	项目成本估算的用途	估算的误差
1	项目规划阶段	十分粗略的项目成本估算，初步决定项目是否可行和深入研究	$\geq \pm 30\%$
2	项目建议书阶段	粗略的项目成本估算，作为项目立项的依据，以便深入研究	$\pm 30\%$
3	可行性研究阶段	一般的项目成本初步估算，作为开展项目详细可行性的依据	$\pm 15\%$
4	项目设计计划阶段	较精确的项目成本初步估算，作为开展项目决策的依据	$\pm 5\%$

（4）不同项目相关利益主体的项目成本估算。实际上在通过承发包而由承包商实施的项目中，项目承包商需要从自己项目实施的角度去编制项目成本估算，项目业主需要从项目投资角度去编制项目成本估算，因为项目业主的成本估算中不但包括项目承包商的项目成本估算，还应该包括项目业主自身的花费和其他方面的费用。虽然不同项目相关利益主体的项目成本估算之间是紧密关联的，但是在成本估算的口径、范围和内容等方面都是不同的。

（5）项目成本估算的不断更新。在项目成本估算的全过程中，随着项目的不断深入而需要逐步细化和更新项目成本估算以便不断地提高项目成本估算的精确度。因为随着项目实施的深入，人们对于项目成本的认识和所拥有的项目成本信息会不断地深入和增加，所以项目成本估算的精确度也会不断地提升。因此，在建设项目的成本估算中可分成项目初期的初步成本估算、项目技术设计后的成本概算和项目详细设计后的详细估算等不同精确度的项目成本估算。

2．项目成本估算的依据

项目成本估算的依据是与项目成本相关的各种资料和信息，一般项目成本估算的依据包括以下几个方面。

（1）项目范围计划中的项目工作与活动分解文件。项目范围计划中的项目工作与活动分解文件包括项目范围的描述文件、项目工作分解结构及其相关文件、项目活动清单及其相关文件等所有关于项目工作与活动的相关文件。因为所有项目成本都是为开展项目工作与活动而造成的，所以这些文件是项目成本估算最根本的依据。

（2）开展项目工作与活动所需资源数量的信息。项目工作与活动所需资源数量的信息包括项目全部活动所需消耗资源和所需占用资源的信息，以及项目资源需求

计划文件等。因为所有项目成本都是由于开展项目工作与活动而消耗和占用了各种
资源所造成的，所以这方面的信息也是项目成本估算最根本的依据。

（3）项目工作与活动所需资源的价格信息。项目工作与活动所需资源的价格信
息包括项目全部活动所需占用和消耗资源的市场价格信息，以及项目所需各种资源
的价格发展变化信息，等等。因为所有项目成本都是由项目所需各种资源的数量和
价格所决定的，所以这方面的信息就成了项目成本估算最根本的依据之一。

（4）项目及其活动的各种风险性信息。项目及其活动的各种风险性信息包括项
目所处环境与条件的风险性信息、项目全部工作与活动的风险性信息、项目所需资
源数量和价格方面的风险性信息，等等。因为所有项目成本都是由项目的确定性成
本和项目的不确定性成本构成的，所以这方面的信息同样是项目成本估算最根本的
依据。

3. 项目成本估算中存在的信息缺口

因为在项目过程中会遇到很多环境与条件等方面的发展与变化，并且项目也会
出现各种各样的变更，所以项目成本估算中人们永远会有一定的信息缺口，这些信
息缺口决定了项目成本估计的不准确性和不确定性。

（1）不同项目阶段的成本估算信息缺口。在项目定义与决策阶段人们只拥有较
少的项目信息，在项目计划和设计阶段人们就有了更多的项目信息，所以可以进行
更为详细的项目成本估算，但是仍会存在一定的不准确性和不确定性。即使在项目
实施阶段，许多项目细节都已确定，但是这种成本估算也还会存在一定的不准确性
和不确定性。

（2）造成项目成本估算信息缺口的原因。造成项目成本估算信息缺口的主要原
因包括主观和客观两个方面，即项目成本估算者因主观认识能力有限而造成的信息
缺口，以及项目客观环境与条件的不断发展变化而客观造成的信息缺口。所以项目
成本估算总会存在一定的不精确和不确定，人们只能在项目不同阶段作出不同精确
度的项目成本估算。

（3）项目成本估算信息缺口的处理。人们在各种项目成本估算中，首先需要借
鉴类似历史项目的成本估算和预算信息；其次需要努力分析和预测项目未来的发展
变化情况，从而去弥补由此而造成的项目成本估算信息缺口；最后人们还须努力去
拓展自己对于项目的认识深度和广度，从而弥补因自己主观认识能力有限而造成的
信息缺口，这包括借助和使用项目团队成员的经验、直觉和判断等一系列的手段和
途径。

4.1.2　项目成本估算的分类

项目不同阶段和用途的成本估算要求的估算精度是不同的,人们所掌握的项目成本估算信息的完备程度不同也造成了项目成本估算精确度的不同,因此人们可以将项目成本估算划分为不同类别。项目成本估算的分类如下。

1．国外对项目成本估算的分类

不同的项目应用领域和不同的项目成本估算主体,对项目成本估算的分类会有所不同。国外对于项目成本估算的分类有多种,其中典型的分类包括下述几种。

（1）典型的项目成本估算分类。根据国际上通行的办法,项目成本估算被分为以下四个种类。

1）粗略性项目成本估算。这是指在项目开始实施之前,人们在只有很少的项目信息的情况下所作出的一种项目成本估算。这种估算仅适用于项目定义与决策阶段或人们应对紧急事件类项目的成本估算。例如,当人们只有项目初步方案的情况下,就只能粗略地估计项目的大致花费。这种粗略性项目成本估算的偏差大约为 ±30%,这正是人们称其为粗略性项目成本估算的原因。

2）类比性项目成本估算。这是通过比对类似的历史项目实际成本,从而得出新项目成本估算的方法,这种方法用历史类似项目的实际成本信息作依据而使其精确度有所提高。但由于这种估算也没有项目详细信息而精确度并不高,使用这种方法的必要条件是人们能够得到历史类似项目的实际成本资料。这种项目成本估算方法的精确度大概为 ±20%,但可满足人们对项目成本初步估算的需要。

3）可行性项目成本估算。这是为开展项目可行性分析使用的项目成本估算方法,这种项目成本估算的精确度仍然十分有限,其精确性大概为 ±10%。由于这种项目成本估算经常用于制定项目起始决策,因此这是使用最多的一种项目成本估算,它与上述两种项目成本估算都属于我国规定的项目成本初步估算,但是这种项目成本估算的精确度要高于上述两种项目成本估算方法。

4）明确性项目成本估算。这是在大多数项目设计方案和项目实施组织方案已经完成,甚至重大的项目采购工作都已确定的情况下作出的项目成本估算。此时信息缺口较小,精确度较高,所以这种项目成本估算误差在 ±3%以内,因此被称为确定性项目成本估算。它是人们确定项目成本预算的依据,是人们在项目招投标等环节中使用的详细项目成本估算。如果项目不出现重大变更或项目成本控制重大失误的话,其项目实际成本应该同明确性项目成本估算是基本一致的。

（2）按项目阶段的项目成本估算分类。国际上除了上述几种典型的项目成本估算分类外，还有一种按照项目阶段进行项目成本估算的分类方法，主要有以下几种分类方式。

1）三阶段分类。这种分类将项目成本估算分为项目初期阶段估算、项目中期阶段估算和项目后期阶段估算，具体类别及其具体特征见表 4-2。

表 4-2　项目成本估算的三阶段分类

估算类型	估算时间	估算作用	误差
项目初期阶段估算	在项目决策阶段进行的项目成本估算	为项目立项和决策提供成本/收益估算的信息	−25% ~ +75%
项目中期阶段估算	在项目计划和设计阶段进行的项目成本估算	为项目资金和预算计划提供项目成本估算信息	−10% ~ +25%
项目后期阶段估算	在项目实施阶段前后进行的项目成本估算	为项目实施、变更和项目采购提供决策依据	−5% ~ +10%

2）四阶段分类。这是由美国建筑业学会（CII）提出的一种项目成本估算的分类方法，它将项目成本估算分为四阶段的不同精度估算，见表 4-3。

表 4-3　美国建筑业学会的项目成本估算分类方法（CII SD-6）

序号	估算类别	误差范围	说明
1	粗略性估算	+30% ~ +50%	根据可行性研究数据所作的估算
2	参数性估算	+25% ~ +30%	根据设备和项目成本系数所作的估算
3	控制性估算	+10% ~ +15%	根据机械/电气/土建技术图纸所作的估算
4	详细性估算	<+10%	根据详细图纸所作的项目成本估算

3）五阶段分类。美国的国际先进成本工程师协会（ACCE-I）给出了一种工程项目成本估算的五阶段或五个等级分类方法，见表 4-4。

表 4-4　（美国）国际先进成本工程师协会的项目成本估算分类（18R-97）

序号	等级	拥有信息程度	用途（估算的目的）	误差范围
1	5 级	0 ~ 2%	项目的概念性筛选	−50% ~ 100%
2	4 级	1% ~ 10%	立项研究或可行性研究	−30% ~ +50%
3	3 级	10% ~ 40%	项目预算、批准或控制	−20% ~ +30%
4	2 级	30% ~ 70%	项目控制或招投标	−15% ~ +20%
5	1 级	50% ~ 100%	检查项目估算或招投标	−10% ~ +15%

4）六阶段分类。项目管理领域的权威哈罗德·科兹纳（Harold Kerzner）在其所著的《项目管理：计划、进度和控制的系统方法》中的"项目成本估算手册"中给出了项目成本估算过程中六类估算的作用和精确度，见表 4-5。

表 4-5　哈罗德·科兹纳项目成本估算类型及其精确度

序号	类型	名称	误差范围
1	Ⅰ	明确性项目成本估算	+5%
2	Ⅱ	拨款性项目成本估算	+10% ~ +15%
3	Ⅲ	预算性项目成本估算	+15% ~ +20%
4	Ⅳ	投资性项目成本估算	+20% ~ +25%
5	Ⅴ	可行性项目成本估算	+25% ~ +30%
6	Ⅵ	初步性项目成本估算	>+35%

综上所述，国外的项目成本估算多数是针对建设项目或投资项目的，但是这些项目成本估算分类方法也可用于其他类型项目成本的估算。

2. 国内对项目成本估算的分类

我国与国际通行的项目成本估算分类办法基本是相同的，即按项目阶段和按照项目成本估算方法进行分类。但我国还有自己的项目成本估算分类方法，最主要的是将项目成本估算分成三个项目阶段的估算，即项目投资估算、项目设计估算和项目详细估算（项目施工图预算），这些项目各阶段成本估算方法阐述如下。

（1）项目投资估算。项目投资估算是指在项目定义与决策阶段所作的项目成本估算，因此时所拥有的项目信息较少，所以这是一种粗略的项目成本估计。这种项目成本估算的精确度相对较低，所以只能用于项目初始决策，而不能作为项目成本的预算。

（2）项目设计估算。项目设计估算是指在项目设计与计划阶段的项目技术设计和实施整体方案完成之后所进行的一种项目成本估算，它是根据项目技术设计的图纸等去预测和估计项目成本的。这种项目成本估算还可进一步根据项目技术设计的详细程度分为不同的项目成本估算等级，如项目扩初涉及的成本估算和项目技术设计的成本估算等。

（3）项目详细估算。项目详细估算是指在项目详细图纸设计完成且项目实施方案确定后，人们依据项目详细图纸和相对完备的项目实施信息所作的项目成本估算。在计划经济体制中，项目详细估算被称为"项目施工图预算"，因为那时项目业主和承包商不是通过市场而是由国家按照"资源平调"原则定价的，所以他们可用项目施工图直接制定出项目预算（那时候没有利润和税金），但按照当今市场定价的经济体制它属于项目详细估算。

3. 国内外按技术方法分类的项目成本估算方法

按照项目成本估算技术方法分类，国内外最主要项目成本估算方法如下。

（1）参数估计法。这是利用项目的特性参数构成的数学模型来估算项目成本的一种方法，这种方法使用某种估算关系式和通过调整或改变其中的参数对项目成本作出估算。例如，工业建设项目可以使用项目生产能力作参数，民用住宅项目可以使用每平方米单价等作参数去估算项目的成本等。参数估计法的重点集中在项目成本参数的确定上，所以它的优点是快速并易于使用，并且其准确性在经过模型校验后能够达到较高精确度；而其缺点是若不经校验则估计结果不精确，即估算的项目成本差距较大。

（2）类比估算法。这也是一种在项目成本估算精确度要求不高的情况下使用的项目成本估算方法，这是通过比照已完成的类似项目实际成本估算出新项目成本的方法。此法通常比其他方法更加简便易行，且费用相对较低，但它的精确度也较低。此法将被估算的新项目各成本科目与已完成类似项目各成本科目进行对比，从而估算出新项目的成本。这种方法的局限性在于很难找到真正类似的历史项目成本数据，优点是它是基于实际已完成项目数据的，所以它在某种程度上比参数估计法的可信度要高。

（3）工料测量法。这种方法首先要测量和给出项目所需工料清单，然后再对项目工料清单中各项物料和作业成本进行估算，最后向上滚动加总得到项目总成本的估算。这种方法通常估算精确度较高，但是耗时耗力。其优点是使用项目工料清单（或资源清单）作为项目成本估计的详细信息，所以它比其他项目成本估算方法更为精确。其缺点是要求有详细的项目工料消耗和占用信息，而这种信息就需要大量的时间和经费才能获得。另外，这种项目成本估算方法所需的项目资源消耗与占用数据也要求有较高精确度，所以这种方法往往需要较多的精力和费用。

（4）标准定额法。这是指使用国家或行业及地方统一的标准定额及其规定的估算规则制定项目成本估算的方法。这里的"标准定额"是指由国家、行业或地区的权威部门所制定的，在一定的项目技术和组织条件下为完成项目所需消耗和占用资源的质量和数量的标准或额度。这些"标准定额"是一种估算项目成本的依据，套用它们就能编制出项目成本的详细估算。这最初是一种计划经济的项目成本估算方法，但是现在也有人在市场经济条件下使用它去作项目成本估算。但是由于国家、行业或地区所制定的"标准定额"相对比较固定，无法适应技术装备、工艺和劳动生产率的快速变化，因此近年来许多国家正在逐步放弃使用这种编制项目资源计划的方法。

（5）资料统计法。这是指使用历史项目的统计数据资料作为依据，根据新项目的具体情况估算和确定项目成本的一种技术方法。在这种方法中所使用的历史项目统计资料是从历史项目数据中获得的，然后人们使用这些统计数据和指标去作新项目成本的估算。利用资料统计法估算和确定项目成本能够得出比较准确与切实可行的项目成本估算。但是这种方法要求有详细的历史数据，并且要求这些历史数据具有可比性，所以这种方法的推广和使用有一定难度。

4. 按层次顺序的项目成本估算分类

除上述介绍的方法外，还有一种十分重要的项目成本估算的分类方法，即按照项目成本估算开展的层次顺序所进行的分类如下。

（1）"自上而下"的项目成本估算方法。这是指人们从项目目标到项目产出物，再到项目工作包等按照层层向下分解去进行项目成本估算的方法。这种方法按照人们分解层次的多少而会有不同的精确度，而不同的项目成本估算精确度会使用不同的项目成本具体估算方法。例如，类比估算法、参数估算法等就属于粗略的自上而下项目成本估算方法。这是人们根据对于项目"自上而下"的整体考虑，然后加上项目管理人员的经验与判断和各种可获得的历史项目的数据，最终给出的项目成本估算的方法。因此，这种方法适合项目信息详细程度有限时使用，因为此时人们仅能确定初步和基本的项目情况，所以就只能使用自上而下的项目成本估算方法，从而得到精确度较差的项目成本估算。

（2）"自下而上"的项目成本估算方法。这种方法使用"自上而下"的项目分解得出项目目标、项目产出物、项目工作包、项目具体活动和项目具体活动方法等一系列项目的详细信息，然后再估算出项目各个工作包或项目具体活动的费用，最终自下而上地将项目具体活动的成本估算结果逐层向上汇总，从而得出整个项目成本估算的方法。采用这种方法的前提条件是人们必须分解和确定出了详细的项目工作分解结构和项目活动清单，然后根据这些信息分析和得到项目的资源清单（或叫作项目工料清单）。这种项目成本估算方法本身需要花费较多的费用，较费时费力，只适合在项目详细设计和计划基本完成时使用，但是这种方法是一种详细且精确度较高的项目成本估算方法。

（3）"自左至右"的项目成本估算方法。这是一种按照项目生命周期的展开阶段分解项目工作与活动，然后分析和给出项目成本估算的方法。在人们对项目进行分解的过程中可以使用两种具体方法：一种是按照项目目标、项目产出物、项目可交付物、项目工作包、项目活动等逐层分解项目的方法；另一种是按照项目生命周期将项目先分成项目定义与决策阶段、项目计划与设计阶段、项目控制阶段和项目完工与交付阶段，然后再将项目各阶段进一步划分成项目工作包和项目活动的分解方法。后面这种项目分解方法就是"自左至右"的项目分解方法，而将依此进行项目成本估算的方法称为"自左至右"的项目成本估算方法。这种方法的分解详细程度不同，其所作出的项目成本估算的精确度也不同。所以这种方法既可以用于作相对简便但估算精确度较差的项目成本估算，也可以用于作结果较为精确和详细的项目成本估算。这种方法的最大好处是其程序化和结构化程度比较高，不易出现项目工作或活动分解的"漏项"等问题，而且项目分解得到的项目工作和活动的相同性聚类较好。

另外，还有许多其他的项目成本估算的分类方法和各种各样的项目成本估算方法的名称，如动态项目成本估算法（项目投资的时间价值）和静态项目成本估算法（考虑和不考虑项目投资的时间价值）等。另外，还有一些采用人工智能技术和利用仿真模拟方法的项目成本估算，这些都属于项目成本估算的软件法。

4.2　我国项目成本估算的模式

我国在计划经济阶段曾经长时间使用从苏联引进的基于国家或地方"统一标准定额"的项目成本估算模式，但是由于我国随后市场经济的改革而导致现在所用的是类似于"供料测量"法的项目成本估算模式。

4.2.1　我国现行的项目成本估算模式

我国自 2003 年开始，在建设工程中使用基于工程量清单的项目成本的估算模式，这种模式是国家建设部和国家质量监督与监测局专门发布的《建设工程工程量清单计价规范》（GB 50500—2003）给出的官方模式。这种模式在很大程度上借鉴了英国的工程项目成本估算与计价模式，当时是参照了英国土木工程师协会所使用的《英国标准建设项目工程测量方法》（第 7 版）（Standard Method of Measurement of Building Works，SMM7）。本书作者当年受中国工程造价协会和前建设部标准定额司的委托和资助，组织翻译和提供了该方法的中文译本，并在 2002 年应邀参加了我国规范草案的意见和建议工作。

我国现在实行的是 2013 版的《建设工程工程量清单计价规范》(GB 50500—2013) ,这种估算模式的主要依据是分部分项工程量清单或项目具体活动,其核心在于项目分部分项工程量清单或具体项目活动的科学计算规则。在这种现行模式下,建设项目业主需要自己或委托工程造价咨询机构(造价工程师)编制项目分部分项工程量清单或项目活动清单,在招投标过程中项目承包商根据项目业主给出的项目工程量清单或活动清单使用上述规范中的计算规范作出项目成本的估算。由于各个承包商都以项目业主给的统一项目工程量清单或项目活动清单为基准,然后加上自己企业的劳动生产率、成本水平、经验和市场行情编制合理的项目投标报价,因此就可以实现按照市场竞争的原则确定出项目的成本和造价了。

1. 我国现行项目成本估算模式的内涵

我国现行的这种项目成本估算模式允许人们在项目技术设计与计划阶段、项目的详细设计与计划阶段等不同项目阶段,根据项目设计和项目计划深度的不同去作出相应的项目成本估算。这种成本估算模式最重要的内涵是在项目招投标阶段,承包商使用由项目业主负责编制的项目分部分项工程量清单或项目活动清单作为投标者的共同成本估算和投标报价基础,只要项目承包商根据项目分部分项工程量或项目活动清单使用国家规定的计算规则及项目所需资源的市场价格信息,就可以估算出项目具体活动的综合单价和整个项目的成本估算。

2. 我国现行项目成本估算模式的主要用途

我国现行项目成本估算模式的主要用途有两个:一是作为项目业主为项目投标者提供平等报价的成本估算基础;二是由项目承包商根据这种计价规范和测量规则去编制项目的成本估算。在这种项目成本估算的模式中,项目发包方要提供项目合同条款、图纸及技术规范与工程量清单或活动清单,而且工程量清单或者是活动清单中的任何错误在招投标和项目实施过程中都允许修改。例如,我国《建设工程工程量清单计价规范》就规定:"该规范适用于建设工程施工发承包计价活动。全部使用国有资金投资或国有资金投资为主的建设工程施工发承包,必须采用工程量清单计价。非国有资金投资的建设工程,宜采用工程量清单计价。"由此可见,我国的政府和国有企业必须使用这种项目成本估算模式,而私营项目可以采用或不采用这种项目成本估算模式(规范使用的是"宜采用工程量清单计价")。

3. 我国现行项目成本估算模式的主要规定

我国现行项目成本估算模式的主要规定涉及多个方面,具体如下。

（1）有关工程量清单的规定。我国 GB 50500—2013（以下简称"现行规范"）中规定："工程量清单是建设工程的分部分项工程项目、措施项目、其他项目、规费项目和税金项目的名称和相应数量等的明细清单。招标工程量清单是招标人依据国家标准、招标文件、设计文件及施工现场实际情况编制的，随招标文件发布供投标报价的工程量清单。已标价工程量清单是构成合同文件组成部分的投标文件中已标明价格，经算术性错误修正（如有）且承包人已确认的工程量清单，包括对其的说明和表格。"由此可见，我国这种项目成本估算模式实际上也是一种基于活动（但不包括项目管理活动）的项目成本估算方法。

（2）有关综合单价的规定。我国现行规范中规定："综合单价是完成一个规定计量单位的分部分项工程和措施清单项目所需的人工费、材料和工程设备费、施工机具使用费和企业管理费、利润及一定范围内的风险费用。"所以，我国这种项目成本估算模式实际是一种基于项目活动的综合单价成本估算方法。由于投标的各项目承包商具有不同的项目技术、管理和装备能力，因此他们的劳动生产率和资源消耗与占用水平是不同的，由此造成他们在实施项目中所需的综合单价也是不同的，这样就可以实现通过招投标开展市场竞争，最终获得项目成本的节约和项目价值的提升。

（3）有关计价方式的规定。我国现行规范中规定："分部分项工程和措施项目清单应采用综合单价计价。招标工程量清单标明的工程量是投标人投标报价的共同基础，竣工结算的工程量按发、承包双方在合同中约定应予计量且实际完成的工程量确定。措施项目清单中的安全文明施工费应按照国家或省级、行业建设主管部门的规定计价，不得作为竞争性费用。规费和税金应按国家或省级、行业建设主管部门的规定计算，不得作为竞争性费用。"所以我国这种项目成本估算模式中的整个项目成本中有一部分是按市场竞争模式确定的（分部分项工程和措施项目清单部分），而也有一部分是按国家规定计价的（规费和税金），这是我国这种项目估算模式的独特之处。

（4）有关计价基础和依据的规定。我国现行规范中规定："招标工程量清单是工程量清单计价的基础，应作为编制招标控制价、投标报价、计算工程量、工程索赔等的依据之一。招标工程量清单必须作为招标文件的组成部分，其准确性和完整性由招标人负责。编制工程量清单应依据：本规范和相关工程的国家计量规范；国家或省级、行业建设主管部门颁发的计价依据和办法；建设工程设计文件；与建设工程有关的标准、规范、技术资料；拟定的招标文件；施工现场情况、工程特点及常规施工方案；其他相关资料。"因此，在我国这种项目成本估算模式中基础是"招标工程量清单"，而编制这种工程量清单的依据包括：国家相关的工程计量规范，各级政府主管部门颁发的计价依据和办法，建设工程的设计文件与相关的标准、规范、技术资料，招标文件和施工现场、施工方案和工程特点，以及其他相关资料。这是一整套十分明确的项目成本估算和计价的基础和依据。

4.2.2 我国现行的项目成本计价构成

我国现行规范中规定："建设工程施工发承包造价由分部分项工程费、措施项目费、其他项目费、规费和税金组成。"因此，在我国这种项目成本估算模式中，项目成本估算和计价的主要内容包括下述几个部分。

1. 分部分项工程费

我国这种项目成本估算模式中的首要部分是项目的分部分项工程费，这种项目分部分项工程费是采用综合单价计价得到的，而综合单价主要是以企业定额（而不是以前的国家和行业定额）为基础编制的。这种企业定额是施工企业根据自己的施工技术和管理水平而编制的人工、材料和施工机械台班等的消耗标准，否则就无法实现"不准低于成本价投标"的控制目标。按照我国现行规定，分部分项工程费应依据招标文件及其招标工程量清单中分部分项工程量清单项目的特征描述确定综合单价计算。同时，这种分部分项工程费必须符合下列有关规定。

（1）分部分项工程的综合单价中包括其所需各种资源的费用和利润。这包括完成一个单位的分部分项工程所需的人工费、材料和工程设备费、施工机具使用费和企业管理费、利润及一定范围内的风险费用。由此可知，我国的项目成本估算中的这部分不仅包括实施成本，而且包括承包商利润和风险费用。

（2）分部分项工程综合单价应考虑招标文件中要投标人承担的风险费用。这充分体现了我国的项目成本估算和计价中不仅包括项目需要发生的确定性成本部分，而且包括项目可能发生的风险性成本的部分。据此作出的项目成本估算和计价才是相对完整和涵盖项目风险性项目活动的成本估算。

（3）分部分项工程综合单价中应计入招标文件给出的暂估单价的费用。我国现行规范中规定："招标工程量清单中提供了暂估单价的材料和工程设备，按暂估的单价计入综合单价。"这是对项目完全不确定性成本的估算方法，当项目定价时尚无法确定这部分成本，就需要给出"暂估单价"以便日后确定，这是项目完全不确定性成本估算的方法。

（4）分部分项工程和措施项目的工程量清单综合单价分析表。我国现行规范中规定："分部分项工程和措施项目的工程量清单的费用估算和计价必须使用综合单价分析表。"具体的工程量清单综合单价分析表见表4-6。由表4-6可知，项目的分部分项工程和措施项目工程量清单综合单价是根据企业定额，按清单综合单价组成明细确定的。

表4-6　工程量清单综合单价分析表

工程名称：标段：第　页　　共　　页

项目编码				项目名称				计量单位		
清单综合单价组成明细										
定额编号	定额名称	定额单位	数量	单价				合价		
				人工费	材料费	机械费	管理费和利润	人工费	材料费	机械费	管理费和利润
人工单价				小计						
元/工日				未计价材料费						
清单项目综合单价（元）										

材料费明细	主要材料名称、规格、型号	单位	数量	单价	合价	暂估单价	暂估合价
	其他材料费				—		—
	材料费小计				—		—

注　1. 如不使用省级或行业建设主管部门发布的计价依据，可不填定额项目、编号等。

2. 招标文件提供了暂估单价的材料，按暂估单价填入表内"暂估单价"栏及"暂估合价"栏。

2. 措施项目费

我国现行规范中规定的措施项目费也是采用综合单价计价得到的，其应依据招标文件及其措施项目清单的特征描述确定综合单价计算并应符合下列规定。

（1）措施项目的综合单价中包括完成其所需各种资源的费用和利润。我国现行规范中规定："措施项目费应根据拟定的招标文件中的措施项目清单，采用综合单价计价的方式计价。"所以措施项目费中应该包括所需的人工费、材料和工程设备费、施工机具使用费和企业管理费、利润及一定范围内的风险费用。

（2）措施项目的综合单价中包括完成其所需的安全文明施工费。我国现行规范中规定："措施项目清单中的安全文明施工费应按照国家或省级、行业建设主管部门的规定计价，不得作为竞争性费用。"所以这项费用是强制必须包括在措施项目费中，不得作为竞争性费用而被消减掉。

（3）措施项目清单应根据拟建工程的实际情况列项。我国现行规范中规定："措施项目费根据招标文件中的措施项目清单及投标时拟定的施工组织设计或施工方案，由承包商自主确定。"但是措施项目清单也不是可随意开列的，他们必须根据拟建工程的实际需要安排措施项目清单。我国现行规定给出的措施项目清单与计价表见表 4-7 和表 4-8。

表 4-7 措施项目清单与计价表（一）

工程名称：标段：第　页　　共　页

序号	项目编码	项目名称	计算基础	费率（%）	金额（元）
		安全文明施工费			
		夜间施工费			
		二次搬运费			
		冬雨季施工			
		大型机械设备进出场及安拆费			
		施工排水			
		施工降水			
		地上、地下设施、建筑物的临时保护设施			
		已完工程及设备保护			
		各专业工程的措施项目			
合计					

注　1. 本表适用于以"项"计价的措施项目。

　　2. 根据建设部、财政部发布的《建筑安装工程费用组成》〈建标〔2003〕206 号〉的规定，"计算基础"可为"直接费""人工费"或"人工费+机械费"。

（4）措施项目清单中可能的项目列项。由表 4-7 中可以看出，现行规定中措施项目清单中的项目都不是形成工程主体的项目活动，都是为形成工程主体所开展的辅助项目活动。表 4-7 适用于以"项"计价的措施项目，但不是任何工程项目都有表 4-7 中列出的全部措施项目。

表 4-8 适用于以综合单价形式计价的措施项目中列出的措施项目，所以要用表 4-7 去分析、估算和确定这种以综合单价形式计价的措施项目的费用。

表 4-8 措施项目清单与计价表（二）

工程名称：标段：第　页　　共　页

序号	项目编码	项目名称	项目特征描述	计量单位	工程量	金额（元）	
						综合单价	合价
本页小计							
合计							

注　本表适用于以综合单价形式计价的措施项目。

3. 其他项目费

我国现行规范中项目成本估算和计价的第三部分是其他项目费，这也应按照规定逐个列项。我国规定的其他项目清单及其费用计算分述如下。

（1）暂列金额费用。暂列金额费用是指招标人在工程量清单中暂定的并包括在合同价款中的一笔款项，可用于施工合同签订时尚未确定或者不可预见的所需材料、设备、服务的采购，施工中可能发生的工程变更、合同约定调整因素出现时的工程价款调整及发生的索赔、现场签证确认等的费用。暂列金额应根据工程特点，按有关计价规定估算。我国现行规范中规定："暂列金额应按招标工程量清单中列出的金额填写。"

（2）暂估价及其费用。暂估价及其费用是指招标人在工程量清单中提供的用于支付必然发生但暂时不能确定价格的材料、工程设备的单价及专业工程的金额。这包括材料暂估单价、工程设备暂估单价、专业工程暂估价。其中，暂估价中的材料、工程设备暂估价应根据工程造价信息或参照市场价格估算，专业工程暂估价应分不同专业，按有关计价规定估算。我国现行规范中规定："暂估价中的材料、工程设备单价应按招标工程量清单中列出的单价计入综合单价，暂估价中的专业工程金额应按招标工程量清单中列出的金额填写。"

（3）计日工及其费用。计日工及其费用是指在施工过程中，承包人完成发包人提出的施工图纸以外的零星项目或工作,按合同中约定的综合单价计价的一种费用。估算和确定计日工费用时应列出计日工的具体项目和具体项目所使用计日工的数量。我国现行规范中规定:"计日工应按招标工程量清单中列出的项目根据工程特点和有关计价依据确定综合单价计算。"

(4)总承包服务费。总承包服务费是指总承包人为配合协调发包人进行的专业工程分包,发包人自行采购的设备、材料等进行保管及施工现场管理、竣工资料汇总整理等服务所需的费用。我国的这种模式还规定:"总承包服务费应根据招标工程量清单列出的内容和提出的要求自主确定和进行估算。"另外,我国现行规范中规定:"具体工程中如出现上述未列项目的费用,应根据工程实际情况进行补充。"

4. 规费

我国现行规定的项目成本估算和计价第四部分是规费,这种规费项目清单应按照国家规定逐个列项。所谓规费,是指根据省级政府或省级有关权力部门规定必须缴纳的,应计入建筑安装工程造价的费用。我国规定,规费项目清单应主要包括工程排污费、社会保障费(包括养老保险费、失业保险费、医疗保险费等)、住房公积金、工伤保险,以及省级政府或省级有关权力部门的规定列项的规费。这种工程项目成本中的规费应按国家或省级、行业建设主管部门的规定计算,不得作为竞争性费用。另外,如果出现上述规费项目以外的规费,就应根据省级政府或省级有关权力部门的规定增加相应的列项。

5. 税金

我国现行规定的项目成本估算和计价第五部分是税金,按照我国国家税法规定应计入建筑安装工程造价内的营业税、城市维护建设税及教育费附加等。这种工程项目成本中的税金同样也应按国家或省级、行业建设主管部门的规定计算,更不得作为竞争性费用。另外,如果出现上述税种以外未列的税金项目,应根据税务部门的规定列项和计入项目成本的估算与确定之中。

综上所述,任何项目成本估算的模式都是在不同国家的经济体制和实际情况下逐步发展起来的,每一种都有其更适用的国家经济体制和实际情况,人们必须找到适合自己国家和地区甚至行业的项目成本估算的基本模式。

4.3　基于活动的项目成本估算过程

这个过程是按照基于活动的项目成本核算和管理的原理,由一系列步骤所构成的项目成本估算的过程,它主要包括一个基于活动的项目成本估算过程模型和一套基于活动的项目成本估算方法。

4.3.1　基于活动的项目成本估算过程模型

在项目成本的估算中，人们需要使用基于活动的项目成本估算过程和方法。这是一种人们按照项目阶段、项目工作包和项目活动清单，以及项目所需资源及其价格信息去估算项目成本估算的过程和方法。

1. 基于活动的项目成本估算的过程模型

这种基于活动的项目成本估算方法的核心，是一个基于活动的项目成本估算过程的模型，图 4-1 给出了这种项目成本估算方法过程模型的示意。

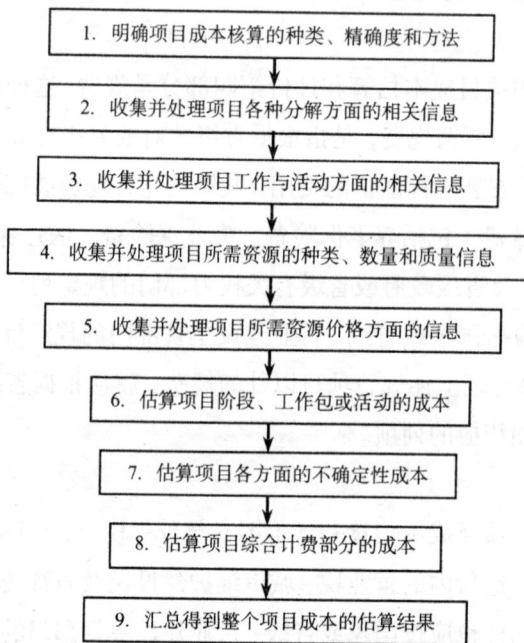

图 4-1　基于活动的项目成本估算过程模型

由图 4-1 可知，在这一过程的首要步骤或工作是"明确项目成本核算的种类、精确度和方法"，然后人们就可以根据项目成本估算需要和使用不同的项目分解结果及其相关信息，去开展不同精确度的项目成本估算。

2. 基于活动的项目成本估算方法

这种项目成本估算过程模型可用于三种不同项目分解详细程度的成本估算，这些不同的项目分解详细程度需使用相应的项目成本估算方法，具体讨论如下。

（1）项目成本初步估算的方法。在项目的初期阶段人们对于项目的认识十分有限，而人们对于项目过程的分解只有项目阶段的划分。所以此时的项目成本初步估算只能够按照基于项目阶段或项目整体开展项目成本估算，而且这种项目成本估算结果的精确度十分有限。因为此时人们还没有开展项目工作包和项目活动的分解工作，所以还没有这方面信息可用于项目成本的估算，这是人们将这种成本估算称为项目成本初步估算的原因。

（2）项目成本设计概算的方法。在项目完成了扩初设计后，人们对于项目的认识得到了很大拓展，项目过程的分解已经给出了项目工作包的分解，所以此时人们可以按照基于项目工作包的方法开展项目的成本估算，基于此，这种项目成本估算精确度就获得了很大的提高。因为此时人们还没有完成对于项目活动层次的分解，所以人们只能基于项目工作包及其相关的信息开展项目成本的估算。人们将这种成本估算称为项目成本的设计概算，以此表明这种项目成本估算是根据项目"设计"信息去作出的"概算"。

（3）项目成本详细估算的方法。到项目详细设计与计划阶段，人们对项目过程的分解层次已深入到了项目活动分解的深度，所以在项目成本详细估算中人们是按照基于项目活动的方法开展项目成本估算的，因此这种项目成本估算结果的精确度也达到了项目成本估算的最高水平。因为此时人们对于项目的各项具体活动都有了十分详细的认识，所以人们可以使用基于项目活动清单及其相关的详细信息开展项目成本估算的方法。人们将这种项目成本估算称为项目成本的"详细估算"，以此表明这种项目成本估算是根据项目"详细"信息作出的"估算"。

4.3.2 基于活动的项目成本估算步骤和内容

图 4-1 给出的过程模型中有九个具体步骤，它们的内容和方法分别如下。

1. 明确项目成本核算的种类、精确度和方法

这种项目成本估算过程模型中的第一个步骤是明确人们究竟需要的是哪一种项目成本的估算，或者说是哪种精确程度的项目成本估算，因为不同种类和不同精确度的项目成本估算工作所依据或需要的信息资料不同。如上所述有三种不同详细程度的项目估算及其依据和信息：一是项目阶段分解及项目各阶段所需资源方面的信息；二是项目工作包分解及项目各工作包所需资方面的信息；三是项目活动分解及项目各项活动所需资源方面的信息。由于人们所拥有的项目分解及其相关信息不同，人们就需要采用不同的项目成本估算方法，因此在项目成本估算中人们首先要明确所要确定项目成本的精确度和种类。

实际上这与项目成本估算工作所处的项目计划与设计阶段不同有关，即项目初期计划与设计阶段、项目技术计划与设计阶段和项目详细计划与设计阶段（这虽然

源于工程建设项目但也可以用于其他类的项目）。其中，在项目初期设计与计划阶段，人们只有初步的项目信息，所以只能粗略地估计项目的成本而只有项目成本的初步估算；在项目技术（扩初）计划与设计阶段，由于人们有了相对详细的项目信息并基于此进行项目成本的估算，所以就有了项目成本的设计概算；在项目详细设计与计划阶段，人们有了项目的各种细节信息后就可以得到详细的项目成本估算。因此，不同项目阶段的成本估算精确度不同，具体将在后面详细讨论。

2. 收集并处理项目各种分解方面的相关信息

基于活动的项目成本估算过程模型中的第二个步骤是收集和获得项目分解方面的信息和资料，在三种不同详细程度的项目估算依据中，有三种不同的项目分解文件和信息。这些是三种不同项目成本估算的基础信息，其含义和内容分别如下。

（1）项目初步估算中的项目阶段分解结构文件和信息。在项目初步成本估算中，人们所能够拥有的只是项目阶段分解结构文件和相关的信息，这方面最主要的信息是根据项目初步设计与计划方案所作的项目阶段划分情况。所以，此时项目成本估算的方法是基于项目阶段的，或者说此时用的是基于项目阶段的项目成本估算方法。此时人们的项目成本估算是先估算给出每个项目阶段的成本，然后累加各阶段项目成本即可获得项目初步估算结果。例如，对于有四个阶段的项目过程的项目初步估算，人们就可以按照项目定义与决策阶段、项目计划与设计阶段、项目实施与控制阶段和项目完工与交付阶段去分别给出各阶段的项目成本估算，然后通过累加获得项目成本初步估算的结果。

（2）项目设计概算中的项目工作包分解结构文件和信息。在项目设计概算这种成本估算中，由于人们此时已拥有项目工作包分解结构的文件和信息，所以此时的项目成本估算方法是基于项目工作包的，或者说是基于项目工作包的成本估算方法。此时人们开展项目成本估算多数是先估算给出每个项目工作包的成本，然后累加各项目工作包成本即可获得项目设计概算的结果。这种项目工作包分解是按照"自上而下"的方法从项目目标、项目产出物、项目工作包逐层分解得到的，这样可以确保项目工作包的"充分与必要"性，因此基于项目工作包的成本估算方法是比较精确的。

（3）项目详细估算中的项目活动分解结构文件和信息。在项目成本详细估算的过程中，人们必须拥有在项目工作分解结构基础上进一步分解得到的项目活动清单及其相关信息，这些项目活动分解的信息是人们根据项目详细设计与计划工作的结果，通过分解项目工作包而得到的项目各项具体活动的信息。所以，此时的项目成本估算是基于最详细和最基础的项目具体活动信息的，因此使用的就是基于项目活动的成本估算的方法。此时的项目成本估算是先估算给出每个项目具体活动的成本，然后累加获得整个项目详细成本估算的结果。不管项目活动是按"自上而下"还是"自左至右"的方法分解获得，人们只有进一步分解得到项目活动的信息后，才能开展基于活动的项目设计详细估算，所以项目活动分解结果（项目活动清单）是这种估算最重要的依据。

3. 收集并处理项目工作与活动方面的相关信息

针对三种不同项目分解结果的项目初步成本估算，人们需要收集相应精度和广度的项目阶段、工作包与活动方面的信息。这些信息包括项目阶段、项目产出物、项目可交付物的数据与信息，以及完成这些项目阶段、生成项目产出物和项目可交付物所需工作与活动的数据与信息。一般情况下，人们需要根据项目成本估算的种类与精确度要求收集这些方面的相关信息。

有关项目工作包和项目活动及其项目产出物和可交付物的技术要求信息，包括项目设计图纸、设计说明书、项目实施组织方案、项目进度安排计划、项目实施技术方法与条件要求等。因为项目工作包与项目活动都是为生成项目产出物和项目可交付物而开展的，所以这些对于项目产出物和项目可交付物的技术要求会影响项目工作包与项目活动的内容和方法，进而影响到项目工作包和项目活动的资源和成本。因此，人们收集这些技术要求信息，还应该包括项目工作包和项目活动的具体环境与条件、技术与管理方法及其他相关的细节信息。

4. 收集并处理项目所需资源的种类、数量和质量信息

基于活动的项目成本估算过程模型的第四个步骤是收集并处理项目所需资源种类、数量和质量方面的信息，即根据上述项目信息和资料分析确定出项目所需的资源情况。这包括项目所需占用资源和消耗资源两方面的信息，其中项目所需占用资源是指那些部分价值转移到项目中的资源（如机器设备和人力资源），而项目所需消耗资源是指那些全部价值都转移到项目中的资源（如材料与资金等资源）。

5. 收集并处理项目所需资源价格方面的信息

基于活动的项目成本估算过程模型的第五个步骤是收集并处理项目所需资源的价格信息，这既包括一个国家或地区宏观经济中的通货膨胀（或通货停滞）方面的信息，也包括项目所需某种资源的具体价格信息。同时，这既包括项目所需各种资源的现行市价，也包括项目所需这些资源的价格发展与变化信息（如价格指数或参数）。通常，这方面信息可分成以下三类。

（1）项目所需各种资源的市场价格信息。这是在估算项目成本时认定的项目所需各种资源的实际市场价格信息，这是项目成本估算的基础性信息，项目成本估算就是依据这类信息进行估算和确定的。在收集这种信息时要特别注意这类信息的地区性、时效性和变动性，因为项目所需资源在不同地点和时间有不同的市场价格，所以在收集和使用这类信息的时候必须严格分析这类信息在时间和地点方面对于项目成本估算的影响。

（2）项目所需资源市场价格的发展和变化信息。这是指项目所需资源在未来一定时间内可能发生价格上升或降低等方面的信息，对于跨年度的项目成本估算必须依据项目所需资源的市价和这类信息进行估算和确定。这种信息同样具有两方面的用途：一是用于估算和确定项目所需资源的成本；二是用于确定项目所需资源的不确定性成本。通常，凡是跨年度的项目都必须收集和使用这方面的信息，因为在项目全生命周期成本的计算中，这种信息会导致很高的项目成本的时间价值。

（3）整个国家的宏观市场价格走向信息。这是关于国家或地区整体物价水平的发展变化信息，这方面的信息具有两个方面的用途：一是用于分析和估算这方面因素对于项目所需资源及其估算成本的影响程度；二是用于分析和估算项目所需的风险性成本（项目的系统性风险费用或管理储备费用的大小）。通常，当一个国家或地区的通货膨胀率（通货停滞率）大于 3% 时，在估算项目成本的时候就必须充分地收集这方面的信息，并用它去作为项目成本估算的基本参数之一。

6. 估算项目阶段、工作包或活动的成本

这一步骤是根据上述所收集和处理的项目及其所占用资源的信息去估算和确定出项目阶段、项目工作包或项目活动的成本。如上所述，这种项目成本估算需要根据项目分解的详细程度而分成三种：一是基于项目阶段的项目成本估算；二是基于项目工作包的成本估算；三是基于项目活动的成本估算。此处仅以详细项目成本估算为例，按照基于活动的项目成本估算方法讨论如下。

（1）估算并确定具体项目活动所需的各种资源。每个项目具体活动所需的各种资源都是根据该项目活动的内容、规模和方法分析和估算出来的。有些项目活动只用单一资源，有的项目活动则需要多种资源。所以人们需要关于项目具体活动所需资源种类、数量、质量和时间等信息构成的项目活动所需资源清单，这种项目活动资源需求清单的格式见表 4-9。

表 4-9 ×××工程的木制模板制作与安装项目活动的资源需求清单

序号	工序名称	资源名称	占用/消耗数量	资源质量	投入时间
1	木制模板的制作	人工	245 工时	三级木工	23 ~ 26/8/2013
		木板	30m³	一等松木	23 ~ 26/8/2013
		钉子	2kg	普通铁钉	23 ~ 26/8/2013
		木工设备	245 机时	联合木机	23 ~ 26/8/2013
2	木制模板的安装	人工	45 工时	五级工	27 ~ 28/9/2013
		起重设备	30 机时	5 吨吊车	27 ~ 28/9/2013

由表 4-9 可看出，一个具体项目活动可有多个工序或工步，每个工序或工步都有相应资源需求，人们可以汇总它们而得到一份项目具体活动的资源需求清单，然后以项目具体活动的资源需求清单作为项目具体活动成本估算的根本依据。

（2）估算出项目具体活动的基本成本。在确定了项目具体活动所需资源以后，就可根据相关信息估算出项目具体活动的成本。这需要使用表 4-9 给出的项目具体活动资源需求信息和这些资源的价格信息，将二者相乘然后加总得到项目具体活动基本成本估算。具体公式如下：

$$项目具体活动成本 = \sum（项目活动所需 i 资源数量 \times 该资源价格） \quad (4-1)$$

式中：i 代表项目活动所需的某种具体资源脚标。

在这种基本活动的项目成本估算中，最重要的是估计和测算项目活动所需资源的技术方法，这一方法的主要步骤和内容如下所述。

1）项目活动资源消耗量的确定。这是指对项目具体活动所消耗的各种资源数量的确定，这类消耗资源的全部价值都会转移到项目产出物中，所以它们的全部价值就形成项目活动的消耗性资源成本。例如，在建设项目实施工程中消耗的原材料、水电和能源等，就都是用这种项目具体活动的成本估算方法确定的。

2）项目活动资源占用量的确定。这是指对在项目具体活动中所占用资源的占用数量的估计和测定，因为这种资源只是在项目活动中被占用就应该估算其被占用的价值。例如，在开展项目管理活动中需要占用计算机和办公室与企业管理人员，这些项目所需占用资源是以占用的时间量去估算与确定项目具体活动成本的。

3）确定项目活动所需各种资源的单价。有了项目具体活动所消耗和占用的资源后，人们还需要估计和确定项目所需占用和消耗资源的单价，然后才能估算出项目具体活动的成本。在估计和确定项目活动所需资源单价的过程中，人们需要根据项目所需资源的市场价格及其发展变化信息确定出这些资源的单价。

4）确定项目具体活动的成本。有了项目具体活动所需消耗和占用资源的数量和单价等数据和信息以后，人们就可以按照项目具体活动所需消耗与占用资源的数量及其单价去估算并确定出项目具体活动的成本了。对于那些重复出现的项目活动，人们也可以使用项目活动定额单价等方法估算项目活动的基本成本。

7. 估算项目活动各方面的不确定性成本

在分析和估算出项目具体活动的前面所述基本成本以后，人们还需要分析和确定项目具体活动的不确定性成本。这种项目和项目活动的不确定性成本是由于项目及其环境的不确定性造成的，即由于人们对于项目活动认识上所存在的信息缺口造成的。因此人们必须根据项目和项目活动的不确定性去确定项目及其活动的不确定性成本部分。这种项目不确定性成本的估算包括如下内容。

（1）分析和确定项目具体活动的不确定性。这是整个项目不确定性成本的首要影响因素，因为有些项目具体活动可能发生也可能不发生。例如，若项目实施中不遇到下雨天，人们就不必开展排放项目工地积水的活动，从而就不会发生这方面的项目成本。但是在项目施工期间究竟是否下雨是不确定的，所以人们必须分析项目活动的不确定性，并估算由此带来的项目不确定性成本。

（2）分析和确定项目活动规模的不确定性。有些项目活动的规模可能大也可能小，所以项目活动的规模会有一定的不确定性，这种不确定性也是项目不确性成本的重要影响因素。例如，即使项目实施中遇到下雨天，但是如果降雨量较小，人们排放积水活动的规模就较小，由此发生的相应成本也就比较小。尽管人们无法决定雨量的大小，但是人们可以根据气象预报对其有所认识和识别，从而分析和给出其中的不确定性及其不确定性成本。

（3）分析项目所需资源数量的不确定性。有些项目具体活动所需资源数量在不同情况下会有多少的差别，所以项目具体活动所需资源数量也会有不确定性，这也是项目不确性成本的一个重要影响因素。例如，即使项目实施遇到恶劣天气需要应对，但是遇到下雨而需排水和遇到下雪而需保温这两种情况所需的资源数量就有很大不同。人们可以根据气象预报对其有所认识和识别，从而分析和给出这种不确定性及其不确定性成本。

（4）分析项目所需资源价格的不确定性。项目活动所需资源的价格会有高低变化，所以项目活动所需资源价格也会有不确定性，这也是项目不确性成本的一个重要影响因素。人们可以根据市场发展趋势的预测情况对这种变化有所认识和识别，从而分析和给出项目活动所需资源价格的不确定性及由此造成的项目不确定性成本。

上述这些影响项目成本不确定性的因素都是由于项目环境和条件的发展变化而引起的，所以人们在项目成本估算中就必须综合考虑上述各种项目活动的不确定性，并估算和给出项目活动的不确定性成本。

8．估算项目综合计费部分的成本

基于活动的项目成本估算过程的这个步骤是要估算和给出项目各种综合计费部分的成本，以便最终估算给出项目具体活动成本和整个项目成本的估算。所谓的项目"综合计费"部分是指那些不能分别按照项目活动进行估算的项目成本，这包括项目的税金、项目承包商的利润及其他一些无法按照项目活动分解和估算的项目成本部分。从理论上说，任何项目的全过程都可以分成一系列的项目活动，然后人们只要汇总全部项目具体活动的基本成本和不确定性成本就可以获得项目总成本的估算。但是在实际项目成本构成中，项目应纳税金、承包商利润和各种国家规费等是无法按照项目工作或活动去分别计算和确定的成本，所以本书将它们统称为项目"综合计费"部分的成本。

在多数项目成本中都应该有这种"综合计费"的部分，这一部分项目成本的计算一般都有国家规定或行业惯例。例如，我国对于民用住宅建设项目的税金就有明确的规定，并且对各城市用于民用住宅建设项目所应收取的基础设施配套费用也有明确的规定，甚至对于各行业承包商利润率的上限也都有严格的规定。因此，这部分项目成本多数是根据国家或地方与行业规定确定，当然有时候也会有根据市场竞争情况作出必要调整的情况。

9．汇总得到整个项目成本的估算结果

基于活动的项目成本估算过程中的最后一个步骤是估算和汇总给出项目具体活动成本和整个项目总成本的估算，人们在经过上述步骤确定出项目各项具体活动的基本成本、不确定性成本及综合计费以后，只要将所有这些项目具体活动的成本要素汇总到一起就可以给出一个项目具体活动的成本了。在此基础上，人们进一步累计所有项目活动的成本即可得到整个项目的成本估算。

按基于活动的项目成本估算原理而建立的上述项目成本估算的过程，实际上是一种从项目工作或活动分解入手，以项目具体活动的基本成本估算为核心，依据项目的不确定性情况，以及项目各种综合计费规定去估算出项目成本的过程。

4.4 项目成本估算的技术方法

如前所述，项目成本估算实际上是一种项目成本的预计和测算工作，因此从理论上讲，所有的预测方法均应适用于项目成本的估算。但由于项目本身所具有的一次性、独特性和不确定性等特征，使得项目成本的估算与一般产品成本的估算有很大的不同。本节将对项目成本的估算中主要的成本估算技术方法进行讨论。

4.4.1 项目成本类比估算法

这是一种在项目初期阶段，项目成本估算精确度要求不高的情况下所使用的项目成本估算的技术方法。这是"自上而下"的项目成本估算方法，是通过比照已完成类似项目的实际成本估算出新项目成本的方法。这种方法一般在下列两种情况下使用：一是有以前完成的类似历史项目的成本信息；二是项目成本估算专家或小组具有类比估算的基本技能。这种方法将被估算项目的主要成本科目与已完成类似项目的成本科目及其历史数据进行对比，从而估算出新项目的各项成本。

这种方法的局限性在于，由于项目的独特性、一次性和不确定性使得多数项目之间并不具有可比性，因此很多时候找不到真正类似的历史项目成本数据。但是对于像建设项目等，项目成本类比估算法的适用性就很普遍。这种方法的优点为：估算是基于历史项目的实际经验和实际数据的，具有较好的可信度。但是一般这种项目成本估算方法的精确度不是很高，有统计资料显示，这种估算方法的精确度一般在 $\pm 30\% \sim \pm 50\%$。常用的项目成本类比估算法有以下几种。

1. 扩大指标估算法

扩大指标估算法用于对估算精确度要求不高的项目成本估算。在此方法中使用的"指标"是在对大量累积的历史项目数据经过系统分析后取得的基础"指标"。这种方法又可以分为以下几种。

（1）单位生产能力估算法。根据已完成历史项目的设备投资额和生产能力，求得项目单位生产能力的投资额后，推导出新项目设备装置的投资额。当历史项目与新项目的生产能力接近时，则可认为生产能力与投资成线性关系，并可以采用式（4-2）所示，即

$$I_2 = Q_2 \times \frac{I_1}{Q_1} \times f \tag{4-2}$$

式中：I_1 为已完成项目或设备装置的投资额；Q_1 为已完成项目或设备装置的生产能力；I_2 为当前项目或设备装置的投资额；Q_2 为当前项目或设备装置的生产能力；f 为不同时期、不同地点项目的综合调整系数。

采用上述方法时需对新旧两个项目之间生产能力和其他条件的可比性进行确认。由于要寻找与新项目完全同类的历史项目比较困难，因此估算时也可以将一些大的历史项目分解出子项目使用。但是在套用历史项目单位生产能力的投资指标时，一定要注意新项目和历史项目之间的可比性，然后才能进行估算和汇总得到新项目的总投资，这种估算法多用于生产性企业的建设项目。

（2）单元指标估算法。对于非生产性企业的建设项目，可以使用类似的"单元指标估算法"。所谓"单元指标"是指某个给定单位的费用指标，这种给定的计量单位或估算单位既可以是建筑面积（m^2），也可以是客房数（间）或床位（张）数等。例如，医院建设项目就可以使用每个床位的投资指标作项目成本类比估算，冷库建设项目则可以使用单位储藏量指标作项目成本类比估算，旅店建设项目可以使用单位房间投资指标作项目成本类比估算，等等。这种项目成本类比估算方法的基本计算公式如式（4-3）所示：

$$项目投资额 = 单位指标 \times 估算单位数 \times 调整系数 \tag{4-3}$$

例如，计算旅店建设项目的投资总额时，就可以根据大量资料统计编制出"单位客房投资指标"，然后以这一指标乘以项目拟建客房总数和一定的调整系数，从而得到旅店项目成本类比估算的总投资。

（3）生产能力指数估算法。这是一种根据已完成性质类似的历史项目或设备装置的生产能力和投资额估算新项目或设备装置投资额的项目成本估算方法。这一方法的计算公式如式（4-4）所示：

$$I_2 = I_1 \times \left(\frac{Q_2}{Q_1}\right)^n \times f \tag{4-4}$$

式中：I_2 为当前项目或设备的投资额；I_1 为已完成项目或设备装置的投资额；Q_2 为当前项目或设备装置的生产能力；Q_1 为已完成项目或设备装置的生产能力；n 为生产能力指数，$0 \leqslant n \leqslant 1$；$f$ 为不同时期和不同地点项目的综合调整系数。

采用上述方法时，新项目设备装置的生产能力与已完成历史项目设备装置的生产能力相差不能过大。同时，当项目设备生产能力和经营环境变化时，则必须调整指数 n 的取值。只有当已完成历史项目生产能力规模和新项目生产规模相差不大时（0.5～2 倍），则指数 n 的取值可以近似 1。

2. 投资比例估算法

投资比例估算法用于对整个项目投资费用的估算，使用的比例系数是从已完成历史项目的统计数据中汇总和分析得出的。这也是一种项目成本类比估算法，其中的具体技术方法包括以下几种。

（1）设备占总投资额比例法。设备占总投资额比例法是根据类似历史项目的主要设备费占总投资额的比例，经估算得到新项目主要设备投资后，然后按这一比例估算新项目的总投资额的一种方法。这种方法的计算公式如式（4-5）所示：

$$I = \frac{\sum_{i=1}^{n} Q_i P_i}{K} \qquad (4-5)$$

式中：I 为拟开展项目总投资额；K 为主要设备费占项目总投资的比例；n 为设备的种类数；Q_i 为第 i 种设备的数量；P_i 为第 i 种设备的到达项目现场单价。

这种估算法多用于设备投资占很大比重的建设项目，采用上述方法时新旧两个项目之间设备占总投资额的比例需要有足够的可比性。因为寻找与新项目完全同类的历史项目比较困难，所以估算时也需要对某些数据进行调整和处理。

（2）分项比例估算法。分项比例估算法是根据类似历史项目的统计资料，计算出类似历史项目各子项目中某类装置或某项费用所占的比例，以新项目的这类装置或这项费用为基数，分别计算出新项目各子项目的估算成本，相加汇总后得到拟开展项目的总成本估算的一种方法。这种方法的计算公式如式（4-6）所示：

$$C = E \times (I + f_1 P_1 + f_2 P_2 + \cdots + f_n P_n) + I \qquad (4-6)$$

式中：C 为拟开展项目总成本；E 为拟开展项目某个装置或某项费用；P_1，P_2，$\cdots$，P_n 为各专业工程费用占某装置或某项费用的比例；f_1，f_2，$\cdots$，f_n 为不同时期、不同地点的综合调整系数；I 为拟开展项目的其他费用。

这种估算法多用于项目成本中分项比例较高的建设项目，采用上述方法时同样需要对新旧两个项目之间分项比例，所以新旧项目的分项比例要有足够的可比性。由于要寻找与新项目完全同类的历史项目比较困难，因此使用这种估算方法时也需要做某些数据的调整和处理。

4.4.2 项目成本估算的参数法

项目成本估算的参数法又称参数模型法或参数分析法，它是利用项目某项特性参数来建立项目成本估算数学模型，然后用该模型来估算项目成本的一种方法。例如，工业建设项目可以使用项目生产能力作参数，而民用住宅建设项目可以使用每平方米单价作参数，最终估算出项目的初步成本。实际上，项目成本估算的参数模型法是使用一种项目成本估算的关系式或方程式，通过这些关系式或方程式对整个项目或子项目的成本进行的估算。这种参数模型法的估算重点集中在对影响项目成本最重要因素的确定上，以及这种项目成本最重要因素的参数上。这种方法并不考虑众多造成项目成本的细节，因为项目成本动因决定了项目成本总量的整体变化。

这种方法的优点是快速并易于使用，且其准确性在经过模型校验后能够达到一定的精确度，甚至有统计资料显示，这种项目成本估算方法的误差可以达到 ±30% 甚至 ±20%；这种方法的缺点是，如果所用参数不经校验，则参数模型可能不精确，由此估算出的项目成本精确度会较差。在使用这种方法时，人们必须首先通过建模方法得到项目成本的参数估计模型，甚至需要使用回归分析等方法。

统计学中的回归分析方法是为测定某客观现象的因变量与自变量之间的关系所使用的一种数学方法。在使用回归分析法建立的模型中，人们所选定的因变量是指人们要求得的项目成本估算值，而自变量则是与项目成本密切相关的那个项目成本影响变量。因此，所谓的项目成本的参数模型，主要是要估算的项目成本和影响项目成本变化的主因素之间关系的描述模型。在这种项目成本估算方法中，人们多使用一元回归预测和多元回归预测而得到项目成本估算参数模型。这里仅介绍使用一元线性回归预测而得到的项目成本参数估算模型，然后使用这种项目成本参数估算模型估算出项目的成本。

1. 确定项目成本估算的参数模型

人们使用一元线性回归方法得到项目成本的估算参数模型，相对来说是比较简单的。首先，人们要根据历史数据在直角坐标系上描绘出相应的离散点，再通过分析找出处于各点之间的一条直线并使该直线到各点的距离最小（偏差平方和为最小，即最小二乘法），从而使用这条直线代表实际散布数据发展变化的趋势（或称倾向线），并最终使用这条直线适当外推来进行分析和预测。这一方法如图 4-2 所示，其一元回归方程公式如式（4-7）所示：

$$y = a + bx \qquad\qquad (4\text{-}7)$$

式中：y 为因变量；a 和 b 为回归系数，也称待定系数；x 为自变量。

这实际上是一种项目成本参数估算的模型，其中的 x 就是项目成本的自变量，而其中的 y 是要估算的项目成本，a 和 b 则都是项目估算的"参数"。人们只要使用一元回归分析的方法找出了 a 和 b，那么就可以使用这一参数模型估算项目成本。

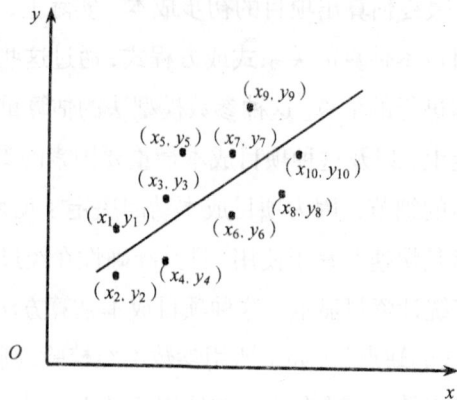

图 4-2　使用一元线性回归法确定参数的示意图

2. 使用项目成本估算的参数模型进行估算

在使用参数模型法进行项目成本估算时，首先应当清楚地知道再精确的参数模型也只能是对实际情况的一种拟合和近似。这种拟合和近似的模型如果使用不当，则项目成本估算的精确度就会大大降低，从而最终无法得到准确的项目成本估算结果。另外，由于这种项目成本参数估算模型是由类似的历史项目数据经回归分析得来的，而每一项目都具有自己的独特性和不确定性，因此当新项目的情况与历史项目有所不同时，使用这种模型开展项目成本估算时必须对模型参数作出调整。另外，在使用这种方法进行项目成本估算时，必须对项目成本估算的结果进行校验，并结合实际情况对项目成本估算值进行调整，然后才能得出项目成本估算的最终结果。

4.4.3　项目成本估算的经验法

粗略估算项目成本的方法中除上面提到的项目成本估算方法外，还有经验法，或称专家估算法。这是一种使用最多的项目成本估算方法，也是一种最为简便的方法，因为借助于专家的经验，人们就可以作出项目成本的估算。例如，房屋装修专家对于装修项目成本的初步估算，婚庆公司对于婚礼项目成本的初步估算等多数都是使用专家经验估算法。这种方法又可以分为以下两大类。

1. 单一专家经验法

单一专家经验法是指借助单一专家经验和建议，对于项目的成本作出估算的一种方法。这种项目成本估算的方法的关键是找到有经验的专家，并由该专家分析给出项目成本的乐观估计、项目成本的最悲观估计和项目成本的最可能估计。然后，通过式（4-8）给出三种项目成本估算的期望值，并用它作为项目成本的估算结果：

$$E(C) = \frac{(O + 4M + P)}{6} \tag{4-8}$$

式中：$E(C)$ 为项目成本估算的期望值；O 为最乐观项目成本估算；M 为最可能项目成本估算；P 为最悲观的项目成本估算。

这种方法简便实用，但是这种方法没有充分考虑"最可能项目成本估算"在不同情况下的权重，而是统一给了一个 4 倍的权重。当项目的环境与条件比较确定的时候，项目最可能成本估算的发生概率可能是 80%，此时将项目最可能成本估算的权重仍设定为 4 倍就有问题了。所以编者认为，这种情况下，可使用式（4-9）作为项目成本估算公式：

$$E(C) = \frac{(O + kM + P)}{(k + 2)} \tag{4-9}$$

式中：$E(C)$ 为项目成本估算的期望值；O 为最乐观项目成本估算；M 为最可能项目成本估算；P 为最悲观项目成本估算；k 为专家给的项目最可能成本估算权重/项目最可能成本发生的可能性。

2．多专家经验法

多专家经验法，又称德尔菲法。使用这种方法估算项目成本的做法包括两个反复或循环，其中第一轮是首先选定专家组，然后由专家熟悉项目、项目的环境与条件和所需资源的情况；而后请专家组的每个人都给出其所认为的项目成本的估计值；汇总每个专家的意见后将结果以图表的形式反馈给专家。

在此基础上，德尔菲法的第二轮是请求那些给出的项目成本估计值与专家组平均值相差较大的人分析并给出自己的理由，然后每个专家参考大家的意见再进行一次估计，如果结果相对比较集中，就可以使用专家组作出的项目成本估算的期望值作为项目成本估算的结果。如果专家的意见还不够集中，就需要让专家讨论后进行第三轮新估计，直到专家群体的项目成本估计值结果相对比较集中为止。这种专家群体进行项目成本估算的方法，在专家意见越是集中的情况下，项目成本估算的结果就越准确。

4.4.4　项目成本详细估算的方法

上述项目成本估算的方法都是一些初步或粗略的项目成本估算方法，但是人们最终需要开展详细而精确的项目成本估算，此时就需要使用项目成本的详细估算方法。在项目成本的详细估算方法中，既有国际通行的基于活动的项目成本详细估算的方法，也有我国现在使用的建设工程工程量清单计价的方法。有关我国所使用的这种项目成本详细估算的方法已经在上一节作了十分深入的讨论，并且给出了我国最新的《建设工程工程量清单计价规范》（GB 50500—2013）的介绍和这种项目详细成本估算方法的核算表格，在这里将不再赘述。本节将主要讨论项目成本详细估算方法的步骤，以及美国公司使用的项目成本详细估算方法及其案例分析与说明。

1. 项目成本详细估算方法的步骤

项目成本详细估算的方法实际上是一种"自下而上"的项目成本估算方法，这种方法首先要求人们给出项目所需的项目活动清单或分部分项工程量清单，然后给出项目所需资源的清单，进一步，人们根据这些估算出项目各项活动的成本，最终"自下而上"滚动加总得到项目总成本的估算。这种方法通常要求项目信息十分详细，所以其估算精确度较高。有统计资料显示，这种方法的误差可以达到 ±10%，甚至可以达到 ±5%。这种方法实际上需要完成以下几个方面的估算工作。

（1）开展项目工作包与项目活动的分解。如上所述，这种方法首先要将项目从产出物开始向下分解，给出项目的阶段、项目的工作包和项目的活动，以便按照项目活动详细估算项目的成本。

（2）测量项目所需资源的种类和数量。这一步即要用国家或行业规定的项目所需资源标准测量方法或企业规定的项目所需资源的测量方法，分析和给出项目各项活动所需的各种资源的种类和数量。

（3）调查项目所需资源的价格信息。这一步即根据项目所需资源的情况调查和收集项目所需资源的市场价格和信息，并对项目所需各种资源的价格作出合理的预测和估计。

（4）计算项目活动所需资源的综合单价。这一步即根据一个具体项目活动所需资源的种类、数量与价格计算得出项目活动的综合单价与所需资源总量，以便进行项目成本的估算。

（5）计算得到项目活动的成本估算。这一步即根据一项具体项目活动所需各种资源的总量和它们的综合单价计算出每项项目活动的成本估算。

（6）计算得到整个项目的总成本。这一步即将项目各项活动的成本估算相加得到项目工作包的成本估算，进一步将项目工作包的成本相加就得到了整个项目的成本估算。

综上所述，项目成本详细估算方法最重要的在于项目活动的分解，人们只有将一个项目的全过程分解到最细一层的项目活动，才能够作出项目成本的详细估算。下面给出的美国公司使用的项目成本详细估算方法及案例，就是先将项目全过程分解到项目具体活动的层面，再进一步估算出项目的详细成本。

2．美国公司使用的项目成本详细估算方法及案例

现以美国某著名系统工程公司为我国最大的石油天然气公司所实施的油气管道自动化系统开发与建设项目为例，说明美国和国际使用的基于活动的项目成本详细估算的方法。这种详细项目成本估算方法的步骤和内容，具体见表 4-10。

由表 4-10 中可以看出，这种项目成本详细估算的方法主要包括如下特性。

（1）这种方法将项目全过程分解成三个层次。由表 4-10 可以看出，这种项目成本详细估算的方法，将一个项目的全过程分解成项目阶段、项目工作包和项目活动这样三个不同的层次。其中，最下面一层是项目活动层，这是开展项目成本详细估算的对象，汇总即可得到项目工作包、项目阶段和整个项目的成本。由此可知，这是一种基于活动和"自下而上"的项目成本详细估算的方法。

（2）这种方法使用综合单价估算项目详细成本。由表 4-10 可以看出，这种方法使用综合单价去估算项目的详细成本。其实质是针对从一个项目全过程中分解出来的每个项目活动，首先按照选定计价单位去分析和确定出其综合单价，然后根据项目活动所用单位总量即可估算出具体项目活动的成本，进而可汇总得到项目工作包、项目阶段和整个项目的成本。

（3）这种方法给出三个层次的唯一性项目账户代码。由表 4-10 可知，这种项目成本详细估算的方法使用了唯一性的项目账户代码，全面给出项目全过程分解出的三个层次每个要素一个唯一性的项目账户代码。这种项目账户代码不但可以用来区分项目活动、项目工作包和项目阶段，而且可以一一对应给出它们相应的成本估算，以及这些项目账户的对应责任人。

（4）这种方法的项目活动中包括了各种项目所开展的活动。由表 4-10 可以看出，在项目全过程分解出的三个层次中的最下面一个层次的项目活动中，不但包括形成项目工程主体的活动，还包括项目管理活动和各种辅助项目活动。所以，这种项目成本详细估算方法的综合单价中不用考虑管理费用的比例，也不用单独计算措施项目费，等等。

（5）这种方法的每项项目活动成本中包括了风险性成本。另外，在这种项目成本详细估算的方法中的每项项目活动成本中包括了风险性成本，只是在表 4-10 中没有使用单独的一栏表示每个项目活动的风险性成本而已。所以，这种项目成本详细估算方法不用另外去计算暂估价或暂定价等项目不确定性或风险性的成本，实际上这种方法估算的每项项目活动的成本中都包括确定性和不确定性两部分成本。

单位：万元

表4-10 项目成本的详细估算方法所使用的估算表

项目阶段	账户代码	工作包	项目活动	描述	责任者	单位	综合单价	所需总量	活动成本	工作包成本	阶段成本
定义阶段	1			定义和决策项目是否开展并给出项目目标等							21.2
	1.01	项目立项		提出项目建议书并获得批准而完成项目立项	业主与咨询服务机构					5	
	1.01.01		准备资料	准备各种项目相关资料		人时	0.05	20	1		
	1.01.02		开展分析	作项目初步可详细分析		人时	0.08	30	2.4		
	1.01.03		编写报告	编写项目建议书		人时	0.06	10	0.6		
	1.01.04		审批立项	审批项目建议书		人时	1	10	1		
	1.02	项目可研		开展项目可行性研究并提出可行性研究报告	项目业主与项目可行性咨询机构					10.6	
	1.02.01		准备资料	准备可行性分析数据		人时	0.08	40	3.2		
	1.02.02		专项分析	开展项目技术、经济、环境、社会等专项评估		人时	0.1	30	3		
	1.02.03		综合分析	开展综合可行性评估		人时	0.12	20	2.4		
	1.02.04		编写报告	编写项目可行性的报告		人时	0.1	20	2		

续表

项目阶段	账户代码	工作包	项目活动	描述	责任者	单位	综合单价	所需总量	活动成本	工作包成本	阶段成本
定义阶段	1.03	审批决策		由咨询机构审查可研报告由主管机构批准报告	上级主管					5.6	
	1.03.01		选定单位	选定有资质的咨询机构	和项目咨询机构	人时	0.14	10	1.4		
	1.03.02		审查报告	审查并提出审查意见	询机构	人时	0.15	20	3		
	1.03.03		批准报告	主管机构或部门批准		人时	0.12	10	1.2		
设计阶段	2			设计项目的产出物和项目的范围与内容	项目业主						280
	2.01	初始设计		根据项目可研报告中的项目方案作初步设计	和项目设计单位					50	
以下的项目设计阶段、项目计划阶段、项目实施阶段的具体项目活动成本估算全部省略											
项目完结	5	管理终结		项目管理的终结工作和项目合同的终结工作等	项目管理团队和企业主管						7.0
	5.01			项目管理终结、项目团队解散与所剩资源分配						2.6	
	5.01.01		准备资料	收集整理各种管理文件		人时	0.05	20	1.0		
	5.01.02		办理终结	办理团队成员解散手续		人时	0.08	10	0.8		

续表

项目阶段	账户代码	工作包	项目活动	描　　述	责任者	单位	综合单价	所需总量	活动成本	工作包成本	阶段成本
	5.01.03		遣散资源	办理其他资源分配手续	项目业主	人时	0.08	10	0.8		
	5.02	合同终结								2.2	
	5.02.01		合同验收	对照项目合同作好验收	和承包商	人时	0.10	10	1.0		
	5.02.02		终结手续	双方办理合同终结手续	与供应商	人时	0.12	10	1.2		
项目完结	5.03	终结报告		编写项目的终结报告，给出项目的经验和教训	项目实施者和项目管理者					2.2	
	5.03.01		编写报告	编写项目终结报告		人时	0.10	10	1.0		
	5.02.02		审批报告	审批项目终结报告		人时	0.12	10	1.2		

项目总成本合计

综上所述,这种项目成本详细估算方法能给出最接近于项目实际成本的成本估算结果,人们也多数使用这种方法估算项目成本和作为项目定价的依据。例如,在项目招投标中,投标者需要根据自己企业的劳动生产率和资源消耗水平去详细估算自己实施项目的成本,而招标者(项目业主)则需要根据投标者给出的项目详细估算成本去分析和确定究竟哪家承包商能够中标。

当然,这种方法的缺点是要有准确而详细的项目所需资源信息和项目所需各种资源的价格与用量的信息,而获得这些信息本身就需要大量的时间和经费。另外,这种项目成本估算方法所需的估算技术和能力也比较高,所以国际上都需要有资质的项目造价工程师或项目工料测量师来承担。同时,由于项目所需资源的数量和价格等信息经常是经验数据或历史信息,因此在使用这种方法时,往往还需要考虑新项目的各种具体情况和要求对项目成本的估算作出各种各样的调整。但无论如何,这种详细的项目成本估算方法是全世界通行的项目成本估算的基本方法,也是项目承发包双方都认可的项目成本详细估算方法。

复习思考题

一、单选题

1. 项目成本估算既是项目成本管理的基础性工作,同时也属于项目成本计划安排的(　　)工作。

　　A. 前期　　　　B. 中期　　　C. 后期　　　D. 随时进行

2. 造成项目成本估算的不精确性最主要的根源是(　　)。

　　A. 不同的利益相关方　　　　　　B. 工作人员的测量误差

　　C. 工作人员的操作失误　　　　　D. 信息的不完备性

3. 在可行性研究阶段,项目成本估算的估算误差一般可达到(　　)。

　　A. ±30%　　B. ±15%　　C. ±10%　　D. ±5%

4. 项目成本估算总会存在一定的不精确和不确定,我们可将之统称为(　　)。

　　A. 不精确性　　　　　　B. 不确定性

　　C. 测不准特性　　　　　D. 模糊性

5. 首次开展的全新项目,没有历史信息或同类项目工作分解结构模板可供参考时,可采用的用来进行工作分解的方法是(　　)。

　　A. 自上而下　　　　　　B. 自下而上

　　C. 自左至右　　　　　　D. 自右至左

6. 先是要进行自上而下的项目工作与活动分解，然后再根据项目工作与活动分解的结构自下而上依次估算和汇总的成本估算方法称为（　　）。

    A. 自上而下   B. 自下而上

    C. 自左至右   D. 自右至左

7. （　　）的成本估算方法有分解得到的项目工作和活动相同性聚类较好的特性。

    A. 自上而下   B. 自下而上

    C. 自左至右   D. 自右至左

8. 我国现行项目成本估算模式的主要规定文件是（　　）。

    A. GB 50500—2013   B. GB 50500—2010

    C. GB 25500—2013   D. GB 50250—2010

9. 项目成本估算的过程模型主要包括（　　）个具体的工作步骤。

    A. 6   B. 7   C. 8   D. 9

10. 利用项目的最重要因素进行成本估算的方法是（　　）。

    A. 项目成本估算类比法   B. 项目成本估算经验法

    C. 项目成本估算参数法   D. 项目成本估算详细估算法

二、多选题

1. 项目成本估算的结果可以作为（　　）基础和依据。

    A. 项目决策   B. 项目成本预算

    C. 项目承发包合同定价   D. 项目控制

2. 在项目成本估算工作中，工作人员需要进行的工作包括（　　）。

    A. 收集相关信息   B. 对项目成本进行必要的预测

    C. 对项目成本进行必要的预算   D. 给出项目成本估算文件

    E. 对项目成本进行必要的估计

3. 按照项目成本估算的精度来划分，项目成本估算可分成（　　）。

    A. 项目成本明确估算   B. 项目成本设计概算

    C. 项目成本详细估算   D. 项目成本初步估算

4. 项目业主的项目成本估算的内容主要有（　　）。

    A. 项目承包商的成本估算   B. 税金

    C. 利润   D. 业主费用

5. 项目成本估算的主要依据主要包括（　　）。

    A. 项目范围计划中的项目工作与活动分解文件

    B. 项目工作与活动所需资源数量的信息

    C. 项目工作与活动所需资源的价格信息

    D. 项目及其活动的各种风险性的信息

6. 针对项目成本估算信息缺口，处理方法主要有（　　）。

    A. 借鉴类似历史项目

    B. 分析和预测项目未来的发展变化情况

    C. 招聘更多的项目管理人员

    D. 拓展自己对于项目的认识深度和广度

7. 根据国际上通行的办法，项目成本估算被分为（　　）。

    A. 粗略性项目成本估算　　　　B. 类比性项目成本估算

    C. 可行性项目成本估算　　　　D. 明确性项目成本估算

8. 国内外按估算方法的项目成本估算分类，包括（　　）几种类型。

    A. 参数估计法　　　　　　　　B. 类比估算法

    C. 工料测量法　　　　　　　　D. 统一定额法

    E. 资料统计法

9. 基于活动的项目成本估算是个过程，该过程主要包括（　　）。

    A. 基于活动的项目成本控制方法

    B. 基于活动的项目成本估算程序模型

    C. 基于活动的项目成本控制模型

    D. 基于活动的项目成本估算方法

10. 常用的项目成本类比估算法有（　　）。

    A. 扩大指标估算法　　　　　　B. 投资比例估算法

    C. 单一专家经验法　　　　　　D. 多专家经验法

三、简答题

1. 项目成本详细估算方法的步骤是什么？

2. 项目成本估算参数法是什么？简要说明其优缺点。

3. 试比较四种主要的项目成本估算的技术方法的优缺点。

第 5 章

| 项目成本预算

本章学习目标

　　本章主要介绍了项目成本预算的概念、确定模式、确定过程和技术方法，包括项目成本预算的内涵和作用、项目成本预算编制依据、编制方法及编制程序和项目成本预算编制。

　　重点掌握：项目成本预算的内涵、基于活动的项目合同造价确定模式、四种项目预算的确定过程与内容、项目业主收入预算的确定方法、项目承包商收入预算的确定方法、项目业主和承包商的支出预算确定方法。

　　一般掌握：项目成本预算的分类、项目成本预算的作用、项目成本预算的原则、项目成本预算的确定内容与模式。

　　了解：项目成本预算确定的过程模型、项目预算与各方面的合理配置关系、项目成本预算的结果及其调整。

5.1 项目成本预算的概念

项目成本预算工作就是制订项目成本计划和确定项目控制标准的工作,这一工作的结果是生成项目成本计划书或项目预算书。因此,项目成本预算包括项目成本多少及这些项目成本何时发生两方面的计划和安排,以便人们借此做好项目成本的管理与控制工作。

5.1.1 项目成本预算的内涵

项目成本预算的内涵既涉及项目成本预算主体(谁的预算,项目业主还是项目承包商或项目供应商)和项目成本预算客体(哪方面的预算,项目成本还是项目价值),也涉及项目成本预算的内容和方法等方面的内容。

1. 一般预算的概念

从国家预算管理的角度上说,多数国家都有专门的预算法律和法规,这规定了各级政府和国有企事业单位必须依照去开展预算管理。所以,首先弄清楚"预算"一词的基本概念,对于最终弄清楚项目成本预算的概念有重要作用。因为项目成本预算只是整个预算体系中一个特殊门类,所以我国政府公共项目和国有企事业单位的项目成本预算就必须符合我国有关预算法律和法规的规定。

(1)预算由预算收入和预算支出组成。按照《中华人民共和国预算法》规定,"预算"由预算收入和预算支出组成。因此,项目预算也一样必须有项目收入预算和支出预算,特别是政府和国有企事业单位项目的预算法律规定必须如此。因此,不管是项目业主还是项目承包商的项目预算都应包括项目收入预算(项目价值预算)和项目支出预算(项目成本预算)。

(2)预算的根本目的是用于指导预算管理。人们制定预算的根本作用是借助它去开展预算管理,按照《中华人民共和国预算法》的规定:"为了强化预算的分配和监督职能,健全国家对预算的管理,加强国家宏观调控,保障经济和社会的健康发展,根据国家宪法,现特制定本法。"由此可见,预算具有计划分配资金、监督资金使用、开展预算管理、加强协调控制、保障收支平衡等一系列的职能和作用。项目预算同样具有这些作用,只是项目预算就是针对一项具体任务的收入和支出的计划安排。

(3)预算具有严肃性但是可以调整。根据《中华人民共和国预算法》和最新由全国人大常委会第二十七次会议审议的《中华人民共和国预算法修正案(草案二次审议稿)》中的有关规定:"从中央到地方一直到单位的各级政府负责预算和决算的编制，预算、预算调整方案和决策的审查、批准、监督执行均归从中央到地方的各级人民代表大会管辖。"特别是对于收入预算的规定："各级政府、各部门、各单位应当依照本法规定，将所有政府收入全部列入预算，不得隐瞒、少列，也不得将上年的非正常收入作为编制预算收入的依据。"由此可见，预算具有严肃性但必要时预算是可以调整的。同样，项目预算也要有人进行审查、批准、监督执行和做必要调整。

（4）预算必须留有足够的余地或预备费。根据《中华人民共和国预算法》的规定："各级公共预算应当按照本级公共预算支出额的 1%～3%设置预备费，用于当年预算执行中的严重自然灾害救灾、突发公共事件处理、重大政策调整增加的支出及其他难以预见的开支。"同样，项目预算也须有足够的预备费，以应对项目实施过程中出现的各种各样灾害、突发事件和项目所需资源市场价格的突变等。这种预备费不同于项目估算中的风险性成本，因为项目估算中的风险性成本只是项目具体活动不确定性的部分，而项目预备费是针对整个项目环境发展变化的管理储备。

2．项目预算的定义

借用上述关于政府预算的规定和理论，人们可以更好地去理解项目的预算。

（1）项目收入预算和项目支出预算的概念。任何项目相关利益主体都必须有项目收入预算和项目支出预算这两种预算，其中项目成本预算就是指项目支出预算，项目价值就是项目收入预算。例如，项目合同造价（项目合同规定的项目业主应该付给项目承包商的钱）是项目承包商的收入预算，而项目承包商的花费预算才是其项目支出预算或项目成本预算。所以，从项目承包商的合同造价中减去其利润和政府的税金等内容后，就是项目承包商的支出预算。但是，项目业主的支出预算并不等于项目合同造价，因为项目业主的支出预算还必须包括在项目造价以外的那些必须由项目业主承担的风险费用。所以，任何项目预算至少必须包括项目业主和承包商的收入和支出两方面的预算，才真正算具有了有正确作用和意义的项目预算。

（2）项目不同相关利益主体的预算概念。任何预算都必须有预算的主体，所以项目的预算也必须严格区分不同项目相关利益主体的预算，如项目业主、项目承包商、项目供应商、项目政府主管部门等这些不同项目相关利益主体的项目预算。实际上，项目相关利益主体之间的收入与支出预算有很多是相互关联的，人们必须弄清楚它们之间的相互关系。例如，项目业主和项目承包商的收入与支出预算就是紧密关联的，项目合同造价就是承包商的收入预算，在此基础上再加上必要的风险准备金等就可以得到项目业主的支出预算，而项目业主的收入预算则是根据项目投入运营后的收益确定的。另外，不同项目相关利益主体的项目预算管理具有不同的目标和作用。

3．项目成本预算的定义

从动词角度，项目成本预算就是制订项目成本计划和控制标准的管理工作，即是人们根据项目成本估算结果去制订项目成本的计划和安排工作；从名词角度，项目成本预算是人们制订出的项目成本的计划书，这种计划书是人们开展项目成本管理的要求和目标，是开展和实施项目成本控制的基线和依据。有关项目成本预算的定义，有以下几个方面的说明。

（1）项目成本预算以项目成本估算为基础。项目成本预算的编制基础是项目成本估算工作所给出的项目成本估算文件和信息，人们在项目成本估算基础上通过留出一定的"计划余量"而形成了的项目成本的预算。通常，不管是由谁去实施项目，人们都需要根据项目的风险情况留出一定比例的项目成本的风险储备，即不管是项目业主还是承包商的项目成本预算都应该包括应对项目风险的储备。

（2）项目成本预算是人们制订的项目成本计划。项目成本预算是人们仔细制定，以便在项目成本管理中贯彻执行的项目成本计划安排。所以，它们不但需要仔细地计划和安排，且需要获得上级和权威机构的审查和批准。因为项目必须在计划的时间里使用计划安排好的资金去购买计划安排好的项目资源，进而创造和做出计划确定的项目功能和价值，所以必须是编制项目成本预算在前而执行项目预算在后，这就是人们将项目预算称为"计划"的原因。

（3）项目成本预算是项目成本控制的基线。项目成本预算不但包括项目成本大小的计划安排，而且包括如何按项目实施时间先后支出或收入的具体计划和安排，以及包括有关项目成本的风险储备的计划和安排，这些使得项目成本预算成了项目成本控制的依据和基线。其中，项目成本风险储备必须针对具体项目所面临的不确定性环境与风险性大小去确定，这部分项目成本既包括风险性成本（发生概率 $P<1$ 的部分），也包括项目成本完全不确定性部分（不知道发生概率 $P=?$ 的部分）的部分，这些方面的可能花费都需要按照一定比例去计划和安排项目成本的风险储备。

4．项目成本预算的特性

项目成本预算具有自己的鲜明特性，具体分述如下。

（1）项目成本预算的规范性。项目成本预算的编制必须遵循一定的规定程序，这包括项目成本预算的编制、评估、确认和批准等程序步骤，只有依此作出的项目成本预算才能用于去执行、监督、控制和调整等。所以，项目成本预算需要按照规范的格式、规定的方法和程序，并且由具有专业资质的人员去完成。同时，项目成本预算编制工作也必须严格执行国家、地方或行业的相关规定，如我国《建设工程工程量清单计价规范》规定所有国有资金必须依照该国家规范的规定去编制工程项目造价的预算，而对国家重大项目必须依照《中华人民共和国预算法》的规定去编制。

（2）项目成本预算的科学性。这主要表现在四个方面：首先是这种项目成本预算中所使用的预测和估计的方法必须是科学的，以此去保障项目成本预测和估计结果的科学性；其次是项目成本预算编制方法必须是科学的，以此保障项目成本预算编制结果的科学性；再次是项目成本预算编制程序和组织要有科学性，以保障项目成本预算编制程序的科学性；最后是项目成本预算的审核要有科学性，以保障项目成本预算审核和批准结果的科学性。总之，项目成本预算与项目成本估算不同，它要求其过程、方法和结果都有很高的科学性、准确性与合理性。

（3）项目成本预算的时限性。由于每个项目、项目阶段、项目工作包和项目活动都有明确的开始时间和结束时间，而项目成本预算中每一笔钱都必须对应具体的项目阶段、项目工作包和项目活动，所以项目成本预算中每笔钱都要有明确的使用时间。因此，项目成本预算必须是与项目进度计划进行全面集成的计划安排，项目成本预算必须对照项目进度去给出项目各时点上的实际预算和累计预算成本。这种项目成本预算与项目进度安排的两维坐标几何描述多数会呈一种"S"曲线，因为项目前期和后期阶段的成本和价值较少而项目实施阶段的成本预算较高。

（4）项目成本预算的集成性。项目成本预算首先必须与项目进度计划进行集成，同时项目成本预算还必须综合考虑项目质量和范围目标及项目资源与风险要素等方面的集成。这包括：项目成本预算与项目范围计划的集成，因为项目范围越大则项目所需成本预算就越高，所以这二者必须合理地集成；项目成本预算与项目质量计划的集成，因为项目质量要求越高则需开展的项目活动就越多（"慢工出细活"的道理)，而项目成本预算就会越高，因此这二者也需要很好地集成。实际上，虽然任何项目都存在"多（范围）快（时间）好（质量）省（成本）"四个方面的目标，这些项目目标之间都必须有很好的集成性。

（5）项目成本预算的责任性。这是指项目成本预算是项目成本管理绩效考核与追究责任的依据，项目实施过程中人们将按照项目成本预算和实现情况去考核和奖惩项目责任者。所以，在项目成本预算编制阶段需要对这些预算的充分必要性、科学合理性和可行性进行论证与审批，然后在项目成本预算执行阶段进行严格的监督、评估、考核、报告和控制，最终在项目完成阶段组织好验收、评价和总结项目成本预算的完成情况并据此去开展问责和奖惩。所以，项目成本预算编制中必须明确规定项目成本预算的具体责任者，以便对实际项目预算执行情况和结果全面跟踪、监控、调整、问责和奖惩。

5.1.2　项目成本预算的分类

从项目成本管理的角度上说，为了更好地认识项目成本预算就必须按照不同的分类标志给出项目成本预算的分类，项目成本预算的主要分类包括以下几种。

1. 按照不同客体进行的项目成本预算分类

按照项目成本预算的客体不同项目成本预算可分为项目收入预算和支出预算两类，其中项目收入预算属于项目价值预算的范畴，而项目支出预算属于项目成本预算的范畴。

（1）项目的收入预算（价值预算）。不管从项目业主还是从项目承包商的角度，人们开展项目都是为节约成本、创造新增价值和增加财富的，所以任何项目都必须有项目收入预算。对项目业主而言，其项目收入预算就是项目投资的收益或项目投入运营后的全部收入，所以项目业主需要仔细分析、预测和确定项目收入预算，因为只有其项目的项目收入预算大于其项目支出预算才能去开展项目；对于项目承包商而言，其项目收入预算就是从项目业主方获得的项目合同造价，他们同样需要仔细估计、分析、预测和确定项目合同造价，借此他们才会通过项目而获得合理的收入或价值。

（2）项目的支出预算（成本预算）。任何人开展任何项目都会发生项目成本或费用，所以任何项目都必须有项目的支出预算。对项目业主而言，其项目支出预算主要是支付给项目承包商的项目合同造价，以及为项目风险所造成的各种变更而支付的费用，所以项目业主也必须仔细分析、预测和确定其项目支出预算，以确保其项目收入大于支出而能够获得必要的项目投资收益；对项目承包商而言，其项目支出预算就是他们开展项目实施活动的花费或成本预算，他们也须确保其项目收入大于项目支出，从而使得他们能够通过承包项目实施工作而获得必要的新增价值。

2. 按照不同主体的项目成本预算分类

按项目成本预算的主体的不同可分为项目业主的成本预算和项目承包商的成本预算。这两种不同主体的项目成本预算在预算范围、预算方法等各方面都有所不同，但是这两种项目成本预算都是整个项目成本管理中的重要组成部分。

（1）项目业主的成本预算。项目业主是项目的所有者、出资者和主导者，所以其成本预算有三个主要特性：其一是项目业主的成本预算是项目开展的保障和前提条件，因为项目业主成本预算会直接影响项目的范围、质量和时间；其二是项目业主成本预算是项目成本管理与控制的上限，因为如果项目实际成本超出了项目业主成本预算，项目就会因缺乏资金而造成"烂尾工程"；其三是项目业主成本预算必须根据项目承包商的成本预算去编制和确定，因为项目业主成本预算的基础是支付给项目承包商的项目合同造价。具体而言，项目业主的收入预算是项目建成并投入使用后所产生的项目现金流入的总和，而项目业主的支出预算是项目建成所需的项目现金流出的总和。按照项目投资理论，只要折现后的项目现金流入大于项目现金流出（项目净现值大于或等于零），此时的项目业主收入预算就是可行的。因此，项目业主的预算编制有两个要求：其一是项目业主的收入预算必须大于其支出预算；其二是项目业主必须在计划时点上有能力支付项目成本预算。

（2）项目承包商的成本预算。项目承包商的预算也包括收入和支出两种预算，其项目收入预算是他们为项目开展项目承包作业所应获得的收入（这多数是在项目招投标中确定的合同造价）。项目承包商的项目成本预算有三个主要特性：其一是这种项目承包商的收入预算是编制项目业主支出预算的前提条件与依据；其二是项目承包商的支出预算是他们在项目实施中开展项目成本控制的真实依据；其三是项目承包商的收入和支出预算必须有能够使承包商满意的盈利。因此，项目承包商的预算也有两个前提条件：首先是其项目收入预算也必须大于其项目支出预算；其次是项目承包商必须具有与预算水平一致的管理和技术能力。

（3）项目业主与承包商的成本预算的关系。综上所述可知，项目业主与项目承包商之间的项目成本收入和支出预算及项目合同造价之间有着十分紧密的关系，这种关系可以使用图 5-1 给出示意。

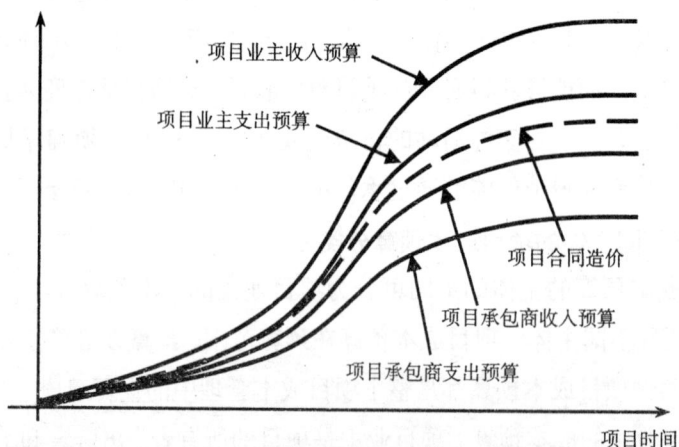

图 5-1 项目业主与承包商的项目收入和支出预算间关系示意图

由图 5-1 可知，项目承包商的支出预算最低。通常这也是项目预算中最先编制的内容，随后项目承包商可以据此编制出其项目收入预算并据此进行投标报价而最终形成项目合同造价，然后是项目业主需要根据项目合同造价去制定其项目支出预算。但是，项目业主的收入预算并不是根据其项目支出预算制定的，而是根据前面讨论的项目收入估算制定的。

5.1.3　项目成本预算的作用

项目成本预算不仅可作为项目成本确定与控制的依据和基础，而且还有很多其他方面的作用，具体如下。

1. 项目成本预算的基本作用

项目成本预算的基本作用是作为控制项目成本和价值的支持和依据，因为项目是发包还是自主实施的项目成本控制作用和方法都不同，所以这里也需要分别针对这两种不同情况去讨论项目成本预算在项目成本控制方面的作用。

（1）项目成本预算在项目成本确定方面的作用。

1）项目自主实施的情况。此时，项目业主和项目实施者是一体，所以此时的项目成本预算没有了项目承发包利润和国家税金等内容，所以这种项目支出预算就是项目具体和实际支出情况的计划安排。此时人们直接可根据项目成本预算去开展对于项目成本实际执行情况的监督、评价、控制、调整、考核、奖惩和问责等项目成本控制工作。

2）项目有承发包的情况。此时，项目承包商需要使用其项目成本预算作为项目成本控制的依据和基础，而使用项目合同造价作为其项目收入控制的依据。当然，项目业主还需要根据项目合同造价去编制自己的成本预算作为其项目成本控制的依据，故他们二者必须共同合作控制好项目的成本。

（2）项目成本预算在项目成本控制方面的作用。这方面的作用也需要区分有没有项目承发包的情况，所以这里也需要分别针对这两种不同情况讨论项目成本预算在项目成本控制方面的作用。

1）没有项目承发包的情况。此时，项目成本预算可直接作为项目成本控制的依据和基础，由于此时的项目成本预算就是项目支出的计划安排，所以人们可直接根据项目成本预算开展对于项目成本实际执行情况的监督、评价、控制、调整、考核、奖惩和问责等项目成本控制工作。

2）有项目承发包的情况。此时，项目承包商需要使用其自己的项目成本预算作为项目成本控制的依据和基础，项目业主则需要根据项目合同造价及其编制的项目成本预算作为其项目成本控制的依据和基础，而项目合同造价是其项目成本控制的最低下限。二者必须共同合作去控制好项目的成本。

另外，项目管理者并非仅是要完成项目成本预算指标，有时也需要调整项目的成本预算去满足项目的实际需要。

2. 项目成本预算的其他作用

项目成本预算除了上述作用外，还有以下这些其他方面的作用。

（1）项目成本预算对项目资源计划及其配置的指导作用。项目成本预算是按照基于活动的成本核算方法得到的，而基于活动的成本核算方法是一种基于活动资源消耗和占用情况编制成本预算的方法，所以项目成本预算首先是根据项目资源需求计划及项目资源配置安排编制的。另外在项目实施阶段，项目成本预算的信息也可以指导人们在规定时间内更好地去占用和消耗资源，所以项目成本预算对项目资源的计划安排及获得与配置具有很好的指导作用。

（2）项目成本预算是制定项目承发包合同的依据之一。如上所述，项目承包商需要根据自己的项目成本的预算去制定项目的投标报价，然后通过招投标等方式确定出项目合同造价。所以，项目承包商的成本预算是确定项目合同造价的依据，虽然有多种项目合同定价模式，但每种定价模式最终确定的合同造价都是依据项目承包商成本预算制定的。

（3）项目成本预算是项目集成计划的对象之一。项目成本预算不仅需要与项目时间计划进行集成，而且它也需要与项目质量计划、项目范围计划、项目资源计划和项目风险计划进行全面的集成，因此项目成本预算是项目集成计划中所必须涵盖的对象之一。因为人们不可能脱离项目范围、质量、时间、资源和风险而编制出项目成本和价值的计划（及预算）。项目成本的预算是受到范围、质量、时间、资源和风险条件影响、限制和约束的，所以人们在项目全面集成计划过程中需要反复综合平衡与测算项目与价值预算与项目范围、质量、时间、资源和风险等计划和安排之间的全面集成。

5.1.4 项目成本预算的原则

为实现上述项目成本预算的作用，人们在项目成本预算过程中必须坚持某些基本原则和要求，以保证项目成本预算能够起到相应的作用。这些基本原则如下。

1. 项目成本预算编制的基本原则

无论项目业主还是项目承包商，他们进行项目成本预算编制的基本原则如下。

（1）以项目目标为导向的原则。项目成本预算是为实现项目目标和生成项目产出物服务的，因为项目业主和承包商及其他项目相关利益主体各有自己的项目目标和要求，所以他们的项目成本预算都要以自己的项目目标和要求为根本依据。甚至，项目承包商在不同时间会有不同的项目目标，所以其项目成本预算也会不同。例如，当项目承包商为打入市场时，其项目成本与收入预算就可相差较小；但如果其目标是通过项目赚取更多利润时，其项目成本与收入预算就要相差较大。这就是以目标为导向的项目成本预算编制原则，这也是项目成本预算首要的原则。

（2）合法和合规的基本原则。项目成本预算的编制过程、内容和方法都必须符合国家、地方和行业有关的各种法律、法规、财税制度和方针政策，这就是项目成本预算编制必须合法和合规的基本原则。例如，对于工程建设项目而言，国家的价格法、合同法、建筑法和招投标法等法律，以及包括这些法律的各种实施细则和相应国家部委颁布的法令或规范和标准，如国家住建部颁布的《建设工程工程量清单计价规范》，国务院法制办颁布的《中华人民共和国招标投标法实施条例》等都是编制项目成本预算必须遵守和遵循的法律和法规及标准与规范，否则就可能涉嫌商业欺诈或违规行为。

（3）切实可行和留有余地的原则。在项目成本预算过程中人们必须充分考虑项目实际需要花费的成本和社会平均利润水平，按照切实可行和留有余地的原则去编制项目成本和价值预算。所以，人们在项目成本预算编制中需要使用基于活动的项目成本核算方法，以便能够编制出切实可行的项目成本预算；同时，人们还要努力按照留有余地的原则去编制项目成本预算，因为在项目实施过程中项目环境和条件可能会发展和变化，因此项目成本预算都要留有充分的裕量，以供在应对这些发展变化中使用，通常在整个项目成本预算中应留出 5%~10% 的预备费或管理储备。

2. 项目成本预算编制的合理配量与科学集成原则

在项目成本预算编制中还必须坚持合理配置与科学集成的原则，这涉及以下几个方面的项目计划的合理配置和科学集成管理的基本原则。

（1）项目成本预算必须满足项目范围计划的要求。项目成本预算是为完成既定项目范围计划中的各项工作所需的花费计划和安排，因此在项目成本预算编制中首先要满足项目范围计划的要求。否则，一方面可能是项目成本预算短缺而无法满足开展项目范围计划中全部项目活动，另一方面可能是会造成项目成本预算过多而造成项目资源和成本的浪费。同样，在项目价值预算编制中必须考虑项目范围计划所能够实现的项目功能和项目运营后的产出，否则不是项目价值预算偏于保守，就是项目价值预算偏于乐观。有关如何实现这两方面的集成，具体过程和方法将在后面展开讨论。

（2）项目成本预算必须满足项目时间计划的要求。人们在实施项目范围计划的各项工作与活动过程中花费的成本都是在一定的时间上完成的，因此在项目成本预算编制中还必须兼顾项目时间计划的合理配置与科学集成。另外，任何项目成本和价值本身都有自己的时间价值，所以项目成本和价值投入与产出的时间早晚会影响项目成本的高低，因此集成计划安排项目时间计划和项目成本的预算是至关重要的。项目成本预算与项目时间计划之间必须实现合理配置与科学集成。

（3）项目成本预算必须考虑项目质量计划的要求。项目成本预算同样会影响到项目质量计划的实现，因此在项目成本预算编制中还必须考虑其与项目质量计划的合理配置与科学集成。因为任何项目产出物质量的提高都会带来项目功能的提高，当然这些就都需额外的项目工作及为此投入的更多资源（注意：项目所消耗的时间资源也是一种项目所需的资源），而这会造成项目成本的提高或降低。

（4）项目成本预算还须考虑其他的合理配置与科学集成。项目成本预算不但要考虑与项目范围、时间和质量计划的合理配置与科学集成，还必须全面考虑它与项目资源制约和风险情况等方面的合理配置与科学集成。另外，项目业主和承包商之间的成本预算集成也必须予以考虑，项目业主不能按照"多干活少给钱"的利己思想去编制其项目成本预算，项目承包商也不能按照"少干活多拿钱"的利己办法去编制其项目成本预算，大家都必须考虑项目全团队利益的合理配置与科学集成。

5.2 项目成本预算的确定模式

我国的项目成本预算模式经历了多次的变革，尤其是随着我国市场经济的不断发展使得这种模式发生了很大变化，这在很多方面改变了我国项目成本和造价的确定模式，使我国的项目成本预算模式更加与国际接轨并更加的科学与合理了。

5.2.1 现有项目合同造价确定模式的问题

虽然我国对项目成本预算确定模式已经进行了很多改革，但现有项目成本预算模式仍然存在很多问题，具体如下。

1. 基于统一标准定额的项目合同造价确定模式问题

如前所述，按照国家规定我国自2005年国有资金项目必须停止使用原有套用标准定额的项目成本与造价确定模式，但是至今我国项目预算和造价的确定仍有很多地方与行业在使用这种模式，这种模式主要存在下述三个方面的问题。

（1）项目成本预算与合同造价确定依据方面的问题。传统的项目成本和造价确定模式的首要问题是这种模式是依据地区或行业主管部门制定的工程量标准定额去编制项目预算和造价，而由于这种统一的"标准定额"无法体现不同项目所处不同实施环境与条件，以及项目所用的不同实施技术和所在不同施工季节和地区与气候等差异，所以最终确定出的项目成本预算和造价就无法做到准确和科学。例如，至今有人还在使用二十多年前的"标准定额"，结果使项目实施技术的进步和市场与环境的变迁等因素根本无法在确定项目合同造价中体现。因此，这种模式确定的项目成本预算与合同造价的依据是不科学的和不符合市场经济情况和需要的。

（2）项目成本预算与合同造价比例取费方面的问题。传统模式中的另一问题是有些项目成本预算或造价中的科目是按照既定比率取费方式确定的，如项目的现场管理费和公司管理都是按照比率取费的部分（现行 GB 50500—2013 模式也有这方面的问题）。这种按一定取费比率来确定项目成本预算与合同造价的方法也是不科学的。会导致三个方面的具体问题：一是由此确定出来的项目成本预算与合同造价的取费比例无法反映项目所需开展管理和辅助活动的真实需要；二是这种模式会鼓励项目设计单位、承包商、分包商等为获得更多的取费而对项目成本直接费用进行高估冒算；三是会造成项目合同造价确定方面的不透明及导致欺诈与腐败等问题。国际上通行的科学做法是按照基于活动的成本核算方法去确定项目成本预算与合同造价（包括项目管理工作或活动）。

2. 基于工程量清单的项目合同造价确定模式问题

我国现行的以建设工程工程量清单计价规范为主导的项目成本预算与合同造价确定模式中仍然有很多问题，其最主要的问题有以下三个方面。

（1）没有区分项目收入预算与支出预算的问题。我国现行工程量清单的项目成本与造价确定模式中并没有区分项目的收入预算和支出预算，也没有说明清楚项目合同造价与项目承包商收入预算及其项目支出预算的关系，更没有明确项目承包商的项目预算也必须有收入和支出两种预算，所以这就存在混淆项目收入与支出预算及项目合同造价等概念的问题。

（2）没有区分项目业主和承包商成本预算的问题。我国现行基于工程量清单的这种模式也没有区分和给出项目业主与项目承包商的收入预算和支出预算，因为实际上项目业主的支出预算并不等于项目的合同造价，项目业主的支出预算还包括在项目合同造价基础上准备应对各种项目意外风险的成本储备部分。另外，项目承包商的收入预算并不等于项目合同造价（因为其中还包括国家税金和规费等），也不等于项目承包商的支出预算（因为还应包括承包商应得利润），这也是我国现行模式的问题。

（3）项目承包商成本和项目造价中按比例取费的问题。我国现行基于工程量清单的确定模式同样存在有按照比率取费的问题，因为我国现行模式中的管理费都是按照比例在项目分部分项工程的综合单价中取费的，如在第四章中表4-6给出的工程量清单综合单价分析表中，不管是单价还是合价都有按照比例确定项目分部分项工程的管理费部分。这不符合国际通行基于活动的项目成本核算方法与原则，国际上将项目管理活动也看作是项目活动并按照基于活动的方法去预算成本和确定造价。

5.2.2 基于活动的项目合同造价确定模式

解决上述项目合同造价或承包商收入预算模式的问题，需要使用基于活动的项目成本确定方法。这套方法不但适用于项目承包商的收入与支出预算，而且也适用于项目业主的支出与收入预算。实际上，项目的全过程就是由一系列项目实施与管理具体活动构成的，所以基于活动的项目成本的预算方法才是科学的，这种方法的原理和内涵分述如下。

1. 项目活动是形成项目成本和造价的本源

任何项目的成本都是由于开展具体项目活动形成的，这包括项目的技术与业务活动和项目的组织与管理活动。

（1）只有开展项目活动才会消耗占用资源并形成价值。项目实施中的技术与业务活动和组织与管理活动都会消耗资源和形成活动成本，所以项目所需开展的活动才是形成项目成本的本源。因此，项目成本预算的确定必须以项目各项活动为本源或基本变量，否则就会导致项目成本预算的偏差。

（2）开展不同项目活动所需资源及创造的价值不同。因此，人们必须根据项目活动及其消耗和占用资源的情况，以及这些资源的市场价格作为主要参数去确定项目承包商的成本和造价预算。同时，人们也必须根据项目投入运营后的经营成本和收入，确定出项目业主的收入与支出预算。

（3）这可克服现行项目成本预算模式的主要问题。这种项目成本预算的模式不但能较好地克服前述传统项目成本和造价确定方法的问题和弊端，也能较好地克服我国现行基于工程量清单的项目成本确定方法中存在的问题和弊端，故而它具有更为科学地分析和确定项目成本和价值预算的优势。

2．项目活动所用的技术和方法会影响项目成本

项目活动所用的技术和方法不同会造成项目活动所需资源种类、数量和质量的不同，所以人们在开展项目活动中所用的技术和方法也会影响项目成本预算的确定。

（1）项目实施活动所用的技术和方法会影响项目成本和价值大小。显然，项目的成本和价值高低还取决于人们采用何种方法去开展项目的实施和管理活动，因为不同的项目活动技术与方法的劳动生产效率和所占用与消耗的资源不同，因为项目活动所用技术与方法越先进则项目活动的效率就越高，由此会使项目所占用与消耗的资源的数量降低从而节约项目成本。

（2）项目实施活动所用技术方法会影响到项目辅助活动的多少。很显然，项目实施活动所用方法还会导致项目所需开展各种辅助活动的多少，由此会带来项目成本预算的变化。例如，在 GB 50500—2013 中就单独给出了"措施项目"的计价规定，其实质就是为实现项目实施所用技术方法的相应技术措施的费用。所以，从项目预算角度出发，人们还需要充分考虑项目实施技术的先进性和费用性这两方面的综合与平衡。

3．项目活动的组织与管理方法也会影响项目成本

任何项目的成本和造价不但取决于项目活动的数量与内容、项目实施活动所用的技术与方法，而且还取决于项目组织和管理所用的方式与方法。

（1）项目组织与管理活动所用方法不同则其成本与价值会不同。实际上，人们所采用的项目组织与管理的方式和方法的不同，也会造成项目成本和价值的不同。例如，最新研究认为如果按照合作伙伴式的全团队组织和管理模式就可以大大减少人们之间冲突所带来的成本，从而实现节约项目成本和增加项目价值的目的。实际上，项目组织与管理活动的核心目的是实现"多快好省"并使项目成本下降和价值上升。

（2）项目组织与管理活动方法会直接影响项目成本和价值预算。因此，项目成本和价值预算方法必须充分考虑项目的组织与管理的方式和方法，并且以此作为项目成本预算的重要参数之一。这既包括项目实施活动的计划和安排活动，也包括项目相关利益主体之间的关系管理活动，还包括项目各方面之间的集成管理活动等。所以，有关这方面需要考虑两方面的问题：其一是如何借此去消除无效的项目实施活动；其二是如何借此去增加有效的项目实施活动并借此去降低项目成本和提高项目价值。

4. 项目成本的科目设置会影响项目成本

项目成本预算还取决于项目成本预算中的科目设置与核算方法。

（1）项目不应按"固定"和"变动"成本设置科目。在传统项目成本和价值预算的确定方法中人们将项目成本按照"固定"和"变动"两大类设置项目成本的科目，由于"固定成本"给人们以这类项目成本已经固定而无法降低或消除的印象，导致人们很少采取措施去降低这类项目成本。但是最新的理论认为，正确的做法是将项目成本按照"消耗"和"占用"资源成本来考虑，以便人们能够在资源不被项目占用的时候去寻找新的用途，从而实现节约和降低项目成本与提高项目价值的目的。由此可知，项目成本和价值预算在某种程度上还取决于有关项目成本科目的设置与划分。

（2）项目成本科目设置也直接影响项目成本和价值预算。基于活动的项目成本预算方法要求人们按照项目的"占用资源"和"消耗资源"设置项目成本核算科目，因此在确定项目的成本和价值预算时要使用"项目占用资源成本"和"项目消耗资源成本"两大类一级科目，从而能够更科学地确定项目的成本和价值预算。

5. 项目成本结算管理对项目成本的影响

任何项目的成本和价值预算还取决于项目造价结算的管理模式与方法。

（1）项目造价结算时间对于项目成本预算的影响。由于任何资金都具有时间价值，所以不同时间结算项目成本或造价也会产生项目资金的时间价值，从而最终影响项目的成本和价值预算。例如，项目有无预付材料款及这些预付款的扣回时间与方法都会影响项目造价的高低。所以，在项目成本和价值预算中就必须考虑项目造价结算时间问题，从而实现降低项目成本和提升项目价值的目的。

（2）项目造价结算方式对项目成本预算的影响。实际上，项目造价结算方式对于项目成本和价值也有很大的影响，因为这也会影响或改变项目成本和价值。例如，项目资源采购方式（如期货还是现货），由于它们的结算方式不同就会对项目成本和价值预算造成影响，如获得数量优惠和商品套期保值等方面的好处等。这些都能实现降低项目成本和提升项目价值的目的。

（3）项目成本汇兑损益对项目成本预算的影响。当项目成本或造价存在外汇结算的时候就会出现"汇兑损益"，我国现有许多涉外项目，以及国内项目的海外采购等情况，这些项目成本或造价都会涉及外汇结算中的"汇兑损益"问题。在项目结算币种、结算方式、结算时间等上面的选择都会对项目成本或造价产生影响。所以，人们在项目成本和价值预算中必须设法去获得"汇兑收益"而避免"汇兑损失"，从而实现降低项目成本和提升项目价值的目的。

（4）项目成本结算资金的时间价值计算。有关项目成本结算资金的时间价值计算可以按照项目资金等值的概念进行，而项目资金等值是指在不同的时间点上项目资金绝对值不等的资金所具有的相同价值。例如，在年利率为 10% 的情况下，当年 100 元钱与下一年 110 元钱是等值的，即有 110[100×（1+10%）]。项目成本结算资金价值的计算是按照给定的项目资金利率或折现率，按照复利计算的方法（"利滚利"或"复利"的计算方法）的计算公式如式（5-1）所示：

$$I_n = I \times F_{n-1} \tag{5-1}$$

式中：I_n 为第 n 期的资金时间价值（复利）；I 为当期的利率或各期的固定利率；F_{n-1} 为第 $n-1$ 期期末的本利之和。

综上所述，基于活动的项目成本和造价的确定方法必须考虑上述几个方面的影响，从而科学准确地确定项目成本和造价。

5.2.3　项目成本预算的确定内容与模式

基于上述有关项目成本和造价确定模式的讨论可知，项目业主与承包商的收入和支出预算都属于项目成本预算确定或编制的内容，但是项目业主的收入和支出预算与项目承包商的收入和支出预算的确定模式有所不同，具体不同分述如下。

1. 项目承包商支出预算的确定模式

这是为承担项目实施任务所应花费的成本计划和安排，所以这种支出预算中并不包括项目承包商的利润或收益。由于这种项目成本预算是项目承包商用来控制成本支出的标准或界限，因此这种预算必须由项目承包商根据项目所需开展活动及由此所需占用与消耗的资源情况为依据，按照基于活动的项目成本核算模式编制。

（1）项目承包商基本支出的预算。它是根据其项目成本估算结果确定的，是在项目承包商的基于活动的项目成本估算结果的基础上确定出的。这种预算是在项目成本估算基础上确定出项目承包商的支出预算，它包括在项目实施过程中所消耗和占用各种资源的价值总和，但是不包括承包商的利润、税金及各种规费（所以它不等于项目合同造价）。

（2）项目承包商支出预算中风险预备费的确定。在这种预算中必须包含风险预备费的部分，这是项目承包商为应对其所承担项目风险所需的预备费用。由于不同项目、不同项目合同类型及不同的项目承包商和业主分担风险约定，使得这种风险性费用计算方法和结果会完全不同。但是任何项目都需要根据项目各项活动的不确定性去识别和度量项目风险的发生概率和项目风险的损失大小，进而确定出项目承包商的风险预备费。项目承包商的支出成本预算中的风险情况可见图 5-2 给出的示意，图中各种项目活动的概率分布情况表明项目承包商的支出预算必须涵盖其风险变化的部分，这可以用项目承包商支出预算变化的标准差（δ）所构成的三点估计法（乐观、悲观和最可能）确定。

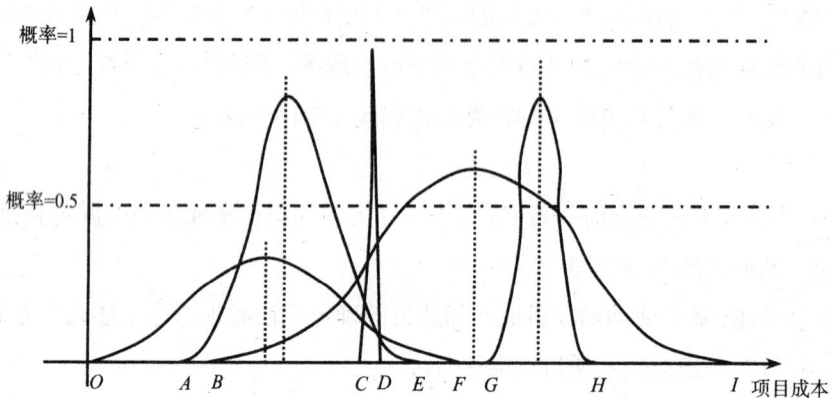

图 5-2　项目承包商的支出变化标准差 δ 的分布情况

由图 5-2 中可以看出，每个项目活动的成本都有一定的风险且各自的概率分布均不相同。图中的 CD 段的概率情况多被认定为确定性成本的情况，因为其分布范围小而发生概率接近于 1。但是图中 OF、AE、GH 和 BI 段的概率分布区间较大且发生概率较低，它们都是项目风险性成本的情况。人们可以使用普通平均数或加权平均数的方法确定出项目承包商某项目活动成本的标准差 δ，进而按照 $\pm 3\delta$ 的情况确定出项目承包商支出预算中的风险预备费部分。

（3）项目承包商支出预算与其他几个项目成本预算的关系。项目承包商支出预算与项目承包商成本估算、项目承包商收入预算，以及项目合同造价和项目业主支出与收入预算的关系如图 5-3 所示，具体关系如下。

1）项目承包商的支出预算是根据他们的成本估算决定的。项目承包商的支出预算是在其自身成本估算基础上再加上一定的项目风险性成本得到的。

2）项目承包商的支出预算是决定其收入预算和项目合同造价的基础。项目承包商的收入预算是根据其支出预算再加上项目承包商的利润得到的。

3）项目合同造价是决定承包商收入预算和项目业主支出预算的依据。在有招投标和按照合理低价中标原则时，人们是依据二者的妥协确定项目合同造价的。

4）项目业主支出预算是以项目合同造价为基础和依据而确定的。这种支出预算需要在项目合同造价的基础上再加上项目业主应承担的项目风险性费用部分。

5）项目业主的收入预算则是根据其投资项目的产出情况确定的。任何项目的前提条件都是项目业主的收入预算必须大于其支出预算。

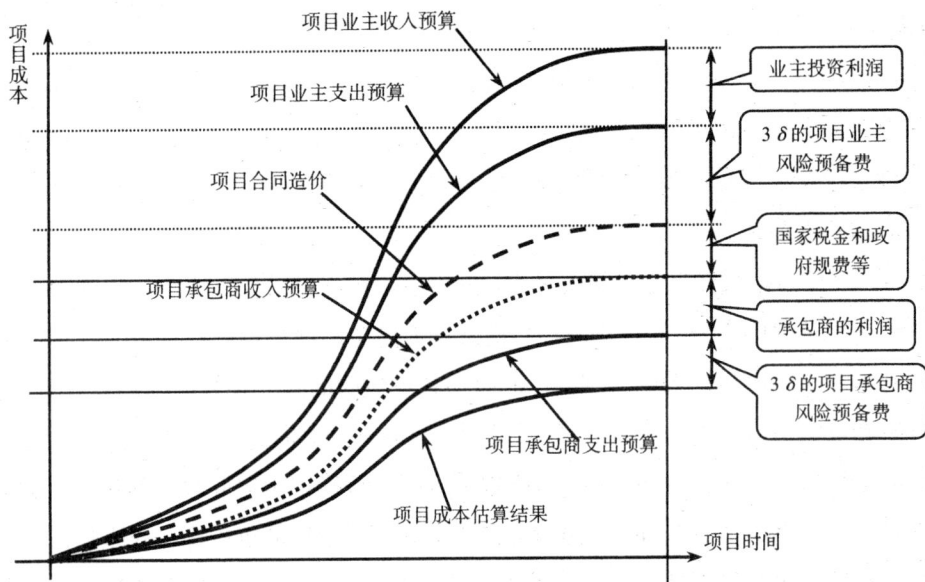

图 5-3 项目承包商支出预算与项目合同造价和项目业主支出预算等的关系

需要特别指出的是，项目合同造价必须高于项目承包商的支出预算，因为只有这样才能够满足我国法律要求的"项目承包商不得低于成本价投标"的规定。

（4）项目承包商支出预算确定中的特殊要求。有时项目承包商支出预算的确定会有特殊要求，即项目业主对于项目合同造价有特定要求的情况下，项目业主支出预算是限定的和刚性的，所以项目业主需要先根据自己的需要确定出项目合同造价并以此作为承包项目的前提条件，然后项目承包商必须据此编制其自身项目成本收入预算和项目支出预算。项目承包商之所以要承包这种项目，多数是为了打入某种项目的市场而非赚取更多利润，所以此时他们的项目支出预算与项目合同造价间的差异会比较小。

2. 项目承包商收入预算的确定模式

这是项目承包商因承担了项目实施任务而应获得的收益计划，所以项目承包商必须很好地计划自己的项目收入预算，以确保其大于项目支出预算而能够获得实施项目的正当收益。这种预算多数是根据其支出预算和对于项目招投标的竞争情况决定的，所以项目承包商收入预算的确定模式基本上有以下两种情况。

（1）项目直接发包的情况。当项目存在时间紧迫、有保密要求或承包商很少等情况下，人们可以按照直接发包的方式委托他人实施项目。此时的项目承包商收入预算是按照"项目业主询价"—"承包商报价"—"双方商定合同造价"的模式最终确定的。在这种情况下，承包商的收入预算的确定有三个步骤：首先是承包商根据自己的期望和要求确定出承包项目的利润目标；然后由项目业主根据自己的能力和同类项目社会平均利润水平给出项目合同造价的可接受范围；最后双方协商确定项目合同造价，由项目承包商最终根据合同造价确定其收入预算。需要注意的是，这种直接发包多是按照"项目成本+加成+奖励"的方法确定项目合同造价及项目承包商的收入预算。

（2）项目招投标发包的情况。此时的项目承包商收入预算会直接受到项目招投标中竞争情况的影响，所以项目承包商必须充分考虑项目招投标竞争的实际情况从而确定出项目承包商的收入预算。此时项目承包商的收入预算的确定有三个步骤：首先确定给出自己承包项目的利润目标并给出自己的项目投标报价；然后根据招投标竞争结果定出项目合同造价；最终根据合同造价确定承包商收入预算。需要注意的是，这种招投标的项目合同造价方法多数采用"合理低价中标"的原则，所以多数中标的是投标价格低而且能够保证完成好项目的承包商，这是市场经济通过竞争提高劳动生产率的需要。

3. 项目业主支出预算的确定模式

这是项目业主为获得项目收益而付出的成本计划和安排，项目业主支出预算必须包括项目合同造价和项目业主应该承担的项目风险预备费，因为项目业主支出主要是付给项目承包商和供应商等项目实施者。当然，也有某些项目业主支出预算是预先确定的，然后按照项目成本限额设计和实施的方法确定项目合同造价。

（1）项目业主支出预算与项目合同造价的关系。项目业主的支出预算并不等于项目合同造价，它是在项目合同造价基础上再增加项目业主所承担项目风险的预备费确定的。由图5-3中可以看出，项目合同造价与项目业主支出预算之间存在着 $\pm 3\delta$ 的项目业主风险预备费。所以，在招投标确定出项目合同造价后，项目业主还需要进一步认真分析、识别和度量项目发展情况并根据其所分担的项目风险情况确定出项目业主的支出预算结果。因此，项目业主支出预算中包括两大部分：一是项目合同造价部分，这是正常情况下项目业主应该支付给项目承包商的项目实施和管理费用；二是项目业主自己的风险预备费，这是项目业主为应对由其所分担的项目各种风险而提取的风险预备费。

（2）项目业主所承担风险的预备费或管理储备。任何项目预算都必须设置和包括风险预备费,以用于在项目预算的执行过程中去应对各种灾害和突发事件。例如,《中华人民共和国预算法》中规定:"各级公共预算应当按照本级公共预算支出额的1%~3%设置预备费,用于当年预算执行中的严重自然灾害救灾、突发公共事件处理、重大政策调整增加的支出及其他难以预见的开支。"需要指出的是,项目业主的风险预备费并不是用于应对项目具体活动风险的,因为项目具体活动的风险费用已经包括在项目合同造价中了(因为在综合单价中包括有项目活动风险预备费)。所以项目业主的风险预备费是用来应对整个项目可能面临的环境与条件的发展变化等系统性风险或例外情况的,如项目实施过程中出现停电或灾害等就要使用这种预算中的风险预备费。

这种风险预备费的确定基本方法是:首先必须要根据项目合同规定明确项目业主所承担的项目风险(risk ownership);然后确定出这些项目风险的标准差 δ,进一步确定出项目业主的风险预备费。这种方法可以用图5-4给出示意,由图中可以看出项目业主可以根据历史项目资料去确定风险性成本的概率分布情况,然后据此确定出标准差 δ 和置信区间为 99.7%的 $\pm 3\delta$ 的风险预备费价值(这也可以使用简化的三角分布模拟的方法,按照"最乐观""最悲观"和"最可能"的三点估计方法去计算给出项目业主支出预算中风险预备费部分)。

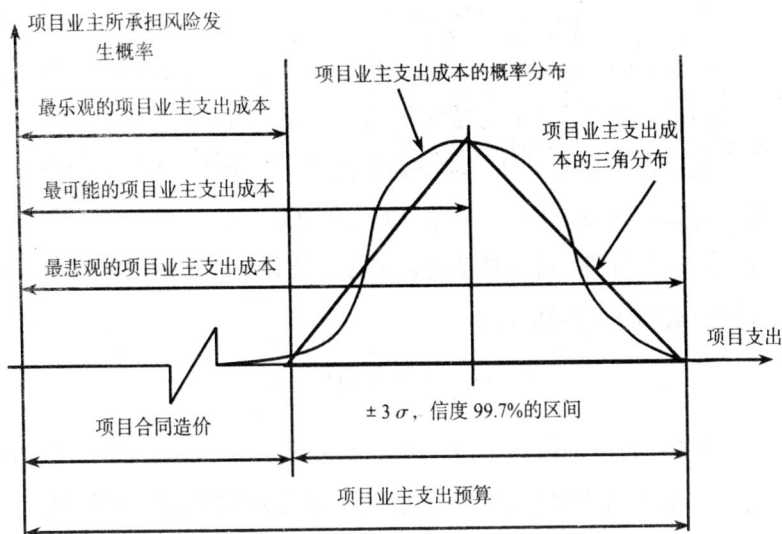

图 5-4 项目合同造价和项目业主支出预算的确定模式示意图

4. 项目业主收入预算的确定模式

这是人们对于项目所要实现收入目标的计划和安排,所以任何项目的业主收入预算都必须大于项目业主支出预算。项目业主收入都是在项目过程中或建成后，项目发挥其功能获得的收益。例如，文娱演出和商业体育比赛项目是在项目实施过程中发挥功能而创造收入的项目，但加工制造企业建设项目就是项目实施后或建成后发挥功能而创造收入的项目。前者的项目收入预算将各种收入加总即可，后者的收入预算就应该按照企业设计生产能力（项目功能）确定生产销售产品数量和销售价格，具体如式（5-2）所示：

$$R = \sum_{i=1}^{n}(P \times Q_i) \tag{5-2}$$

式中：R 为项目收入预算；P 为项目生产销售产品的单价；Q 为项目生产销售产品的数量；n 为项目设计生产年限；$\sum$ 为从项目投产第一年到第 n 年的累加。

这种项目由于其运营期在建设期之后且相对较长，项目业主收入预算多数时间需要考虑资金的时间价值，因此项目业主收入预算又分为静态（不计算项目资金时间价值）和动态（计算项目资金时间价值）两种，具体如下。

（1）项目业主收入预算的静态确定模式。按照式（5-2）确定出的项目业主收入预算，没有考虑项目收入预算资金的时间价值，这就是项目业主收入预算的静态价值或是静态预算。很显然，这样确定出的项目收入预算存在着十分严重的价值失真问题。按照式（5-1），项目的收入和支出资金都是有时间价值的，因为项目实施所花费的支出资金在前，而项目形成收入的资金在后，由于项目的生命周期少则十几年而多则几十年，因此这种静态的项目业主收入预算的价值失真会十分严重。所以，精确的项目业主收入预算必须按照下述动态确定模式去确定。

（2）项目业主收入预算的动态确定模式。根据式（5-2）给出的项目业主收入预算的静态确定方法，进一步考虑和加入预算资金的时间价值就可以得到项目业主收入预算的动态价值。这就是项目业主收入预算的动态确定模式，这种项目收入预算的计算公式如式（5-3）所示：

$$R = \sum_{t=1}^{n}(CI)_t(1+i_c)^{-t} \tag{5-3}$$

式中：R 为项目收入预算；(CI) 为第 t 年的项目收入；n 为项目生命周期年限（或计算期）；i_c 为项目所属行业的基准收益率或人为设定的基准折现率。

由式（5-3）可知，这种方法将项目每年收入全部折现成现值，由此既能够克服项目业主收入预算静态确定模式所造成的价值失真问题，也能够使项目业主的收入与支出预算具有可比性。但是为科学计算项目生命周期内现金流量的资金时间价值，人们需要正确地确定项目所属行业的基准收益率（或称折现率）。另外，项目生命周期年限或项目计算期 n 的确定也十分重要，因为如果 n 过大会使项目后期收入折现以后只有很小价值，多数情况就失去了计入项目收入预算的意义。

综上所述，由项目业主执行实施的项目只有两种项目预算，即项目收入预算与项目支出预算。但是，在项目有承发包的情况下会有项目业主和项目承包商两方面的预算，而且他们各自都会有项目支出和项目收入两种预算，并且二者借助项目合同造价而相互关联。

5.3 项目成本预算的确定过程

上述讨论的项目四种不同预算确定模式各有自己的确定过程，具体如下。

5.3.1 项目成本预算确定的过程模型

项目业主和承包商的项目收入与支出预算确定是相互关联的，有关这些项目预算的确定过程及其模型讨论如下。

1. 项目成本预算的过程模型

图 5-5 给出了上节四种项目收入与支出预算的确定过程模型示意，这只是一般情况下项目收入和支出预算的确定过程，具体项目的这四种项目预算的具体内容视项目具体情况而变化，这些将在后续章节进行详细讨论。

2. 项目成本预算的过程模型的说明

在图 5-5 的模型中有虚线标注出四个不同的部分，各部分分别给出了四种项目预算各自的确定过程和步骤，关于这些过程和步骤的具体说明如下。

（1）该模型中的第一部分内容。由于项目的起始决策是由项目业主作出的，而这一决策的首要条件是项目收入预算符合其要求和期望，因此项目业主的收入预算的确定是模型中第一部分内容。

（2）该模型中的第二部分内容。项目业主无法根据其收入预算确定其支出预算，而必须依据他与承包商的合同造价确定其支出预算，所以项目承包商支出预算的确定是模型中第二部分内容。

（3）该模型中的第三部分内容。由于项目承包商收入预算是根据支出预算和项目合同造价确定的，所以模型中的第三部分内容是项目承包商的收入预算和项目合同造价。

（4）该模型中的第四部分内容。由于项目业主支出预算是以项目合同造价为基础确定的，所以模型中第四部分的内容就是确定项目业主的支出预算。

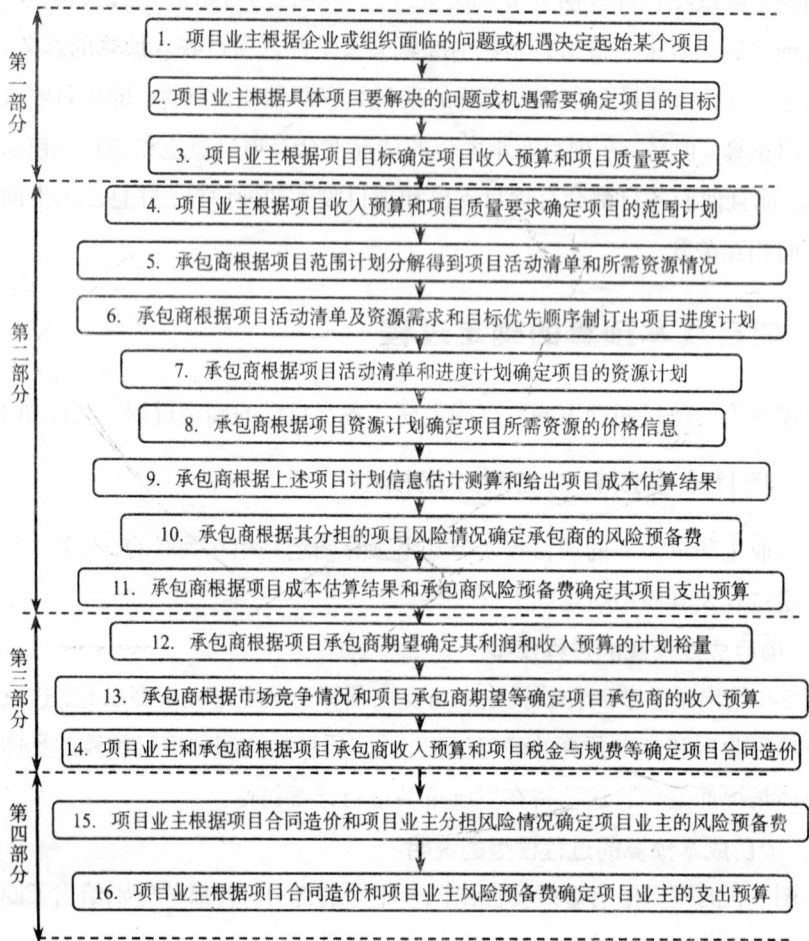

图 5-5　项目承包商和业主四种预算确定过程模型示意图

5.3.2　四种项目预算的确定过程与内容

图5-5给出的项目承包商和业主的项目预算确定过程模型有四种项目预算的确定过程，有关这些项目预算确定过程中各步骤及内容分别讨论如下。

1. 项目业主收入预算的确定过程与内容

项目业主的收入是项目起始的根源，是其开展项目的价值体现。关于项目业主收入预算确定过程中的三个步骤分述如下。

（1）根据企业或组织面临的问题或机遇决定起始某个项目。任何企业或组织"起始"或"上马"一个项目，不是为了解决企业或组织面临的问题，就是为了抓住企业或组织所面临的机遇。所以从根本上说，项目业主的收入预算取决于企业或组织解决问题或抓住机遇能带来的价值。

（2）根据具体项目要解决的问题或机遇需要确定项目的目标。企业或组织第二步应该根据其要解决的问题或抓住的机遇确定项目目标，然后根据项目目标分解和确定企业或组织通过项目所要实现的项目要求、项目功能和项目产出物等，进而根据项目功能确定项目价值以作为项目业主收入预算的依据。

（3）根据项目目标确定项目收入预算和项目质量要求。企业或组织根据项目目标分解得到项目目标，编制出项目的质量要求和项目业主的收入预算，因为项目业主收入预算在很大程度上取决于项目产出物和项目工作质量的好坏，因此在确定项目收入预算之前必须计划安排好项目质量要求。

综上所述，项目业主收入预算多数是首先确定的项目预算，并且它既是项目存在的基础和意义所在，也是项目业主预算其他三种项目预算的基线和依据。

2．项目承包商支出预算的确定过程与内容

项目承包商的支出预算是他们实施项目所需付出成本的计划和安排，所以项目承包商支出预算的编制首先要考虑为此需要占用和消耗多少资源及其价值，然后加上他们的风险性成本去编制出其支出预算，这种预算的确定包括以下几个步骤。

（1）根据项目收入预算和项目质量要求确定项目范围计划。项目承包商编制其支出预算的首要步骤是根据项目目标、功能和价值确定所要生成的项目产出物，然后据此作出项目工作分解结构（WBS），并给出项目的范围计划，即项目产出物范围和项目工作范围两方面的计划和安排。

（2）根据项目范围计划分解得到项目活动清单及所需资源情况。由于项目范围计划只分解到项目工作包，因此需要进一步向下分解得到项目活动清单及项目所需资源清单。国际上项目活动清单及项目资源需求是由承包商给出的（我国规定这是由项目业主给出），并由项目承包商据此进行投标报价。

（3）根据项目活动清单及资源需求和目标优先顺序制订出项目进度计划。在有了项目活动清单及项目所需资源，以及各项目活动的优先顺序后，人们即可据此安排给出项目进度计划。因为项目承包商的支出都是在一定时间为完成既定项目活动而发生的，所以需先制订项目进度计划再编制项目承包商支出预算。

（4）根据项目活动清单和进度计划确定项目的资源计划。有了项目活动清单、项目所需资源和项目进度计划后，人们还必须进一步编制项目资源计划，即制订出项目何时在何项目具体活动中需何种资源，以及这种资源的质量和数量，这些信息是确定项目承包商支出预算的依据和基础。

（5）根据项目资源计划确定项目所需资源的价格信息。有了上述项目承包商编制的项目资源计划后，人们就确定了项目所需资源的种类、质量、数量和时间，然后即可收集和确定项目所需这些资源的市场现价信息和价格变动信息，这些信息是编制项目承包商支出预算的主要依据。

（6）根据上述项目计划信息估计测算和给出项目成本估算结果。根据上述已有的各种项目计划及其相关信息就可分别估算出所有项目活动的支出成本与它们的发生时间，从而得到项目成本支出的估算。由于项目承包商的劳动生产率不同，因此他们作出的项目成本估算结果也会不同。

（7）根据项目承包商风险分担情况确定承包商的风险预备费。上述确定的项目承包商角度的成本估算只是项目各项活动的成本部分，所以还必须根据项目的风险情况和项目承包商所分担的风险情况，进一步确定出项目承包商为应对这些项目风险所需储备的风险预备费或管理储备。

（8）根据项目成本估算结果和承包商风险预备费确定其项目支出预算。有了项目承包商角度的成本估算和针对承包商分担的项目风险情况的预备费后，人们就可以根据这些信息确定和编制项目承包商的支出预算。这种项目承包商的支出预算是从项目承包商角度为实施项目所编制的项目成本支出计划。

总之，项目承包商支出预算是编制的第二个项目预算，这种支出预算是在项目成本估算基础上确定的，并且它是项目承包商收入预算的依据。

3. 项目承包商收入预算的确定过程与内容

这种预算是在项目支出预算基础上加上承包商实施项目所应获得的收益编制而成的，项目承包商的收入预算也必须大于其支出预算，其具体步骤讨论如下。

（1）根据项目承包商期望确定其利润及其收入预算的计划裕量。首先，项目承包商需要根据其期望和市场竞争情况确定出项目承包商应得的利润及其收入预算的裕量。其中，项目承包商应得利润的确定需要考虑其期望和市场竞争情况，而承包商收入预算的计划裕量需考虑其所处的市场竞争情况和地位。

（2）根据市场竞争情况和项目承包商期望等确定项目承包商收入预算。项目承包商不可能按一厢情愿去编制自己的收入预算，而必须考虑其所处的市场竞争情况和地位，然后才能根据自己的期望和竞争情况确定其项目的收入预算，并且有时项目承包商的收入预算还会在项目合同造价确定后进行调整。

（3）根据项目承包商收入预算和项目税金与规费等确定项目合同造价。项目合同造价是由项目承包商和项目业主共同确定的，它不但包括项目承包商的收入预算，而且还包括国家规定的各种税金和规费等。例如，我国对于工程建筑企业营业税的规定和我国住建部及工程造价主管部门都有规费方面的规定。

综上所述，项目合同造价是项目业主支出预算的基线和依据，项目业主根据项目合同造价确定其项目支出预算。

4．项目业主支出预算的确定过程与内容

由图 5-5 给出的模型可知，项目业主收入预算的过程中包括以下两个步骤。

（1）根据项目合同造价和项目业主分担风险确定出风险预备费。在项目合同造价协商和约定过程中最重要的是确定项目风险责任的分担情况及其相应的权利和义务，如项目采用固定总价合同则项目承包商所承担风险较大，但项目业主所需支付的项目合同造价会较高。所以，项目业主在确定其支出预算过程中需要根据项目合同确定其所承担项目风险计划安排出相应的风险预备费。

（2）根据项目合同造价和项目业主风险预备费确定项目业主支出预算。在项目业主确定出应对所承担风险需要的预备费后，就可根据项目合同造价及其风险预备费情况编制和确定出其支出预算。当然，项目业主在编制支出预算中还必须考虑项目支出与收入预算的平衡，不能出现"收小于支"的情况。

综上所述，项目业主支出预算是根据项目合同造价及其所承担风险情况确定的，而项目业主支出预算必须与其收入预算和项目运营维护成本进行综合考虑。

5.3.3　项目预算与各方面的合理配置关系

综上所述可知，项目的每种预算之间是相互关联和具有相应的合理配置关系的，不但项目预算与项目合同造价之间有自己的合理配置关系，项目预算与其他项目专项计划之间同样存在着合理的配置关系，关于这些合理配置关系的讨论如下。

1．项目预算与项目其他专项计划间的合理配置关系

实际上，项目这些预算就是项目成本与价值的计划安排，所以它必须与这些项目目标或其他项目管理的专项计划进行合理配置。这表明项目预算都是有前提条件或制约的，即项目预算必须与项目质量、范围和进度计划进行合理的配置和集成。

（1）项目目标与项目预算的合理配置关系。在项目预算确定过程中人们首先需要确定开展项目的目标，而任何项目预算都是为实现项目总体目标服务的。显然，人们开展项目是为获得新增价值服务的（目标），不管是项目业主还是项目承包商都是如此，所以他们各自的项目预算必须与项目目标进行合理的配置，否则项目就会因无法实现目标而失败。

（2）项目质量计划与项目预算的合理配置关系。同时，人们还必须考虑项目预算与项目质量计划的合理配置关系，因为项目质量计划就是项目目标的分解。它更是项目范围计划的基础和依据，而项目范围决定了项目所需开展工作和所需资源的多少，所以项目质量计划与项目预算必须进行合理的配置。

（3）项目范围计划与项目预算的合理配置关系。显然，人们更需要考虑项目预算与项目范围计划的合理配置关系，因为项目范围计划是决定项目所需资源的依据，而项目所需资源是决定项目预算的基础和根本参数，所以项目范围计划与项目预算之间存在着十分严密的合理配置关系。

（4）项目资源计划与项目预算的合理配置关系。项目预算与项目资源计划具有更为直接的合理配置关系，因为项目资源计划是项目预算最根本的依据和基础，所以这二者之间存在着十分严密的合理配置关系或制约关系，实际上项目预算就是人们实现项目资源计划的根本保障。

综上所述，项目预算与项目管理的其他专项计划的安排必须实现合理的配置与科学的全面集成。

2. 项目预算与项目合同造价间的合理配置关系

在上述项目承包商和业主的预算确定过程中，项目合同造价起到了十分重要的作用，所以项目预算除了与项目质量、范围、资源和进度计划有合理配置关系以外，项目预算与项目合同造价之间也有合理配置关系，有关内容如下。

（1）项目合同造价与项目业主支出和承包商收入之间的合理配置关系。项目合同造价是确定项目承包商的收入预算和项目业主的支出预算的基准，这表明项目这两种预算都与项目合同造价有相应的合理配置关系。因为项目合同造价是由项目业主与承包商借助招投标或共同协商确定的，所以项目合同造价中还全面体现了项目业主与承包商利益的合理配置关系。因此，在项目合同造价的确定中，人们必须设法实现这几个方面的合理配置关系。

（2）项目合同造价与项目客观需要与人们主观愿望的配置关系。从主观意愿上说，项目业主多希望"少花钱多办事"，而项目承包商则更希望"多拿钱少办事"，所以在项目合同造价确定中承发包双方的主观意愿是存在利益冲突的，因此项目合同造价要能够平衡这种利益冲突而体现出在项目利益分配上项目承发包双方主观愿望的合理配置关系，以便能够使得双方的预算都合理计划安排。

综上所述，项目合同造价与项目预算安排的合理配置关系有着十分重要的影响，有关这方面的影响及其相应的配置关系与集成方法参见后续章节。

5.3.4 项目成本预算的结果及其调整

上节所述项目预算的编制工作最终给出的结果，即项目业主和承包商的成本和收入计划安排，以及这些项目预算可能发生变化和调整的内容讨论如下。

1. 项目预算工作的结果

上述项目预算最终给出的是项目业主和承包商的收入（价值）和项目支出（成本）的计划安排，这些是项目成本考核、项目成本结算和项目成本控制的标准和依据，这种项目预算工作会生成三方面的具体结果。

（1）项目预算文件。不管是哪种项目预算的编制，最终结果都是一份相应的项目预算文件，这一文件的内容包括相关项目预算的总额、项目各阶段和各项目工作包的预算安排、项目各项具体活动的预算安排、项目风险预备费的计划安排、项目预算时间安排、项目成本预算曲线（"S"曲线）等一系列的项目预算说明内容。当今的项目预算书多会要求给出项目预算的几何描述（项目预算曲线），而典型的项目业主和承包商的支出和收入预算及项目合同造价均呈"S"曲线，具体如图 5-6 所示。

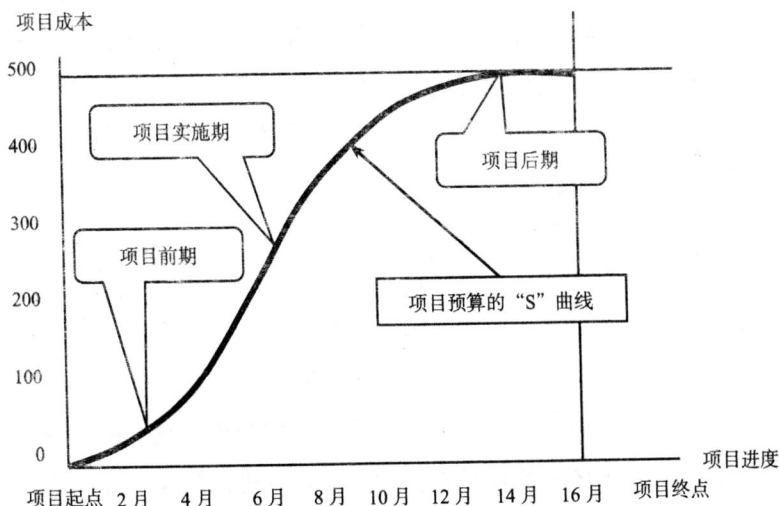

图 5-6 项目预算累计的"S"曲线

有时，项目业主收入的曲线并非是"S"曲线，且不同项目的业主预算会有很大不同。例如，加工制造业项目中的项目业主收入曲线具体如图 5-7 所示。需要注意的是，项目收入和支出预算的计算期是不一样的。前者是按照项目建设周期计算的，后者是按照项目整个生命周期计算的。

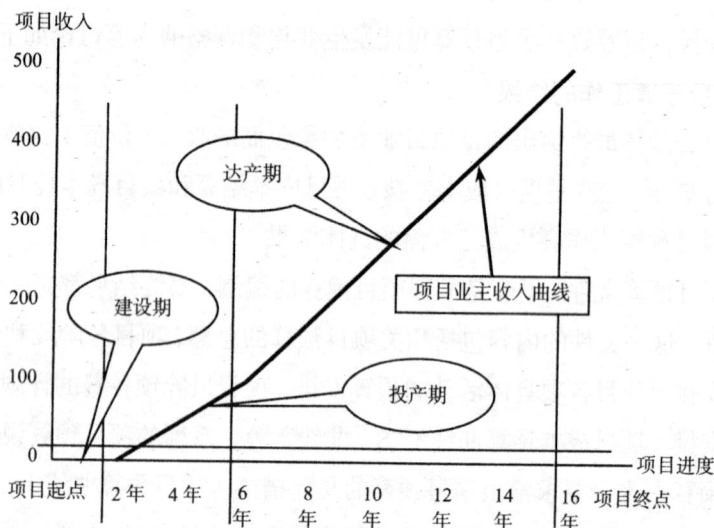

图 5-7　项目业主收入预算的线性曲线

（2）项目预算的相关支持细节文件。这是对于项目预算书的相关各种支持细节的说明文件，它包括了各种项目业主和承包商在项目收入和支出预算编制过程中所依据和使用的各种文件（包括项目质量和范围计划文件、项目进度计划和项目资源计划文件等）和支持细节（包括项目所需各种资源的市场价格和价格上涨预测信息等），以及项目预算所涉及的国家和地方的各种标准和规定与项目预算编制的原则和方法等方面的支持细节文件。

（3）项目预算的管理计划。项目预算工作的另一个输出结果是项目预算的管理计划文件，这是人们应该如何去开展应对和管理的计划安排文件。这一文件明确规定了有关项目成本预算的实施和管理过程中，在出现了何种情况时人们应该采取何种应对或纠偏的措施，以及如何去管理和控制项目预算的实施和执行。这包括项目业主和承包商各自的项目支出预算支付管理的规定，项目出现质量、范围或时间方面的变更应该如何去调整项目预算，以及项目预算中的风险预备费的管理方法，等等。

2．项目预算的后续调整

有了上述项目预算文件后，人们在遇到需要项目变更时就应该对项目预算（项目收入和支出计划）进行必要的调整，这种调整主要有以下两类。

（1）项目预算的局部调整。这是在项目业主或承包商的收入或支出预算的执行过程中，由于项目所处环境与条件的局部情况发生变化，迫使人们对项目收入或支出预算进行调整，以便重新实现项目收入或支出预算的科学合理性。这种调整多数是针对某项或某几项项目活动预算的局部调整，这种调整多是一种删减或增补性质的调整工作。

（2）项目预算的全面调整。项目预算的全面调整是在项目所处客观环境与条件出现重大或巨大变化的情况下，由于原有的项目收入和成本预算已经无法适应项目所处环境和条件发生变化以后的情况下，人们必须对项目收入和成本预算进行全面性的调整。这种全面性的项目预算调整既可以使用比例增减的方法，也可以使用重新进行项目成本估算和预算的方法，最终使用哪种方法要根据具体情况确定。

5.4　项目成本预算的技术方法

项目预算就是计划安排项目业主和承包商的收入与支出的工作，本节将对这些项目预算方法展开讨论。

5.4.1　项目业主收入预算的确定方法

项目业主的收入预算就是他们对投资所获收益的计划和安排，所以这种预算与项目的价值期望和安排相关。由于项目的价值取决于项目的功能，所以不同功能项目的这种预算会有不同的方法。有些项目是可以用价值量给出收入预算的，而有些项目却无法计算其收益或价值（因为无价），有关这种预算方法的具体讨论如下。

1. 粗略的项目业主收入预算确定方法

当项目初期要确定项目业主收入预算时，由于此时项目没有足够的资料和数据，所以只能用粗略的方法确定项目业主收入预算，这主要包括以下两种。

（1）项目业主收入预算的类比法。这种方法又被称为历史类似项目资料法，这是利用历史类似项目数据制定项目业主收入预算的方法。这种方法要求以类似项目实际收入的历史数据为基数，然后针对新项目的各种差异进行调整和预测从而给出项目业主收入预算。这种项目业主收入预算确定方法的精确度相对较粗，但是优点是简单实用，省时省力。当要预算的新项目与类比的历史项目不一致时，人们就需要做出必要的调整并根据调整结果确定出项目业主的收入预算。这包括局部调整方法和综合调整方法两种：局部调整方法是根据新项目与历史项目存在的局部不同而对类比得出的项目业主收入预算进行调整的方法；综合调整方法则是按照比例对项目业主收入预算做出调整的方法。

（2）项目业主收入预算的目标利润法。任何项目都是以为人们实现利润或收益为目标的，所以项目业主收入预算可以使用项目投资既定利润目标去确定，这就是目标利润法。这种方法首先需要确定出项目投资所要实现的利润目标，然后根据既定的项目投资目标利润推导出项目业主的收入预算。这种方法又细分为以下两种具体方法。

1）项目投资利润率法。这是根据项目投资利润率确定项目业主收入预算的方法，具体可用式（5-4）计算得出项目业主的收入预算，具体的公式如下：

$$项目业主收入预算=项目总投资×（1+项目利润率） \qquad (5-4)$$

2）项目投资利润额法。这是根据项目利润额确定项目业主收入预算的方法，具体可用式（5-5）计算得出项目业主的收入预算，具体的公式如下：

$$项目业主收入预算=项目总投资+项目利润额 \qquad (5-5)$$

需要注意的是，这两种项目业主收入预算的方法都要求有目标利润的数据。

2. 详细的项目业主收入预算确定方法

这类方法中最基本的方法就是项目净现金流入计算的确定方法，此法不但可以相对精确地计算项目业主的收入预算，而且可以计算项目业主收入预算的时间价值。这是一种项目业主收入预算的动态确定方法，因此这种方法是项目业主收入预算和项目决策的主导方法，具体讨论如下。

（1）项目现金流量表的方法。这种方法主要是对于项目全部投资的现金流入（收入）和现金流出（支出）进行预测和分析的方法，借此也可以分析给出项目业主的收入预算。这种方法又分为自有资金和全部资金的现金流量表法两种，由于二者的差别主要在于投资来源的不同，所以此处只给出项目全部资金的现金流量表编制方法。这种方法的项目现金流量表及其计算用延长表见表 5-1，其中的项目现金流量数据是假定的。

表 5-1　项目全部资金现金流量表　　　　　　单位：万元

序号	科目	建设期		投产期	达到设计生产能力期								
		1	2	3	4	5	6	7	8	9	10	11	12
	生产负荷（%）	0	0	70	100	100	100	100	100	100	100	100	100
1	现金流入+												
1.1	销售收入			140	200	200	200	200	200	200	200	200	200
1.2	回收固定资产余值												80
1.3	回收铺底流动资金			30	30	30	30						

续表

序号	科目	建设期		投产期	达到设计生产能力期								
		1	2	3	4	5	6	7	8	9	10	11	12
2	现金流出–												
2.1	自有投资额	200	200										
2.2	借款还本金			50	50	50	50	50	50	50	50		
2.3	付借款利息	20	20	18	16	14	12	10	8	6	3		
2.4	经营成本			21	30	30	30	30	30	30	30	30	30
2.5	销售税附加			14	20	20	20	20	20	20	20	20	20
2.6	所得税			7	10	10	10	10	10	10	10	10	10
3	净现金值			60	104	106	78	80	82	84	87	140	220
4	累计现金流量	−200	−400	−340	−236	−130	−52	28	110	194	281	421	641
5	折现率	1.0	0.9	0.81	0.73	0.66	0.59	0.53	0.48	0.43	0.39	0.35	0.31
6	折现净现金值	−200	−180	48.6	75.9	70	46	42.4	52.8	36.1	34	49	68.2
7	累计折现现金流量	−200	−380	−331	−256	−186	−140	−97	−44	−8.2	42.2	91.2	159

由表 5-1 可知，项目的静态全部现金流入为销售收入总和的 1 940 万元外加 80 万元的固定资产残值，这就是项目业主的收入预算值。使用表 5-1 中的各种数据可进一步分析和比较项目全部现金流入（收入）和现金流出（支出）的情况。例如，其中第 4 栏给出了静态项目现金流入和现金流出的累计情况，而第 7 栏则给出了动态项目现金流入和现金流出的累计情况，这两组数据都表明该项目不但能够收回投资，而且能够有更多投资收益。

（2）项目现金流量图的方法。项目业主收入预算也可以使用现金流量图方法，这实际就是将上述项目现金流量表使用图示的方法给出描述。根据表 5-1 中各栏的数据情况即可以得到如图 5-8、图 5-9 和图 5-10 所示的项目现金流入与流出的图示、项目现金流量折现的图示和项目借贷资金还本付息的图示，这些图示及其说明如下。

1）项目现金流入与流出的图示。由图 5-8 可知，该图中的项目现金流量涉及项目建设期的现金流量和项目运营期的现金流量，以及二者共同累计的项目净现金流量三个部分。其中，项目运营期的现金流入的累计总和就是项目业主预算收入，而整个项目的现金流量累计结果就是静态的项目投资收益，只要它大于 0 就能确保项目能获得新增价值。但这种项目现金流量的累计结果没有考虑项目资金的时间价值，所以就需要多项目现金流量进行折现，这可由图 5-9 给出示意。

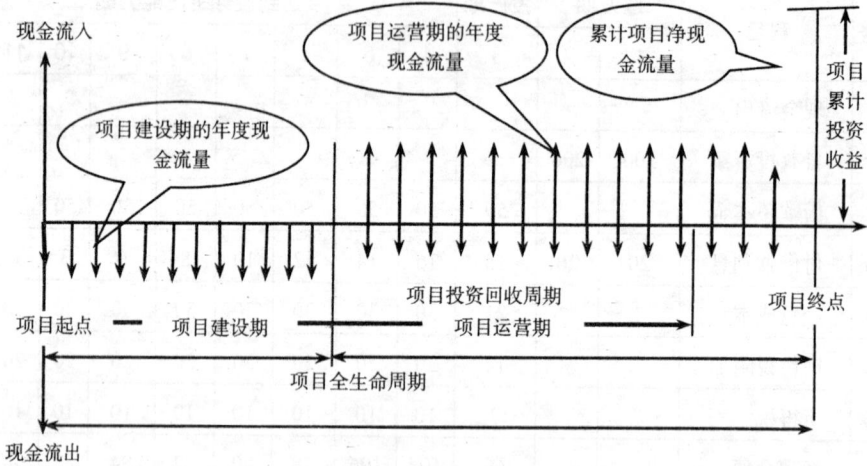

图 5-8　项目现金流入和流出及其累计示意图

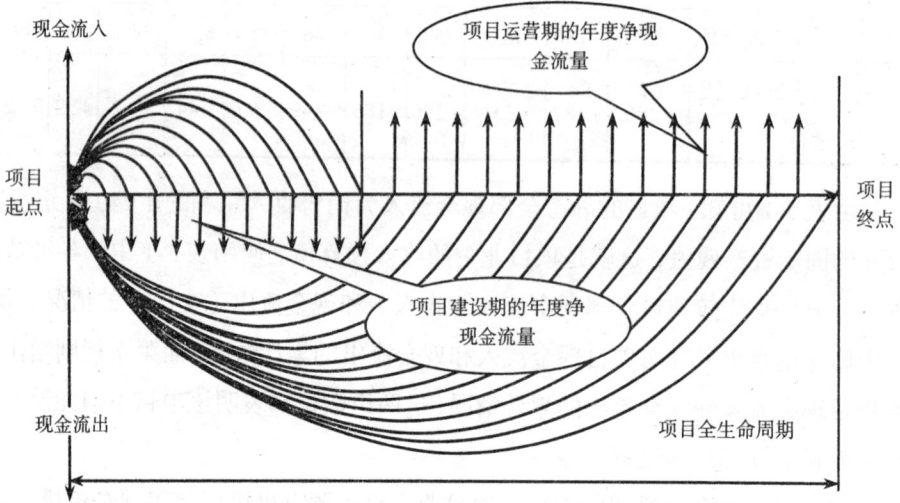

图 5-9　项目各年度净现金流量的折现示意图

2）项目现金流量折现计算的图示。由图 5-9 可以看出，项目建设期和项目运营期每个年度净现金流量都需要向项目起点进行折现。只有对项目所有年份的净现金流量进行折现以后，项目各年的现金流入和流出才具有相互的可比性，才能够确定动态的项目投资收益是否满足大于 0 的基本要求，从而作出最终的项目投资决策。

3）项目借贷资金还本付息的图示。图 5-10 的上部是银行贷款项目的现金流量，在项目贷款宽限期内银行拨付贷款而产生现金流出，同时银行收取利息而产生

现金流入，而在银行项目贷款还本付息期银行收回贷款和利息而产生现金流入。图
5-10 下部是项目业主的投资项目，在项目建设期银行拨付的贷款是该项目业主的现
金流入而银行收取的利息是该项目业主的现金流出，进入该项目运营期时则银行收
回的本息是业主投资项目的现金流出。也就是说，二者各有自己的项目和现金流量。

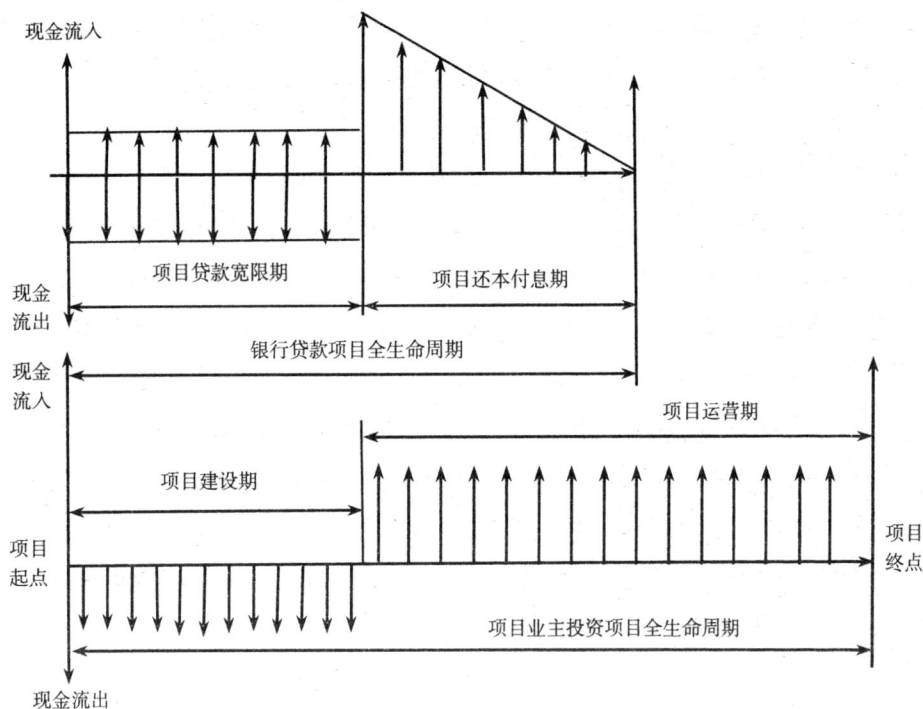

図 5-10　项目贷款的现金流量示意图

综上所述，项目业主的收入预算实际上是在项目初期就应该确定的，并且是按
照相对理想状态确定的，但是这种项目业主的预算收入是开始一个项目的关键所在。

5.4.2　项目承包商收入预算的确定方法

项目承包商的收入预算最重要的组成是其各种成本和应得的利润和收益，因此
项目承包商收入预算编制中需要使用详细的项目成本和收益预算的方法。

1. 项目承包商收入预算编制的原理

项目承包商收入预算是指人们承包项目所应获得全部收入的预测和计算，其基
本内容涉及三个方面：一是项目承包商实施项目所需支出的全部花费（支出预算）；
二是项目承包商实施项目所应获得的利润；三是项目承包商因开展项目实施而要获
得的其他收益部分。这三部分的确定方法具体如下。

（1）项目承包商实施项目全部支出部分的确定。项目承包商因为开展项目实施而发生的全部支出就是承包商的支出预算，这是以项目成本估算结果为基础而编制的。例如，根据我国现行规范的规定，"工程量清单包括建设工程的分部分项工程项目、措施项目、其他项目、规费项目和税金项目的名称和相应数量等"，其中建设工程分部分项工程项目、措施项目和其他项目的全部费用之和就是项目承包商支出预算。项目承包商的收入预算首先需要确定的就是项目承包商实施项目的支出预算部分，这部分的计算方法将在后面进行讨论。

（2）项目承包商开展项目应获利润的确定。人们承包项目的根本目的在于获得相应的利润，所以项目承包商应获利润是项目承包商收入预算需要的第二大部分。按照国际惯例，项目承包商的应获利润可按比例确定和分项确定两种方法计算，而我国的法规规定项目的分部分项工程和措施项目清单应采用综合单价计价，所以综合单价中就已经包含项目承包商的利润部分。由此可见，我国项目承包商利润部分是包含在综合单价中按照比例计算确定的，另外我国的现行规范规定，总承包服务费是总承包人开展各种总承包服务所需的费用，所以这种总承包服务费也不包括利润。这是我国与国际惯例不一致的地方，由于多数项目总包商并不从事项目具体的实施业务，因此无法从项目综合单价中按比例获得利润，结果会导致项目总包商无任何利润，从而迫使他们"另辟蹊径"。

（3）项目承包商开展项目所获其他收益的确定。这种预算中还有一些项目承包商从各种渠道获得的收益，这些也都属于项目承包商的收入预算的范畴。如按照国家规定从事某些项目应从国家或地方政府方面获得的财政补贴等，又如新产品开发项目和高科技项目等，都会有这种情况的项目收益，这些也必须计入项目的收入预算中。

上述这些也都属于项目承包商收入预算的范畴，只要将所有项目承包商收入的科目都计算清楚，那么就可以确定和编制出项目承包商收入预算。

2. 项目承包商收入预算表编制方法

国际上项目承包商收入预算编制中使用最多的方法是承包商收入预算表的编制方法，这是一种与承包商项目成本详细估算方法相配套的预算方法，这种方法中的预算科目是按照项目承包商预算的三级科目（或多级科目）方法分解和汇总的。这种方法的关键在于，项目成本三级科目（或多级科目的划分及计算和项目承包商预算的财务会计与管理会计综合平衡两个方面。

（1）项目承包商收入预算的三级科目划分。此法的首要任务是编制一份项目承包商收入预算表，而这又首先需要做好项目承包商收入预算的三级科目划分。表5-2 是根据某国际著名专业项目承包商公司在中国的一个具体总包项目的实际收入预算表改编的，其中项目承包商收入预算使用的就是三级科目的划分。第一级科目分为人工费和非人工费两个科目，人工费属于前面讨论的项目占用资源成本，而非人工费属于前面讨论的项目消耗资源成本。在第一级科目之下又划分一系列二级科目，如非人工费部分又分为一系列项目消耗资源的二级科目，而人工费又分为数个项目占用资源的二级科目。在第二级科目之下进一步划分出第三级科目并由此得到项目承包商收入的详细而具体的科目。

这种项目承包商收入预算三级科目的设置在很大程度上是为投标报价和企业财务管理服务的，因为这种三级科目的划分既能够满足企业按照"消耗资源"和"占用资源"的不同情况去进行项目成本管理与核算，又能够满足企业项目的财务和成本管理的实际需要。但是我国的现行规定不同，该规定是按照建设工程的分部分项工程进行科目设置（注意：在该标准中"科目"被称为"项目"），而分部分项工程只是形成工程主体部分的项目活动成本科目，这造成了管理活动成本科目的缺失，并进而导致项目管理活动只能按照比例进行取费。当然，我国的规定是根据国家现行财税制度制定的，很大程度上是为了国家整体的财务管理的需要。

（2）项目承包商收入预算的交叉测算与编制。表5-2 呈现的是项目承包商进行详细成本预算时使用的预算表，这种预算编制表制定项目收入预算的最大优点在于，该表格是按照管理会计和财务会计交叉测算的方法编制项目承包商的收入预算。表5-2 中的"对外报价用预算额"栏目的数据就是按照管理会计方法测算得到的，这是专门为项目承包商决策对外投标或报价使用的，所以必须满足企业管理决策支持需要。表5-2 中的"企业记账用预算额"栏目的数据则是按照财务会计方法编制和测算的，这是专门为企业按照国家现行财税制度记账和对外反映财务状况使用的，所以必须符合国家现行财税制度。表5-2 中的"二者之间差异"栏目的数据，则给出了二者交叉比较的结果。在项目承包商收入预算的编制与确定过程中，人们需要借助这三个栏目的数据通过交叉检验和验证编制给出项目收入预算。这样最终编制出的项目承包商收入预算才会既符合国家财税制度，又满足企业决策需要。这种项目承包商收入预算编制方法通常甚至要求必须做到"对外报价用预算额"的总额大于"企业记账用预算额"总额，以便能够为项目承包商投标争价留有足够的余地。

表 5-2　详细的项目成本预算方法中使用的预算表

科目编码	各级科目分别标注有（Ⅰ）（Ⅱ）（Ⅲ）	描述	度量单位	单价	总量	对外报价用预算额	企业记账用预算额	二者之间的差异
0	项目总成本预算							
01	非劳务成本（Ⅰ）							
0101	自制硬件（Ⅱ）							
010101	AX 系统（Ⅲ）							
010102	AX 控制系统（Ⅲ）							
010103	AXXX 装备（Ⅲ）							
0102	自制软件（Ⅱ）							
010201	X 软件系统（Ⅲ）							
010202	X 信息系统（Ⅲ）							
010203	X 智能系统（Ⅲ）							
0103	外购设备（Ⅱ）							
010301	起重设备费（Ⅲ）							
010302	施工设备费（Ⅲ）							
010303	其他设备费（Ⅲ）							
0104	外购软件（Ⅱ）							
010401	A 软件费（Ⅲ）							
010402	B 软件费（Ⅲ）							
010403	C 软件费（Ⅲ）							
0105	外购服务（Ⅱ）							
010501	物流服务费（Ⅲ）							
010502	包装费用（Ⅲ）							
010503	其他服务费（Ⅲ）							
0106	对外分包（Ⅱ）							
010601	分包（一）（Ⅲ）							
010602	分包（二）（Ⅲ）							
010603	分包（三）（Ⅲ）							
0107	现场管理费（Ⅱ）							

续表

科目编码	各级科目分别标注有（Ⅰ）（Ⅱ）（Ⅲ）	描述	度量单位	单价	总量	对外报价用预算额	企业记账用预算额	二者之间的差异
010701	工程师出差（Ⅲ）							
010702	管理者出差（Ⅲ）							
010703	其他出差费（Ⅲ）							
0108	文档费（Ⅱ）							
010801	项目说明书（Ⅲ）							
010802	项目图纸（Ⅲ）							
0109	担保成本（Ⅱ）							
010901	融资担保（Ⅲ）							
010902	质量担保（Ⅲ）							
010903	施工担保（Ⅲ）							
0110	财务费用（Ⅱ）							
011001	融资利息（Ⅲ）							
011002	信用证费用（Ⅲ）							
011003	项目保险（Ⅲ）							
011004	风险费用（Ⅲ）							
011005	其他费用（Ⅲ）							
0111	咨询费用（Ⅱ）							
011101	投标费（Ⅲ）							
011102	设计咨询费（Ⅲ）							
011103	管理咨询费（Ⅲ）							
011104	其他咨询费（Ⅲ）							
0112	其他费用（Ⅱ）							
02	人工成本（Ⅰ）							
0201	项目管理费（Ⅱ）							
020101	项目准备费（Ⅲ）							
020102	项目计划费（Ⅲ）							
020103	项目控制费（Ⅲ）							

续表

科目 编码	各级科目分别标注 有（Ⅰ）（Ⅱ）（Ⅲ）	描述	度量 单位	单 价	总 量	对外报价用 预算额	企业记账 用预算额	二者之间 的差异
020104	项目会议费（Ⅲ）							
020105	合同管理费（Ⅲ）							
0202	项目设计费（Ⅱ）							
020201	初始设计费（Ⅲ）							
020202	技术设计费（Ⅲ）							
020203	详细设计费（Ⅲ）							
0203	安装费和佣金（Ⅱ）							
020301	现场安装费（Ⅲ）							
020302	安装管理费（Ⅲ）							
0204	项目实施费用（Ⅱ）							
020401	现场监理费（Ⅲ）							
020402	其他实施费（Ⅲ）							

总成本汇总	注：上述科目的汇总额			
总包服务费	注：只适合总包项目			
利润额	注：承包商应得利润数额	省略	省略	省略
利润率	注：承包商应得利润比率			
预算汇总	注：各科目汇总加利润	省略	省略	省略
毛利额	注：加税金和规费等的利润额	省略	省略	省略
毛利率	注：加税金和规费等的利润率	省略	省略	省略
报价汇总	总成本加利润、税金和规费等			

责任人	签名	责任人	签名
造价工程师		项目经理	
销售经理		建造师	
合同经理		监理工程师	
财务经理		总经理	

注　因涉及经营机密而不能填写具体数据，但是各级科目都是真实情况的反映。

综上所述，项目承包商需要使用这种表去做好其预算的管理会计和财务会计二者的交叉检验。其关键在于，要分别按照财务会计和管理会计的方法决定三级科目各自不同（或相同）的预算额，并通过调整各具体科目中"对外报价用预算额"与"企业记账用预算额"差异获得投标报价的竞争优势，但最终的"二者之间的差异"一栏中的总成本应一致或"对外报价用预算额"大于"企业记账用预算额"。

5.4.3　项目业主和承包商的支出预算的确定方法

由于项目业主的支出预算确定方法和项目承包商的支出预算确定方法都涉及各自承担的风险预备费，因此本书将这二者放在此处同时加以讨论。

1. 项目业主支出预算的确定方法

项目业主的支出预算主要包括两大部分，即项目合同造价和项目业主应该承担的项目风险预备费，有关这两部分的具体确定技术方法如下。

（1）项目合同造价部分的确定。项目业主支出预算中所占比重最大的是项目合同造价，这是项目业主直接支付给项目承包商的项目造价。我国现行的项目合同造价确定方法包括双方协商和招投标竞争两种，这是项目业主与承包商二者共同决定的。但是决定项目合同造价的最主要依据是项目承包商按照表 5-2 作出的收入预算并据此作出的投标或报价。由于这些内容均已在前面作了较多讨论，因此在此不再赘述。

（2）项目业主所承担风险的预备费。项目业主所承担的风险预备费的大小既取决于项目合同方式（这决定了项目合同造价中所涵盖的项目风险范围），又取决于项目环境与条件的发展变化所造成的风险大小。实际上，项目业主的风险预备费从根本上说是一部分应对各种意外风险所需储备资金，以用于应对项目业主需要承担的各种"天灾人祸"等意外风险。

2. 项目承包商支出预算的确定方法

项目承包商的支出预算就是关于项目承包商计划和安排的实施项目成本预算，它不包括项目承包商的收益部分。也就是说，项目承包商的支出预算既不等于项目合同造价，也不等于项目承包商的收入预算，这种预算确定方法如下。

（1）基于项目成本估算是项目承包商支出预算确定的基础。项目承包商的支出预算需要在项目成本估算基础上，再加上必要的计划裕量去确定。在项目成本估算基础上需要加多大的计划裕量，这取决于项目承包商自己的管理和技术能力及他们抵抗和应对风险的能力与政策。

（2）项目承包商支出预算中的风险预备费确定方法。在基于活动的项目成本估算方法中，每项活动的风险费用已经作了相应的考虑与核算，所以项目承包商支出预算中的风险预备费只是项目承包商根据合同所应承担的系统性风险的费用预算，其确定方法既可以按照先验概率（专家法），也可以按照统计概率分析的方法获得。

综上所述，项目业主和承包商的支出预算确定方法都相对比较简单，二者都存在项目风险性成本的确定问题。

复习思考题

一、单选题

1. 关于项目成本预算，下列说法错误的是（　　）。

   A. 项目成本预算以项目成本估算为基础

   B. 项目成本预算是人们制订的项目成本计划

   C. 项目成本预算是项目成本控制的基线和依据

   D. 项目成本预算是项目成本估算的前提

2. 下列属于详细项目业主收入预算确定方法的是（　　）。

   A. 项目业主收入预算的类比法

   B. 项目业主收入预算的目标利润法

   C. 项目现金流量表的方法

   D. 项目业主收入预算的比例法

3. 项目成本预算是项目成本管理的重要工作，下列各项中不属于它的鲜明特性的是（　　）。

   A. 项目成本预算的规范性　　　　　　　B. 项目成本预算的精确性

   C. 项目成本预算的时限性　　　　　　　D. 项目成本预算的集成性

4. 项目承包商的收入预算是指项目承包商承包项目所应获得全部收入的预测和计算，其基本内容不涉及（　　）。

   A. 项目承包商实施项目所需支出的全部花费

   B. 项目合同价格

   C. 项目承包商实施项目所应获得的利润

   D. 项目承包商因开展项目实施而需要获得的其他的收益部分

5. 自有资金和全部资金的现金流量表法二者的差别为（　　）。

   A. 投资目标不同　　　　　　　　　　　B. 投资来源不同

   C. 计算方法不同　　　　　　　　　　　D. 投资对象不同

6. 关于项目预算的风险预备费，下列说法错误的是（　　）。

    A. 任何项目预算或一般组织预算都必须设置和包括风险预备费

    B. 各级公共预算应当按照本级公共预算支出额的 1%～3% 设置预备费

    C. 项目业主的风险预备费主要用于应对项目具体活动风险

    D. 项目业主的风险预备费是用来应对整个项目可能面临的环境与条件的发展变化等系统性风险或例外情况的

二、多选题

1. 下列关于预算说法正确的有（　　）。

    A. 项目业主和项目承包商的项目预算都应该包括项目收入预算和项目支出预算

    B. 实际上承包商的项目收入预算并不等于项目合同造价，因为项目承包商的收入还要加上项目实施中的索赔收入等

    C. 项目承包商的支出预算属于项目承包商计划安排项目所需花费的成本

    D. 对于项目业主而言，其项目支出预算也不等于项目合同造价，其项目收入预算则是项目投资总收入

2. 关于项目业主预算和项目承包商预算，下列说法正确的有（　　）。

    A. 项目业主和项目承包商的预算同样都包括项目收入预算和项目支出预算

    B. 项目业主的支出预算应该就是项目承包商的收入预算

    C. 项目业主的收入预算是项目业主投资的总收益

    D. 项目承包商的支出预算应该是其收入预算减去它自己的利润和政府的税金等内容后得到的结果

3. 项目成本预算必须坚持的基本原则包括（　　）。

    A. 项目成本预算必须满足项目范围计划的要求

    B. 项目成本预算必须满足项目时间计划的要求

    C. 项目成本预算必须考虑项目质量计划的要求

    D. 项目成本预算须考虑其他的合理配置

4. 关于承包商支出预算与项目承包商成本估算，项目承包商支出预算和项目承包商收入预算，以及项目合同造价和项目业主支出与收入预算的关系，下列说法正确的有（　　）。

    A. 项目承包商的支出预算是在项目承包商的成本估算基础上再加上一定

的项目风险性成本得到的

B. 项目承包商的收入预算则是根据其投资项目的产出情况确定的

C. 项目合同造价是决定项目承包商的收入预算和项目业主的支出预算的依据之一

D. 项目业主的支出预算需要在项目合同造价的基础上再加上项目业主应承担的项目风险性费用部分

5. 关于项目预算的含义，下列说法正确的有（　　）。

A. 狭义的项目成本预算更多的是一种项目收入预算

B. 广义的项目成本预算才是项目支出预算的概念

C. 广义和狭义的项目成本预算概念之间有很紧密的相互关系

D. 广义的项目成本预算必须高于狭义的项目成本预算，否则这两种项目预算就无法起到应有的管理控制作用了

6. 项目成本预算（或称项目支出预算）编制的基本原则包括（　　）。

A. 以项目目标为导向的原则　　　　　　　B. 合规的原则

C. 合法的原则　　　　　　　　　　　　　D. 切实可行原则

三、简答题

1. 如何确定项目承包商支出预算中的风险预备费？

2. 简述项目业主与承包商的成本预算之间的关系。

3. 简述项目成本预算在项目成本控制方面的作用。

4. 基于工程量清单的项目合同造价确定模式存在哪些问题？

5. 基于统一标准定额的项目合同造价确定模式存在哪些问题？

第6章
项目成本控制

通过本章的学习，理解项目成本控制的基本概念和基本原理、项目成本控制的过程和方法；掌握项目成本控制中的挣值管理和预测，以及基于活动的项目成本控制的原理和方法；掌握从项目业主和承包商各自的角度开展项目成本控制的内容、原理和方法；掌握基于活动的项目成本控制方法及其特点。

重点掌握：项目成本控制的含义、内涵、特性、分类，项目挣值管理方法的原理，项目挣值管理的绩效评估方法、预测分析方法，项目成本控制对象选定的方法。

一般掌握：项目成本控制的基本原理和过程原理、项目挣值管理方法的适用与改进、项目活动及其方法的分析和优化、项目活动资源配置的分析和优化、项目成本变更和结算方面的控制。

6.1　项目成本控制的概念

项目成本控制是项目管理中的一项重要工作，本节将全面讨论有关项目成本控制的定义、内涵和相关知识。

6.1.1　项目成本控制的含义

从字面上说，项目成本控制中的"控"字是指人们努力使项目实际成本与价值处于一种"受控"状态（不偏离项目预算）；而项目成本控制中的"制"字是指当项目成本或价值失控时，人们必须设法"制止"偏离计划的情况。

1. 项目成本控制的定义

从管理学的角度出发，管理工作有四大职能，即计划、组织、领导和控制的职能。其中的控制职能就是为了保证组织为实现目标和计划所开展的对组织运行状况和结果进行跟踪评估和预测分析，并将这些与计划和目标进行比较从而发现是否存在偏差，如果存在偏差则及时分析偏差原因，然后开展各种纠偏行动的一种管理工作。同样，项目成本控制的核心就是以项目预算为标准，努力控制项目成本的工作。项目成本控制的概念有狭义和广义之分，狭义的项目成本控制是从项目承包商角度开展的控制工作，广义的项目成本控制包括项目业主和承包商等的全面控制。

（1）广义的项目成本控制定义。广义项目成本控制是项目相关利益主体为确保项目目标的实现，在既定的项目预算条件下去努力实现项目成本最小化和项目价值的最大化的项目成本管理工作。所以，广义的项目成本控制是涉及项目业主的收入与支出预算和项目承包商的收入与支出预算等多种项目预算的控制工作，广义的项目成本控制还涉及在项目全过程中由全体项目相关利益主体针对项目环境与条件的各种发展与变化对于项目成本和价值的影响所开展的控制，即大家努力通过消减无效和低效项目活动去降低项目成本和提高项目价值的项目专项管理的工作。

（2）狭义的项目成本控制定义。狭义项目成本控制是指项目承包商为确保其项目成本与收入预算能够得到很好的执行，努力去开展降低项目成本的管理工作。所以狭义的项目成本控制主要是项目承包商支出和项目合同造价的控制工作。现有多数教科书关于项目成本控制的定义都是从这种狭义的项目成本控制角度去讨论如何降低项目成本和控制项目合同造价的。实际上，人们开展项目、项目管理、项目成本控制的根本目的并不仅仅在于"降低成本"，而是在于如何提高项目价值和获得更大的新增价值，所以即使狭义的项目成本控制也必须包含提升项目价值的内涵。传统以"抠门儿"为主导的项目成本控制概念是错误的，还必须有提高项目价值的控制工作。

综上所述，项目成本控制涉及对项目成本和价值的监督，对项目成本或价值偏差的及时纠正，以及对有关项目成本降低和价值上升的其他各方面工作。

2. 项目成本控制的主体与客体

项目业主和承包商分别有自己的收入与支出预算，本书广义项目成本控制指的就是针对这四种项目预算所开展的项目管理工作。因此，广义的项目成本控制不仅仅是项目承包商的事情，也是项目业主和其他项目相关利益主体的事情，这就涉及项目成本控制的不同主体问题。同时，这种控制也不仅包括项目业主和承包商对项目支出预算的控制，也包括他们对项目收入预算的控制。这就涉及项目成本控制的不同主体（控制者）和不同客体（被控制对象和内容）的问题。

（1）项目成本控制的不同主体。在由项目业主自己实施项目的情况下，就只有狭义的项目业主的支出预算控制问题。但有承发包的项目，项目业主和项目承包商各自的项目收入和支出预算都需要进行控制。其中，项目业主的支出预算控制与项目承包商的收入预算控制之间借助项目合同造价而相互关联，即项目这两个不同相关利益主体之间存在着"支出与收入"管理的博弈控制问题。首先，项目业主不应当为控制项目支出预算而采用不当手段去"克扣"项目承包商的收入；同时，项目承包商也不应当为控制项目收入预算采取不当手段去侵害项目业主的利益，更不应该采取"偷工减料"等不当手段，因为那是"害人也害己"的违法手段。由此可见，项目成本控制问题首先必须区分是从谁的角度去开展这种控制工作，这就是项目成本控制的主体问题，因为不同主体的项目成本控制内容和所使用的方法是不同的。但现有教科书中很少区分项目成本控制的主体，多数只是讨论项目合同造价的控制。其根本原因是由于我国在前三十年的计划经济体制下项目业主和承包商都属于国家而"互不分家"，所以不存在这种控制主体的问题，但现在市场经济就必须区分这方面控制主体问题。

（2）项目成本控制的不同客体。同样，由项目业主自己实施项目的情况下，项目成本控制的核心是项目业主支出预算。但对于承发包项目，则项目业主和承包商的项目预算控制就各不相同了。其中，项目业主和项目承包商都有自己的项目收入预算和支出预算两方面需要进行控制。其中，他们二者的项目支出预算控制都是为努力降低项目成本服务的，而他们二者的项目收入预算控制则都是为努力提高和增加项目价值服务的。但是，由于项目合同造价直接与项目承包商的收入预算和项目业主的支出预算相关联，所以在项目成本控制的课题中还包含项目合同造价的控制。

由此可见，在讨论项目成本控制问题时还必须严格区分控制的客体，即究竟是对项目收入预算、项目支出预算的控制还是对项目合同造价的控制。同样，因为不同的项目成本控制的客体，所控制的对象和内容，以及所使用的方法是不同的。同样，在现有教科书中并不严格区分项目成本控制的客体问题，多数只是将项目造价作为唯一的控制对象。这也是因为我国在三十多年计划经济体制下项目业主和承包商都属于国家，所以项目成本控制的核心就是涉及国家利益的项目合同造价而已。但在当今市场经济条件下，就需要对项目支出预算、收入预算和合同造价这些控制客体进行全面的控制了。

6.1.2 项目成本控制的内涵

项目成本控制的内涵涉及四方面：其一是项目成本控制的核心是对项目各种不确定性成本与价值的控制，因为对项目的确定性成本与价值而言，人们控制与不控制它们都已经是"确定"了的；其二是项目成本控制的根本方法是努力实现项目资源的最佳配置和项目功能与价值的提高，因为靠"抠门儿"等手段所做的项目成本控制并不能创造新增价值；其三是项目成本控制不只是对项目合同造价的控制，还包括对项目业主和项目承包商的支出与收入预算的全面控制；其四是项目成本控制不单纯是对项目合同造价和预算的控制，还必须包括对所有相互影响的关联要素的全面控制。有关这些项目成本控制的内涵的讨论如下。

1. 不确定性的项目成本控制

任何项目的成本预算和造价都会受到项目环境与条件发展变化的影响，由此而使他们产生不确定性，因此项目成本控制的核心在于对项目不确定性成本的控制。实际上，项目成本有三种不同的确定性程度，有关它们的相应控制方法分述如下。

（1）确定性的项目成本控制。这是指那些在项目实施过程中没有不确定性因素影响的项目成本部分（其发生概率 $P=1$ 或 100%），由于它们是确定性的而根本不会发生"意外"变化。所以对于这种项目成本的控制不需倾注过多精力，因为控不控制的最终结果基本不变。

（2）风险性的项目成本控制。这是指对有不确定性项目成本部分（发生概率 $P<1$）的控制，由于它们可能会发展变化而必须被作为这种控制的主要对象。风险性的项目控制工作包括两方面：一是努力收集相关信息去提升其发生概率 P，从而降低其风险性；二是努力降低项目风险性成本和努力提高项目风险性收益，利用项目风险管理而受益。

（3）完全不确定性的项目成本控制。这是指对发生概率 $P=?$ 的完全不确定性因素影响的项目成本的控制，由于其完全不确定而成为项目成本控制工作的重点。这种项目成本控制工作也包括两方面：一是努力收集相关信息去提升其发生概率 P，以降低其不确定性；二是努力计划安排好针对这种成本和价值变化的应对措施和方法，更好地利用项目风险管理去获利。

综上所述可知，项目成本控制的核心内涵是对于风险性和完全不确定性项目成本的控制，因为这两方面的控制可以获得节约成本和增加项目价值的结果。

2．基于项目资源配置的成本控制

从项目成本控制内涵上说，由于项目环境与条件变化多是人们无法改变的，所以项目成本控制的核心任务在于针对变化去采取各种相应的项目成本控制应对措施，而其中最重要的应对措施就是努力开展好项目资源的合理配置。

（1）借助资源合理配置去节约项目成本。这种控制的首要措施是借助项目资源合理配置去节约项目成本，因为实际上多数项目成本超支是由于项目资源浪费造成的。例如，"停工待料"是由于"停工"而造成的"待料"，这就会造成项目所需资源不当带来的项目成本上升。这是可以通过项目资源合理配置消除或减少的项目成本浪费，所以借助资源合理配置去节约项目成本是项目成本控制的核心手段和根本途径，这也是项目成本控制真正内涵。

（2）借助资源合理配置去提升项目价值。在项目成本控制中更高水平的措施是借助项目资源合理配置去提升项目价值，因为实际上通过项目资源的最佳配置去实现项目价值提升才是更深层的项目成本控制工作。例如，在项目管理中经常出现的"赶工费"，而这种多是因借助项目资源最佳配置去提升项目价值。显然，人们支付项目"赶工费"会增加成本，但是人们愿意为此去获得更多项目新增价值。这就是广义项目成本控制的内涵，即借助资源合理配置同时降低项目成本和提升项目价值。

3．项目所有预算和造价的控制

在项目成本控制的内涵中还必须包括项目业主和承包商的收入与支出预算及项目造价这五个方面的控制工作，这同样是广义的项目成本控制的内涵。有关这五种不同的项目成本控制的内容具体如下。

（1）项目承包商的支出预算控制。项目承包商在项目实施过程中会因占用和消耗资源而形成其成本支出，这方面的控制是广义项目成本控制中的核心。这种控制的关键是在确保项目价值实现的基础上，努力通过项目资源合理配置实现承包商成本的节约。这是以项目承包商为主体、以资源合理配置为手段、以节约成本为目标的项目成本控制。

（2）项目承包商的收入预算控制。这是以项目承包商为主和以项目业主为辅而共同开展的项目成本控制工作，因为项目承包商的收入会涉及项目业主的支出管理问题。由于这种收入预算中包含了项目承包商的支出和收益，因此这种控制需要项目承包商和项目业主双方共同控制好项目承包商的合理收入及预算。

（3）项目业主的支出预算控制。项目业主支出预算包括三部分：一是项目承包商收入；二是必须上缴的项目税金和规费；三是根据合同由项目业主所承担的风险预备费。所以这种成本控制是以努力消减项目业主的风险预备费支出为核心，通过项目业主与承包商合作去应对好项目环境与条件发展变化，从而降低项目业主的风险性支出的项目成本控制。

（4）项目业主的收入预算控制。项目业主的收入预算控制是由项目业主独自开展的项目投资收入方面的控制，这是广义项目成本控制中以提升项目价值为目标的控制工作。所以，这方面控制主要通过控制项目功能的改进，以实现项目价值的最大化。由于项目功能是由项目承包商实现的，因此这种项目成本控制中承包商也有一定的责任。

（5）项目造价的控制。由于项目合同造价是由项目承包商和业主共同商定的，因此这种控制是项目承包商与业主共同开展的项目成本控制工作。项目造价中包含的应缴税金和规费是必需的而不需控制，因此这种控制的核心在于项目承包商的收入控制和项目业主的支出控制两方面，而这需要双方的共同合作和努力。

4．项目收支和造价关系的集成控制

除了上述关于项目成本和价值控制的内涵以外，在这种控制中还必须包括对于相互关联影响的项目成本的集成控制，这也是广义项目成本控制的内涵之一。

（1）项目造价与项目业主支出预算的集成控制。项目最终的造价就是项目业主的最终支出成本，所以二者之间的相互关联关系是十分明确的。由于项目最终造价中包括项目承包商的收入、项目上缴的税金和规费及项目业主承担的已发生风险性费用，所以这种集成控制既涉及项目业主和承包商，还涉及政府等方面，因此这是一种涉及多方项目利益关系的集成控制工作。

（2）项目造价与项目承包商收入预算的集成控制。项目承包商的最终实际收入是构成项目实际造价的主要部分，所以这二者之间的相互关联关系也是明确的。由于项目实际造价中项目承包商的实际收入是主要部分，而且项目税费是以项目实际造价为基数计算的，所以这种集成控制涉及项目业主、承包商和政府部门，因此也是一种涉及多方利益关系的集成控制工作。

（3）项目承包商收入与项目业主支出的相关关系控制。项目承包商的实际收入主要是项目业主所获得的支出成本（有时会有国家或地方政府的补贴等），所以他们二者之间的相互关联关系也是明确的。由于他们二者之间存在某种利害关系，所以这种集成控制主要是涉及他们双方利益的合理调节的控制工作，即消除二者"零和博弈"所带来的项目价值损失的控制工作。

（4）项目业主的支出与收入之间的集成控制。项目业主支出与收入之间的集成控制目标是一定要实现项目业主的实际支出必须低于项目业主的实际收入，从而确保项目业主开展项目能够有合理收益。但是由于项目业主的支出及其管理控制在前，而项目业主的收入在后（只有在项目建成投入使用之后），所以这是最难的一种项目成本的集成控制工作。

（5）项目承包商的收入与支出之间的集成控制。项目承包商的收入与支出之间的相互关联关系控制的目标就是使项目承包商的实际收入必须大于项目承包商的实际支出，以确保项目承包商开展项目实施工作能够获得合理的收益。由于项目承包商的实际收入多数在支出之前（因项目业主有预付款和项目期中结算等），所以这种项目成本集成关系的控制工作相对较易。

6.1.3 项目成本控制的特性

项目成本控制与其他的控制不同，它有自身的特性。这包括四方面的特性：一是目的性，项目成本控制的根本目的是实现项目成本的降低和价值的提升；二是人为性，项目成本控制的控制者是人；三是过程性，即项目成本控制是由一系列控制活动或步骤组成的过程；四是学习性，即项目成本控制工作是一种人们不断学习和改进的过程。具体特性分述如下。

1. 项目成本控制的目的性

任何项目成本控制的根本目的都是为了保证项目预算的实现和项目的成功，主要是努力去实现降低项目成本和提高项目价值。因此，任何项目成本控制都应该是以项目价值最大化为导向，为此人们可以综合使用下述项目成本控制途径和手段。

（1）确保项目价值不变而努力降低项目成本的途径和手段。项目成本控制最主要的方法是在确保项目价值不变的情况下，通过努力降低项目成本的途径和手段实现的。这既可以使用改进项目资源配置的方法，也可以采用各种替代资源的方法，而这是实现项目成本控制目标的最基本途径和方法。

（2）确保项目成本不变努力提高项目价值的途径和手段。项目成本控制更现代的方法是在项目成本不变的前提下，努力改善项目功能，从而实现提高项目价值的目标。这可以使用改善项目功能的各种手段去实现提高项目价值的方法，这些都属于利用价值工程原理的项目成本控制途径和方法。

（3）较小增加项目成本而较大提升项目价值的途径和手段。项目成本控制中最现代的方法是通过增加较小项目成本，去获得较大项目价值提升的结果和目标。这主要也是通过改善项目功能，进而提高项目价值的控制途径和手段，这也属于利用价值工程原理的项目成本控制途径和方法。

2. 项目成本控制的人为性

项目成本控制的行为主体是控制者，而其客体是被控制者开展项目成本活动的行为，所以项目成本控制具有人为性的特性。项目业主和承包商所开展的各种控制活动都有人为性，即具有权变、合作、协商和妥协等一系列独特性。

（1）项目业主成本控制的人为性。这主要表现在项目业主组织内部成本控制的人为性和他们与承包商和供应商及其他人共同开展项目成本控制的人为性。项目业主在成本控制中必须根据项目环境与条件的变化而对项目成本或造价做出相应变更，他们必须与全体项目相关利益主体共同合作去开展项目成本控制，从而实现其项目成本控制目标。

（2）项目承包商成本控制的人为性。这表现在项目承包商组织内部成本控制的人为性和他们与业主和供应商及其他人之间共同合作的人为性。项目承包商也需要根据项目环境与条件的变化对项目成本或造价进行变更（索赔），他们也必须与业主和供应商等其他项目相关利益主体共同合作去开展项目成本的控制，从而实现自己的项目成本控制目标。

3. 项目成本控制的过程性

项目成本控制的过程性是指整个项目成本控制是由一系列的阶段和步骤组成的过程，每个项目具体活动成本控制更是由事前、事中和事后三阶段构成的过程。由于任何项目的环境和条件都是发展变化的，加上项目业主或承包商的目标也会有变化，因此项目成本控制必须适应这些发展和变化，这决定了项目成本控制具有过程性或动态性。

（1）"事前"的项目成本控制。这有两方面的内涵：一是整个项目成本的"事前"控制；二是各项目具体活动成本的"事前"控制。这种控制是一种分析、预测、计划、安排等控制活动，这种控制的根本作用是确保项目成本处于受控状态。

（2）"事中"的项目成本控制。这也有两个内涵：一是整个项目成本的"事中"控制；二是各项目具体活动成本的"事中"控制。这主要是按照项目成本目标和要求去科学有效地度量项目成本的实现情况,分析和发现项目成本偏差并采取必要的纠偏措施等。

（3）"事后"的项目成本控制。这同样也具有两方面的内涵：一是分析和学习项目成本控制的经验和教训；二是改进后续的项目成本控制内容和方法。这种控制的目的主要是提高未来项目成本管理能力,以便项目后期和后续项目成本的"事前"控制更加成功。

4. 项目成本控制的学习性

项目成本控制过程就是人们不断纠正错误或偏差、不断学习和改进自己工作和能力的过程。所以,这种工作还具有改变人们观念和改进工作方法与增加能力的意义,这就是项目成本控制的学习性。实际上,项目成本控制的学习性说明这种控制不是一次性的活动,而是一种不断"吃堑长智"的学习过程。

6.1.4　项目成本控制的分类

人们可以根据项目成本控制的各种特性对其进行不同的分类,有关项目成本控制的主要分类分述如下。

1. 按项目成本控制主体的分类

按控制主体可将项目成本控制分为项目业主、承包商、供应商、政府主管部门等主体所开展的项目成本控制分类,这是项目成本控制最基本的分类之一。

2. 按项目成本控制客体的分类

按控制客体可将项目成本控制分为项目业主或承包商等对项目收入、支出和造价三类项目成本控制,这也是项目成本控制最基本的分类之一。

3. 按项目成本控制过程的分类

按项目成本控制过程可将项目成本控制分为"事前"控制、"事中"控制和"事后"控制三类,这也是项目成本控制分类中的一种重要分类。这种分类可以引导人们努力做好项目成本的"事前"控制、"事中"控制和"事后"控制。

4. 按项目成本控制模式的分类

按项目成本控制模式可将项目成本控制分为集中控制和分散控制两类,集中控制是指由组织中统一的项目成本控制中心开展项目成本控制的模式,而分散控制是指由组织中不同项目团队或职能部门分别开展项目成本控制的模式,具体采用哪种控制模式取决于组织的能力和项目的特性等因素。

6.2 项目成本控制的原理

任何组织对项目成本的计划和预算都会有不周之处，而项目所处环境与条件也会有发展和变化，所以人们需要开展项目成本的控制。这些都是在项目成本控制的基本原理中十分独特，以及与其他管理控制有所不同的地方。

6.2.1 项目成本控制的基本原理

从广义的项目成本控制角度出发，项目成本控制就是为获得项目新增价值而开展工作的。从基本原理上说，项目成本控制有两方面的目标，即努力降低项目成本和提高项目价值，其原理具体讨论如下。

1. 项目活动数量和规模的控制原理

任何项目成本都与所要开展的项目活动直接相关，因为从原理上说正是项目活动造成了项目的成本。所以，这种控制的首要任务是控制项目活动的规模和数量，这包括对于项目活动的充分性和必要性两方面的控制工作，具体原理讨论如下。

（1）项目活动必要性的控制。如果人们能消除无效项目活动，那么就可实现降低项目成本的目的，所以人们需要不断地对项目活动开展必要性的分析和改进，这主要涉及项目活动必要性的分析，即凡不是为生成项目可交付物的项目活动都要去掉。这种项目活动的必要性控制应该是动态的，因为随项目环境与条件发展变化有些项目活动会变得不必要了。

（2）项目活动充分性的控制。如果人们遗漏了项目的有效活动就会导致项目成本的升高，所以人们还需开展对于项目活动必要性的控制工作，这主要涉及项目活动的充分性分析，如果发现有遗漏或缺失的项目活动也必须立刻补充上，因为随着项目环境与条件的变化会需要增加新的项目活动，以便借此去降低项目成本和提高项目价值。

综上所述，项目成本控制的首要原理是开展对于项目活动必要性和充分性的控制，借此去实现降低项目成本和扩大项目价值的目标。

2. 项目活动技术与方法的控制原理

项目成本大小还取决于人们开展项目活动所采用的技术与方法，因为同样的项目活动采用不同的技术和方法所需的资源不同且造成的成本也不同，所以这是开展项目成本控制的关键内容，此处讨论的只涉及项目业务活动的技术与方法。

（1）项目活动技术和方法的选用和优化。项目成本的控制必须借助项目活动技术和方法的选用和优化工作，因为项目活动选用的技术和方法不但有先进与落后之分，而且有是否适合项目及其环境与条件的要求之分。因此，项目活动技术与方法的选用要充分考虑其先进性和适合性，并且人们后续还要根据项目环境与条件变化去优化和改进项目活动技术与方法。

（2）项目技术装备和能力的保障和提升。任何项目活动的技术和方法都需要特定的技术装备和组织技术能力做保障，所以从原理上说项目技术装备和组织技术能力的保障与提升也是项目成本控制的重要工作。因为采用不同的技术装备去开展项目活动所需的资源不同，组织的技术能力不同所能创造的价值会不同，所以这方面的保障与提升工作也是人们实现降低项目成本和提高项目价值的工作。

3. 项目活动组织与管理的控制原理

项目成本的大小还取决于人们对项目活动的组织和管理方法，因为这会直接影响项目活动的效率和效果，以及影响资源的合理配置等情况。从原理上说，项目活动的组织与管理方法的控制也是项目成本控制的重要方面和关键所在。

（1）项目活动组织方法方面的控制。项目的管理活动需要使用基于团队的组织与管理方法，这是一种面向工作授权的组织模式和管理方法，但我国许多项目活动是按照日常运营组织和管理方法进行的，这不但造成了项目成本的提高和项目价值的降低，还会带来组织之间和组织各职能部门之间的冲突，从而导致项目成本的上升。因此，这方面控制应该包括两方面内容，一是项目实施团队的组织模式和方法，二是项目全团队组织模式和方法。这样才能够提高项目活动的效率和效果，从而降低项目成本和提高项目价值。

（2）项目活动管理方法方面的控制。由于项目具有的一次性、独特性和不确定性等特性，所以正确的项目活动管理方法应该是一种"例外"管理的方法，但我国现有项目活动管理方法多是沿用日常运营的管理方法，这是项目活动管理失误而造成的项目成本提高的主要原因。项目活动的管理方法应该是一种例外管理的方法，只有这样才能降低项目的成本。所以，项目活动管理方法的选用也是项目成本控制的主要内容之一。

4. 项目成本的核算控制原理

实际上，项目成本的核算控制是更为重要的项目成本控制内容，因为它会直接影响项目成本的高低，所以这方面更应是项目成本控制的核心所在，这方面的原理具体讨论如下。

（1）项目成本科目与项目成本核算的原理。在项目成本中没有任何成本科目是"固定不变"的，所以在项目成本科目设置中应设置"项目占用资源成本"（而不是固定成本）的科目，以便人们能够为那些"项目未占用资源"去寻找新的用途，从而实现节约项目成本的目的。另外，项目成本的核算管理与控制还包括项目业主和承包商各自成本核算管理中的核算时间、方式、方法、核算结果处理等一系列的项目成本核算管理工作。所有这些项目成本科目设置和项目成本核算管理都属于项目成本控制的重要内容。

（2）项目造价结算与项目资源采购管理的原理。项目造价结算管理原理事关项目业主支出和项目承包商收入管理，而项目资源采购管理原理事关项目承包商或业主支出和项目供应商的收入管理。项目造价结算管理会直接影响到项目相关方的利益和项目成本的高低，如对于涉及海外或国际项目结算时必须管理好以何种货币和何时进行结算，因为项目结算时间和币种管理会直接带来项目成本的汇兑损失，从而造成项目成本增加。项目资源采购管理涉及采购方式、采购方法、采购数量、资源交货期、采购结算方式等问题，这些都会直接影响到项目采购双方的利益和项目的成本。

5. 项目成本的集成控制原理

从原理上说，项目成本控制必须是一种集成性的管理控制，因为项目质量、范围和进度等方面的变化都会影响和导致项目成本发生变化，任何项目活动的变化也会影响项目成本，任何项目相关利益主体要求的变化同样会影响项目成本，任何项目所处环境与条件的变化也都会影响和导致项目成本发生变化，所以项目成本控制在原理上必须包括项目成本的集成控制，有关这方面的原理分述如下。

（1）项目成本与价值二者的集成控制原理。这是指在项目成本的集成控制中，人们首先要集成控制项目的成本与价值这两个方面的集成。这包括项目业主和承包商的收入与支出预算控制和项目合同造价控制五个具体控制对象的控制工作。从原理上说，只要项目最终生成的功能不变，项目成本升高就会导致项目价值的降低，所以需科学集成控制项目的成本与价值。

（2）项目成本的全过程集成控制原理。从项目成本的全过程集成控制的原理上说，项目成本的控制应该是涉及项目全过程各项活动的成本与价值的控制，这涉及项目活动的充分必要控制和项目活动方法的科学有效控制，以及项目各项活动之间相关关系控制。同时，项目成本的全过程集成控制中还包括对于整个项目的成本及每个项目活动的成本和价值所开展的"事前""事中"和"事后"的控制工作。

（3）项目成本的全要素集成控制原理。从项目成本的全要素控制原理上说，项目成本的控制不能独立地去对项目成本和价值要素进行控制，而必须全面集成地控制项目成本、价值、时间、质量、范围和资源等项目所有项目要素，因为这些项目要素的变化都对于项目成本会造成影响。所以项目成本全要素集成管理原理涉及项目目标要素的集成管理、项目目标要素与项目资源要素的集成管理等项目成本控制的内容。

（4）项目成本的全风险集成控制原理。从项目成本的全风险控制原理上说，项目成本的控制必须包括对风险性成本和完全不确定性项目成本的控制，即全面而集成地考虑这三类项目成本控制。实际上项目风险性和完全不确定性成本与价值的控制才是项目成本控制的真正对象，因为确定性项目成本是已经确定而无法通过控制去改变的。

（5）项目成本的全团队集成控制原理。从项目成本的全团队控制的原理上说，项目成本控制必须是全面集成项目业主、承包商、供应商等所有项目相关利益主体（全团队）的共同的项目成本控制。这种项目全团队成本与价值的控制既包括所有项目相关利益主体的成本和价值的集成控制，也包括所有项目相关利益主体的共同合作去开展的项目成本控制。

综上所述，项目成本控制既有专项控制和集成控制之分，而按照全面集成控制的思想，这涉及项目全过程、全要素、全风险和全团队的集成管理。

6.2.2　项目成本控制的过程原理

按照管理学的理论，所有管理控制都是为实现计划或目标服务的，都是一种努力使事情处于"受控"状态和积极开展事情"失控"情况的应对的管理职能。管理控制是一种过程，这种过程有自己特定的步骤和内容。项目成本管理同样也有计划、组织、领导和控制四个方面的工作，项目成本控制工作也有由自己特定的步骤和内容所构成的过程。具体内容如下。

1. 管理控制的过程及步骤

项目成本控制属于管理控制的范畴，所以它同样需要按照管理控制的基本过程和内容去开展控制工作。管理控制的过程模型如图 6-1 所示。由图 6-1 可知，管理控制的基本过程有四个方面的步骤和工作，任何事情的这种管理控制都需要依此去开展，其具体内容如下。

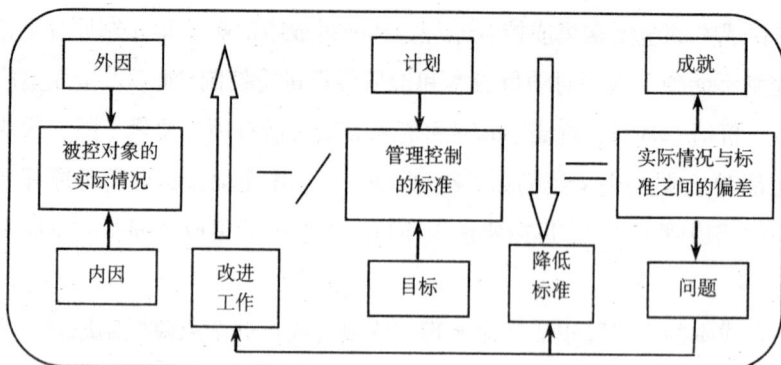

图 6-1　管理控制的过程模型

（1）根据组织的目标和计划去制定管理控制标准的工作。任何管理控制的首要步骤是根据组织既定的目标和计划，以及组织实际能力与具体情况去制定出管理控制标准（或界限）的工作（如图 6-1 所示）。这种"管理控制标准"是根据组织的"目标"和"计划"制定的，同时还必须考虑组织的管理控制能力和实际情况需要，否则就会出现既定管理控制标准无法满足组织的管理控制需要和实际情况方面的问题。

（2）按照管理控制标准度量事物的实际情况。这一循环的第二个步骤是按照既定管理控制标准度量组织工作的实际情况（如图 6-1 所示），这需要用"度量控制对象的实际情况"减去（−）或除以（/）既定的"制定的管理控制标准"，从而可得到事物的"实际情况与标准之间的偏差"。其中，用"减去"（−）可得到组织工作实情与管理控制标准之间的绝对偏差，而用"除以"（/）可得到组织工作的实情与管理控制标准之间的相对偏差，这些都是管理控制者对照着既定的管理控制标准去度量组织工作实际情况或绩效而给出的结果。

（3）比较管理控制标准和实际情况找出偏差和原因的工作。这一循环的第三个步骤是根据获得事物的实际情况或绩效结果，去分析和找出二者之间的偏差及其原因的工作（如图 6-1 所示）。其中的"实际情况与标准之间的偏差"，有可能是"成就"（实际情况好于控制标准或目标与计划），也有可能是"问题"（实际情况达不到控制标准或目标与计划的要求）。如果是"成就"就不用采取任何措施，但如果是"问题"就必须采取必要的纠偏措施。为此，人们必须针对度量出的实际偏差情况去分析和给出其根本原因。

（4）根据实际偏差情况和根本原因去采取纠偏措施的工作。这一循环的第四个步骤是根据发现的偏差及原因去采取纠偏措施的工作（如图 6-1 所示），而针对"问

"题"的结果及成因,人们可以采取两种基本纠偏措施:一是采取"改进实际工作"的措施,即针对"问题"去积极改进自己的工作内容、过程和方法,从而消除"问题"及其根源;二是采取"降低标准"(改变管理控制标准和目标与计划)的措施,即当出现的"问题"并非人力所能及的原因造成时,人们就只能去修订或变更既定的目标和计划。

综上所述,管理学的控制过程有四个基本步骤,它们所构成的过程是不断循环的。只要事物或项目没有结束,人们就要不断地去开展这个过程。这种管理控制的过程原理,同样适用于项目成本管理控制的过程。

2. 项目成本控制的过程

项目成本控制属于管理控制的一种,所以它也具有特定过程和步骤及循环。尽管项目成本控制中的主体和客体会各不相同,但这种控制工作的基本过程和内容是基本相同的,图 6-2 就是典型的项目成本控制过程模型。

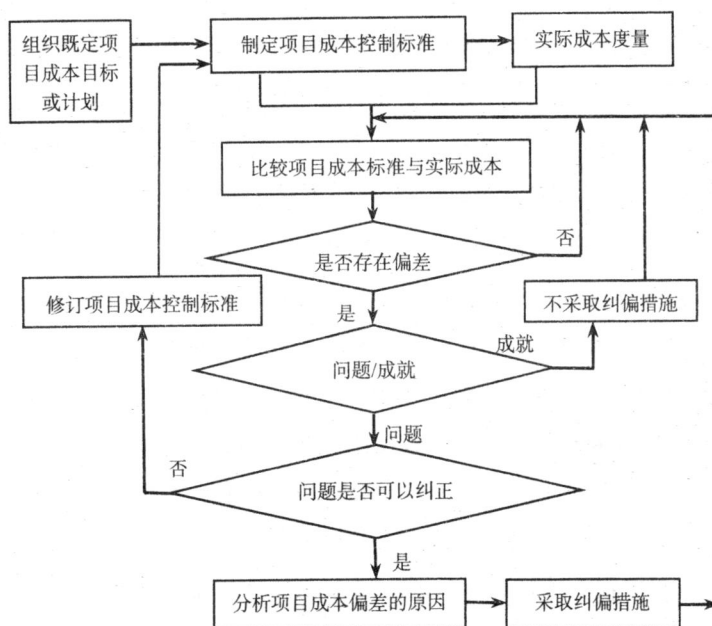

图 6-2　项目成本控制过程模型示意图

图 6-2 中项目成本控制过程模型的具体步骤、内容和方法具体如下。

(1)根据组织既定项目成本目标或计划制定项目控制标准。这是项目成本控制过程模型中的第一步,因为这种控制标准是开展项目成本控制的度量基准。制定项目成本控制标准时不能凭空想象或"拍脑袋"去制定,既要符合组织的项目成本目标或计划,又要符合组织的项目成本、控制能力和项目所处环境与条件的客观情况。

这种标准及其内容和关系如图 6-3 所示。

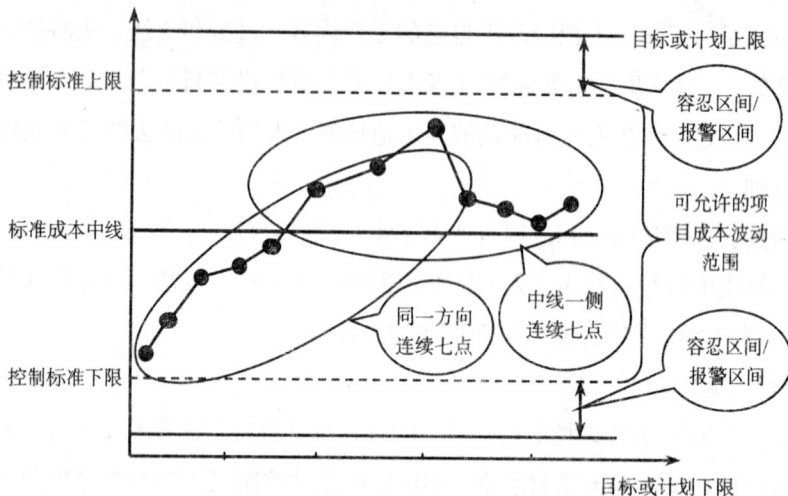

图 6-3　项目成本控制标准及其内容和关系示意图

1）项目成本控制的标准。项目成本控制的标准有两类，一是项目成本控制标准的上限和下限，二是项目成本控制的统计标准或界限，具体分述如下。

a. 项目成本控制标准的上限和下限。人们不能使用项目成本计划或目标来作为项目成本控制的标准，因为那样一旦出现项目成本控制结果超出了标准就会导致项目成本控制失败的后果（如图 6-3 所示）。人们必须在项目成本目标或计划与控制标准上下限之间留出容忍区间/预警区间，以便能及时预警并采取应对措施。

b. 项目成本控制的统计控制标准或界限。当项目成本绩效度量结果出现"同一方向连续七点"或"中线一侧连续七点"的情况（如图 6-3 所示），这些就是项目成本控制的统计控制标准了。按照数理统计的经验公式，这两种连续七点的情况都是"系统偏差"的表现，所以必须及时采取应对措施，否则由于系统误差的惯性会导致既定项目成本冲出了控制标准的上下限。

2）项目成本控制标准的依据。制定上述两种项目成本控制标准的依据有以下几个方面。

a. 项目成本目标或计划。项目成本目标是制定项目成本控制标准的根本依据，因为项目成本控制就是为实现项目目标服务的。项目预算也是重要的依据，因为项目成本计划就是项目成本管理的要求和计划与安排。

b. 国家规定和人们的需求。因为任何组织的项目活动都必须符合国家法律和规定，任何项目相关利益主体的需求也是制定项目成本控制标准的重要依据，因为人们开展项目就是为了满足社会或顾客的需求。

c. 项目成本控制有关文件。这些文件包括项目范围、质量、进度、资源计划等与项目成本控制有关的文件。另外，项目成本绩效度量报告和各种项目预算变更的请求等项目文件则是项目变更后重新制定项目成本控制标准的依据。

（2）使用既定控制标准度量项目实际成本。这是项目成本控制绩效的考核工作，人们借此来发现项目成本控制的偏差、问题和实际结果，具体内容和方法如下。

1）项目成本控制绩效度量的方法。常用的度量方法有项目成本绝对值的度量、项目成本相对值的度量和项目成本平均值的度量三种。其中，绝对值的度量给出项目成本偏差绝对值的大小，相对值的度量给出项目成本偏差相对值的大小（百分比），平均值的度量给出项目成本平均水平偏差的大小（综合单价增减多少）。这些度量结果应编制成项目成本控制报告，即用文字和数据表格等形式给出度量结果。

2）项目成本控制绩效度量的频率。因为项目成本控制及其绩效度量是个动态和不断循环的工作，因此这种度量工作的频率也决定或影响着项目成本控制的效果。若度量的次数过少就无法及时发现和纠正项目成本的偏差而会造成损失，若度量次数过多则会使控制成本大大增加。另外，这种绩效度量也必须有定期和不定期两种，当项目成本控制出问题时人们就必须提高度量的频率，从而更严密地监测项目成本控制工作和其结果的发展变化情况。

（3）比较项目成本控制标准与实际成本并作出分析判断。这是为了发现项目成本控制工作出现的问题和偏差而开展的工作，在这种工作中最重要的是分析和其作出以下几个方面的判断。

1）分析项目实际成本是否存在偏差。如果项目实际成本与控制标准相比较没有偏差人们就不必采取任何措施，反之就必须开展下一步的比较分析和判断。

2）分析出现的偏差是"问题"还是"成就"。人们在发现有偏差后就需进一步分析这种偏差究竟是"问题"还是"成就"。若是"成就"则不必采取纠偏措施，若是"问题"就必须开展更进一步的比较分析和判断。

3）分析偏差问题是否可以进行纠正。如果人们发现偏差是"问题"就必须更进一步地分析这种问题是否能够进行纠正，在项目成本控制中有许多情况是客观环境与条件造成的项目成本偏差，这种项目成本偏差是人们"无能为力"的。

（4）分析项目成本偏差的原因并采取纠偏措施。在发现项目成本控制"问题"后就需要严格区分问题的原因是主观努力不够还是客观环境影响，对于客观环境影响的原因人们需采取"修订项目成本控制标准"的措施，对于主观努力不够的原因人们需采取"分析项目成本偏差的原因"和有针对性地"采取纠偏措施"，具体内容如下。

1）修订项目成本控制标准。当项目成本控制偏差是客观环境造成时人们只能采取这种应对措施，此时需要考虑如何可以通过修订去获得更大的项目价值，只有这样人们才能考虑提高项目成本控制标准的做法。

2）采取项目成本纠偏措施。纠偏措施主要涉及三方面的工作：一是要充分考虑纠偏措施带来的关联影响；二是如何兼顾项目各方和项目的整体利益；三是从多种纠偏措施中选出满意的纠偏措施。

3）重新开始项目成本控制循环。通常，在采取完项目成本控制纠偏措施之后，该项目成本控制过程随即结束而新一轮的项目成本控制过程即时开始。所以，项目成本控制工作在完成了上述控制工作后就需进入新的项目成本控制循环，一直循环往复到整个组织的项目和项目成本目标与计划得以实现为止。

这些项目成本控制的"纠偏措施"的实质是一种项目变更，这包括项目活动实施方法和所需资源种类的变更、项目活动所需资源配置的变更，等等。

6.3 项目成本控制的挣值方法

根据上节项目成本管理原理可知，项目成本控制的关键在于要经常和及时地分析项目实际成本与项目预算的偏差情况以尽早预测和发现项目实际成本中的问题，而这方面最重要的方法就是项目挣值管理方法。这一方法的基本思想是运用统计学的原理，通过引入一个"项目挣值"的中间变量，帮助人们去分析项目实际成本与预算之间的差异并给出项目成本未来发展变化的科学预测。

6.3.1 项目挣值管理方法的原理

这种方法是美国国防部组织专家经多年研究和实践后提出的一套成本确定与控制的方法，它最初被称为"项目成本/进度控制系统规范"（Cost/Schedule Control System Criteria，CSCSC），自 1996 年开放给私营部门而更名为"项目挣值管理"（Earned Value Management，EVM），有关这种方法的讨论如下。

1. 项目挣值的定义

项目挣值的定义可表述为：这是一个表示项目已完成作业量的计划价值的变量，是使用项目计划单价成本乘以给定时间内项目已完成实际作业量的结果，其计算公式如式（6-1）所示：

项目挣值=项目实际完成作业量×项目已完成作业的预算成本

或　　　　　　　　　　　　$$EV = WP \times BC \tag{6-1}$$

式中：EV 的缩写为项目挣值（Earned Value）；WP 为项目实际完成作业量（Work Performed）；BC 为项目完成作业的预算成本（Budget Cost）。

由式（6-1）可以看出，项目挣值实际上是一个没有量纲和具体经济含义的变量，所以项目挣值只是一个在统计分析方法中的综合指数编制过程中引入的中间变量。

2. 项目挣值的内涵

项目挣值是按统计学综合指数编制与分析的原理及企业经营活动分析的因素替代原理建立的中间替代变量，有关项目挣值的具体说明和论证如下。

若某综合变量 F 是由质量变量 P 和数量变量 Q 相乘构成的，如式（6-2）所示：

$$F = P \times Q \tag{6-2}$$

若以 F_0、P_0 和 Q_0 表示这三个变量的计划值，F_1、P_1 和 Q_1 表示这三个变量的实际值，则综合变量 F 的计划值 F_0 和实际值 F_1 的表达式如式（6-3）所示：

$$F_0 = P_0 \times Q_0, \quad F_1 = P_1 \times Q_1 \tag{6-3}$$

将 F 的计划值 F_0 与实际值 F_1 相比就可得到综合指数 E，如式（6-4）所示：

$$E = F_1 / F_0 = (P_1 \times Q_1) / (P_0 \times Q_0) \tag{6-4}$$

根据统计学综合指数的原理，在引入不同中间变量后可得到不同的综合指数 E_p 和 E_q，当引入中间变量为 $(P_0 \times Q_1)$ 时的 E_q 具体如式（6-5）所示：

$$E_q = \{(P_1 \times Q_1) / (P_0 \times Q_1)\} \times \{(P_0 \times Q_1) / (P_0 \times Q_0)\} \tag{6-5}$$

式（6-5）中两部分乘式的具体说明如下。

（1）式（6-5）中的 $\{(P_1 \times Q_1) / (P_0 \times Q_1)\}$。该式表示综合变量 F 在其数量指标 Q 固定在 Q_1 水平情况下，因质量指标 P 从 P_0 变化到 P_1 而造成 F 的相对差异或变化幅度。若使用这两部分相减，则有绝对差异，如式（6-6）所示：

$$\{(P_1 \times Q_1) - (P_0 \times Q_1)\} \tag{6-6}$$

该式表示综合变量 F 在其数量指标 Q 固定的情况下，因质量指标 P 从 P_0 变化到 P_1 所造成综合变量 F 的绝对量差异。

（2）式（6-5）中的 $\{(P_0 \times Q_1) / (P_0 \times Q_0)\}$。该式表示综合变量 F 在其质量指标 P 固定在 P_0 水平时，因数量指标 Q 从 Q_0 变化到 Q_1 而造成综合变量 F 的相对差异或变化幅度。若使用这两部分相减，则有绝对差异，如式（6-7）所示：

$$\{(P_0 \times Q_1) - (P_0 \times Q_0)\} \tag{6-7}$$

该式表示综合变量 F 在其质量指标 P 固定在 P_0 水平时，因数量指标 Q 从 Q_0

变化到 Q_1 所造成综合变量 F 的绝对量差异或变化程度。

3. 项目挣值管理方法的原理

使用上述统计方法，则式（6-1）所代表的项目挣值如式（6-8）所示：

$$EV=（P_0×Q_1）\tag{6-8}$$

由式（6-8）可知，项目挣值是综合指数的中间变量，其质量指标 P_0 是项目已完成作业的预算成本（Budget Cost，BC），而其数量指标 Q_1 是项目实际已完成的作业量（Work Performed，WP）。引入项目挣值这一变量的根本目的是对因项目实际的作业量（Q_1）和项目成本与价值（P_0）的变动所导致或造成的项目绩效的相对与绝对差异进行分析。

所以，人们在使用项目挣值管理方法时，首先要将项目成本固定在预算水平（P_0）上去分析和比较项目的作业量从计划水平（Q_0）变化到实际水平（Q_1）所造成的变动结果；然后，人们要将项目的作业量固定在实际水平（Q_1）上去分析和比较项目成本或价值从计划水平（P_0）变化到实际水平（P_1）所造成的结果。借此去找出项目在成本与项目时间管理的问题，并预测项目成本与项目时间的发展变化。

6.3.2 项目挣值管理的绩效评估方法

使用项目挣值管理方法去开展项目成本绩效考核与分析会涉及三个具体变量，且需要分析和计算三个绝对差异分析和两个相对差异分析的变量与结果，具体内容如下。

1. 项目挣值管理的三个关键变量

项目挣值管理方法中的三个关键变量分别如下。

（1）项目计划成本（Budgeted Cost of Work Scheduled，BCWS）。这是按照项目预算成本 BC（Budgeted Cost）乘以项目计划工作量 WS（Work Scheduled）而得到的一个项目计划价值（Plan Value），其计算公式如式（6-9）所示：

$$项目计划价值=项目预算价值×项目计划工作量$$

或
$$PV=BC×WS\tag{6-9}$$

（2）项目挣值（Budgeted Cost of Work Performed，BCWP）。这是按照项目预算成本 BC（Budgeted Cost）乘以项目实际完成工作量 WP（Work Performed）而得到的一个项目价值或成本的中间变量 EV（Earned Value），具体公式如式（6-10）所示：

$$项目挣值=项目预算成本×项目实际工作量$$

或
$$EV= BC×WP\tag{6-10}$$

（3）项目实际成本（Actual Cost of Work Performed，ACWP）。这是按项目实际发生成本 AC（Actual Cost）乘以项目实际已完成工作量 WP（Work Performed）得到的项目成本实际值（ACWP），其具体公式如式（6-11）所示：

$$项目实际成本=项目实际成本或价值×项目实际工作量$$

或
$$ACWP= AC×WP \tag{6-11}$$

这三个项目挣值管理方法的指标都是项目成本绩效分析中使用的基本变量，它们是根据不同的项目成本和项目作业量指标计算获得的，这些项目挣值管理方法的变量分别反映了项目成本，以及项目作业量或工期的计划与实际水平。

2. 项目挣值管理的绩效分析绝对差异变量

根据上述项目挣值管理的三个关键变量，人们就可以使用统计综合指数编制的方法，计算出下述三个项目成本与项目工作量或进度的绩效分析中的绝对差异指标。

（1）项目成本/进度的绝对差异（Cost Schedule Variance，CSV）。该项目绩效考核指标的具体计算如式（6-12）所示：

$$CSV=PV-ACWP=BCWS-ACWP \tag{6-12}$$

项目成本/进度绝对差异是一个项目绩效总体的绝对差异指标，它反映了项目计划作业量的预算成本与项目实际已完成作业量的实际成本之间的整体绝对差异，即项目成本指标从预算值变化到实际值再加上项目工作量或进度指标从计划作业量变化到实际已完成作业量这两个项目绩效影响因素的综合变动所造成的项目绩效绝对变化。这一指标值为正则表示项目绩效好，反之则表明项目绩效有问题。

（2）项目成本的绝对差异（Cost Variance，CV）。该项目绩效考核指标的具体计算公式如式（6-13）所示：

$$CV=EV-ACWP=BCWP-ACWP \tag{6-13}$$

项目成本的绝对差异也是一个项目挣值管理方法的绝对差异指标，它反映了项目实际已完成作业量的预算成本与项目实际已完成作业量的实际成本之间的绝对差异情况。这一项目绩效指标剔除了项目作业量变动的影响，单独反映项目预算和项目实际成本的差异。同样，这一指标值为正表示项目成本管理绩效好，反之则表明项目绩效不好或项目成本管理出问题了。

（3）项目进度的绝对差异（Schedule Variance，SV）。该项目绩效考核指标的具体计算公式如式（6-14）所示：

$$SV=EV-PV=BCWP-BCWS \tag{6-14}$$

项目进度的绝对差异同样是一个项目挣值管理方法的绝对差异指标，它反映了项目计划作业量或进度的预算成本与项目挣值之间的绝对差异。这一指标剔除了项目成本变动的影响，独立地反映了项目计划作业量与项目实际已完成作业量给项目成本带来的影响和变化。同样，这一指标值也是为正则好，反之则表明项目工程量或工期管理方面出现了问题。

综上所述，引入项目挣值这一变量即可实现对项目成本管理绩效和项目工作量或工期管理绩效的相互独立分析，解决了以前在项目绩效分析中将这两方面相互混淆的问题。所以，项目挣值管理方法是一种很好的项目绩效考核和项目绩效变动原因分析的方法，这种方法在很大程度上促进了项目成本管理的发展与进步。

3. 项目挣值管理的绩效分析相对差异变量

根据上述项目挣值管理三个绝对差异指标，人们可以使用统计学综合指数编制与分析的方法计算出项目成本与进度管理绩效分析中的以下两个相对差异指标。

（1）项目成本绩效指数（Cost Performance Index，CPI）。该项目绩效考核指标的具体计算公式如式（6-15）所示：

$$CPI = EV/ACWP=BCWP/ACWP \qquad (6\text{-}15)$$

该指标的含义是：项目实际已完成作业量的实际成本与项目实际已完成作业量的预算成本二者的相对差异值。这一指标剔除了项目作业量或进度变化的影响，单独度量了项目成本管理或控制工作的绩效情况。这一指标的值大于1则表示绩效好，反之则表明项目成本管理出现了问题。

（2）项目计划完工指数（Schedule Performance Index，SPI）。该项目绩效考核指标的具体计算公式如式（6-16）所示：

$$SPI=EV/PV=BCWP/BCWS \qquad (6\text{-}16)$$

该指标的含义是：项目挣值指标与项目计划作业的预算成本或价值指标二者间的相对差异。这一指标剔除了项目成本变动的影响，单独度量了项目作业量从计划水平变化到实际水平对于项目成本的相对影响程度。这一指标的值大于1则表示绩效好，反之则表明项目工程量或进度管理出了问题。

4. 项目挣值管理的绩效分析变量图示说明

有关上述项目挣值管理方法的三个基本变量及其相对和绝对差异分析指标的示意图如图6-4所示。图6-4给出了项目挣值管理各方面绩效分析的几何图示说明。

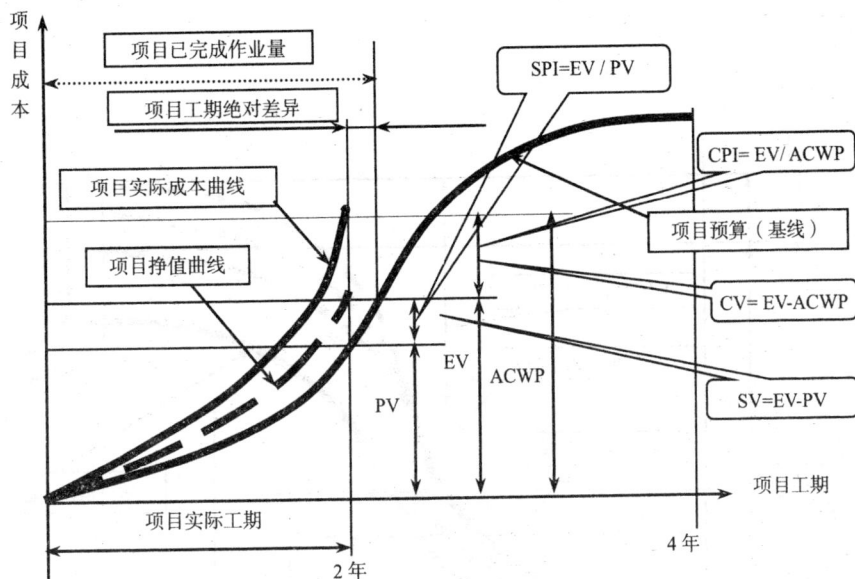

图 6-4 项目成本挣值管理方法的示意图

图6-4中给出了使用项目挣值管理方法去开展项目绩效分析过程中的各个相对和绝对变量指标的示意。显然，这种方法不但能够明确而清楚地区分出项目工程量或工期管理的问题和项目成本控制问题所造成的项目成本绝对与相对差异，而且能够使用几何方法给出项目挣值管理方法中各项指标的图示。这对于指导人们开展项目成本和项目进度管理是非常重要的，因为根据项目挣值管理方法的绩效差异分析所揭示的原因和后果，人们就可以去采取相应的控制和管理措施了。

当然，项目挣值管理的绩效分析方法也有缺陷，有关这些缺陷，编者先后发表学术文章进行过讨论，并且还讨论了项目挣值管理的改进方法。

6.3.3 项目挣值管理的预测评估方法

项目挣值管理方法的另一个用途是预测项目成本的未来发展变化程度和趋势，为项目成本控制和项目资金筹措指明方向和提供支持。图 6-5 给出了当一个项目的实施进行到日历时间两年的时候，人们预测项目完工时的成本的三种不同情况和方法，具体说明如下。

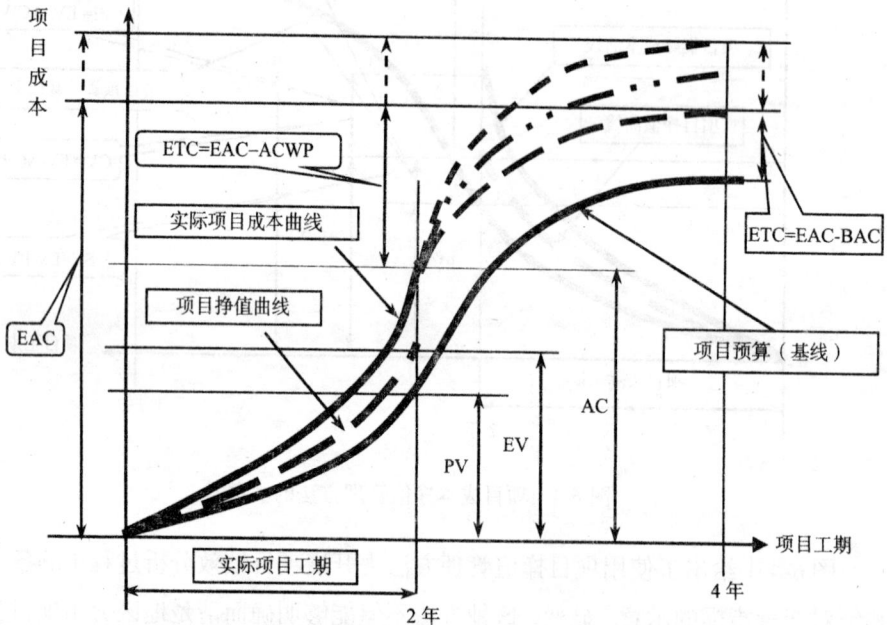

图 6-5　项目挣值管理中的项目成本预测分析示意图

1. 第一种项目完工时的成本的预测方法

这种项目成本的预测方法的假设前提是：项目未完工部分的任务是按照目前项目的实际效率实施并去完成的，具体说明如下。

（1）这种预测方法的公式和说明。这种预测方法的计算公式如式（6-17）所示：

$$EAC=AC+（BAC-EV）／CPI \tag{6-17}$$

式中：EAC 为到项目完工时的成本或价值预算（Estimate at Completion），它是根据项目的实际绩效情况对项目未来总的成本或价值所作的一种预测；AC 为项目实际已发生的成本（Actual Cost）；BAC 为项目成本的总预算（Budget at Completion），它是项目全部工作的原有预算。

（2）这种预测方法的问题和说明。这种预测方法中关于项目最终成本的预测分析存在两个问题或缺陷：一是其"假定项目未完工部分的任务是按照目前项目的实际效率进行"本身存在问题，因为项目各种环境与条件都会发生变化，特别是当项目成本绩效出现差异并采取了纠偏措施以后，此时人们没有办法继续按照此前的项目实际效率去完成项目未完工部分的任务；二是由图 6-5 中可以看出项目成本与项目时间的几何描述是一种"S"曲线（因为多数项目在实施阶段所花费成本为最多，而在项目开始和结束阶段所花费的成本较小），但是式（6-17）给出的是一种直线插补的预测公式（式中的 1 / CPI 是直线插补的斜率），所以使用这种预测方法会出现较大的预测误差。

2. 第二种项目完工时成本的预测方法

这种项目成本预测方法的假设前提是：假定项目未完工部分的任务是按照原有项目的计划效率实施并完成的。

（1）这种预测方法的公式和说明。这种预测方法的计算公式如式（6-18）所示：

$$EAC=AC+BAC-EV \tag{6-18}$$

式中：EAC 为到项目完工时的成本或价值预算（Estimate at Completion），它是根据项目的实际绩效情况对项目未来总的成本或价值所作的一种预测；AC 为项目实际已发生的成本（Actual Cost）；EV 为项目挣值（Earned Value）；BAC 为项目成本的总预算（Budget at Completion），它是项目全部工作的原有预算。

（2）这种预测方法的问题和说明。这种预测方法也存在两个重要的缺陷：一是其"假定项目未完工部分的任务是按照原有项目的计划效率去进行"存在问题，因为项目各种环境与条件都会发生变化，人们不可能继续按原有项目计划的效率去完成项目未完工部分的任务；二是式（6-18）所给出的项目成本预测方法只考虑和计入了项目成本已发生的差异，但没有计算和预测项目后续阶段将会发生的成本差异，所以这种方法也有较大缺陷。

3. 第三种项目完工时成本的预测方法

这种方法的项目成本预测方法的假设前提是：人们需要重新估算项目未完工部分的任务，从而作出该项目未来成本的预测。

（1）这种预测方法的公式和说明。这种全面重估项目剩余工作成本或价值的预测方法的具体公式如式（6-19）所示：

$$EAC=AC+ETC \tag{6-19}$$

式中：EAC 为到项目完工时的成本或价值预算（Estimate at Completion），它是根据项目的实际绩效情况对项目未来总的成本或价值所作的一种预测；AC 为项目实际已发生的成本（Actual Cost）；ETC 为根据实际发生情况去全面重新估算项目剩余工作的成本（Estimate to Completion）。

（2）这种预测方法的优点和说明。这种方法是在人们分析了项目实际成本或价值绩效情况的基础上，进一步预测分析项目成本的发展变化趋势，并最终按照重新估算项目剩余工作的成本并给出项目全部成本预测的方法。这种预测方法有两个优点：一是其假设前提是正确的，既然项目环境与条件已经发生变化了，就应该按照发展变化后的项目环境与条件去重新估算剩余项目工作的成本；二是这种方法的项目成本预测精度较高，因为项目计划成本是在项目起始之前使用全部假设或预测数据作出的估算和预算，而现在按照项目此前已发生实际成本数据去开展项目"新起点"的预测，其项目成本的预测结果肯定较前两种预测方法精确得多。

同样，项目挣值管理的预测分析方法中也存在一些缺陷和不足，为此，编者也作了较多和较深入的研究，读者若有兴趣可以作进一步的相关阅读。

6.3.4 项目挣值管理方法的案例分析

为了更好地说明项目挣值管理方法的具体应用，现以下面的案例为例而作具体的计算和分析说明。

1. 案例情况介绍

案例是一项路桥的工程建设项目，具体情况说明如下。

（1）项目的计划成本或造价成本（PV）为 12 000 万元。

（2）项目实施到两年的时候，在这个时点上的项目计划成本应该是 3 000 万元，但是项目的实际成本为 6 000 万元。

（3）造成这种项目成本差异的根本原因有两个方面：其一是项目实施完成的工程量比计划工程量的价值多出了 1 000 万元；其二是因为项目变更和物价上涨等原因而造成了项目实际成本支出多了 2 000 万元。

（4）此时项目业主要求使用挣值管理方法分析项目的绩效差异原因和预测未来所需增加的项目造价或成本情况。

（5）项目成本总预算为 10 000 万元，即按照项目原定预算或造价项目到完工时的预算（BAC）为 10 000 万元。显然，由于项目进展到一半时间的时候就已经实际花费了 6 000 万元，所以原定计划或预算的 10 000 万元必须进行变更，因此项目业主要求项目承包商使用项目挣值管理方法的三种预测办法，给出项目到完工时的预算（EAC）的预测和分析。

2. 案例项目绩效分析

根据项目业主的要求，项目承包商使用挣值管理方法作出了相应的项目绩效分析报告，具体请见图 6-6 及其后的分析说明。

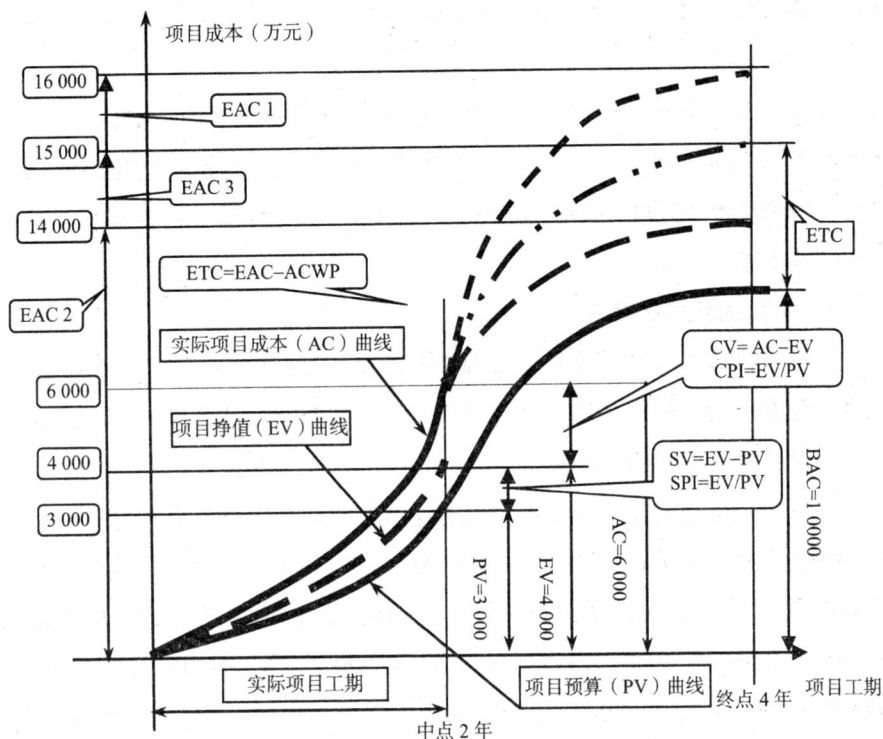

图 6-6　项目挣值管理方法的案例分析示意图

（1）项目成本/进度的绝对差异。按照项目挣值管理的方法可知：CSV= PV–AC。根据本项目的实际情况可知该项目的成本/进度的综合绝对差异，即 CSV–3 000 万元（3 000–6 000）。这说明项目成本与进度的综合绩效差异为超支 3 000 万元。

（2）项目成本的绝对差异。按照项目挣值管理的方法可知：CV=EV–AC。根据本项目的实际情况可知该项目的成本绝对差异，即 CV–2 000 万元（4 000–6 000）。这说明项目的成本绩效差异为超支 2 000 万元，这是因为项目变更和物价上涨等原因而造成了项目实际成本支出多了 2 000 万元。

（3）项目进度的绝对差异。按照项目挣值管理的方法可知：SV= EV–PV。根据本项目的实际情况可知该项目进度造成的成本支付出现的绝对差异，即 SV 1 000 万元（4 000–3 000）。这说明项目的进度大大提前，所以项目因多完成了工程量而出现绩效差异为多支付工程款 1 000 万元，通常这是项目进度管理的"成就"（而不是一般的成本超支）。

（4）项目成本绩效指数（CPI）。按照项目挣值管理的方法可知：CPI= EV/AC。根据本项目的实际情况可知，由于该项目成本绩效存在绝对差异，所以其项目成本绩效指数的相对指标 CPI 0.6667（4 000/6 000）。这说明项目的成本绩效存在问题，因为其 CPI 小于 1。

（5）项目计划完工指数。按照项目挣值管理的方法可知：SPI= EV/PV。根据本项目的实际情况可知，该项目的计划完工的绩效存在有绝对差异，所以其项目计划完工指数 SPI =4 000/3 000=1.333 3。这说明项目进度管理存在较大"成就"，因为项目其 SPI 大于 1。

3．案例项目成本预测

为了项目成本后续管理和项目筹资的需要，项目业主要求项目承包商按照项目挣值管理方法的三种不同办法给出项目完工时的总预算的预测。三种不同预测方法的结果及其相应的说明分述如下。

（1）第一种项目完工时成本预测方法的结果。按照项目挣值管理的方法可知：第一种项目完工时成本的公式为 EAC=AC+（BAC–EV）/CPI。根据本项目的实际情况可知，该项目的 AC 为 6 000 万元，而 BAC 为 10 000 万元，EV 为 4 000 万元，而 CPI 为 0.666 7。因此，该项目的 EAC =6 000 万元+（10 000 万元–4 000 万元）/0.666 7=6 000 万元+9 000 万元=15 000 万元。如前所述，这种方法预测得到的项目完工时成本值是有较大误差的。

（2）第二种项目完工成本的预测方法的结果。按照项目挣值管理的方法可知：第二种项目完工时成本的公式为 EAC= AC+BAC–EV。根据本项目的实际情况可知，该项目的 AC 为 6 000 万元，而 BAC 为 10 000 万元，EV 为 4 000 万元。因此，该项目的 EAC 120 000 万元（6 000 +10 000–4 000）。同样，这种方法预测得到的项目完工时成本值是有较大误差的。

（3）第三种项目完工时成本预测方法的结果。按照项目挣值管理的方法可知：第三种项目完工时成本的公式为 EAC= AC+ETC。根据本项目的实际情况可知，该项目的 AC 为 6 000 万元，根据实际发生情况去全面重新估算项目剩余工作的成本（ETC）为 9 000 万元。因此，根据第三种项目完工时成本预测方法的结果是 150 000 万元（6 000+9 000）。由此可见，这种方法预测得到的项目完工时成本值介于前两者之间。

（4）三种项目完工时成本预测方法的结果比较。上述三种项目完工时成本预测方法所给的结果是不一样的，其中第一种方法给出的预测结果是 16 000 万元，是三种里面最高的（最保守）；第二种方法给出的预测结果是 12 000 万元，是三种之中最低的（最激进）；第三种方法的预测结果介于两者之间是 15 000 万元，由于这种方法是将后续项目实施工作按照基于活动的成本估算和预算法作出的，所以应该是最为科学的。

4．案例项目成本绩效和预测分析的图示

上述有关案例项目成本绩效分析和项目完工时成本预测分析的图示如图6-6所示，由该图中可以看出项目预算（PV）曲线、项目挣值（EV）曲线和项目实际成本（AC）曲线，它们构成了项目成本和进度实施绩效的实际和计划情况的两维坐标平面几何的描述。同时，它们之间的绝对差异分析和相对差异分析也都在图中给出了。尤其需要指出的是，有关项目挣值管理方法的三种项目完工时成本预测分析的曲线和结果，也十分清晰地在该图中给出了两维坐标平面几何的描述。这使得人们对于项目成本和进度管理的绩效情况有了形象而直观的认识，可谓一切尽可"一目了然"，这就是项目挣值管理方法的最大优越性，因为这种方法既可以使用上述数字统计或解析给出理性的分析和说明，又可以使用两维坐标平面几何的方法描述出这些项目成本与进度管理的差异和预测结果。

6.3.5　项目挣值管理方法的适用与改进

实际上项目成本控制中的绩效分析和预测方法还有很多，但由于项目挣值管理方法是专门针对项目成本和时间管理绩效的评估和预测方法，因此这种方法现在在国际上是通用的，但这种方法也有其适用条件和可改进之处。

1．项目挣值管理方法适用的项目合同模式

美国国防部等单位使用项目挣值管理方法最多，他们用这种方法去管理和控制国防装备采购项目的成本与进度，因为这种方法最适用于带研发性质的项目。

（1）项目挣值管理方法适用的合同模式。由于美国国防部等在国防装备采购等项目中存在大量的研发课题或过程，因此他们多采用"成本加成+奖励"的项目合同模式，这就决定了项目挣值管理方法更适用于采用"成本加成+奖励"的项目合同模式的项目成本控制。所以，美国国防部等使用项目挣值管理方法去评估其承包商的项目成本控制绩效，它要求承包商按照规定周期和项目挣值管理方法的指标报告项目成本绩效，以便双方能够按照考核结果进行项目成本结算。同时，美国国防部等使用项目挣值管理方法预测未来的项目成本，以便美国国防部等能够按照这种项目成本预测结果去进行追加预算。他们多年的实践表明，这种方法的项目成本绩效评估和预测结果是可信和有效的。

（2）项目挣值管理方法在其他合同模式中的应用。除了"成本加成+奖励"的项目合同模式以外，常用的项目合同模式还有"固定总价"和"综合单价"两种。

在使用这两种项目合同模式的时候，项目挣值管理方法就有局限性了。因为对于使用"固定总价"的项目合同模式来说，按照项目合同约定其项目总价是固定不变的，所以项目业主没有必要要求承包商按照项目挣值管理方法报告项目成本绩效和预测项目成本未来的变化情况。但是此时项目承包商需要使用项目挣值管理的方法，去开展自己项目成本绩效分析和项目成本预测，但这与上述美国国防部的用途和做法会有所不同。

同样的，对于使用"综合单价"的项目合同模式来说，由于按照项目合同约定的项目综合单价是固定不变的，所以此时项目业主更关心项目工程量（而不是综合单价）方面的情况，即项目进度绩效及其预测情况，因为项目工程量的变化决定了项目业主应支付多少成本。例如，我国 GB 50500—2013 就规定，该规范适用于项目是按照"综合单价"去考核和结算的情况，此时项目承包商可以使用项目挣值管理方法去开展项目成本绩效分析和项目成本预测，但是在做法上需要有所不同。

2. 项目挣值管理方法要求的预测分析的前提条件

项目挣值管理方法中的预测分析也是有前提条件的，在不能够满足这些条件和要求的情况下这种预测的精确度会十分有限。

（1）项目成本预测的历史数据条件和要求。使用项目挣值管理方法去预测项目成本未来的发展变化（ETC 和 EAC），前提条件或要求是要有足够的项目实际数据的累积。按照统计学要求，只有样本数据足够大的时候，人们利用趋势外推等方法作出的预测才会具有较好的精确度。所以，使用项目挣值管理方法去预测项目成本未来发展变化只有在项目已经实施了一段时间、已经积累了相应的项目成本实际数据以后才会有效。通常，这要求项目应实施了全部工程量的30%以上，最低限度要求项目必须实施了全部工程量的17%以上。

（2）项目工期（工程量）预测的要求和条件。使用项目挣值管理方法也可预测项目工期的未来发展变化情况，但是预测项目工期未来发展变化情况的前提条件也是一定要有足够的项目实际数据累积，因为只有这样人们利用趋势外推等方法作出的预测才会具有较好的精确度。同样，这也要求项目实施了30%以上的工程量，最低限度也要实施了全部工程量的17%以上。

3. 项目挣值管理方法中的简化及改进

如上所述，现有项目挣值管理方法存在某些缺陷，它简化掉了项目质量、项目范围和项目所需资源价格变化等方面的影响，因此需要对项目挣值管理方法进行改进，以便按照更高的集成度去综合评估和预测项目实施绩效。

（1）项目挣值管理方法的假设与简化分析。实际上项目挣值管理方法把项目范围、项目质量、项目所需资源价格等要素的影响给简化了，结果就剩下了项目成本和进度两要素集成的项目绩效和预测分析。这种简化的客观原因是因为人们只能使用两维坐标的平面几何描述给出项目成本和进度两要素的综合绩效情况（"S"曲线），而无法使用几何描述给出多维空间的项目多要素的综合绩效，所以就对原本复杂的项目多要素综合绩效评估问题进行简化，结果项目范围、质量和资源价格等要素对于项目绩效的影响就被简化掉了。

当然，这种简化有三方面的前提条件：一是假定项目质量是不可变更的（多数国防装备项目的确是这样）；二是项目范围变化对项目绩效的影响加入到了项目成本的增减之中；三是项目资源价格涨跌的影响也并入到了项目成本的增减之中。正是由于这些简化的前提条件使得项目质量、项目范围和资源价格要素被简化掉了，有关这种简化的示意如图 6-7 所示。

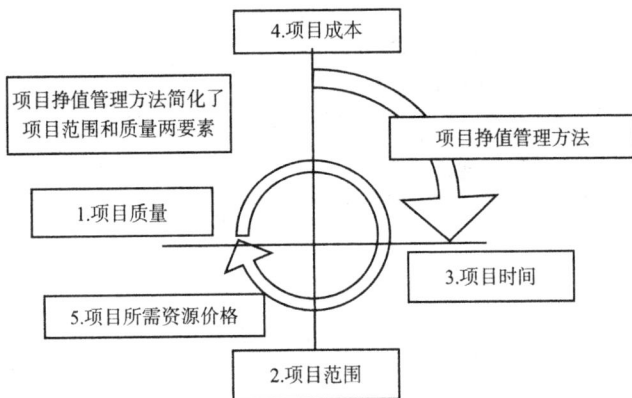

图 6-7　项目挣值管理方法的要素简化示意图

（2）项目挣值管理方法的全面改进。由于项目挣值管理方法只有项目成本和项目时间两维变量，而如果要想增加项目质量、项目范围和资源价格要素的影响就需要有五个变量的项目绩效综合考核和预测的方法。由于任何项目质量的变化都可以转化成项目范围的变化，所以使用项目成本、进度、范围和资源价格的四个变量的项目绩效综合考核和预测的方法即可满足需要。但是，由于是四个变量就无法使用平面几何的描述方法，而只能用多变量解析的项目绩效分析和预测方法。

（3）改进后的项目挣值管理方法描述。这种项目绩效评估的全面集成原理可以由式（6-20）和式（6-21）给出，其最主要的变化是在综合指数编制中插入了类似于项目挣值的三个中间变量，由此即可作出项目四要素的专项和集成绩效评估，具体公式如下：

$$EV = \frac{S_1 T_1 C_1 P_1}{S_0 T_0 C_0 P_0} \qquad (6\text{-}20)$$

$$EV = \frac{S_1 T_0 C_0 P_0}{S_0 T_0 C_0 P_0} \times \frac{S_1 T_1 C_0 P_0}{S_1 T_0 C_0 P_0} \times \frac{S_1 T_1 C_1 P_0}{S_1 T_1 C_0 P_0} \times \frac{S_1 T_1 C_1 P_1}{S_1 T_1 C_1 P_0} \qquad (6\text{-}21)$$

式中：S 为项目范围；T 为项目进度；C 为项目成本；P 为项目资源价格；下脚标 "0" 代表指标的计划水平；下脚标 "1" 代表指标的实际水平。

虽然使用平面两维坐标系描述一个四维空间的情况是不严谨的，但是为了直观 说明这四个要素之间的关系，作者借助项目挣值管理方法给出了图 6-8 的示意。

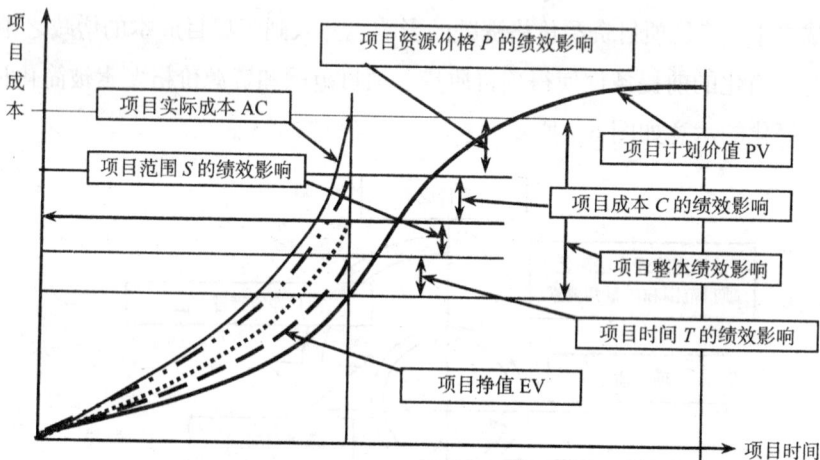

图 6-8 使用两维坐标给出的项目四要素绩效集成评估原理示意图

由图 6-8 和式（6-21）可以看出，项目实际成本的发展变化是由项目四方面要 素发展变化结果造成的，人们只有严格区分项目这四种要素带来的影响，才能够科 学地做好项目绩效评估和预测分析。

6.4　基于活动的项目成本控制方法

在所有项目成本控制工作中项目承包商的支出控制是最基础的控制，主要是 由于项目承包商付出了项目实施的成本。因此，项目承包商的支出控制是项目成 本控制的"重中之重"，而这种成本控制最重要的方法就是基于活动的项目成本 控制方法。

6.4.1 基于活动的项目成本控制模型

根据对前面基于活动的项目成本核算和管理方法的讨论可知,面向项目承包商支出成本的这种基于活动的全过程成本控制模式与方法的基本指导思想是,项目成本是因为人们开展项目活动占用和消耗资源所导致的,所以使用基于活动的管理模式和方法使人们能够更好地实现对项目成本的管理与控制。基于活动的项目成本控制的模型可用图 6-9 给出示意如下。

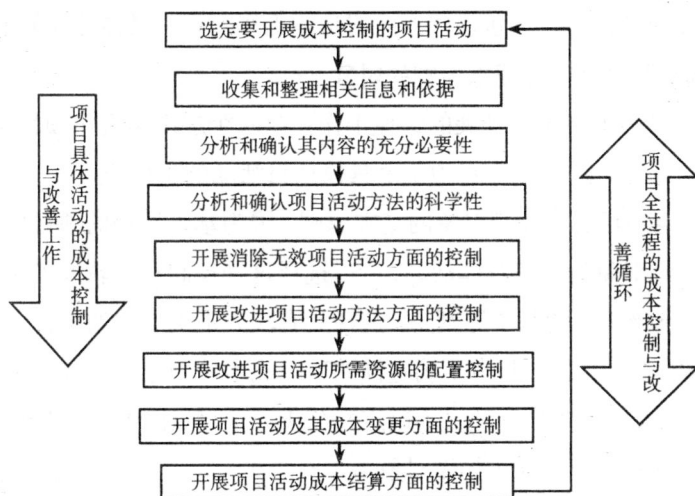

图 6-9 基于活动的项目成本控制模式的过程模型

从图 6-9 中的模型可以看出,这种基于活动的项目成本控制模式和方法是一种不断循环的动态控制模式。这种模式和方法包括项目具体活动的成本控制与改善工作及项目全过程的成本控制与改善循环。

1. 项目具体活动的成本控制与改善工作

项目具体活动的成本控制与改善工作过程包括:从选定要开展成本控制的项目活动,到开展项目活动成本结算方面的控制,总计九项具体的项目成本控制工作(如图 6-9 所示)。这一过程是针对选定的某个项目具体活动而开展的全部项目成本控制具体工作,因此在图 6-9 中给出了一个自上而下的箭头并附上了文字说明。

2. 项目全过程的成本控制与改善循环

如图 6-9 所示,项目全过程的成本控制与改善过程包括两个循环:一是在项目全过程中选定所要开展成本控制的项目具体活动的循环;二是在项目全过程中每过一段时间就开展一次选定所要开展成本控制的项目具体活动的循环。因此在图 6-9

中不但给出了一个双向的箭头并附上了文字说明，而且还给出了从选定要开展成本控制的项目活动到开展项目活动成本结算方面的控制的项目具体活动成本控制与改善的过程循环。由此可知，项目全过程的成本控制与改善过程就是由一个个的项目具体活动的成本控制与改善工作过程构成的。

6.4.2 项目成本控制对象的选定与信息收集

这一模式和方法首先是选定开展项目成本控制的具体对象（具体的项目活动）并收集其相应的信息，这包括两方面的具体工作内容，具体分述如下。

1. 选定要开展项目成本控制的对象

这包括在两个层次上开展的选择工作：第一个层次是选定项目工作包的工作；第二个层次是选定项目工作包中某个具体项目活动的工作。

（1）选定项目成本控制对象的基本原则。因为基于活动的项目成本管理的模式和方法的控制对象是项目具体活动，所以选择这种控制对象就成了该方法中的重要工作。这种选择工作的基本原则是：选择具有较大不确定性的项目活动作为项目成本控制对象。如前所述，只有不确定性的项目成本控制才会收到真正的项目成本控制效果，因此人们需要借助项目不确定性分析和项目风险的识别与度量去找出开展项目成本控制的具体活动（控制对象）。

（2）选定项目成本控制对象的基本方法。为了选出具有较大不确定性的项目活动作为项目成本控制对象，人们需要使用项目活动风险识别与度量的方法，去选择出那些不确定性成本发生概率高、发生数额大、发生时间近、会引发关联风险成本发生的项目活动作为项目成本控制对象。这首先需要使用风险识别方法去找出项目活动存在的风险情况，然后使用风险度量方法分析并找出这些项目活动的风险发生概率和风险发生后果的损益情况（风险收益还是分析损失），以及项目活动的风险发生时间（时间越近的越需控制）和项目活动风险可能会引发的各种关联风险情况（多米诺骨牌效应）。人们需要使用这些项目活动风险识别与度量的方法去找出真正需要控制的对象。

2. 收集和整理相关信息和依据

这种项目成本控制模式和方法在选定项目成本控制的具体项目活动以后，就需要去收集该项目具体活动的相关信息和分析预测的依据，具体如下。

（1）项目活动的成本控制目标和计划。这是项目承包商支出预算中给出的项目活动成本目标和计划，但是很少有哪个项目是完全按照项目原定成本预算或计划去完成的，所以各种新增或修订原有项目活动成本的预算信息也是对项目活动成本进行有效控制的依据。

（2）项目活动成本的主观和客观变更。任何项目活动变更都会造成项目活动成本的变动，不管谁造成的项目活动变更都必须考虑由此给项目活动成本带来的影响，所以包括项目活动变更、项目活动成本变更和项目活动其他方面的变更文件都是项目活动成本控制的根本依据。

（3）项目活动成本控制的绩效情况。项目活动成本控制的绩效情况是指对于已经开展了的项目活动所作的成本控制绩效评价的信息，它可以是本项目前期项目活动成本控制的绩效情况，也可以是历史项目类似项目活动成本控制的绩效情况。这种信息通常要给出项目活动成本的预算额和实际额及二者的差异及其原因分析。

（4）项目活动成本控制的具体要求。这是在选对项目成本控制对象以后制定的，它是人们判断项目活动实际成本是否处于受控状态的具体指标和要求（控制标准）。如图 6-3 所示，这种项目活动成本控制标准（或界限）是作为发出项目成本失控报警信号用的，据此人们就可以采取纠偏措施而使项目活动成本得以控制（具体说明见图 6-3 下面的内容）。

（5）项目活动成本的上期预测信息。项目活动成本控制的上期预测数据和信息也是项目成本控制的重要信息和依据，这包括根据上期的项目活动各要素发展变动的预测信息和上期的项目活动成本发展变化预测信息。这些信息可用于分析项目活动实际成本发展变化趋势和结果。

6.4.3　项目活动及其方法的分析和优化

基于活动的项目成本控制方法的第二项工作也包括两项内容：一是分析项目具体活动的充分必要性；二是对分析项目具体活动方法的科学性和适用性的分析。

1. 分析和确认项目活动的充分必要性

如前所述，任何项目活动及其步骤的充分性和必要性分析是项目成本确定和控制的首要任务，因为如果项目活动及其步骤不充分或不必要都会造成项目成本和价值的损失。有关人们动态开展项目活动充分必要性分析的细节，已在前面基本原理中作了讨论，这里不再赘述。

2. 分析和确认项目活动方法的科学性和适用性

在分析和确认了项目活动及其步骤的充分必要性以后，人们还需要分析和确认项目活动方法的科学性和适用性，因为如果项目活动方法不当也会造成项目成本和价值损失。这种分析也必须是动态的，即要根据项目活动环境和条件的变化去分析既定项目活动方法的科学性和适用性，从而通过改善项目活动方法去实现节约成本和提高价值的目的。

6.4.4 开展改进项目活动所需资源的配置控制

基于活动的项目成本控制模式和方法的第三项工作也包括两项内容：一是开展项目活动所需资源的配置分析；二是开展改进和优化项目活动所需资源的配置过程。

1. 开展项目活动所需资源的配置分析

开展项目活动所需资源配置分析是为通过改进项目活动所需资源的配置去实现控制项目成本的目的所做的前期工作，因为即使项目活动及其方法都是充分必要和科学正确的，项目活动仍然有可能因资源配置不当而造成项目成本的提高和项目价值的降低，有关这方面的分析工作如下。

（1）对项目所需资源寻求与采购过程的分析。这也是由一系列活动和步骤构成的，所以也会造成项目成本，也需要开展全面的控制。所以，要分析和找出在项目所需资源的寻求与采购的过程中，从计划制订到供应商或分包商的寻找和询价，以及供应方案的选择和项目采购合同的签署与履约管理工作的哪一步需要改进，以便实现对项目成本的有效控制。

（2）对于项目所需资源物流和配置过程的分析。这是因为如果项目所需资源能够及时、保质、保量地提供和配置就可实现节约项目资金和降低成本的目标。这方面涉及对于项目所需资源的物流和配置全过程的成本与时间管理两个方面的分析，因为如果不能做到各种项目所需资源准时配置到位就都会造成项目成本的损失和浪费。

2. 开展改进和优化项目活动所需资源的配置过程

这是为通过改进项目活动所需资源的物流和配置过程去实现控制项目成本的目的的后续工作，因为在分析出项目活动所需资源的物流和配置过程中存在的问题后，人们就必须去改进和优化这些过程，有关这方面的改进和优化工作分述如下。

（1）对项目所需资源寻求与采购过程的改进和优化。这涉及项目所需资源的寻求与采购全过程中的每个阶段或步骤，这包括对于项目所需资源的寻求与采购计划制订、供应商或分包商寻找和询价、供应方案选择和项目采购合同签署与履约管理的每一步中的问题都需要进行改进和优化。

（2）对项目所需资源物流与配置过程的改进和优化。这涉及项目所需资源的物流与配置全过程中的每个阶段或步骤，这包括对于项目所需资源的物流和配置过程的时间、质量、数量、地点和配置方式等方面都要进行改进和优化，进而从项目成本与时间两方面实现集成优化和改进。

6.4.5 项目成本变更和结算方面的控制

基于活动的项目成本控制模式和方法不但要求开展上述项目成本控制工作,而且还要求在通过开展项目活动及其成本变更方面的控制和项目活动成本结算方面的控制,去实现控制项目成本和提高项目价值的目的。

1. 开展项目活动及其成本变更方面的控制

项目活动变更是造成项目成本变动最大的原因,因为任何项目活动的变化都会带来项目所需资源和项目成本的变化,这方面的控制工作包括以下两个方面。

(1)开展项目活动变更方面的控制。如前所述,项目活动如果出现变更就会导致项目成本的硬性增加或降低,因为不管是项目活动的增减还是项目活动内容的变化,都会造成项目成本的增加或减少,所以人们需要严格控制项目活动的变更,不管是国际的 FIDIC 项目合同条件还是我国的 GB 50500—2013,都严格规定了项目活动变更管理方面的要求和做法。

(2)开展项目活动成本变更方面的控制。并非所有项目活动变更都会导致项目成本变更,如果项目活动变更不需要增加或减少资源,就不会出现项目承包商的成本变更,如果项目按照固定总价合同委托实施则某些项目活动变更并不会引起项目业主的成本变更。因为出现项目成本的变更就会直接影响到项目业主和承包商的利益,所以不管是国际的 FIDIC 项目合同条件还是我国的 GB 50500—2013,也都严格规定了这方面管理和控制的要求和方法。

2. 开展项目活动成本结算方面的控制

对于项目成本结算的控制也包括两方面的主要内容:一是对于项目已完成工作量的度量和确认;二是按照项目合同和国家规定进行项目成本结算。具体内容如下。

(1)对于项目已完成工作量的度量和确认。项目成本的结算工作必须以项目已完成工作量为依据,所以项目成本结算控制的首要任务就是科学合理地度量和确定项目已完成工作量。这通常需要开展项目实施的绩效评价,这方面的内容已经在项目挣值管理方法中详细作了讨论。另外,项目业主和项目承包商之间还有关于项目成本结算的具体方法。

(2)按照项目合同进行的项目成本结算。在度量给出了项目已完成工作量后人们就可按项目合同约定和国家有关财税法律和制度去进行项目成本结算了,在这种项目成本结算中同样存在一系列的管理活动,如项目成本结算手续和结算文件的管理等。在项目成本变更的结算工作中也必须严格按照国家的财税制度,绝不能出现违反国家有关规定的做法,特别是从中偷税漏税和拖欠克扣等问题都是科学的项目成本控制方法所不允许的。

复习思考题

一、单选题

1. 狭义的项目成本控制是从（　　）角度去讨论如何降低项目成本付出的。

    A. 项目业主　　　　　　　　　　B. 项目承包商

    C. 项目评估专家　　　　　　　　D. 其他相关利益主体

2. 项目成本控制的直接对象是（　　）。

    A. 不确定性成本　　　　　　　　B. 确定性成本

    C. 模糊性成本　　　　　　　　　D. 控制管理的费用

3. 从项目成本控制内涵上说，项目成本控制中最重要的应对措施是（　　）。

    A. 项目不确定性成本的控制　　　B. 项目所有预算和造价的控制

    C. 项目收支和造价关系的控制　　D. 项目资源的合理配置控制

4. 项目实际成本与项目成本计划（预算）发生偏差的根本原因是（　　）。

    A. 项目本身的变化

    B. 项目及其环境和条件的发展变化风险的影响

    C. 项目业主的需求变更

    D. 项目承包商的需求变更

5. 以下不属于项目风险成本控制的基本原理的是（　　）。

    A. 控制和降低这种项目造价、成本或预算的不确定性

    B. 抓住这种项目造价、成本或预算不确定性可能会带来的好处或收益

    C. 控制项目的收入预算和支出预算

    D. 抓住这种项目造价、成本或预算不确定性可能会带来的坏处或损失

6. 选定项目成本控制对象的基本原则是（　　）。

    A. 选择预算成本高的项目活动

    B. 选择具有较大不确定性的项目活动

    C. 选择预期毛利率大的项目活动

    D. 选择具有较大确定性的项目活动

7. 在所有项目成本控制工作中，（　　）支出控制是最为基础的控制工作。

    A. 项目业主　　　　　　　　　　B. 项目投资方

    C. 项目承包商　　　　　　　　　D. 项目设计方

8. 收集项目具体活动的相关信息和分析预测的依据不包含（　　）。

　　A. 项目的预期收益

　　B. 项目活动的成本控制目标和计划

　　C. 项目活动成本控制的绩效情况

　　D. 项目活动成本控制的具体要求

9. 项目挣值管理方法一般适用于（　　）的合同模式。

　　A. "成本加成+奖励"　　　　　　B. "固定总价"

　　C. "综合单价"　　　　　　　　　D. "固定单价"

10. 项目挣值管理中，项目挣值就是个综合指数的中间变量，其表达式为（　　）。

　　A. $P_0 \times Q_0$　　　　B. $P_1 \times Q_1$　　　　C. $P_1 \times Q_0$　　　　D. $P_0 \times Q_1$

二、多选题

1. 广义的项目成本控制一般从（　　）角度考虑成本控制工作。

　　A. 项目业主　　　　　　　　　　B. 项目承包商

　　C. 项目评估专家　　　　　　　　D. 监督部门

2. 从控制客体的角度看，项目成本控制主要包括（　　）。

　　A. 项目支出预算控制　　　　　　B. 项目收入预算控制

　　C. 项目造价控制　　　　　　　　D. 项目立项预算控制

3. 项目不确定性成本的控制主要包括（　　）等方面的控制工作。

　　A. 确定性的项目成本控制　　　　B. 风险性的项目成本控制

　　C. 竞争性的项目成本控制　　　　D. 完全不确定性的项目成本控制

4. 项目成本控制与机械控制和电器控制等很多自然科学的控制完全不同，它与一般的管理控制相比也有自身的特性。因此，项目成本控制主要包括（　　）等特性。

　　A. 目的性　　　　　B. 人为性　　　　　C. 过程性　　　　　D. 学习性

5. 从基本原理上说，项目成本控制的目标包括（　　）。

　　A. 控制项目活动　　　　　　　　B. 努力降低项目成本

　　C. 控制项目规模　　　　　　　　D. 提高项目价值

6. 项目成本控制是一种集成性的管理控制，这包括（　　）方面的管理控制。

　　A. 项目成本全过程的集成控制　　B. 项目成本全要素的集成控制

　　C. 项目成本全团队的集成控制　　D. 项目成本全风险的集成控制

7. 一个完整的项目成本控制（包括项目业主和承包商的收入、支出和项目造价）过程与上述管理控制过程基本一致，只是其控制的内容是项目成本而已。有关项目成本控制过程模型中的具体工作步骤主要包括（ ）。

A. 根据组织项目成本目标或计划制定控制标准

B. 使用既定控制标准去度量项目实际成本

C. 比较控制标准与实际成本并作出分析判断

D. 分析项目成本偏差的原因并采取措施

8. 项目挣值管理的关键变量包括（ ）。

A. 项目计划成本或价值   B. 项目时间预算

C. 项目挣值   D. 项目实际成本或价值

9. 基于活动的项目成本控制模式和方法是一种不断循环的动态控制模式，这种模式和方法中包括（ ）。

A. 项目具体活动的成本控制与改善工作过程

B. 项目成本的风险控制

C. 项目全过程的成本控制与改善循环

D. 项目成本损失的事后改进

10. 项目挣值管理方法需要有多个变量的项目绩效综合考核和预测的方法，其变量包括（ ）。

A. 项目成本   B. 项目进度   C. 项目范围   D. 项目资源价格

三、简答题

1. 什么是项目挣值？

2. 什么是项目成本绩效指数？

3. 项目挣值管理方法为什么更适合"成本加成+奖励"的项目合同模式？

4. 请简述项目成本变更方面的控制的具体方法。

第7章
| 项目成本变更

本章学习目标

本章的主要内容包括：项目变更和项目成本与造价变更等方面的概念、定义、分类、过程与内容，项目变更集成管理的概念、作用、内容和方法，以及项目成本变更管理的概念、过程、内容和方法。

重点掌握：项目变更的概念、分类，项目成本变更的概念、分类，项目造价变更管理的概念、分类。

一般掌握：项目成本变更的集成管理原理与方法、项目造价变更争议与集成管理的原理与方法。

了解：项目成本变更的控制系统及其建设。

7.1 项目变更及其管理

俗话说"计划赶不上变化"，指的就是凡事（所有项目）都会遇上各种环境与条件的变化，所以人们就必须通过变更去应对各种变化。因此，项目成本控制的关键在于对项目各种变更的控制，因为这才是从根本上控制项目成本的途径和手段。有关项目变更及其管理的概念、分类和管理等方面的内容如下。

7.1.1 项目变更的概念

项目变更是项目管理最重要的内容和对象，因此项目变更是项目管理学中最重要的概念之一。有关项目变更的定义和内涵分别如下。

1. 项目变更的定义

项目变更是指项目相关利益主体在项目实施过程中遇到某种发展变化时，为了保全他们的利益而对项目计划和安排所进行的修订或更新。因此项目变更有两种基本情况：一是由于项目相关利益主体的主观意愿发生变化而导致的项目变更；二是由于项目相关利益主体为应对各种与项目相关因素的发展变化而开展的项目变更。

（1）项目相关利益主体。这包括项目业主、项目承包商、项目分包商、项目供应商和政府项目主管部门及项目所在社区等所有的项目相关者。他们在项目实施过程中有可能因主观意愿的变化而提出项目变更要求，也可能因他们在项目所负责任的各种环境与条件发生变化而提出对于项目进行变更的要求。

（2）项目条件与环境发展变化。这包括项目所处各种环境与条件的发展变化，这包括项目业主、项目承包商、项目分包商、项目供应商等所有项目相关利益主体各自面临的环境与条件的发展变化，也包括整个项目面临的环境与条件的发展变化，这些项目环境与条件的发展变化都会导致人们提出对于项目进行变更的要求。

（3）项目计划的修订或更新。这是指项目变更中有两种不同程度的变更。其中，"计划修订"是指对于项目计划所进行的修正、改正、调整、修改或修订，这只是对原有项目计划和安排进行局部的变更；而"计划更新"是指对项目计划进行的新订、革新或更换，这就是对项目原有计划和安排进行全面的变更了。

综上所述，项目变更客观存在于项目实施与管理中，而项目变更最重要的结果是带来项目成本的变化，所以项目变更管理是项目成本控制的重要组成部分。

2. 项目变更的内涵

项目变更的实质是对项目原有计划、设计和安排的一种修改和变动，是对原有项目计划不周或安排不当的一种改变。所以，项目变更就是人们在项目实施一段时间以后，通过对项目实施绩效评估和项目客观环境与条件发展变化的分析，发现并认识到项目原有的计划、设计和安排中存在的问题或不符合客观环境的发展变化而做出的改变。因此，项目变更实际是人们审时度势、因势利导的一种具有纠正、完善和提高等内涵的项目管理行动。人们开展项目变更的根本目的是使项目的计划更符合项目的实际情况，或者通过项目变更而获取更多的项目价值和利益。

（1）项目原有计划、设计和安排。项目变更的对象是项目原有计划、设计和安排。因为任何项目都是先有计划、设计和安排，后有项目实施的行动，所以人们在制订项目计划、设计和安排时都按照某些假设前提条件和预测分析数据等编制（因为还没有项目实施的实际数据）。然而进入项目实施以后人们会发现，先行作出的项目计划、设计和安排存在不当或失误，而必须进行修订或更新。因此，项目变更的本质是对于项目"计划赶不上变化"的一种应对行动，其本质原因是项目信息滞后，因此项目变更是无法避免的一种项目管理工作。图 7-1 给出了项目信息滞后的特性与项目变更的关系示意。

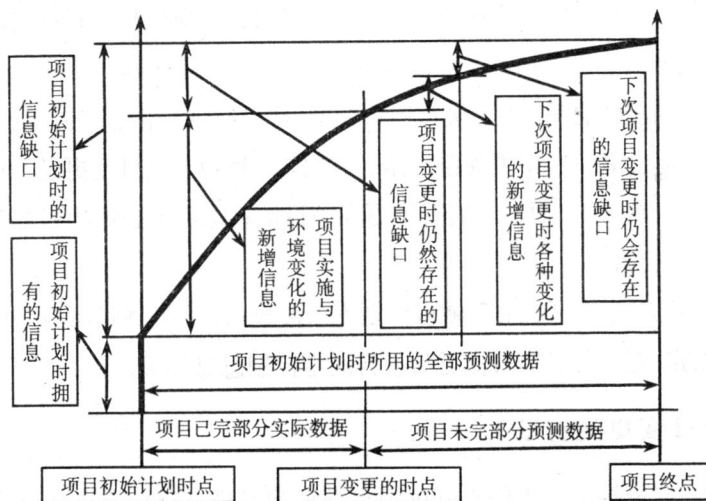

图 7-1 项目信息滞后特性与项目变更的关系示意图

由图 7-1 可知，在项目初始计划时点上存在很大的信息缺口，即便是在项目变更时点上也还会存在一定的信息缺口，所以人们在制订项目计划时并没有完备信息，结果导致人们在制订项目计划、设计和安排时会因这种信息缺口而存在某些方面的缺陷。项目计划、设计和安排中的缺陷主要是由于缺少以下三方面信息造成。

1）项目实施完成情况方面的新增信息。因为在项目变更的时点上人们已经拥有了"项目实施已完部分的数据和信息"，从而使人们比"项目初始计划时点"时拥有了更多的项目信息，这就弥补了项目初始计划时的部分信息缺口。

2）已出现的项目环境条件发展变化信息。项目变更的多数原因是项目的客观环境和条件发生了变化，当到了项目变更时点，人们就会拥有项目环境条件的各种变化信息，这方面信息弥补了项目初始计划时的一部分信息缺口。

3）项目未来实施和环境条件情况的预测信息。在"项目初始计划时点"预测未来的项目实施及其客观环境条件会存在较大错误或不足，而在"项目变更时点"人们拥有了上述两方面的新增信息，再去预测后续项目实施情况就会精确得多。

（2）项目计划不周或安排不当。项目变更的根本目的是改变项目计划不周或安排不当的情况，以便使得项目原有计划、设计和安排中的偏差得到纠正。如图 7-1 所示，项目计划不周或安排不当多是由于人们在制订项目计划时所存在的"信息缺口"造成的，而项目变更都是在人们获得新增信息后采取的纠正行动。因此，要改变这种认为所有项目变更都不好的观念，将项目变更看作是项目计划工作中的重要组成部分。

（3）获取更多的项目价值和利益。人们开展项目变更的根本目的是通过改变项目计划不周或安排不当的情况，去获取更多的项目价值和利益。如果人们在开展项目实施并获得新增信息后，不去进行项目变更就会导致项目成本的提高或项目价值的降低，这些都会给项目相关利益主体造成损失。所以，项目变更是一种对项目计划不周的"纠正行为"，而在人们有了更多项目信息之后不去做项目变更就是一种"坚持错误"的行为。

综上所述，项目变更是由于项目计划不周造成的，人们通过项目变更带来项目成本和价值的改变，所以项目变更与项目成本控制息息相关。

7.1.2　项目变更的分类

由于项目变更是由于人们在开展项目计划和安排时存在信息缺口造成的，而这种项目信息缺口既有信息滞后性的问题和项目信息不对称性的问题，也有人们的认识局限性等方面的问题。同时，项目变更既有由项目业主、承包商和其他人提出之分，也有项目整体或项目局部的变更之分，因此人们需要对项目变更进行分类。

1. 基于信息缺口的分类

如前所述，项目信息缺口是由信息滞后性、信息不对称性和认识局限性三个方面的原因或问题造成的，所以项目变更最重要的分类是按照这三类项目信息缺口的原因进行的分类，因为这是开展项目变更实施和分清项目变更责任的关键所在。

（1）信息滞后性的项目变更。信息滞后性的项目变更是一种人们通过主观努力也无法避免的项目变更，它是因为只有项目实施以后才会有项目的真实数据，而只有对项目的真实数据进行加工处理以后才会产生项目信息，所以任何项目都会有信息滞后的特性，因此这种项目变更是无法避免而只能积极应对的。

（2）信息不对称性的项目变更。信息不对称性造成的项目变更是一种人们利用自己的项目信息优势地位为自己获取更多的项目利益而造成的项目变更。在现实社会中，任何项目的业主、承包商、政府主管部门或其他项目相关利益主体之间都会存在某种信息不对称性，人们应该通过项目沟通管理去消除这种信息不对称性，从而避免项目计划和安排不周的出现，因此这种项目变更是应该和可以避免的。

（3）认识局限性的项目变更。这是一种由于人们在收集、加工和利用信息能力上的不足而造成的项目变更，因为在项目的计划和安排过程中需要人们有足够的远见卓识，而这种远见卓识要求人们在深度和广度上对于未来的项目发展变化有很高的认识能力，但多数人都存在某种认识局限性，因此这种项目变更是由于无能人可用或用人不当造成的。

很显然，如果人们能够对于上述三种类型的项目变更做出正确的应对，则肯定会带来项目成本和价值的改变，所以每种项目变更都与项目成本控制直接相关。

2．基于项目变更主体的分类

由于项目变更可以是由项目业主、承包商和其他人提出的，所以项目变更的重要特性之一就是要充分考虑并尽可能满足项目相关利益主体的主观意愿、要求和期望等方面的改变，所以人们从项目变更主体的角度进行项目变更的分类。

（1）项目业主提出的变更。项目业主提出项目变更的时候居多，这主要是因为项目业主在项目实施一段时间以后随着对项目及项目环境认识的不断深入（信息缺口缩小），使得他们的主观意愿、利益要求和期望发生变化造成的。这种项目变更必须充分考虑变更对项目其他相关利益主体的利益影响，即如何使项目其他相关利益主体的利益能够得以保全。

（2）项目承包商提出的变更。项目承包商也会有对项目合同责任和义务提出改变的要求，这主要也是因为随着他们对项目及项目环境认识的不断深入而主观意愿产生变化造成的。项目承包商提出的项目变更也有是由于项目计划和安排不当造成的，因为作为项目实施者，其利益会首先受到项目计划不周的影响。所以，项目承包商有针对项目及项目环境变化等客观原因提出的项目变更请求和对于根据自己主观意愿变化而提出的项目变更请求，而对于后者要充分考虑变更后果对项目其他相关利益主体的利益影响。

（3）其他人提出的变更。虽然项目变更多数是项目业主和承包商提出的，但项目其他相关利益主体有时也会提出项目变更。例如，项目的政府主管部门为了社会公众的合理利益会提出项目变更甚至会强制项目终结。另外，项目设备、资源、资金的供应商等项目相关利益主体也会提出项目变更的请求，实际上任何项目相关利益主体在发现自己的利益受到损害或存在增加自己受益的机会时，他们都会提出项目变更。

显然，这种项目变更的分类是直接关乎谁会通过项目变更而受益的问题，所以这是直接与项目成本控制中增加项目收益或价值有关的项目变更分类。

3. 基于项目变更程度的分类

项目既有整体性的变更，也有局部性的变更，以及专项性的变更（如项目质量计划的变更）。所以，人们还按照项目变更程度的这三种情况进行分类，因为它们需要完全不同的项目变更管理方法和完全不同范围和性质的项目成本控制工作。

（1）项目整体性的变更。这是指对项目整体计划的全面变更，即对项目计划的"更新"性的变更。引起这种项目变更的原因有三种：一是项目设计发生了较大变动；二是项目所处环境与条件发生全面变化；三是项目相关利益主体主观意愿发生较大变动。以上这三种情况都会使项目原有计划、设计和安排已经无法满足项目相关利益主体的需要和要求，所以必须进行全面性和整体性的项目变更。这种项目变更会导致原有的项目收入和支出预算都必须变更，所以这是对项目成本控制影响最大的项目变更。

（2）项目局部性的变更。这是指对于项目某些方面或要素所开展的有限变更，即对项目计划的"修订"性的变更。这种项目变更的原因也有三种：一是项目设计发生局部变动；二是项目所处环境与条件发生某种变化；三是项目相关利益主体主观意愿发生某方面的变动。以上这三种情况会使项目原有计划、设计和安排在局部上无法满足项目相关利益主体的需要和要求，所以必须进行局部性和有限性的项目变更。因为这种项目变更也会导致原有项目收支预算的变更，所以会对项目成本控制带来某些影响。

（3）项目专项性的变更。这是指对于项目某个方面或某个要素的变更，属于对项目计划进行"修订"的范畴。引起这种项目变更的原因主要有两种：一是项目设计或人们主观意愿发生局部变动；二是项目所处环境与条件发生某些方面的变化。这种项目变更可以是对项目范围、进度、质量、成本、资源、沟通、合同等任何一个要素或方面进行变更，这种项目单要素的变更也会直接影响项目的收入和支出预算及项目成本控制，只是影响幅度和范围十分有限而已。

7.1.3 项目变更的管理

项目出现变更是必然的，所以项目变更管理是必需的。最重要的是，项目变更管理必须为降低项目成本和增加项目价值服务，可以说项目变更管理的实质就是项目成本控制的途径和方法。所以项目成本变更管理有两类：一类是被动的项目成本变更管理，这是在项目出现问题后不得不去开展的应对性项目成本变更管理；二是积极的项目成本变更管理，这是为降低项目成本和增加项目价值而提出和开展项目变更及管理，这种项目变更管理就是项目成本控制的最高境界。

1. 项目变更管理的定义

项目变更管理工作是在项目组织针对项目客观环境变化作出的应对措施和管理工作，是在项目相关利益主体提出的项目变更请求后所开展的相关管理工作。其中，针对项目客观环境变化需要的项目变更管理是一种解决项目出现问题的管理工作，而针对人们主观项目变更请求的项目变更管理是一种抓住机遇的管理工作。这两种项目变更管理工作都需要开展从提出项目变更申请到评估项目变更方案，以及开展项目变更实施等方面的管理工作。

（1）解决问题性的项目变更管理。传统的项目变更管理是一种被动性的管理，多是在人们发现项目客观环境与条件的变化使得原有项目计划已经失效而不得不进行项目变更的情况下开展的管理。这种项目变更管理被称为是解决问题性的项目变更管理工作，这种项目变更管理的出发点是通过解决问题降低项目成本和提高项目价值。

（2）抓住机遇性的项目变更管理。现代项目变更管理是一种积极性的项目管理工作，只要任何项目相关利益主体发现任何可以降低项目成本或提高项目价值的机遇，他们就可以提出项目变更请求并去开展项目变更的管理工作，所以这被称为是抓住机遇的项目变更管理工作。

综上所述，不管人们开展哪种项目变更管理工作，其根本目的都是降低项目成本和提升项目价值，所以项目变更管理从本质上属于项目成本管理与控制的范畴。

2. 项目变更管理的过程与内容

为实现上述项目变更管理目的，不管是传统还是现代的项目变更管理，人们都需要去开展从提出项目变更申请到评估项目变更方案，以及开展项目变更实施等方面的管理工作。有关项目变更管理的过程及整个管理过程的内容如图 7-2 所示。

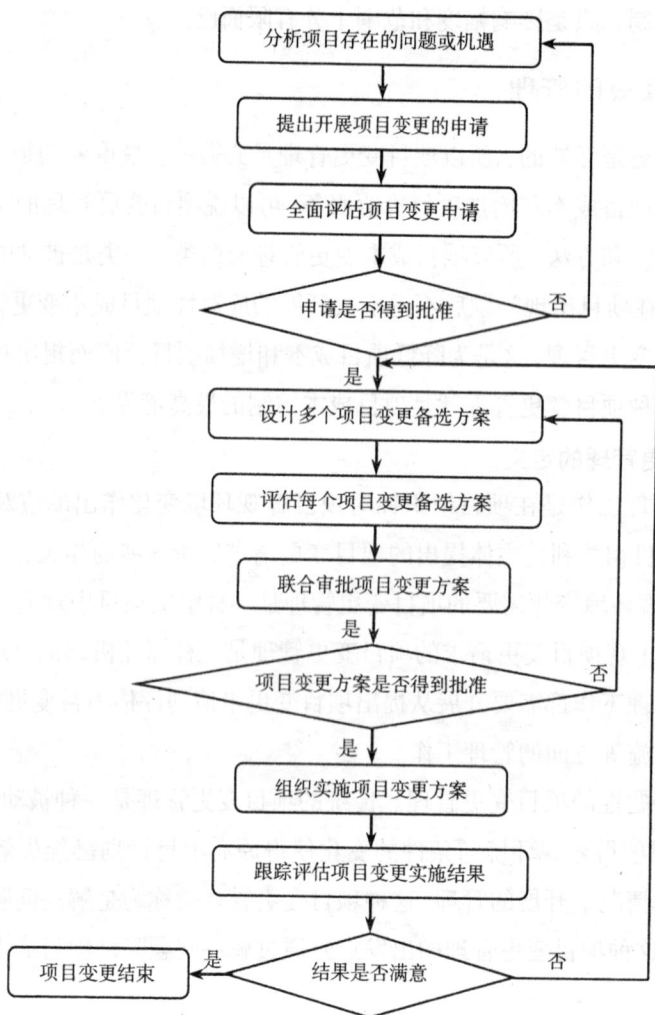

图 7-2　项目变更管理过程和内容示意图

由图 7-2 可知，项目变更管理的过程可以归纳为：分析问题或机遇而提出项目变更申请；评估和批准项目变更申请；设计和评估项目变更方案；审批和实施项目变更方案；评估项目变更的实施结果。有关这些项目变更管理的内容具体如下。

（1）分析问题或机遇提出项目变更申请。在项目实施过程中人们要经常分析和发现项目及项目环境和条件的发展变化中所存在的问题和机遇，特别是要能够"见微知著"和有"远见卓识"，认真分析项目及项目环境发展变化的情况和影响，这样才能够及时发现项目实施中存在的问题并把握住项目发展中出现的机遇，继而可提出项目变更的申请。

（2）评估和批准项目变更申请。对于人们提出的项目变更申请都需要进行评估和审批，项目业主提出的变更申请也要经过项目相关利益主体的审批。因为人们需要弄清楚为什么要进行项目变更，项目变更有什么好处，项目变更的代价有多大，项目变更有哪些关联影响，项目变更时间是否合适，以及项目变更的损益分析。

（3）设计和评估项目变更方案。由于任何问题和机遇都会有多种解决和应对的方案，因此项目变更方案的设计应该是多个可替代的方案，然后选择其中的相对最优项目变更方案。但是从项目成本控制角度，项目变更方案评估的根本指标应该是变更所带来的新增收益和变更所需的新增成本，显然能够带来最大净收益的项目变更方案最佳。

（4）审批和实施项目变更方案。这是项目变更管理中最为艰难的管理环节，因为任何项目变更都是对于项目合同的修订，而项目合同是相关双方合意的表达。通常专家对项目变更方案的评估结果是肯定的，在项目变更方案审批中也需要为平衡双方利益做出必要的项目变更方案的调整。由此可见，项目变更方案审批最主要的是项目利益分配问题。

（5）评估项目变更的实施结果。项目变更管理的最后一项任务是评估项目变更的结果，以便能够实现"总结经验教训"和"以利再战"的目的。这种评估有两方面的要求：一是在项目变更实施过程中要经常进行实际结果评估，一旦发现项目变更存在问题就及时改正；二是对这种结果的评估最好由第三方作出，如工程项目是由工程监理的丙方进行评估。

综上所述，项目变更管理从本质上说就是一种项目成本控制工作，就是一种借助修订或更新项目计划去降低项目成本或提升项目价值的管理工作。

3. 项目变更管理的方法

任何成功的项目变更管理在开展上述五方面项目变更管理中都需要多地使用科学正确的管理方法，有关项目变更管理各项工作的具体方法如下。

（1）分析问题或机遇提出申请的方法。这方面所用的主要方法就是项目统计分析和预测分析方法，使用项目统计分析去对照项目计划与实际，发现偏差和问题，而使用项目预测分析去发现未来的发展变化所带来的问题和机遇。关于这方面的方法，多数组织使用项目变更申请表格，这种表格需填写申请变更理由（问题或机遇）、申请变更的行动和申请者等信息。

（2）评估和批准项目变更申请的方法。评估项目变更申请的方法主要是一种项目跟踪评估的方法，这是一种"非零起点"的项目绩效分析与评估的方法。这种方法要分析项目已实施的情况和结果，要分析项目变更的充分必要性。批准项目变更申请中所使用的方法就很简单了，这是一种"0—1"决策分析方法，其中 0 为不变更，而 1 为开展变更，通过比较"0—1"方案各自的优劣最终决定是否对申请的项目进行变更。

（3）设计和评估项目变更方案的方法。设计项目变更方案中用的方法是一种"问题和对策"关联设计方法，这种方法使用两列对应列表的方式：表左侧给出项目变更要解决的问题或抓住的机遇，表右侧给出解决问题或抓住机遇的对策，以确保项目变更方案的设计能够满足解决问题或抓住机遇的客观需要。评估项目变更方案中用的方法多是核检表法和层次分析法，这两种方法要求先设计给出由项目变更方案评估的各项指标构成的核检清单或两两比较矩阵，然后由评估专家给出评估意见并最终统计得出评估的结果。

（4）审批和实施项目变更方案的方法。审批项目变更方案中所使用的方法最主要的是项目变更方案的成本与价值分析(价值工程)方法和相关利益均衡分析方法。其中，项目变更方案的成本与价值分析方法是各相关项目利益主体在项目变更中所获成本与价值分析所用的方法；相关利益均衡分析方法是平衡项目利益主体的成本与收益而使用的方法。实施项目变更方案所用的方法就是常规的项目实施管理方法。

（5）评估项目变更的实施结果的方法。这方面所使用的方法主要是常规项目绩效评估的方法，这种方法所针对的项目变更实施活动相对时间较短和独特性较强而已。因为在评估项目变更的实施结果中还要"总结经验教训"以便能够达到"吃堑长智"的效果，所以还要使用"推理演绎"的方法以便能够"以利再战"，即发现项目变更存在问题就必须及时改正。

7.2　项目成本变更及其管理

项目变更管理中最为重要的是对于项目成本变更的管理，所以本节将全面讨论项目成本变更和项目成本变更管理方面的概念、分类和方法。

7.2.1　项目成本变更的概念

项目成本变更包括项目造价、项目业主的收支预算、项目承包商的收支预算等各种涉及项目成本的变更，所以它是项目成本控制中最重要的对象和内容。

1. 项目成本变更的定义

项目成本变更是在项目实施过程中由于项目预算（成本计划）发生变化或项目其他方面发生变化，而导致对于项目原有成本计划进行的修订或更新。所以项目成本变更也有两种基本情况:一是由于项目相关利益主体的主观要求进行的项目成本计划或预算的变更;二是由于人们为应对项目各方面发展变化而开展的项目成本变更。对于上述项目成本变更定义中的具体内涵和解释分述如下。

(1)项目相关利益主体的预算变化。所谓项目相关利益主体的预算变化包括项目业主的收入或支出预算、项目承包商的收入或支出预算,项目分包商或项目供应商等的收入或支出预算。当这些项目相关利益主体在项目实施过程中出现资金方面的问题或主观意愿方面的变化都会提出对项目预算进行变更,他们也会随着项目遇到的客观环境与条件的变化而提出对项目成本计划或预算进行变更的要求。

(2)项目各方面发展变化的影响。项目成本变更与项目其他方面的变更最大的不同是,只要项目任何一个方面或专项出现变更都必然会导致项目成本的变更。这包括项目所处环境与条件的客观情况发展变化,项目相关利益主体主观意愿发生变化(如提出项目造价变更),政府主管部门的相关政策发生变化(如增收某种规费)等都会造成项目成本变更。最重要的是,项目范围、质量、时间等方面的变化都会导致项目成本变更。

(3)项目预算的修订或更新。此处所说的项目预算的修订或更新就是指项目成本的变更,只是二者是两种不同程度的项目成本变更。其中,项目预算的修订是指对项目成本计划的局部调整,可以是项目业主或承包商的收入与支出预算中任何一个预算的修订;项目预算的更新则是指对项目造价和预算的全面变更,可以是项目某方的预算修订后项目合同造价的修订,但是项目合同造价的更新需要项目合同双方协商决定。

很显然,项目成本变更的直接结果是带来项目成本和价值的变化,所以项目成本变更管理更是项目成本控制中最为重要的组成部分。

2. 项目成本变更的内涵

项目成本变更是对原有项目造价或项目预算的修改和变动,项目成本变更是人们审时度势、因势利导、趋利避害的一种项目成本管理行动。因为人们只有在项目成本变更能够使项目造价和预算更符合项目实际需要,或更能满足人们借助项目去获取更多价值和利益的目标时,人们才会去开展项目成本的变更。

(1)项目原有合同造价和成本预算。项目成本变更会有很多种,每种都有不同的项目成本变更原因。首先是项目原有合同造价的变更,当项目各方面的发展变化使得项目原有合同造价已经不再是合同双方合意的表达,因此不得不调整项目合同造价以平衡合同双方的利益;其次是项目原有预算的变更,这多是因为人们在开展项目实施的过程中项目原有预算所依据的前提条件和预测数据与项目实施后的实际数据之间发生了很大变化，所以必须进行某种程度的项目预算变更。以上这些变更的本质都是因项目造价或预算"计划赶不上变化"而采取的一种应对行动，因此项目成本变更是项目成本控制的关键所在。

1）项目合同造价的变更。因为在项目合同造价确定时有很多项目所需资源的价格信息与条件和项目所需资源数量与质量等存在某种"信息缺口"，而到了项目成本变更时点人们才拥有了更多信息，所以需根据新增信息去变更项目造价。

2）项目承包商的收支预算变更。这多是由于承包商承包的项目或项目环境和条件发生了变化（如项目所需资源涨价），使得承包商原有项目支出预算无法承受或消化这些变化，所以项目承包商不得不变更其收入预算（通过索赔的方式）。

3）项目业主支出预算的变更。多数项目承包商收入预算变更会导致项目合同造价变更，进而造成项目业主支出预算的变更。当然，还有像政府税金与规费的上涨或其他因素也会造成项目造价变更而导致项目业主支出预算变更。

（2）项目及其环境与条件的变化。项目成本变更最主要的原因是项目环境与条件的变化，包括项目原有设计、计划和安排存在问题而发生项目变更，以及项目原有设计、计划和安排的假设前提条件或预测数据与实际情况不符而发生项目变更，这些多会引发项目成本变更。

（3）获取更多的项目价值和利益。项目成本变更的更为重要的原因是人们为了获取更多的项目价值和利益而主动对项目进行项目变更而引发了项目成本变更，这包括三种项目变更：一是为了降低成本所作的项目变更（如低价可替代资源）；二是为提升价值所作的项目变更；三是为提高成本和增大价值所作的项目变更（主动的项目变更）。

综上所述，项目成本变更并不都是由于项目造价或预算计划不周造成的，还有人们为增加项目价值和利益而开展的项目成本变更，因此项目成本变更是项目成本控制的核心内容，实际上没有项目成本变更也就不需要开展项目成本控制。

7.2.2 项目成本变更的分类

项目成本变更同其他事物一样，也需要根据项目成本变更的特性进行分类，这样可以使人们更好地认识项目成本变更，关于项目成本变更的分类具体分述如下。

1. 基于项目成本变更原因的分类

如上所述，项目成本变更可按项目环境与条件变化的客观需要、项目相关利益主体的主观意愿改变及二者共同作用的结果进行分类。如此分类的根本原因是为了借此分清项目成本变更的责任和义务，以利于开展项目成本变更管理。

（1）项目客观变化需要的项目成本变更。这多是因客观因素导致人们事前无法正确制定项目造价和预算而造成的项目成本变更，这是在项目客观环境出了意外情况以后开展的项目成本变更。这种项目成本变更多数是一种"随机应变"，这种变更的原因包括项目相关法律法规变化、项目发生不可抗力情况、项目所需资源价格变化，以及项目暂估价与实际价格差异较大等在项目预算和造价确定时人们无法预计的情况。

（2）人们主观意愿变化的项目成本变更。这是在项目实施过程中人们为了获取更多的项目利益，自身对项目某些方面的主观意愿或要求发生改变而导致的项目成本变更。项目任何相关利益主体都有可能会出现这种对项目的主观意愿变化，这种项目成本变更的原因包括项目设计发生变更、项目进度发生变更、项目范围发生变更及双方合同约定发生变更等情况。

（3）主观与客观不相符的项目成本变更。这是一种由于人们对项目的认识深度和广度等方面的能力有限，结果使得项目实际情况与项目计划和安排存在差异，在人们发现这些差异后开展项目变更而导致的项目成本的变更。这种项目成本变更的原因主要包括项目活动清单有缺项、项目工作量测量偏差、项目要求的描述不当等情况。

（4）国内外项目成本变更的分类范例。

由于项目种类千变万化，不同种类的项目会有不同性质或种类的项目成本变更。例如，原始创新项目就会有各种各样意想不到的项目成本变更，因为这种项目是没有任何前人经验可以借鉴的。在所有项目中人们对于工程建设项目的成本变更的信息和经验最多，所以上述三种项目成本变更分类主要是借鉴了工程项目成本（造价）变更分类。其中，最主要的是借鉴我国的《建设工程工程量清单计价规范》GB 50500—2013 和国际咨询工程师联合会的 FIDIC 合同条款，具体见表 7-1。

表 7-1　国内和国际各种项目成本（造价）变更表分类和比较表

变更原因	成本（造价）变更原因	GB 50500—2013规定	FIDIC 合同条款规定
项目客观变化需要的项目成本（造价）变更	项目相关法律法规变化	法律法规变化	因法律改变的调整
	项目所需资源价格变化	物价变化	因物价改变的调整
	暂估价与实际价格偏差	暂估价	承包商的索赔
	项目发生不可抗力情况	不可抗力	不可抗力

变更原因	成本（造价）变更原因	GB 50500—2013 规定	FIDIC 合同条款规定
人们主观意愿变化的项目成本（造价）变更	项目设计发生变更	工程变更	设计错误
	项目进度计划变更	提前竣工/赶工补偿	价值工程
	项目范围计划变更	计日工	计日工作
	项目现场签证变更	现场签证	变更权与变更程序
主观与客观不相符的项目成本（造价）变更	项目活动清单有缺项	工程量清单缺项	设计错误
	项目工作量计算偏差	工程量偏差	设计错误
	项目要求的描述不当	工程特征描述不符	业主资料正确性
	合同造价暂列金额变化	暂列金额	暂列金额
其他原因的项目成本（造价）变更	项目误期的赔偿	误期赔偿	误期损害赔偿费
	项目承包商的索赔	施工索赔	承包商的索赔
	项目业主的索赔	施工索赔	业主的索赔
	所有其他事项	所有其他事项	所有其他事项

如果人们能够对上述类型的项目成本变更的原因有正确的认识，就可以针对每种项目成本变更去开展好项目成本的控制，从而带来项目成本和价值的改变。

2. 基于项目成本变更主体的分类

项目成本变更既有可能是项目业主造成的，也有可能是项目承包商或其他人造成的。任何人造成了项目成本变更都需要承担相应的责任，因此需要这种从项目变更主体的角度进行的分类，以便在项目成本控制中能够分清责任和承担责任与义务。

（1）项目业主造成的项目成本变更。当项目业主提出项目变更时就会出现项目业主造成的成本变更，这多是在项目业主随着对项目及其环境认识的不断深入而主动提出项目变更以便借此获得更多的利益。这种项目变更会使项目合同原有的责任和义务发生变化，所以必须相应地对项目造价和项目成本进行变更。例如，项目业主提出设计变更或项目进度计划变更，这些都必须开展相应的项目成本变更以补偿和保全项目承包商或其他人的利益。

（2）项目承包商造成的项目成本变更。这是由项目承包商的实施绩效变化而造成的项目变更，这种项目变更同样会造成项目合同原有的责任和义务发生变化，所以必须相应地对项目造价和项目成本进行变更。例如，由项目承包商提出项目实施方案的组织或技术变更或由于项目实施组织管理不利而造成的项目进度延期，这些同样必须开展相应的项目成本变更以补偿和保全项目业主或其他人的利益。

（3）其他人造成的项目成本变更。项目其他相关利益主体也会提出项目变更而导致出现项目成本的变更，如政府在税收、环保或产业政策方面的变更都会使得项目成本出现变更，而项目设备、资源、资金的供应商等项目相关利益主体甚至会直接提出项目成本变更的请求或要求。有时还会有更加独特的项目成本变更，如第三方行为造成的项目成本变更或战争、灾害及罢工等所造成的项目成本变更等。

显然，这种项目成本变更的分类是直接与项目成本变更的收入和支付者直接相关的分类，所以这是直接与项目成本支付管理相关的项目成本变更分类。

3. 基于项目成本变更层次的分类

这种分类按照人们调整预算或变更造价的三种不同情况进行：一是对整个项目合同造价和预算的全面变更；二是对项目工作包造价和预算的变更；三对项目某项具体活动成本的变更，具体分述如下。

（1）项目合同造价和预算的全面变更。这是指在项目整体方案出现变更的情况时，人们所需要开展的项目成本变更工作。因为这种项目整体变更的情况都会使项目原有造价和预算无法满足项目全面变更后的需求，所以必须进行项目造价和预算的全面性和整体性的更新。这是项目成本控制中最主要的项目成本变更管理对象，因为这需要重新确定项目合同造价和项目预算，所以这涉及整个项目成本、进度和价值等计划的全面更新。

（2）项目工作包造价和预算的变更。这是指由于项目工作包发生变更所导致的项目造价和成本计划的修订或变更，这种变更只是对于项目造价和项目预算的局部修订，但是也需要人们重新确定项目合同造价和项目业主与承包商的收入和支出预算。这种项目成本变更多数源于项目设计方案发生局部变动、项目所处环境与条件发生某些方面的变化或项目相关利益主体主观意愿发生局部变动。

（3）项目某项具体活动成本的变更。这是指对于项目某项具体活动发生变更而引发的项目成本变更，这虽然也需要对项目合同造价和预算进行修订，但是多数不需要重新商定项目合同造价。这种项目成本变更主要有两种引发原因：一是人们发现有某个项目活动的充分必要性出现问题需要变更；二是人们发现有某个项目活动的方法存在问题而需要变更。

对于上述三种不同的项目成本变更，可以由图 7-3 给出相应的示意。

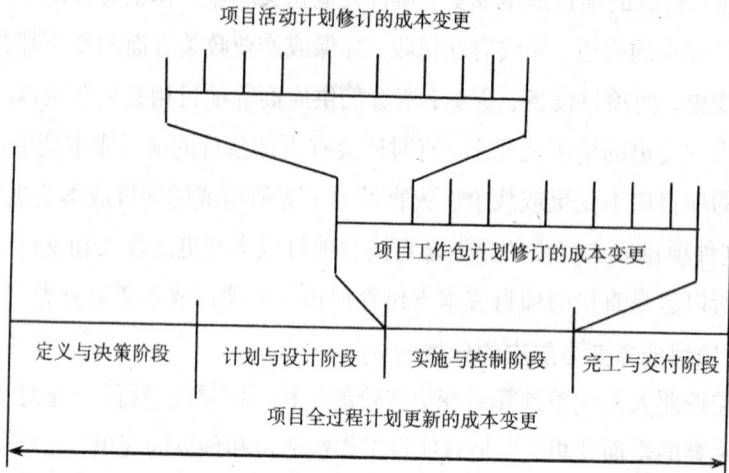

图 7-3 基于项目成本变更层次的分类模型示意图

由图 7-3 可知，项目会有三个层次的计划安排，任何层次上的计划安排出现变更都会导致相应的项目成本变更，所以项目成本控制需要这种项目成本变更分类。

7.2.3 项目成本变更的管理

项目成本变更管理是直接降低项目成本和提升项目价值的管理和控制工作，可以说项目成本变更管理就是项目成本控制的根本所在。项目成本变更管理的定义、过程和内容分别如下。

1. 项目成本变更管理的定义

项目成本变更管理是项目成本控制的核心工作，是在项目发生各种变更后为了给项目变更提供资源保障和为了保全项目相关利益主体的利益所开展的一种项目成本管理工作，主要包括项目合同造价变更的管理工作和项目预算变更的管理工作。其中，项目合同造价变更的管理是一种项目合同造价订立双方共同开展的项目成本管理与控制工作，而项目预算变更的管理是一种项目组织内部的成本管理与控制工作。虽然这两种项目成本变更的管理有不同的内容、过程和方法，但是这两种项目成本变更管理是相互关联和需要集成管理的。

（1）这是为项目变更提供资源保障的管理工作。从上述项目成本变更管理的定义中可知，项目成本变更管理的首要目的是为实施项目变更提供资源保障的。从项目成本控制原理上说，开展任何项目的变更都需要有资源的保障，结果都会导致项目资源计划的修订或更新，而任何项目资源的变更必然导致项目成本的变更，从而保障项目变更的成功。所以项目成本变更管理也是一种动态的管理，特别是在项目变更过程中动态地开展项目成本变更的管理。

（2）这是保全项目相关利益主体利益的管理。项目成本变更管理又是一种为保全项目相关利益主体的利益而开展的管理工作，因为只要开展项目造价的变更就必然有人获得收益而有人必须支出，如何确保双方的权益和利益就成了项目成本变更管理的一个重要管理内容。很显然，这方面管理的根本目标是通过项目成本变更管理工作而使得双方都能够获益，否则就不应该开展该项目变更和项目成本变更。

综上所述，人们开展项目成本变更管理的根本目的是借用变更的机会来降低项目成本和提升项目价值，所以这种管理才是项目成本控制的核心内容。

2. 项目成本变更管理的过程与内容

为了实现借助项目成本变更达到降低项目成本和提高项目价值的目的，人们就必须开展项目成本变更的管理。实际上项目成本变更管理是项目变更管理中的一个环节，所以项目成本变更管理的过程和内容是图 7-2 所示的项目变更管理过程的进一步细化和延伸。有关项目成本变更管理的过程与内容如图 7-4 所示。

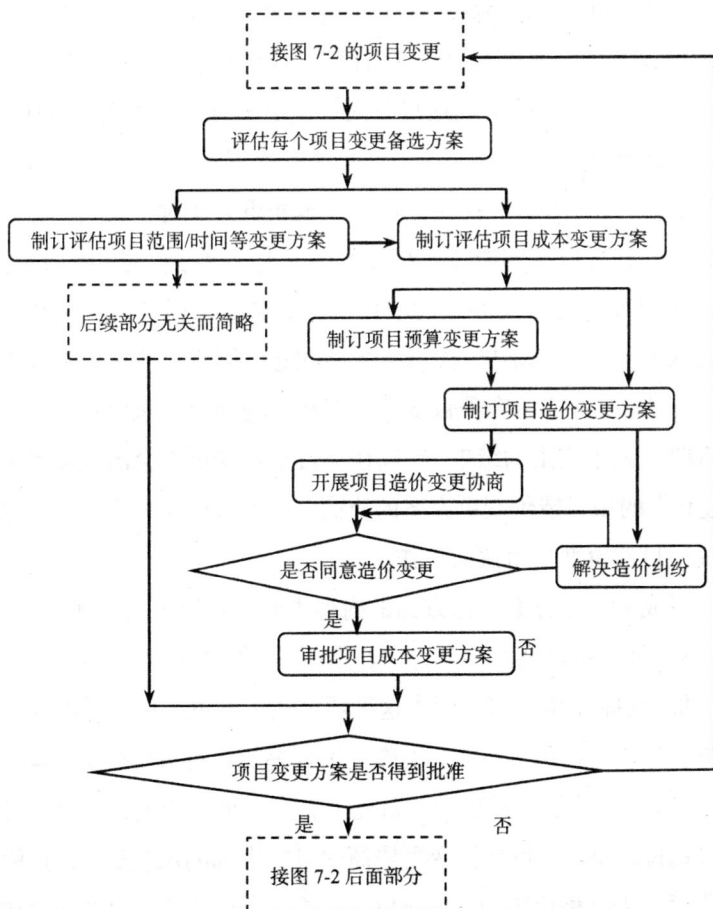

图 7-4 项目成本变更管理的过程和内容示意图

由图 7-4 可知，项目成本变更管理的过程和内容主要包括制订评估项目成本变更方案和审批项目成本变更方案两大部分。其中制订评估项目成本变更方案包括制订项目造价变更方案和制订项目预算变更方案，审批项目成本变更方案包括开展项目造价变更协商和解决造价纠纷。具体内容如下。

（1）制订评估项目成本变更方案。制订项目成本变更方案是制订项目变更方案中的组成部分之一，而评估项目成本变更方案则是评估项目变更方案中的组成部分之一。因为项目变更方案就是对项目设计、项目范围和项目成本等计划的修订或更新，但这些方面的变更需由不同方面的专家去制订方案。

1）制订项目预算变更方案。在制订项目成本变更方案时人们首先要制订项目预算变更方案。因为人们在确定了项目设计变更方案以后先需要制订项目范围、进度和质量等方面的变更方案，然后根据这些方面的变更方案测量项目变更所需的各种资源，同时修订或调整项目承包商的支出预算，进而修订或调整项目承包商的收入预算。随后，项目承包商才能够提出项目造价变更的请求，此时就需要根据项目造价变更请求去修订或调整项目业主的支出预算，同时项目业主也会测算和修订其收入预算。很显然，只有他们双方的项目收入与支出预算的变更是双方获益，这种项目预算变更方案才能成立。

2）制订项目造价变更方案。在制订项目成本变更方案时，人们在完成了制订项目预算变更方案的任务以后才能开展制订项目造价变更方案的工作。因为人们只有在分析和确定项目变更方案所导致的项目承包商和业主的收入预算和支出预算变更能够实现收入大于支出的结果时，双方才会同意开展项目变更方案和愿意开展项目造价变更。很显然，并非每个项目变更方案造成的项目承包商和业主的收支预算变更都能实现收入大于支出的结果，所以在项目造价变更中会出现项目承包商和业主的"讨价还价"的项目造价变更方案的协商，如果这种双方协商不能达成一致就需要开展解决项目造价变更争议的工作。

（2）审批项目成本变更方案。这方面的内容主要包括以下两个部分。

1）开展项目造价变更协商。在制订项目造价变更方案以后，项目合同双方就需要开展项目造价变更协商的工作。因为这种项目造价变更工作同样需要项目合同造价订立的双方，在平等互利的基础上去确定出合理的项目造价变更方案。二者的差异在于，在项目合同造价订立过程中项目业主有多个报价的项目承包商可以选择而处于某种优势地位，而在项目造价变更协商中只有中标的承包商，并且他比项目业主要更加专业而处于某种优势地位。所以，在这种项目造价变更的协商中，二者有可能出现分歧而导致纠纷，最终就需要有第三方参与这种项目造价变更争议的解决，这是国内外项目成本管理和控制中一个组成部分。

2）同意项目造价变更。当项目合同双方在开展项目造价变更协商的工作能够达成一致时，就直接会有同意造价变更的结果，然后就可进入批准项目变更方案及后续的项目变更管理工作了。但是如果项目合同双方无法达成一致时就需要开展解决造价纠纷的工作，直到最终借助包括第三方仲裁在内的一些手段而最终实现同意造价变更的结果。在现代项目管理中这种解决造价纠纷的工作是经常发生的，所以我国的 GB 50500—2013 和国际的 FIDIC 合同条款都有关于这方面的专门规定和解决方法，有关这方面的内容会在后续章节中详细介绍。

7.2.4　项目成本变更管理的方法

多数成功的项目成本变更管理都需要开展上小节所述的项目成本变更管理工作，有关这些项目成本变更管理各项工作的具体技术与方法如下。

1. 制订项目预算变更方案的方法

制订项目预算变更方案的方法与初始制订项目预算的方法是一致的，首先都需要使用基于活动的项目成本估算，然后按照项目成本控制的方法去制订项目变更成本的预算。其中，最主要的不同在于，制订项目预算变更方案的时候要区分两种不同的项目变更，一种项目变更是可以在其预算中包括项目承包商利润部分的，另一种项目变更是在其预算中不能包括项目承包商利润部分的（只能补偿承包商损失的情况），这两种的项目预算变更计算方法是有差别的。有关项目预算变更中是否包括项目承包商的利润的情况，将在后续有关项目合同造价变更中详细介绍。

2. 制订项目造价变更方案的方法

这方面的方法相对比较复杂，由于造成项目变更的原因不同、提出项目变更的主体不同等各方面原因，所以制订项目造价变更方案的方法就会有很大的差别。例如，在项目造价变更方案中根据是否包括项目业主可以获得利润的不同情况就会有两种不同的方法，而对于项目变更是由客观环境造成还是由人们的主观意愿造成的也会有不同的项目造价变更的方法，甚至项目变更是由项目业主、承包商、供应商还是政府主管部门提出的，都会有完全不同的项目成本变更方法的制订。所以本章将在 7.3 节中专门针对制订项目造价变更方案的方法进行全面的介绍。

3. 开展项目造价变更协商的方法

这种方法要求首先提出项目变更的一方需要知会对方自己开展项目变更和项目造价变更协商的一项，并告知对方与该变更相应的各种信息。随后被知会一方应根据所获信息去修订或更新自己的项目预算（变更）并提出相应的项目造价变更的方案（相当于商务中的要约）及相应的各种信息。进而，双方开展项目造价变更的讨价还价（相当于商务谈判中的反要约），当其中一方接受对方的项目造价变更方案后（相当于商务谈判中的承诺）即为协商成功。当然，在双方无法达成一致时就需要使用项目造价纠纷解决的方法，这方面内容将在后续章节中详细介绍。

4. 解决项目造价变更争议的方法

只要出现项目造价变更就意味着项目利益的重新安排和变动，合同双方就会出现因利益冲突而无法协商解决的情况。此时，人们就需要使用解决项目造价变更争议的方法，国内外都有这方面的相关法律和法规及习惯做法。这种方法中既包括第三方调解，也包括商业仲裁及法律诉讼等方法。例如，我国的 GB 50500—2013 对于"合同价款争议的解决"中就规定：监理或造价工程师暂定、管理机构的解释或认定、友好协商、调解人做出调解、仲裁、诉讼等方法；而 FIDIC 合同条款规定：组织争端裁决委员会裁决、友好解决、仲裁等方法。

5. 同意项目造价变更的方法

这是在双方经过项目造价变更的协商而达成一致以后，为相互表明同意并执行项目造价变更所需使用的方法。因为项目造价只是每个项目合同中的四大合同要件之一，所以任何项目造价变更都属于项目合同变更的范畴，因此必须由双方给出表明同意并执行项目造价变更的书面确认文件。按照我国 GB 50500—2013 的规定：承包商应发包人要求完成合同以外的零星项目、非承包商责任事件等工作的，发包人应及时以书面形式向承包商发出指令，提供所需的相关资料；承包商在收到指令后，应及时向发包人提出现场签证要求。承包商应在收到发包人指令后的 7 天内向发包人提交现场签证报告，报告中应写明所需的人工、材料和施工机械台班的消耗量等内容。发包人应在收到现场签证报告后的 48 小时内对报告内容进行核实，予以确认或提出修改意见。发包人在收到承包商现场签证报告后的 48 小时内未确认也未提出修改意见的，视为承包商提交的现场签证报告已被发包人认可。综上所述，项目成本变更管理是涉及项目合同变更的管理工作，所以其管理方法不但应该满足合同双方的利益和要求，而且必须符合国家的相关法律规定。

7.3 项目造价变更管理

项目造价变更管理与项目预算变更管理完全不同，它是一种涉及项目合同双方在造价方面的权利和义务改变的管理工作，既是在项目成本控制实践中最为重要的管理与控制内容，也是在项目管理中出现纠纷最多和最为困难的变更管理工作。

7.3.1　项目造价变更管理的概念

项目造价的变更管理属于项目合同管理的范畴，因此需要按照国家的相关法律法规去开展管理，因为项目造价变更管理是一种涉及合同双方利益的变更管理。

1. 项目造价变更管理的内涵

因为项目成本变更管理涉及项目合同变更的管理，而涉及项目合同变更管理都是一种涉及合同双方的管理，所以人们必须遵守国家的法律法规开展这种管理。

（1）项目造价变更管理是涉及项目合同双方的管理。如前所述，项目造价变更管理是涉及项目合同双方的管理，所以这是一种由双方共同开展的项目变更管理。按照《合同法》的规定，任何合同的基本要件都包括标的物、质量、交货期和价格四个方面，而这四个方面任何一个的改变都意味着合同的变更，任何合同变更都必须是双方合意的表达。因此，项目造价变更管理是涉及项目合同双方的管理，是由项目合同双方共同开展的项目变更管理。

（2）项目造价变更管理是按照国家法律法规的管理。项目造价变更管理必须按照国家法律法规的要求开展，不管是项目合同的哪方都不可为了自己的利益而不顾国家法律法规的约束强制去开展这种管理。项目承包商不可利用自己因专长而在信息不对称中的优势地位，借助项目造价变更管理达到其不当赢利的目的；项目业主也不可以利用其所处的优势地位去实现利用项目造价变更实现自己不当节约成本的目的。国家订立项目合同的相关法律和法规的目的，就是要使这种变更管理能够更加公正合理。

2. 项目造价变更管理的分类

项目造价变更管理的分类可以借鉴有关项目造价变更的分类进行，因为不同的项目造价变更会有不同的管理内容、过程和方法，具体内容如下。

（1）基于项目造价变更原因的分类。如前所述，项目成本变更可按项目客观变化需要、人们主观意愿变化、主观与客观共同的原因而分类，这种项目成本变更分类的根本作用是分清项目成本变更的责任和义务以便开展项目成本变更管理，这应该是确定项目造价变更责任与义务的最好分类方法。如果是由于项目所需资源价格变化这种客观变化所导致的项目造价变更；项目合同的双方就必须本着平等互利的协商方法，按照客观变更需要去评估、确定和批准与实施项目造价变更；但是如果是由于项目业主的主观意愿发生变化导致的项目造价变化就必须由项目业主承担全部责任，包括承担项目承包商相应的利润变化。有关这些方面的管理方法（以工程项目造价变更为例），表 7-1 给出了具体的管理方法列表说明。

（2）基于项目造价变更主体的分类。任何人造成了项目造价变更都需要承担相应的责任，所以这种从项目造价变更主体的角度进行的分类就是为分清项目造价变更中各自所应承担的责任与义务，从而去开展项目造价变更管理服务的。当项目业主因某种原因提出开展项目造价变更时，项目业主就有义务去支付由此而带来的合理项目造价增加。对于项目承包商提出的项目变更所造成的造价变更则需要全面分析原因和责任，若是因承包商的错误而造成的项目造价变更需他自己承担且需要承担项目业主的损失，若是项目所需资源的物价上涨或承包商发现项目设计缺陷等原因就另当别论了。对于其他人造成的项目造价变更的管理会更为复杂，通常先由项目业主承担后再由项目业主向第三方进行索赔，以便项目实施的顺利进行。

显然，上述这些项目造价变更管理的分类是直接与项目造价变更的责任和义务直接相关，这种分类与项目合同价款变更的支付管理直接相关。

7.3.2　项目造价变更的管理方法

按表 7-1 给出的项目成本变更分类，本书将以工程项目造价变更为例给出项目造价变更管理方法，因为只有工程项目有我国的 GB 50500—2013 法规和国际咨询工程师联合会的 FIDIC 合同条款的管理规定，其他种类项目均没有这种依据。

1. 项目客观变化需要的造价变更的管理方法

这是按表 7-1 给出的第一类"项目客观变化需要"造成的项目成本或造价变更去管理，这一类总共有四项项目造价变更，具体的变更管理方法如下。

（1）项目相关法律法规变化造成的项目造价变更管理方法。按国际通行准则，这种项目造价变更的管理方法是：首先要确定项目相关法律法规变化的时间，只要是在基准日（我国规定招标工程以投标截止日前 28 天，非招标工程以合同签订前 28 天为基准日）之后和项目竣工之前，法律法规发生改变（包括实施新法或法律修订及由此带来的政府法规改变）而对承包商履行合同规定义务产生影响或带来损失时，项目造价就应相应进行变更。其具体管理方法是：首先要由承包商根据实际和预计的时间和造价增减情况向业主发出通知，项目业主在收到通知后应与承包商协商尽量达成协议，然后双方都应履行每项商定或确定的项目造价变更方案。若双方无法协商达成项目造价变更协议，则可按照后面讨论的项目造价变更争议解决办法去解决，从而确定并执行项目造价变更的方案。我国的做法与此唯一的不同是：按照我国规定，在这种情况下发承包双方应当按照省级或行业建设主管部门或其授权的工程造价管理机构据此发布的规定调整合同价款。由此可见，我国政府主管部门在项目造价确定和变更的决定方面有决定性作用,这与国际上由市场对此起决定性作用是不同的。

（2）项目所需资源价格变化造成的项目造价变更管理方法。当项目所需资源（人工、材料、工程设备和施工机械等）的市场价格与基准日期比较出现涨落时,项目业主和承包商应就此进行项目造价变更（即使是使用固定总价合同）。按照国际通行准则,由此造成的项目造价变更的管理方法是:双方应该按照项目合同约定或国家规定（在没有合同约定时）,根据项目所需人工、材料、工程设备和施工机械及其他资源的价格升降差进行计算、协商、确定和变更项目的造价。按照我国规定,其中人工单价发生涨落的应按照合同工程发生的人工数量和合同履行期与基准日期人工单价对比的价差的乘积计算或按照人工费调整系数计算调整的人工费,承包商采购（甲供情况除外）材料和工程设备的应在合同中约定可调材料和工程设备价格变化的范围或幅度,如没有约定则按照其单价变化超过规定比例后按超过部分的价格进行变更,这类造价变更应按照价格系数调整法或价格差额调整法计算材料设备费和施工机械费的变更。这种变更也需要由承包商先提出书面报告,业主在收到该报告后 3 个工作日内核实并确认后（或未提出修改意见的）,以承包商书面报告作为调整合同价款的依据对项目造价作出变更。

（3）项目暂估价与实际价偏差造成的项目造价变更管理方法。在许多情况下项目所需采购的材料、设备和某些独特专业的工作都是无法在签署项目合同时确定的,所以此时只能按照这些材料、设备和独特专业的工作的暂估价确定项目合同造价,然后等实际采购（招标或购买）后再按照实际价进行项目造价变更。这种项目造价变更管理主要有三种具体管理方法:一是项目合同中的暂估价材料、设备和某些独特专业的工作按照招投标采购的,需要将中标价格与暂估价的差额及相应的规费和税金等费用全部列入变更后的项目合同造价;二是项目合同中的暂估价材料、设备和某些独特专业的工作是由承包商按照合同约定采购的,需要经业主确认的材料和设备采购价格与暂估价的差额及相应的规费和税金等费用全部列入变更后的项目合同造价;三是项目合同中的暂估价专业项目工作不属于依法必须招标的,应按照本规范第 9.3 节相应条款的规定确定专业工程价款。经确认的专业工程价款与招标工程量清单中所列的暂估价的差额及相应的规费、税金等费用,应列入合同价格。其中,项目合同中暂估价的独特专业的工作的招投标一般由合同双方依法组织招标选择专业工作分包人,与组织招标工作有关的费用应当包括在合同双方的初始造价中。

（4）项目发生不可抗力情况造成的项目造价变更管理方法。在项目过程中发生不可抗力情况所造成的项目造价变更，涉及十分繁杂的情况而具有较独特的管理方法。具体内容如下。

1）不可抗力情况的确认。在项目过程中发生不可抗力情况造成的项目造价变更管理中首要的是明确界定所发生情况是否属于不可抗力情况。按照国际惯例，不可抗力是指某种人们无法控制的异常事件或情况。这种情况在人们签订项目合同之前无法预知故无法进行合理的准备，而且在这种情况发生后人们也不能合理避免或克服，以及人们不能归因于项目合同某一方。所以不可抗力主要包括战争、叛乱、恐怖活动、内战、罢工和自然灾害等。

2）发出不可抗力的通知。在项目过程中发生不可抗力情况造成的项目造价变更管理中最重要的是及时地发出发生不可抗力的通知。合同一方因遭遇不可抗力而无法或阻碍履行合同规定的任何义务应尽早向对方发出不可抗力情况的通知，并明确说明无法履行或受阻履行的各项合同义务。发出这种通知的一方，可以在这种不可抗力阻碍其履行义务期内免于履行该义务，并且不应因此而支付另一方遭受的损失。

3）减小不可抗力的损失。在项目过程中发生不可抗力情况造成的项目造价变更管理中，十分重要的是合同双方都应尽力使不可抗力对履行合同造成的任何延误减至最小。特别是当发出通知的一方不再受不可抗力影响时，应及时向另一方发出相应通知并继续履行相关义务，否则所造成的额外损失应由相应的责任方承担。

4）不可抗力的后果处理。在项目过程中发生不可抗力情况造成的项目造价变更管理中最为困难的是对不可抗力后果的处理。具体管理方法是：如果承包商发出了不可抗力通知，因不可抗力妨碍其履行合同规定的任何义务和使其遭受延误和增加费用，承包商应有权提出相应的工期和费用索赔。项目业主在收到不可抗力通知后，应对这些索赔事项进行商定或确定。如果因不可抗力情况而使项目受到阻碍连续或累计超过一定时间，合同任一方可以向他方发出终止合同的通知，这种终止应在该通知发出 7 天后生效，此时项目业主应向承包商支付已完成合同工作和为项目订购的材料和设备费用及合理的任何其他费用。

5）我国的规定管理方法。按照 GB 50500—2013 的规定，因不可抗力事件导致的费用，发承包双方应按以下原则分别承担并调整工程价款：工程本身的损害、因工程损害导致第三方人员伤亡和财产损失及运至施工场地的工程材料和待安装设备的损害，由发包人承担；发承包方人员伤亡由其所在单位负责并承担相应费用；

承包商的施工机械设备损坏及停工损失由承包商承担；停工期间承包商应发包人要求留在施工场地的必要的管理人员及保卫人员的费用由发包人承担；工程所需清理、修复费用，由发包人承担。

综上所述，由于项目客观变化需要的造价变更管理方法涉及多种情况，开展这种管理的原则包括：首先是努力将项目客观环境发展变化所造成的成本损失降到最低；其次是合理安排好这种损失相关的项目合同造价方面的责任和义务。

2. 人们主观意愿变化的造价变更管理方法

这是按表 7-1 中给出的第二类"人们主观意愿变化"造成的项目成本或造价变更去管理，这一类中有四项项目造价的变更，具体的变更管理方法如下。

（1）项目设计发生变更的项目造价变更管理方法。因为国内外项目设计和实施的分工合作情况不同，所以管理方法也不同。由于我国项目设计和施工多数是由设计院和工程公司分别实施的，因此在项目业主与承包商的合同中项目业主承担由于项目设计变更而造成的项目造价变更的责任。按照国内的规定，如果发生"工程变更"而导致项目综合单价、项目工作量、各种规费、措施项目费及承包商的合理利润发生变更都必须由项目业主承担，所以必须按照 GB 50500—2013 的规定进行调整。但是国外多数是按照设计与建造总承包的方法，所以项目总包商需要对项目设计变更承担责任，因此在这方面的国际惯例是，如果在承包商设计文件中发现有错误、遗漏、含糊、不一致、不适当或其他缺陷，承包商需要自费对这些设计缺陷及其带来的问题进行改正。但是，如果项目设计错误是由于项目业主在设计要求中的数据和资料出现问题，尤其在项目合同中规定的由项目业主负责的数据和资料及对项目的预期目的说明和性能标准与要求等出现问题，则项目业主需要对此负责且因此造成的项目造价变更由业主承担。

（2）项目进度计划变更的项目造价变更管理方法。项目进度计划的变更在国内被称为提前竣工（赶工补偿），但是在国际上很少有这种项目变更（因为他们认为赶工会造成项目质量或其他方面的问题和损失）。国内有关项目进度计划变更的项目造价变更管理方法的主要规定是：项目业主要求承包商提前竣工时应首先征得承包商同意后再与承包商商定所应采取加快项目进度的措施，并随后修订合同项目进度计划。项目业主要求项目提前竣工就应承担承包商由此而增加的项目成本，并按照这种变更的约定向承包商支付提前赶工补偿费用。但是国际上在项目合同中会对项目实际进度提前或落后于项目进度计划作出造价奖惩的规定（国内也有类似的项目合同），并且还有关于借助价值工程去加快竣工的规定和管理方法。该方法要求承包商可随时向业主提交他认为采纳后将会加快竣工的建议，如果业主同意则承包商要针对建议的设计和所需工作及项目进度计划的变更调整项目合同价格的建议书，项目业主收到此类建议书后应尽快给予回复并发出执行变更的指示，然后双方商定或确定对项目合同价格和付款计划的调整，最重要的是国际上通行的规定是这些项目造价变更中应该包括合理的承包商利润。

（3）项目范围计划变更的项目造价变更管理方法。项目范围计划变更多数是与设计变更相关联的，对于非设计变更造成的项目范围计划变更（零星变更），国内的管理规定称其为"计日工"，国外的管理规定称其为"计日工作"，国内外这方面的项目造价变更管理方法基本是一致的。国际规定是：项目业主可以根据需要要求承包商按计日工作实施变更（这种计日工作必须在原有合同计划中有同样的工作，否则不属于计日工作范畴），然后承包商应向业主提交报价单，在业主同意造价变更并实施变更后，承包商应提交相应凭证并申请支付在项目期中由项目业主一并予以支付（包括承包商利润）。国内的规定是：项目业主通知承包商以计日工方式实施的零星工作，承包商应予执行并应在该变更实施过程中，每天提交相应的工作和所用资源的报表与凭证给业主复核。如果某计日工作持续进行时，承包商应在该项工作实施结束后的 24 小时内向发包人提交有关现场签证报告，业主在收到后两天内予以确认以作为计日工作计价和支付的依据，到支付期时承包商提交本期间所有计日工的签证汇总表并列入进度款支付。

（4）项目现场签证变更的项目造价变更管理方法。现场签证是项目业主现场代表与承包商现场代表就项目实施过程中涉及的责任事件所作的签认证明，是在上述计日工作或其他方面变更的一种管理文件和管理程序，所以这方面的管理方法也属于人们主观意愿变化所造成的项目造价变更管理方法之一。国内的管理方法是：承包商应业主要求完成合同以外的零星工作及非承包商责任的工作等，业主应及时以书面形式发出指令并提供相关资料，承包商在收到指令后应及时提出现场签证要求并提交现场签证报告，业主应在收到现场签证报告后及时核实并予以确认或修改。如果现场签证工作是计日工作则按照上述方法管理，否则应在现场签证报告中列明工作所需的资源数量及单价，在工作完成后承包商应按现场签证内容计算价款，报业主确认后，作为追加合同价款与进度款同期支付。国际的管理规定主要涉及变更权和程序：项目业主可通过发布变更指示或要求承包商提交建议书的方式提出变更，而承包商应遵守并执行每项变更或及时向业主通知说明不能变更的理由，此时业主应取消、确认或改变原变更指示。如果业主在发出变更指示前要求承包商提出建议书，则承包商提交的建议书应包括对变更的设计和需完成的工作说明及实施的进度计划和调整合同价格的建议，业主应尽快批复并商定或确定对合同价格的调整，这种合同造价调整应包括承包商应得的合理利润。

综上所述，不管是项目业主还是承包商都会在项目实施过程中，根据自己主观意愿的变化而形成项目变更，这种项目变更所带来的项目造价变更管理方法的关键是，谁造成的变更就由谁来支付变更的代价（包括合理利润）。

3. 主观与客观不相符的造价变更管理方法

主观与客观不相符导致的项目造价变更的管理方法是按照表 7-1 中给出的第三类，即按"主观与客观不相符"而造成的项目成本或造价变更去管理的，这一类中也有四项项目造价变更的具体管理方法，现分述如下。

（1）合同造价暂列金额变化的造价变更管理方法。所谓暂列金额是指项目业主在项目合同中暂定并包括在合同价款中的一笔款项，以用于在项目合同签订时尚未确定或者不可预见的所需材料、设备、服务的采购，以及项目实施中可能发生的变更、合同约定调整因素出现时的合同价款调整和发生索赔与现场签证确认等的费用。很显然，这是人们为了预防主观与客观不相符而作出的一种应对措施。对于这种项目造价变更管理方法，我国规定：已签约合同价中的暂列金额是由项目业主掌握使用，按照实际需要支付后如果尚有余额则归项目业主。国际上关于这方面的规定是：每笔暂列金额只应按业主指示全部或部分地使用并按照实际情况对合同价格进行相应的调整，付给承包商的总金额只应包括业主指示与暂列金额有关的工作、供货或服务的应付款项。业主对于每笔暂列金额可用于支付给承包商实施相应工作的造价或其代为购买的生产设备、材料或服务的费用及按照合同规定以百分率支付承包商的管理费和利润。由此可见，暂列金额属于项目风险管理储备的范畴，是一种人们应对项目造价变更的独特管理方法。

（2）项目活动清单有缺项的造价变更管理方法。项目范围的计划是按照从项目目标、项目产出物、项目工作包到项目活动逐层分解得到的，但是在项目范围分解过程中人们会因为对项目的认识不足而出现某个或某些项目活动的缺项，从而导致这种人们的主观与客观不相符的项目变更。国内工程项目管理将这种情况称为"工程量清单缺项"，其造成的项目造价变更的具体管理办法是：在合同履行期间发现招标工程量清单有缺项时，合同双方应调整合同价款。其中，只是造成新增工程量清单项目应单独确定综合单价和调整项目合同造价，如果引起措施项目也发生变化的应由承包商提交的方案获批后计算和调整项目的措施费用及合同造价。国际上关于这方面的规定与国内有较大差别，因为他们是由承包商进行项目设计和计划安排（而我国是由项目业主提供工程量清单并对其完整性和正确性负责，承包商据此投标报价的），所以国际上将这种情况多数归为错误，如果在承包商文件中发现有错误、遗漏、含糊、不一致、不适当或其他缺陷，承包商仍应自费对这些缺陷和其带来的工程问题进行改正。

（3）项目工作量计算偏差的造价变更管理方法。项目工作量计算偏差也是人们在项目范围计划过程中出现的问题之一，而这种问题同样会导致出现项目造价的变更管理问题。国内工程项目管理将这种情况称为"工程量偏差"，这是项目承包商按照合同签订时图纸实施所完成的实际工程量与招标工程量清单列出的工程量之间的偏差。由此造成的项目造价变更的具体管理办法是：在合同履行期间发现招标工程量偏差时，合同双方应调整合同价款（具体规定算法见 GB 50500—2013）。如上所述，国际上关于这方面的规定与国内有较大差别，因为他们是由承包商进行项目设计和计划安排，所以他们需要对自己提供工程量清单的完整性和正确性负责，出现这种情况也会多数归为错误，如果在承包商文件中发现有错误、遗漏、含糊、不一致、不适当或其他缺陷，承包商仍应自费对这些缺陷和其带来的工程问题进行改正。

（4）项目要求的描述不当的造价变更管理方法。项目要求的描述是指项目业主对于自己项目各方面指标和特性的说明，但是由于项目业主对项目及其管理不专业，因此会出现主观与客观不相符的情况，因为很多时候人们"想要"和"说要"与"实际需要"多少都会有不符之处。国内工程项目管理界将这种情况称为"项目特征描述不符"，即在项目合同履行期间出现了实际的项目施工设计图纸（含设计变更）与项目招标工程量清单某个或某几个方面的特征描述不符。其管理方法是：由此而引起工程量变化和项目造价的增减变化的，应按照项目实际实施的特征重新确定相应工作的综合单价并计算和调整项目的合同造价。如上所述，国际工程管理界认定承包商在基准日期前已仔细审查了业主要求，然后他们进行了项目设计和计划安排就应对自己提供的工程量清单完整性和正确性负责。但是项目业主必须对给出的数据或资料中任何不准确性或不完整性的表示负责，并且对合同中规定由项目业主负责或其要求不可变的数据和资料的准确性复责，业主还要对工程或其任何部分的预期目的的说明以及项目竣工工程试验和性能的标准的正确性负责，同时要对承包商无法核实的那些要求和数据问题负责，此时造成的项目造价变更由项目业主予以支付（包括利润部分）。

由此可见，项目业主和承包商都会在项目设计和计划中出现各种主观与客观不相符的情况，而由此造成的项目造价变更的管理方法很简单，如国内外都是按照"谁出错，谁负责，谁付款"的项目造价变更管理方法进行管理的。

4. 其他原因造成的造价变更管理方法

这是按照表 7-1 中给出的第四类，即按"其他原因"造成的项目成本或造价变更去管理。这一类中也有四项具体的项目造价变更，具体的管理方法如下。

（1）项目误期造成的造价变更管理方法。项目误期造成的造价变更在工程项目管理中被称为"误期赔偿"，这是由于项目承包商未能按照合同约定进行施工而导致实际进度迟于计划进度情况的发生而导致的项目造价变更。这方面的管理办法国内的规定是：首先项目业主应要求承包商加快进度以设法实现合同工期；其次项目合同工程实际发生误期则承包商应赔偿由此给业主造成的损失，按照项目合同约定向业主支付误期赔偿费（这不能免除承包商按合同应承担的其他责任和义务），具体计算办法按双方在合同约定误期赔偿费约定执行，没有约定则按照国家规定的比例幅度从项目承包商的工程款中予以扣减。国际工程管理界认为：如果承包商未能遵守项目竣工时间要求则其应为其违约行为向业主支付项目误期损害赔偿费，该费用应按照项目合同规定的每天应付金额与误期天数计算，但这些误期损害赔偿费应是承包商为此类违约应付的唯一损害赔偿费，但这不应解除承包商完成工程或合同规定的其他责任、义务或职责。

（2）项目承包商索赔造成的造价变更管理方法。我国的工程项目管理规定将项目业主和承包商的索赔统一称为施工索赔，其中有关项目承包商索赔的规定是：承包商应在索赔事件发生后如何及时向业主提交索赔意向通知书（否则将丧失索赔权利）、如何正式提交索赔通知书、如何提交最终索赔通知书，以及项目业主收到承包商的索赔通知书后应如何及时对索赔处理结果进行答复（逾期未作答复视为认可）；最终若承包商接受索赔处理结果的则进行造价变更（包括实际发生的额外费用、合理的预期利润、违约金和延长工期等）并在当期进度款中支付，否则按合同约定的争议解决方式办理。国际工程项目管理有关承包商索赔的规定是：承包商认为其有权得到延长竣工时间和（或）追加付款时他应及时向项目业主发出通知以说明引起这些索赔的事件或情况（否则承包商会丧失索赔权），随后承包商还应提交所有说明情况和合同变更要求的通知及支持索赔的详细资料；业主收到通知后需检查记录保持情况并指示承包商保持进一步的记录，随后承包商在规定时间或商定时间内应向业主递交详细的索赔报告；承包商应按月向业主递交进一步的中间索赔报告，最终可获得项目费用的索赔和（或）工期的顺延等造成的相应的损失赔偿。

（3）项目业主索赔造成的造价变更管理方法。我国的工程项目管理规定将项目业主和承包商的索赔统一称为"施工索赔"，其中有关项目业主索赔的规定是：项目业主根据合同约定认为由于承包商的原因造成项目业主的损失时应参照上述承包人索赔的程序进行索赔。项目业主要求的赔偿包括要求承包商延长质量缺陷修复期限、支付实际发生的额外费用和支付违约金。承包商应付给项目业主的索赔金额可从项目业主拟支付给承包商的合同价款中扣除或由承包商以其他方式支付给项目业主。国际工程项目管理界的规定是：如果项目业主认为他有权得到任何索赔（事件和费用等）则应向承包商发出通知说明细节，这种通知应在业主了解引起索赔的事件或情况后尽快发出，通知应说明提出索赔的依据和业主认为他有权得到的索赔金额和（或）延长的工期，双方应按照要求商定或确定业主有权得到的索赔金额和（或）期限的延长，业主可将索赔金额在给承包商的到期应付款中扣减。

（4）其他方面原因造成的造价变更管理方法。除上述四类中给出的十五项造成造价变更管理方法外，还有许多其他事项也会造成造价变更而需要使用相应的管理方法。例如，在工程项目实施过程中发现需要保护的文物或化石等情况时，国内外也都有相应的管理方法。其中，按照国际规定，如果在项目施工现场发现有化石、硬币、有价值的物品或文物及具有地质或考古意义的结构物和其他遗迹或物品，应将它们置于项目业主的照管和权限下。承包商应采取合理的预防措施以防止承包商或其他人员移动或损坏任何这类发现物，一旦发现任何上述物品承包商应立即通知业主。业主应就处理上述物品发出指示，如果承包商因执行这些指示遭受延误和（或）导致费用，承包商应向业主再次发出通知并有权根据承包商的索赔规定提出竣工时间延长和要求将因此造成的费用加入合同价格并给予支付，业主在收到上述通知后应按照规定与承包商商定或确定这些索赔事项并支付造价变更款项。

综上所述，这类项目造价变更都是由于意外情况造成的，但是项目承包商的任何意外损失都可以向项目业主索赔，即使不是项目业主的责任造成的项目业主也要先赔偿项目承包商，然后再向第三方（如向政府部门等）进行索赔。

7.3.3 项目造价变更争议的管理方法

项目造价的变更管理是一件涉及各方面利益调整或改变的管理工作，经常会因为人们对于这种利益调整或改变而无法达成合意，最终导致发生纠纷而不得不开展项目造价变更争议的管理，所以人们必须学习和掌握项目造价变更争议的管理方法。国内外于20世纪90年代末期都在解决项目合同纠纷，尤其是在合同造价变更争议的管理方面发生了巨大变化。不管是英美对项目合同纠纷或是对于这种关于项目造价变更纠纷的仲裁法律,还是中国在那个时期开展的工程造价管理体制改革和出台的合同法、价格法、建筑法及招投标法,都对项目造价变更等方面的纠纷解决方法进行了全面的变革并形成了全新的处理这种纠纷的管理方法。

1. 项目造价变更争议解决的过程

项目造价变更争议过程既有纠纷的形成过程,也有这种纠纷的解决过程,且项目造价变更争议形成和解决是一个相互关联过程。这种过程的模型如图 7-5 所示。

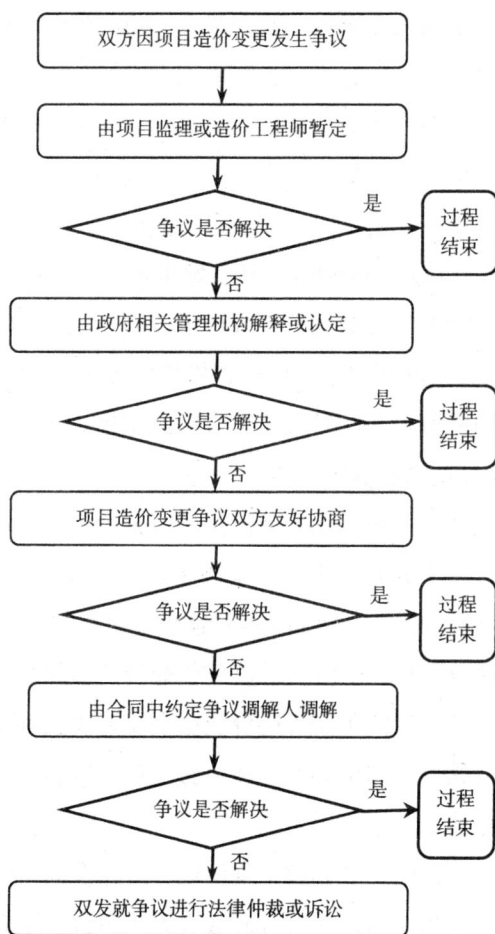

图 7-5 项目造价变更争议的解决过程模型示意图

由图 7-5 可知,项目造价变更争议的解决过程涉及四种主要的项目造价变更争议的解决方法:一是专家或权威机构的认定;二是双方的友好协商;三是根据合同约定协调人的调解;四是进行分类仲裁或诉讼。这些方法具体如下。

2. 项目造价变更争议解决的认定方法

项目合同双方如果对项目价款支付与扣除、工期延期、索赔、价款调整及质量和进度等发生任何法律上、经济上或技术上的争议，首先应使用项目造价变更争议解决的认定方法，具体包括以下两种方法。

（1）由项目监理或造价工程师暂定。项目造价变更争议的双方首先应该根据合同规定，提交相关责任总监理或造价工程师解决。监理工程师或造价工程师在收到此提交文件后14天之内应将暂定结果通知双方。如果争议双方对暂定结果认可并以书面形式予以确认（未确认也未提不同意见），则该结果就成为争议解决的最终决定；如果争议双方或一方不同意暂定结果就应以书面形式向总监理或造价工程师提出说明并抄送对方，这种暂定结果就成为争议而需进一步解决。

（2）由政府相关管理机构解释或认定。一旦形成项目造价变更的计价争议后，合同双方可就项目造价变更争议事项以书面形式提请有关项目（建设工程）造价管理机构对争议作出解释或认定，收到解释和认定申请后，这种造价管理机构应对合同双方书面提请的争议问题作出书面解释或认定。争议双方或一方在收到管理机构书面解释或认定后，没有异议则项目造价管理机构作出的书面解释或认定是最终结果且对争议双方均有约束力，如有异议可按合同约定提请仲裁或诉讼。

3. 项目造价变更争议的协商和调解

如果项目合同双方使用上述方法未能解决项目造价变更引发的争议，则需要进一步采用下述项目造价变更争议的协商和调解方法。

（1）项目造价变更争议的友好协商。项目造价变更争议双方在争议的任何时候都可以进行协商，不管是否开展了由项目监理或造价工程师暂定的方法，或政府管理机构解释或认定的方法，包括在项目造价变更争议解决的仲裁或诉讼过程中，争议双方都可以进行友好协商。如果协商达成一致，双方应签订书面协议，书面协议对发承包双方均有约束力。

（2）项目造价变更争议的中介调解。争议双方应在合同中约定争议调解人，负责双方在发生争议时的调解。如果项目合同双方发生争议，任意一方可以将该争议以书面形式提交调解人并委托调解人作出调解决定，调解人应在商定时间内提出调解意见，争议双方接受调解意见则争议得以解决，反之双方可采取后续方法，但这种调节不属于仲裁的范畴。

4. 项目造价变更争议解决的法律方法

如果项目合同双方在使用所有协商解决争议方法中均未能解决项目造价变更

争议，则需进一步采用下述法律方法去解决项目造价变更的争议。

（1）项目造价变更争议的仲裁解决方法。如果争议双方的友好协商或调解均未达成一致意见，任何一方可就此争议事项按照合同约定的仲裁协议申请仲裁。即使在上述有关"暂定"或"友好协议"或"调解"决定已有约束力情况下，如果有一方未能遵守争议解决决定，则另一方可在不损害其利益情况下对相关事项提交仲裁。仲裁期间各方义务不得有所改变，否则增加的费用由败诉方承担。

（2）项目造价变更争议的诉讼解决方法。项目合同双方在履行合同时发生项目造价变更的争议，双方又不愿进行和解、调解或者和解、调解不成的，而且项目合同中又没有达成仲裁协议的，则争议双方都有权利依法向人民法院提起诉讼。在这种诉讼处理中，如需做项目造价鉴定的，应委托具有相应资质的工程造价咨询人员（造价工程师）进行鉴定。

综上所述，项目造价变更争议的管理方法是一种必须依法开展管理的方法。实际国际上这方面的解决和管理方法与我国是大同小异的，因为我们在这方面基本上是与国际接轨的（更多是学习他们的），否则我们就无法参与国际项目的实施工作。

7.3.4　项目造价变更集成管理的方法

项目集成管理是一种为实现项目各方面的特定合理配置关系（Configuration Relationship）所开展的一种全面性、综合平衡性、整体性的科学集成管理（Integrating Management）工作。任何项目一旦发生项目造价变更就必须重新进行全面集成方面的管理，从而再次实现项目各方面客观存在的特定合理配置关系。因为项目造价变更不但会影响项目质量、范围、进度和资源等项目专项的配置关系，还会影响到项目业主、承包商、供应商等项目相关利益主体的利益分配，最重要的是项目造价变更会给项目带来不确定性的项目收益或损失，项目造价变更所带来的这些方面的关联影响要求人们必须对项目造价变更开展全面集成管理，因此就需要使用和讨论项目造价变更集成管理的方法。

1. 项目造价变更的全要素集成管理方法

这种管理是项目变更集成管理或总体控制中的组成部分之一，因为任何项目某个方面或要素的变化都会导致其他项目要素也发生某种变化。所以只要项目造价发生变更就需要进行项目造价变更的全要素集成管理工作，因为项目造价发生的变更破坏了原有的项目质量、范围、进度和资源等项目要素（专项）计划之间的合理配置关系。为此，就需要有一套专门的项目全要素集成管理的方法，用于项目造价变更后项目各要素之间的重新集成，这方面的管理方法具体如下。

（1）面向造价变更的项目目标四要素集成的管理方法。在项目造价变更的全要素集成管理方法中，第一种具体方法是分析和找出项目造价变更以后项目目标四要素之间全新的合理配置关系，然后按照这种新的合理配置关系去集成计划和安排好项目各专项（目标要素）计划的变更方案，这是项目造价变更后所需集成管理的首要工作，该方法可以用式（7-1）表示：

$$Y = \int \{a_1 x_1, \ a_2 x_2, \ a_3 x_3, \ a_4 x_4\} \tag{7-1}$$

式中：Y 为项目整体目标；a_i 为项目造价（或成本）、范围、质量、进度目标四要素各自的优先序列系数；x_i 为项目的造价（或成本）、范围、质量、进度四个目标要素。

由式（7-1）可以看出，任何项目的目标都是由项目造价（或成本）、范围、质量、进度四个要素（或专项）共同构成的，项目造价的变更必然导致原有的这四方面合理配置关系的破坏，所以这种集成管理的首要任务是根据具体项目这四个要素的重要程度或优先顺序要求去实施项目造价变更的目标要素集成管理。实际上我国20世纪50年代末提出的"多快好省"就是这种管理的理想状态，虽然没人能够实现具体项目这四个要素同时达到最好，但这给出了人们努力的目标和理想状态。

（2）面向造价变更的项目目标与资源集成的管理方法。在项目造价变更的全要素集成管理方法中，第二种具体方法是分析和找出项目造价变更在按照式（7-1）的方法实现了项目目标四要素的合理配置关系以后，如何去针对这种新的项目目标四要素合理配置关系去集成计划和安排好项目所需各种资源的变更方案。该方法表达式为：

$$Y = \int \{a_1 x_1, \ a_2 x_2, \ a_3 x, \ a_4 x_4\}$$
$$\text{st:} \{R_1, R_2, \ R_3, R_4 \} \tag{7-2}$$

式中：st 为 Subject To 的缩写表示项目目标函数的约束条件；R_1 为项目所需人力资源；R_2 为项目所需信息资源；R_3 为项目所需劳力和物力资源；R_4 为应对项目风险所需资源储备。

由式（7-2）可以看出，在项目造价变更后需要通过项目集成管理重新找到了项目目标四要素（专项）的全新合理配置关系，并且还必须进一步实现项目目标所需资源的合理配置关系，这还包括项目目标和项目各种资源之间的合理配置关系。例如，如果项目所需信息资源（R_2）是完备的，那么就不需要再有任何应对项目风险所需资源储备（R_4）。在项目造价变更的集成管理中只要没有项目资源的合理配置，人们仍然无法达到式（7-1）中给出的项目目标四要素的全面实现。

2. 项目造价变更的全团队集成管理方法

项目造价变更的全团队集成管理也是项目变更集成管理或总体控制中的组成部分,因为任何项目的造价变更都会导致项目原有的相关利益分配或安排格局发生变化。为了防止由于项目造价变更而造成不公正的相关利益及权利和义务安排格局,人们就需要进行项目造价变更的全团队集成管理工作,为此就需要有一套专门的项目全团队集成管理的方法去管理项目造价变更后项目各相关利益主体之间权利和义务的重新集成。这方面的管理方法包括两种具体的管理方法,具体如下。

(1)项目造价变更双方利益的集成管理方法。在项目造价变更的全团队集成管理方法中,第一种具体方法是分析和找出项目造价变更以后项目合同双方之间的权利和义务全新合理配置关系,然后按照这种新的合理配置关系去集成计划和安排好项目合同双方的权利和义务变更方案。该方法可以用式(7-3)表达式为:

$$V_o = \frac{F_o}{C_o} \nearrow V_c = \frac{F_c}{C_c} \qquad (7\text{-}3)$$
$$st : V - C > 0$$

式中:V_o 为项目业主所获价值(其收入);F_o 为项目业主所获项目功能;C_o 为项目所花费成本(其支出);V_c 为项目承包商所获价值(其收入);F_c 为项目承包商所实现的项目功能;C_c 为项目承包商所花费成本(其支出);$\nearrow$ 为 C_o 与 V_c 之间的价值传递关系;st 为项目合同双方的目标约束条件。

由式(7-3)中可以看出,项目造价变更会涉及项目合同双方权利和义务的变化,而合同双方的权利和义务是一种项目价值链的传递关系。其中,项目业主为获得其所需项目价值而愿意支付给项目承包商合理的项目造价以获得项目的功能,项目承包商所获得的项目造价既包括生成项目功能的成本也包括项目承包商应得的利润。项目造价变更最重要的前提条件或目标约束条件是合同双方都能实现各自所获价值大于他们花费的成本,这是在项目造价变更的集成管理中实现项目合同双方权利与义务的合理配置关系的根本所在。实际上任何项目造价变更的争议都是由于破坏了这种合理配置关系而造成的。

(2)项目造价变更全体利益的集成管理方法。在项目造价变更的全团队集成管理方法中,第二种具体方法是分析和找出项目造价变更以后所有项目相关利益主体之间权利和义务的全新合理配置关系,因为项目造价变更在改变了项目合同双方的权利和义务安排的同时,还会将这种变更继续传递给项目的某些或全部相关利益主体;然后按照这种找出的全新合理配置关系去集成安排好项目各相关利益主体的权利和义务变更方案。该方法表达式为:

$$V_o = \frac{F_o}{C_o} \nearrow V_c = \frac{F_c}{C_c} \nearrow \cdots V_i = \frac{F_i}{C_i} \nearrow \cdots V_n = \frac{F_n}{C_n} \qquad (7\text{-}4)$$
$$st: V - C > 0$$

式中：V_o、F_o、C_o、V_c、F_c、C_c、$\nearrow$、st 的含义与式（7-3）相同；V_i 为第 i 个项目分包商（或供应商）所获价值（其收入）；F_i 为第 i 个项目分包商（或供应商）所实现的项目功能；C_i 为第 i 个项目分包商（或供应商）所花费成本（其支出）；$i=1$，2，3，$\cdots n$，其中 n 是最后一个项目分包商（或供应商）。

由式（7-4）中可以看出，项目造价变更所涉及的不仅是合同双方权利和义务的变化，而且涉及全体项目相关利益主体的权利和义务的变化。同样，项目所有相关利益主体之间的权利和义务也是一种项目价值链的传递关系，即人们为获得其所需的项目价值就需要支付给足够的项目造价，以便对方所获得项目造价既包括生成项目工作的成本也包括对方应得的利润。同样，对于项目造价变更所涉及的各方都有一个重要的前提条件或目标约束条件，即各方都能实现各自所获价值大于其成本，破坏了这种合理配置关系就会造成项目造价变更的争议。

3. 项目造价变更的全风险集成管理方法

项目造价变更的全风险集成管理更是项目变更集成管理或总体控制中的重要组成部分，因为任何项目造价变更所需控制的主要是由此引发的风险情况。任何项目风险都是由于项目及其环境发生变化而破坏了项目原有计划的前提条件导致的，项目造价变更就是一种变化而必然会带来项目的风险，所以人们就需要进行项目造价变更的全风险集成管理工作，为此就需要有一套专门的项目全风险集成管理的方法，有关这方面的管理方法包括两种具体的管理方法，具体内涵如下。

（1）项目造价变更风险因素的集成管理方法。在项目造价变更的全风险集成管理方法中，第一种具体方法是关于项目造价变更风险因素的集成管理方法，这是分析和确定项目造价变更所带来的项目风险性变化并开展相应集成管理的方法，因为项目造价变更既会带来项目风险性收益，也会带来项目风险性成本，更会造成项目不确定性的变化。该方法表示为：

$$R = P \times (L / O)$$
$$RM = P\uparrow \times (L\downarrow / O\uparrow) \qquad (7\text{-}5)$$

式中：R 为项目风险；P 为项目风险发生概率；L 为项目风险损失；O 为项目风险收益；RM 为项目风险管理；$P\uparrow$ 为通过收集信息提高项目风险发生概率；$L\downarrow$ 为通过管理降低项目风险损失；$O\uparrow$ 为通过管理提高项目风险收益。

由式（7-5）可以看出，项目造价变更既是对此前项目风险后果而采取的应对措施，也会给项目带来全新的项目而需要去开展必要的集成管理。项目造价变更所带来的风险包括三个方面：一是项目风险损失；二是项目风险收益；三是项目风险和收益的不确定性（发生概率）。项目造价变更风险的集成管理方法核心在于同时去开展对于以下三个方面要素的集成管理：一是努力降低项目风险损失（项目成本或造价）；二是努力提高项目风险性收益（项目收益或价值）；三是积极收集信息去降低项目风险损失和收益的不确定性（提高发生概率 P 的值）。

（2）项目造价变更风险后果的集成管理方法。在项目造价变更的全风险集成管理方法中，第二种具体方法是关于项目造价变更风险收益和（或）损失的合同双方共同分担的集成管理方法，这是在分析和确定项目造价变更的风险性收益和风险性成本的基础上，如何合理安排项目造价合同双方分担或分摊这种项目风险性收益和风险性成本。该方法表示为

$$RM = P\uparrow \times (L\downarrow / O\uparrow)$$

$$st : (L_o \updownarrow = L_c \updownarrow) \, \& \, (O_o \updownarrow = O_c \updownarrow) \tag{7-6}$$

式中：R、P、L、O、RM 的含义与式（7-5）中相同；st 为 Subject To 的缩写，表示项目全风险集成管理约束条件：$L_o \updownarrow = L_c \updownarrow$ 为项目业主和项目承包商必须平等分担项目造价变更所带来的风险损失；$(O_o \updownarrow = O_c \updownarrow)$ 为项目业主和项目承包商必须平等分享项目造价变更所带来风险收益；& 为这两个约束条件必须同时成立。

由式（7-6）中可以看出，项目造价变更的全风险集成管理方法的关键在于项目造价的合同双方必须要平等分担项目造价变更所带来的风险损失和分享由此带来的风险收益（不能出现因项目造价变更的风险而使一方吃亏而另一方沾光的情况）。

综上所述，项目造价变更不但需要开展管理，而且需要开展对于这种变更的管理影响的全面集成管理。另外，综观本章的内容，项目变更和项目成本与造价的变更管理是项目成本控制的重要内容和根本对象之一。虽然，常规的项目成本控制是必要的，但项目及其成本与造价的变更管理更为重要。

复习思考题

一、单选题

1. 项目要求的描述是指（　　　）对自己项目各方面指标和特性的说明。

    A. 项目承包商　　　　　　　　　　B. 项目分包商

    C. 项目业主　　　　　　　　　　　D. 项目相关利益主体

2. 以下不是项目变更集成控制系统的方法的选项是（　　）

    A. 项目变更申请

    B. 变更方案的审批程序与权限安排

    C. 项目变更实施的跟踪控制方法

    D. 项目各方面合理配置关系的识别和确认方法

3. 项目原有造价和预算的变更不包括（　　）。

    A. 项目合同造价的变更　　　　　　B. 项目及其环境与条件的变更

    C. 项目承包商的收支预算变更　　　D. 项目业主支出预算的变更

4. 以下不是基于项目成本变更原因分类的是（　　）。

    A. 项目客观变化需要的成本变更　　B. 人们主观意愿变化的成本变更

    C. 项目业主造成的成本变更　　　　D. 主观与客观不相符的成本变更

5. （　　）是一种为实现项目各方面客观存在的特定合理配置关系，所开展的一种全面性、综合平衡性、整体性的管理工作。

    A. 项目集成管理　　　　　　　　　B. 项目变更管理

    C. 项目成本变更管理　　　　　　　D. 项目造价变更管理

二、多选题

1. 造成项目计划、设计和安排中缺陷的原因有（　　）。

    A. 项目实施完成情况方面的新增信息

    B. 已出现的项目环境条件发展变化信息

    C. 项目未来实施和环境条件情况的预测信息

    D. 项目计划不周或安排不当

2. 造成项目信息缺口的主要原因有（　　）。

    A. 认识局限性　　　　　　　　　　B. 信息滞后性

    C. 信息不对称性　　　　　　　　　D. 相关利益主体主观意愿改变

3. 项目变更管理的过程和内容包括（　　）。

    A. 分析问题或机遇提出申请　　B. 评估和批准项目变更申请

    C. 设计和评估项目变更方案　　D. 审批和实施项目变更方案

    E. 评估项目变更的实施结果

4. 评估和批准项目申请的方法有（　　）。

    A. 统计分析方法　　　　　　　　B. 预测分析方法

    C. "0-1"方案比较方法　　　　　D. 核检表法

    E. 层次分析法

5. 项目成本变更管理的过程和内容主要包括（　　）。

　　A. 制订项目造价变更方案　　　　B. 制订项目预算变更方案

　　C. 开展项目造价变更协商　　　　D. 解决造价纠纷

三、简答题

1. 项目变更的根本原因是什么？

2. 为什么要开展项目变更的管理？

3. 为什么要开展项目造价变更的集成管理？

第 8 章

| 项目价款支付管理

本章学习目标

　　本章主要介绍了项目价款支付的原理及各个阶段的支付
管理，包括项目实施价款的支付管理、项目最终付款的
支付管理和项目索赔支付与纠纷管理。

　　重点掌握：项目价款支付的概念、分类，项目预付款及
其支付，项目进度款及其支付，项目最终付款的支付管理、
项目索赔及其支付管理。

　　一般掌握：项目价款支付的过程、管理，项目预付款的
支付管理，项目进度款的支付管理，项目最终付款的过程，
项目最终结清的管理。

　　了解：项目合同价款争议管理和项目合同解除的价款支
付管理。

8.1　项目价款支付的原理

项目价款支付及其管理也是项目成本管理的重要工作,这涉及项目价款何时进行支付、以何种方式进行支付、以何种币种进行支付和按照何种依据进行支付等管理的内容,相关概念、分类、过程和管理等讨论如下。

8.1.1　项目价款支付的概念

确切地说,项目价款支付只适合实行招投标或委托他人完成的项目,这是为什么国内外都将此称为项目合同价格支付或价款的根本原因。

1. 项目价款支付的定义

项目价款支付是指项目业主向项目承包商(或实施者)按项目合同和项目实际完成情况进行付款的工作,包括项目承包商向项目业主办理项目价款支付的请求和项目业主根据这种请求进行复核并支付款项两方面的工作。项目价款包括项目业主对于项目承包商在实施项目中所占用和消耗资源的价款及其利润、项目应该上缴的国家规定税金和各种规费,以及因项目变更而导致的项目造价变更的全部款项。

(1)国际上的项目价款支付管理概念。国际上将项目价款支付管理也称为"项目价格支付管理",是对于项目各种款项的支付或转移工作的管理。其中,项目价款支付管理是由项目一方(多数是项目业主或甲方)付给另一方(多数是项目承包商或乙方)项目价款的给付管理;而项目价款转移管理是指提供履约保证金或付款保函及质保金等过程的管理。由于国家体制和财税制度的不同,各国的项目价款支付管理不同。按照 FIDIC 条款的规定这方面管理主要包括四个方面的内容:一是按照合理数额支付项目价款,这涉及按照项目合同价格及其变更去确定究竟应该合理支付多少项目价款的管理;二是按照合理时间去支付项目价款,这涉及按照合同价格及其变更去确定何时应支付多少项目价款的管理;三是按照哪个币种去支付项目价款,这涉及按照合同规定和后续双方约定去确定应该以何种货币于何时支付多少项目价款的管理;四是按照项目合同约定去全面结清项目价款的问题,这是关于项目完工付款或最终付款的管理。

(2)国内的项目价款支付管理概念。我国的项目价款支付管理的内容同样涉及上述四个方面的问题,但因我国的法律法规或规范与国际上有所不同,我国这方面最主要应遵循的法律法规是我国现行财税制度、合同法、招投标法、价格法及 GB 50500—2103 国家规范等。在这些法律法规和规范中,我国项目价款支付被称为依据项目"合同价款约定"管理,这与国际规定有所不同。但是有一点是相同的,我国的项目价款支付管理也是涉及项目业主和承包商双方的利益及双方法律责任和义务（履行合同）的问题，只是我们依据的法律法规和现行财税制度不同而已。我国项目价款支付的核心内容在于：首先是对于项目价款支付依据的管理，这包括项目合同价格、项目造价变更和项目实际情况度量等方面依据的管理；其次是项目价款支付的过程管理，这包括对项目价款支付申请、确认、支付、结清等一系列步骤的管理。

2. 项目价款支付的内涵

有关项目价款支付及其管理的概念中包括十分重要的内涵，具体内容如下。

（1）项目价款支付是项目资金合理周转的工作。项目业主和承包商之间应该很好地安排项目价款支付工作，从而使得项目实施过程中有足够的资金用于及时足量地采购项目实施所需的各种资源，从而实现降低项目成本和提高项目价值的目的。因为如果无法及时合理地进行项目价款结算，就会导致项目承包商资金困难而无法获得项目所需资源，最终会导致项目效率低下或项目质量低劣等一系列问题。

（2）项目价款支付是项目管理的重要工作。从项目业主角度，进行项目价款支付首先需要完成项目实际实施绩效的考核，这涉及项目实际进度、质量和范围等方面的指标考核，因为这些指标的考核是项目价款支付的根本依据，而这种项目实施绩效考核是促进项目承包商提高项目实施绩效的重要管理工作之一。对项目承包商而言，项目价款支付是其实现经济效益的途径，所以他们也必须积极做好项目价款支付的管理工作，以便及时获得项目实施收益和避免项目资金风险，从而获得利润和实现良好的企业经济效益。

3. 项目价款支付的管理

综上所述，项目价款支付管理不仅涉及项目成本管理与控制的问题，而且涉及项目合同双方是否依法履行权利和义务的问题，有关的具体内容如下。

（1）项目合同定价的管理。项目价款支付管理首先要有项目合同的定价，所以项目合同定价是项目价款管理的前提和首要工作。我国法律法规对于项目合同定价的规定是：实行招标的项目合同价款应在中标通知书发出之日起 30 日内由合同双方依据招标文件和中标人的投标文件通过书面合同进行约定，这种合同约定不得违背招投标文件中关于范围、进度、造价、质量等方面的实质性内容，项目招标文件与中标人投标文件不一致的地方以项目投标文件为准。对于不实行招标的项目合同价款，在合同双方认可的项目价款基础上由双方在合同中约定。

（2）项目价款支付的内容管理。项目合同价款支付管理的内涵还包括项目造价变更的结果，以及合同双方在协商确定时的价款，这些都是项目价款支付管理的对象和内容。项目价款支付管理具体内容包括项目预付款的数额、支付时间及抵扣管理，项目各种应对措施款项的使用和支付管理，项目工作量计量与项目进度款支付的管理，项目价款的调整方法、程序及其支付的管理，项目索赔与现场签证的管理，项目完工价款支付的管理，项目质量保证（保修）金的管理，项目违约责任及项目价款争议的管理，等等。

（3）项目价款支付依据的管理。项目价款支付管理必须依照合同约定的依据和方法去办理，这方面最重要的依据是项目合同规定和项目承包商实际项目实施绩效的考核与审定结果。项目合同中对此未作约定或约定不明的双方应依照国家有关法律、法规和规章制度及国务院相关行政主管部门、省、自治区、直辖市或有关部门发布的项目计价标准和计价依据与办法等规定开展项目价款支付。另外，项目合同的仲裁协议、项目造价变更文件和现场签证及经合同双方协商确定的其他有效文件都是项目价款支付的依据。这方面管理必须做到合法、合规、完整和真实，这些是项目价款支付的基础。

（4）国际项目价款支付货币与方式的管理。对于国际项目而言，项目价款支付管理中还涉及项目支付货币和方式的管理，因为这方面的支付在使用不同币种和方式时会有完全不同的汇兑损益结果。按照国际惯例，这种项目的合同中应明文规定支付的币种及方式和方法。其中，使用多种货币（项目所在国本币和某种外币）进行项目价款支付时应该在合同价格中规定本币和外币的比例及采用的汇率。如果在项目合同中没有说明这种汇率，则应采用基准日期当天项目所在国的中央银行所确定的汇率。使用多种货币进行国际项目价款支付时，每种货币应付款额均应汇入位于合同指定的付款国境内承包商指定的银行账户。这些基本原则的作用是使合同双方要分担项目价款的汇率风险，另外项目合同双方还应该采取各种商品期货和外汇套期保值等方面的管理措施，包括对项目所需大宗商品采购应采用购买商品期货和到期实物交割等风险管理措施。

8.1.2 项目价款支付的分类

由于项目合同类型和项目周期不同等原因，项目价款支付会有很多不同的分类，充分认知这些项目价款支付的不同分类可以更好地开展项目价款支付工作。

1. 不同项目合同类型的项目价款支付

按照国家规定实行项目活动清单（工程量清单）计价的项目应采用综合单价合同定价，这是现今世界上使用最多的项目合同定价类型，本书讨论的项目估算、预算、造价变更和本章讨论的项目价款支付管理主要是针对这种项目合同的。但是对于项目合同工期短、范围小、技术难度低、图纸设计审查完备的项目可以采用项目总价合同，这种项目合同在项目价款支付方面的最大不同是较少有项目造价变更方面的价款支付问题（因为固定总价就是造价不变）。另外，对于紧急抢险、救灾及施工技术特别复杂的项目需要采用成本加酬金的合同定价，这种项目合同的价款与造价变更都要支付（这些都是成本），然后再加上必要的利润和奖惩资金。

2. 不同项目周期长短的项目价款支付

对于项目合同周期长、项目范围大、项目耗用资金数额大的项目，为使承包商在项目实施中所耗用的资金能够及时得到补偿，合同双方需要对项目价款进行预付款、进度款、完工验收款等一系列的项目价款支付工作和管理。其中，项目进度款多数按月支付或者按照项目形象进度划分不同阶段进行项目价款支付，但是对于项目合同工期短、范围小、技术难度低、项目耗用资金数额小的项目多数使用项目完工后结算的方法。周期较长项目的一种特殊的价款支付方式是按照既定目标进行项目价款支付的方式，这种方式和方法是在项目合同中将项目内容分解成不同的控制或验收单元，当项目承包商完成了项目单元项目业主验收后，才可支付项目单元的价款。

3. 不同用途和时点的项目价款支付

这包括项目预付款支付、项目进度款支付、项目变更款支付和项目完工价款支付及最后结清支付等。其中，项目预付款支付用于给承包方为项目实施购置各种项目实施起始所需的资源款项；项目进度款支付用于补偿或偿付项目承包商在项目实施中所花费的成本及承包商应得的利润；项目变更款支付用于上一章讨论的所有项目造价变更情况中项目价款约定的变更款项及双方相互的索赔款项；项目完工价款支付用于项目的剩余进度款和其他项目费以及规费和税金支付；项目价款最后结清支付包括项目质量保证金等方面的款项支付。

8.1.3 项目价款支付的过程

项目价款的支付和管理都是一个过程，不管是项目的预付款、进度款、完工款，还是最后结清的款项支付都必须按照规定步骤和过程进行。

1. 项目价款不同结算方式的支付过程

项目有按月支付价款的，有项目完工后一次支付的，有按照项目形象进度支付的，有按照项目单元进行支付的，也有按照双方约定方法进行支付的。

（1）项目款项按月支付的过程。这多数用于项目周期较长的情况，我国多是在月中预支项目进度款,然后到每月月末进行当月项目进度款结清。跨年度的项目还要在年终进行项目盘点并结清项目年度款项,最终要在项目完工后全面结清和支付项目价款。

（2）项目款项一次性支付的过程。项目价款较少和项目周期较短的情况下,我国对这类项目或子项目的价款支付,多数是采用项目款项一次性支付的方法。这种方法有时也需要按照项目价款每月月中预支,项目全部完工后价款一次结清和支付。

（3）项目款项分阶段或按单元支付的过程。对于项目跨年度且项目阶段与节点（项目里程碑）十分明确的情况,这种项目多数按照项目阶段划分（工程形象进度）进行阶段性项目款项分期支付。对于项目合同有明确验收单元的情况,人们多数按照项目单元支付项目价款。

（4）项目合同双方约定的项目价款支付过程。每个项目都有其独特性,所以项目价款支付多数是按照合同双方约定的方式和程序进行项目价款支付的。这包括对于项目预付款、进度款和完工款项支付等方面的约定,然后人们可以按照约定的项目价款支付方式和过程办理支付。

2. 项目不同款项的支付过程

项目预付款、进度款、最终付款还有最终结清的款项的支付也各有不同的程序,具体支付过程如下。

（1）项目预付款的支付过程。项目合同双方如果在合同中确定项目有预付款项,项目承包商应在签订项目合同后向业主提供与项目预付款等额的预付款保函,这是确保项目预付款能够完全用在项目实施中的关键文件和关键步骤。此后项目承包商才能向业主提交预付款支付的申请,项目业主应在收到承包商的预付款支付申请后进行核实并发出预付款支付证书,项目业主在签发支付证书后的规定时间内必须向承包商支付预付款。

（2）项目进度款的支付过程。项目进度款支付管理的第一步是对于项目进度款支付周期的管理,所以这种支付周期管理的具体步骤是:项目承包商应在每个绩效度量周期到期后向项目业主提交已完工进度款支付申请,项目业主应在收到申请后根据合同约定对申请内容和绩效度量结果进行核实,确认后向承包商出具进度款支付证书并应在规定时间内按照支付证书列明的金额向承包商支付进度款。

（3）项目最终付款的支付过程。项目最终付款支付管理首先是确认项目已经完工,这关键在于项目完工后承包商应同时提交完工验收和项目最终付款支付申请文件。项目业主收到承包商提交的项目最终付款支付文件后应及时审核并反馈补充或修改支付申请的意见，承包商按照项目业主要求补充资料和修改后再次提交给项目业主复核后批准，项目业主和承包商对复核结果无异议的，应及时在文件上签字确认并办理项目最终付款支付。

（4）项目款项最终结清的过程。项目款项最终结清是指项目业主向承包商支付最终应付款额，这个过程首先要在合同中约定最终结清款的支付时限，然后承包商应按时向业主提交支付申请，业主对申请有异议时有权要求承包商修正和提供补充资料，再提交修正后的最终结清支付申请，项目业主应在收到最终结清支付申请后及时予以核实并向承包商签发最终结清证书，此后按最终结清支付证书列明的金额向承包商支付最终结清款。

8.1.4　项目价款支付管理的方法

所以项目价款支付管理具有自己独特的管理方法，具体如下。

1. 依据项目合同规定进行管理的方法

这方面的方法中首要是依据项目合同进行管理的方法，不管是国际惯例还是我国法律法规和行业规范都规定，项目合同双方对于项目价款支付的管理首先必须依据双方签订的合同。如果合同双方在项目计价方面发生异议，随时都应按合同规定程序和方法进行解决。首先是双方友好协商，如果协商一致则应签订书面协议，这种书面协议对项目合同双方均有约束力，这种协议实际是项目合同的补充；如果项目合同双方协商不能达成一致，双方才可按项目合同约定的其他方式解决争议。

因为项目及其环境与条件都有可能出现变化，所以实际上很少有项目是完全按照项目预算或合同造价进行项目价款支付的，绝大多数的项目价款支付都是项目合同双方友好协商的结果。例如，现场签证、承包商索赔、业主索赔、提前完工（赶工）费、误期赔偿费等项都需要项目合同双方协商确定这些项目价款的支付数额和如何支付。同样，因项目承包商原因造成的项目误期，项目业主会要求项目承包商进行赔偿，这一方面需要双方在合同中约定误期赔偿的条款，然后还需要双方根据实际情况协商确定项目误期赔偿费。

实际上，不管是哪种项目索赔都是以双方协商确定作为相应的项目价款支付管理方法或手段，只是不同项目合同对于双方协商的程序、步骤和方法的规定会有所不同而已。例如，多数项目合同规定项目现场签证先由项目业主提出由项目承包商开展项目合同以外的零星工作或非承包商责任事件带来的相应工作，然后由项目承包商提供开展这些工作的成本资料和现场签证报告，双方协商后由项目业主签证确认相应的项目价款，最终项目业主借此追加项目价款并与项目进度款同期支付。

2. 依据法律和法规进行管理的方法

项目价款支付的管理不仅要遵守项目合同,还必须要依据国家和地方的现行财税制度和法律法规进行管理。按照国际惯例,在履行项目合同期间,所有的项目价款支付首先必须遵守国家和地方相应的法律法规,即便是项目合同双方商定的专用条件也不能违背国家和地方法律法规规定。例如,按照我国的国家税法规定,工程建设项目的造价中不仅要包含项目承包商的营业税、城市维护建设费及教育费附加等,还须包括根据地方政府部门规定缴纳的各种规费(如文明施工费等),并且这些都不得作为项目投标报价的竞争价格部分,而是归于企业必须缴纳费用。

需要注意的是,对于在规定时间内由于国家法律、法规、规章和政策发生变化而造成的项目造价增减变化,合同双方也必须按照国家和地方政府发布的相关规定去调整项目合同价款。例如,依照我国的价格法规定,项目合同双方在投标报价和确定项目合同造价的过程中确定项目造价绝对不得低于项目成本,所有项目合同价格低于项目成本都属于违法的项目合同而不受法律保护。所以从根本上说,项目价款支付必须依据法律和法规去进行管理。

另外,除了我国的法律和法规约束人们的项目价款支付行为以外,还有很多标准和规范也是项目价款支付管理的约束条件。例如,由我国住房和城乡建设部与国家质量监督检验检疫总局联合发布的《建设工程工程量清单计价规范》(GB 50500—2013)就是我国这方面最新的国家标准。该标准中规定了项目合同价款调整所涉及的法律法规变化、工程变更、项目特征描述不符、工程量清单缺项、工程量偏差、物价变化、暂估价、计日工、现场签证、不可抗力、提前竣工(赶工补偿)、误期赔偿、施工索赔、暂列金额和双方约定的其他调整事项等的具体结算办法。

同样的,国际咨询工程师协会的项目合同条件(FIDIC 条款)也是一种标准或规范。例如,在 FIDIC 条款中关于延期付款的规定,如果项目承包商没有按时收到项目价款支付,项目承包商就有权针对未付的项目价款按月计算复利,并借此收取项目价款支付延误期的融资费用,因项目价款支付延误的融资费用应以高出付款货币所在国的中央银行贴现率三个百分点的年利率进行计算。

3. 借助专家和调解人进行管理的方法

在项目价款支付管理中因为项目业主和项目承包商在项目价款支付方面存在直接的利益冲突,因此项目合同双方在项目价款支付管理方面出现冲突时还需要借助专家或调解人进行调解,包括项目管理专家或争议调解人去做好项目价款支付纠纷解决方面的管理方法。多数国内外的法律或法规都规定有关于这种调解的方法,即在项目合同双方出现项目价款支付纠纷且双方无法协商解决的时候，人们就需要进行借助专家调解，只有调解不成情况下才可以开展必要的仲裁或诉讼。

例如，我国 GB 50500—2013 规定：若项目业主和承包商之间就工程质量、进度、价款支付与扣除、工期延期、索赔、价款调整等发生任何法律上、经济上或技术上的争议，首先应根据已签约合同规定，提交给项目合同约定职责范围内的项目监理工程师或造价工程师解决并抄给另一方。项目监理工程师或造价工程师在收到此提交件后规定时间之内应将暂定结果通知项目业主和承包商，如果双方对暂定结果认可就应以书面形式予以确认，这种暂定结果就成为争议解决的最终决定。

另外，我国 GB 50500—2013 还规定：项目合同双方应在项目合同中约定争议调解人，负责双方在合同履行过程中发生争议的调解。对任何调解人的任命可以经过双方相互协议终止，但项目合同双方都不能单独采取行动。除非项目合同双方另有协议，在最终结清支付证书生效后调解人的任期即告终止。如果发承项目合同双方发生了争议，任何一方可以将该争议以书面形式提交调解人并将副本送另一方，借此委托调解人作出调解决定。

实践证明这样可以大大提高双方争议解决的速度，既节约了成本，也提高了项目实施速度和项目质量，所示这种管理方法对于解决纠纷是非常有效的。

4. 采用仲裁或诉讼进行管理的方法

当项目价款支付的管理中因纠纷无法按照合同和法律法规解决，甚至也无法通过友好协商和调解人的调解去解决，所以项目价款支付的管理还需要使用仲裁或诉讼的管理方法。按照国际惯例，经调解人调解无效后的项目价款支付纠纷应通过仲裁获得最终的解决，但前期调解人的任何决定都可以作为这种项目价款支付纠纷仲裁中的相关证据。项目价款支付纠纷的仲裁在项目完工前后都可以进行，但在项目实施过程中开展仲裁时和双方与调解人的义务都不得因开展仲裁而有所改变。

我国的相关规定是，如果项目合同双方在友好协商或调解均未达成一致意见，其中的一方已就相关争议事项按照合同约定的仲裁协议申请仲裁就应同时通知另一方。这种项目价款支付纠纷的仲裁在完工前后都可进行，但项目各方的义务不得因正在进行仲裁而有所改变。如果仲裁是在仲裁机构要求停止项目实施的情况下进行，则应对项目采取保护措施且由此增加的项目费用由败诉方承担。

我国的相关法律法规还规定，在履行项目合同时发生争议，双方不愿和解、调解或者和解、调解不成的，在项目合同中没有达成和规定仲裁协议的，纠纷的任何一方均可依法向人民法院提起诉讼。由此可见，我国是按照"或仲裁"和"或诉讼"二者只选其一的方法去管理这方面纠纷的。我国最新的合同法就要求按照"或仲裁"和"或诉讼"的方法去解决买卖双方纠纷，且还规定如果项目合同双方选择仲裁就必须签订仲裁协议，此时仲裁将是最后的项目价款支付纠纷的解决途径。因此，在项目价款支付管理中还需要使用仲裁或诉讼的管理方法。

项目价款支付的管理不但涉及项目业主和承包商的合同义务与权力，而且直接关乎双方的利益和他们的项目收支预算控制。实际上项目价款支付管理就是项目成本管理与控制的最后一关，因为一旦项目价款支付完成则项目业主的支出就变成了承包商的收入，从而就形成了项目成本管理与控制的最终结果。

8.2　项目实施价款支付管理

项目合同与项目合同价格确立以后，人们就需要开展项目实施价款的支付管理工作，具体包括项目预付款的支付及其管理和项目进度款的支付及其管理。

8.2.1　项目预付款及其支付

项目价款支付管理中相对比较复杂的是项目预付款的支付管理，因为这既涉及如何预先支付项目款项，也涉及如何获得这种款项使其用于项目的担保，以及如何扣回项目预付款项等方面的管理，具体内容如下。

1. 项目预付款的内涵

按照国际惯例，项目预付款是项目业主支付给承包商的一笔预先垫付的项目款项，这是为承包商能够用于启动和初期开展项目实施工作的款项，这种预付款应通过在项目进度款的付款中按比例减少的方式付还或扣回，即在项目后续阶段这会从项目进度款中逐期扣回，所以项目造价总额是不变的。

（1）项目开始之前支付的款项。项目预付款是在项目实施之前项目业主预先支付给承包商的，这是为采购项目合同实施所需购置的材料、设备、装备，创造项目实施条件和组织项目团队等所需的款项。由于项目承包商是提供项目实施和技术服务的组织，所以他们并无义务在项目实施之前垫付项目款项，因此项目业主和承包商在项目合同中会确定为项目承包商提供项目所需的预付款。

（2）只能用于项目实施的款项。按照国际惯例，项目预付款只能用于购买项目实施初始阶段所需的各种资源和条件，而绝不允许用于其他目的。为了保障这一点，在项目合同中应该规定项目承包商应向项目业主提供预付款等额的预付款保函，然后才可申请项目预付款的支付，项目业主只有得到了这种保障之后，才能够向承包商支付项目预付款。

（3）从项目进度款中逐步扣回。因为项目预付款会在项目承包商的后续项目实施过程中发挥作用，因此国内外都规定项目预付款需要从项目后续支付给项目承包商的各期进度款中扣回项目预付款，这实际是采用项目业主少付给承包商部分进度款的方法实现的，直到项目预付款金额全部扣回为止。

（4）虽是项目贷款但没有利息。项目预付款支付是一种预支与垫付行为，这实际是一种无息的由项目业主支付的贷款。但是如果项目承包商无法履行在项目后续支付给项目承包商的进度款扣回项目预付款的义务，则项目业主有权要求得到这种垫付损失的补偿，这就是项目预付款之所以要求项目承包商提交履约保函或保证金的关键所在。

2．项目预付款的确定

不是所有的项目都有预付款，只有当项目承包商无法自己承担项目初始阶段的各种费用时，项目合同双方才需要在项目合同中确定项目预付款及其支付条件。所以，只有那些项目范围较大、项目初始阶段所需资源较多、项目承包商无能力垫付项目费用时，合同双方才需要在项目合同中确定项目的预付款事项。

（1）项目预付款数额或比例的确定。项目预付款数额或（占合同造价）比例大小主要取决于项目初始阶段所需资源和条件的具体情况，但是我国规定预付款的适用比例最多不应超过项目合同造价的 30%。另外，在国际项目合同中还必须对项目预付款的支付货币币种作出规定。

（2）项目预付款支付条件的确定。项目预付款的支付条件首先是预付款的支付次数，多数项目预付款都是一次性支付，但是也有按照一定周期分期支付的情况。项目预付款的支付条件最重要的是对于项目承包商提交保函或保证金的条件要求，项目业主只有在收到项目承包商提交的关于预付款的履约保函或保证金后才能支付项目预付款。

（3）项目预付款扣回办法的确定。项目预付款是用于项目初期阶段实施所需的无提前付款，所以项目承包商必须在项目后续阶段归还这种预付款。国内外的归还方法都是通过在项目后续进度款付款中按比例扣回（国际上称为扣减）的方式进行，所以在项目合同中必须规定这种预付款扣回的分期摊还比率,并由此规定出预付款还清的时间(或日期)。

3. 项目预付款的支付

按照国际和国内的规定,如果项目合同中规定有项目预付款,那么承包商应在签订项目合同后向项目业主提供与预付款等额的预付款保函或保证金后,即可向项目业主提交项目预付款的支付申请。项目业主应在收到项目预付款支付申请的规定时间(我国是 7 天)内,对申请及其保函或保证金进行核实后向承包商发出预付款支付证书,并在签发支付证书后的规定时间内向承包商支付预付款。

(1)项目预付款支付的前提条件。项目预付款支付的前提条件除了项目合同有相关约定外,最重要的是项目承包商在签订项目合同后必须向项目业主提供与预付款等额的预付款保函或保证金。因为任何项目的业主和承包商之间都存在着一定的信用问题,所以国内外在项目成本管理与控制中都有项目预付款的保函或保证金要求。实际上正是由于项目合同双方之间的信用问题,因此整个项目所涉及的权利和义务都有要求担保的问题。项目业主的付款担保(如银行保函——借用第三方信用)和项目承包商的履约担保(如保证金和质保金等)都是这个道理。

(2)项目预付款的具体支付工作。绝大多数项目的预付款都是一次性支付给承包商的,但是也有某些项目的预付款是分几期给付的,具体情况要看项目的实际需要。如果项目初始阶段准备时间周期长,也可以双方商定按照时间节点或项目形象进度节点,分期给付项目的预付款。分期给付项目预付款有些像项目业主对于项目承包商的分期贷款,只是这种是一种无息的贷款而已。所以项目预付款的具体支付工作,既要办理履约担保(相当于贷款担保),又要作好相应的项目预付款支付证明(相当于贷款凭证)等。

8.2.2　项目预付款的支付管理

项目预付款的支付管理最重要的是两个方面,一是项目预付款的担保管理,二是项目预付款的扣回管理。有关项目预付款的过程及其管理如图 8-1 所示。

1. 项目预付款的担保管理

如前文所述,由于项目业主和项目承包商之间存在某种信用问题,因此在项目预付款支付管理方面需要相关的担保管理。这相当于市场买卖行为中的双方信用自我担保(保证金)或第三方担保(保函),具体的管理包括以下两个方面。

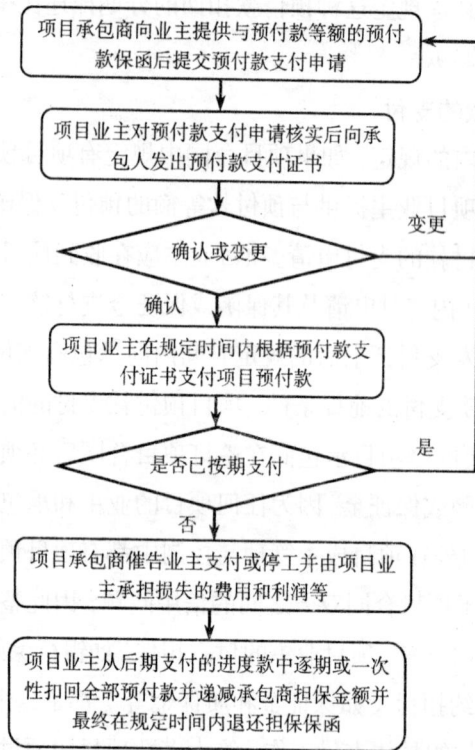

图 8-1 项目预付款的过程及其管理示意图

（1）项目预付款支付前的担保管理。按照国际的项目预付款支付担保规定，项目承包商必须在提出项目预付款申请前，提供与项目预付款等额的保函。这种项目预付款的保函像是一种履约担保，所以承包商应（自费）对严格履约取得履约担保，担保的保证金额与币种应符合项目合同中的相关规定。项目承包商应在双方签署项目合同后规定时间（四周）内，将具有担保资质的实体提供的履约担保交给项目业主。所以，项目预付款的保函或履约担保实际上是一种第三方信用担保，并且这种履约担保（如银行保函）的收费应该是由项目承包商自费取得。项目业主在拿到符合要求的实体（单位）出具的项目预付款保函后才能支付项目预付款，项目业主在收到这种保函之前是不能支付项目预付款的，而且在项目承包商还清项目预付款之前，他们有义务确保该保函一直有效并可执行，但担保金额可根据承包商付还金额而逐渐减少。

（2）项目预付款扣回中的担保管理。项目业主在拿到项目预付款保函并按照合同规定支付项目预付款以后，需要在后续的项目进度款中按比例逐期扣回或扣减项目预付款，同时需要按照项目预付款扣回的等量金额减少承包商的预付款担保金额。如果项目预付金担保条款中规定了期满日期，而在该期满日期前规定时间内预付款尚未还清时，承包商应将该保函有效期延至预付款还清为止。如果项目承包商不能延期或出现其他违约而给项目业主造成损失的情况，项目业主根据合同规定有权通过索赔获得履约担保的全部金额或对应于其损失的金额。项目业主应在承包商履约完成后的规定时间内，将项目预付款的履约担保金退还给项目承包商。反过来，如果项目业主没按时支付预付款而造成项目无法实施时，承包商可在付款期满后规定时间起暂停施工，且项目业主应承担由此造成的承包商损失（包括时间）及合理的利润。

2. 项目预付款的扣回管理

项目预付款是项目业主对于项目承包商的一种无息贷款，由于任何贷款最终都是要偿还的，因此项目预付款也需要在后续项目进度款中逐期扣回。这方面管理也涉及两方面的内容：一是这种扣回方式的管理；二是这种扣回具体工作的管理。

（1）项目预付款扣回方式的管理。项目预付款的扣回方式有多种，使用最多的是按照比例从项目后续进度款中扣回。但是也有按照项目合同双方约定的扣回次数和金额进行扣回，甚至还有合同双方约定一次性全部扣回。显然，这种项目预付款扣回方式是由合同双方预先约定，然后按照项目合同规定开展管理的。但是，这方面的合同约定中最为重要的是有关项目预付款扣回结束日期的规定和管理，因为这涉及项目业主和承包商各自的权利和义务，以及是否会出现项目业主因此通过索赔而获得担保金的问题。

（2）项目预付款扣回工作的管理。多数项目预付款是按照摊还比率去在整个项目生命周期中分期扣回的，这种项目预付款的摊还比率的具体计算公式如式（8-1）所示：

预付款摊还比率=预付款总额/（合同造价–造价中的暂列金额）　　（8-1）

但是也有某些项目预付款是按照摊还比率去在项目生命周期中的一段时间内分期扣回的，这种项目预付款的摊还比率的具体计算公式如式（8-2）所示：

预付款摊还比率=预付款总额/（扣回周期合同造价–同期暂列金额）　　（8-2）

项目预付款应按照由式（8-1）或式（8-2）计算得到的摊还比率去乘以项目业主每期支付给承包商的进度款中扣回，直到这种扣回的金额达到合同约定的预付款金额为止。如果在工程完工验收之前出现项目由项目业主或承包商终止及某些不可抗力情况而终止时，项目预付款尚未还清则全部余额应立即成为承包商对项目业主的到期应付款（预付款偿还）。

项目预付款的支付管理实际与银行贷款担保的性质是一样的，所以项目预付款的支付管理更多的是一种信用管理，是一种借助第三方信用的项目造价管理。

8.2.3　项目进度款及其支付

项目价款支付管理中最多的一项管理工作是项目进度款的支付管理，因为多数项目的周期都较长，所以在整个项目全过程中会有很多次的项目进度款的支付及其管理。所谓项目进度款是项目业主在项目实施过程中按照一定的周期支付给承包商的项目款项，这是为补偿项目承包商在项目实施工作中所付出的成本和支付给项目承包商的利润及相应国家规费的项目款项。确切地说，项目进度款的支付是项目业主对于项目承包商所附成本和所做努力的一种偿付行为，但是同时项目业主也需要在进度款支付中扣除项目进度款及质保金等方面的款项。

1. 项目进度款的内涵

国际上将项目进度款归于"期中付款（ Interim Payment ）"的范畴，国内则将项目进度款归为"合同价款中期支付"的范畴，以区别于项目完工付款和最终结清的付款。项目进度款的支付首先需要项目承包商在合同规定的支付期期末或在项目实施中每个月的月末（具体需依照合同规定），向项目业主提交可以详细说明自己应得到的款额的报表和进度报告及其证明文件，项目业主在收到并认可承包商的工程进度以后就应该办理相应的付款。

（1）项目绩效计量后才能支付。按照国内外的规定，项目合同中必须约定项目进度款支付周期，且对于这种支付周期必须有对应的项目实施绩效考核（计量）周期。项目承包商在每个项目绩效考核周期到期后的规定时间内必须向项目业主提交项目进度款支付周期的绩效考核结果和项目进度款支付申请，项目业主应在收到支付申请后的规定时间内根据核实和确认项目绩效考核结果和支付申请，确认后向项目承包商出具进度款支付证书并及时按支付证书列明的金额向承包商支付项目进度款。所以项目进度款是一种对于项目承包商实施绩效结果的偿付。

（2）合同双方信用管理的安排。项目进度款必须分期和在验证项目实施绩效以后进行支付，其根本原因还是项目合同双方信用管理的一种安排。实际上项目承包商都希望在项目实施前就能够拿到全部项目款项,但是项目业主因担心承包商不能严格履约而拒绝全额预付项目价款。同理,项目业主则都希望在项目完成之后再支付全部项目款项,但是项目承包商因担心项目业主最终不能付款而拒绝在项目完工后再收取全部项目价款。所以,项目进度款是双方公平分担履约和支付风险,以及分享项目价款资金时间价值的解决办法,是双方妥协而产生的合同约定支付款项。

（3）项目进度款包含其他支付款项。项目进度款除了补偿项目承包商在项目实施中的费用和应得利润以外,还包括按照国家规定或项目合同约定而需要支付的款项。项目进度款中所包含的其他支付款项主要有本期已完成的计日工价款、本期应支付的调整项目价款、本期应扣回的项目预付款、本期应支付的安全文明施工费、本期应支付的总承包服务费（如有总包商）、本期应扣留的质量保证金、本期应支付和扣除的索赔金额、本期应支付和扣回的其他款项。因此项目进度款的支付及其管理,实际上是一种项目双方之间财务应收和应付款项的支付管理问题。

（4）虽是项目欠款但没有利息。如果项目预付款是项目业主给予项目承包商的一种"无息贷款",那么项目进度款就是项目业主偿付给项目承包商的一种"无息欠款"。因为实际上项目进度款是项目承包商为项目业主垫付的一种款项,因为在项目实施中项目承包商需要支付所有其用于项目实施的资源的费用,然后才能够在项目实施绩效计量之后获得项目进度款以作为补偿。当然,如果这种项目承包商的垫付数额过大或周期太长使得承包商无力承担时,人们就必须在项目合同中规定项目预付款,由此可见项目预付款和项目进度款的确是项目合同双方为了公平分担风险和分享项目价值而作出的合理合法的项目资金计划和支付的安排。

2.　项目进度款的确定

不是所有的项目但绝大多数项目都有项目进度款（一次性支付全部款项的项目则没有进度款）。项目进度款不仅需要合同双方在项目合同中确定项目进度款及其支付条件,还需要在项目进度款支付前确定项目的实施绩效等。

（1）项目进度款的合同规定。项目进度款的支付周期应该按照项目实际情况和项目所在地的习惯做法及相关法律规定确定,如可按周给工人付薪酬、可按月给工人付薪酬,为此中国很多项目按月支付项目进度款。项目进度款的支付方法应该按照双方风险分担的原则作出规定,如只有确认了项目实施绩效结果才能够确认项目进度款数额,然后还必须按照法律规定和方便双方的习惯去作出项目进度款的支付方法的规定。

（2）项目进度款实际数额的确定。在项目进度款的实际支付中首先要确定的是项目进度款的支付内容和数额，即确定出究竟在具体一期的项目进度款支付中都应该包括哪些内容，以及这些需要支付的款项各自究竟是多少数额。如前所述，在项目进度款中还包括各种当期的索赔款项和扣回款项及一些其他款项需要支付，所以人们必须在项目进度款支付前确定这些款项和具体数额。

（3）难以准确度量的项目进度款确定。在有些项目预付款的支付中人们很难对项目实施绩效计量做出准确的度量，如对于某些研发项目或创新项目而言，人们很难度量和给出项目实施完成工作量的多少。特别是对于原始创新项目，说不定前一天人们陷入困境已是"山穷水尽"，而第二天人们发现转机就是"柳暗花明"。当项目进度款支付中的项目实施绩效难以实际度量的时候，人们也可以按照"二八""四六"或"五五"办法按比例进行支付。也就是说只要项目进度款支付周期中的某一项项目活动已经开始但并未完成，人们可按照该项活动工作量的20%、40%或50%进行进度款支付，剩余部分在整个项目活动完成之后的项目进度款支付期中支付。

（4）按项目进度款支付的其他费用。首先，项目业主应在项目开始后给定时间内向承包商预付20%的项目总承包服务费，其余部分则与项目进度款同期支付。如果项目业主未按合同约定向承包商支付总承包服务费，承包商可不履行总包服务义务而由此造成的损失由项目业主承担。其次，项目业主应在工程开工后的给定时间内预付不低于当年的安全文明施工费总额的50%，其余部分与进度款同期支付。例如，我国工程项目中的安全文明施工费就是以国家和项目所在地省级建设行政主管部门规定的比例支付的，如果项目业主没有按时支付安全文明施工费，承包商可催告项目业主支付，若因项目业主未在给定时间内支付而发生安全事故的，项目业主应承担连带责任。但承包商必须做到安全文明施工费的专款专用，否则造成的损失由承包商承担。

3. 项目进度款的支付

这种支付虽然是项目合同双方的事情，但是双方在此款支付中必须按照项目合同约定和国家有关财税法律和制度。因为这种项目价款支付实际是一种企业间的财务行为及管理活动，而任何企业财务活动都必须严格按照国家现行的财税制度规定，不管是偷税漏税还是拖欠项目进度款都是项目进度款支付工作所不允许的。

（1）项目进度款支付的前提条件。在项目进度款支付之前，项目业主首先要确认项目承包商在按质、按量和按时完成项目进度款支付周期内的项目任务情况，所以项目进度款支付的条件是必须要有项目承包商实际实施绩效度量结果的证明。为保证这种项目绩效度量的有效性和公平性，我国规定在工程项目中业主（甲方）需要使用社会化监理公司（丙方）对项目承包商（乙方）进行项目实施绩效的度量，并根据监理公司（第三方）出具的项目实施绩效度量的证明作为支付项目进度款的最主要依据。国际上的规定中没有必须使用社会化监理公司（但有类似的）的要求，但规定项目业主可在任一次项目进度款支付时对此前认定或支付的项目进度款额（根据实际情况）作出应有的修正，因此即使项目业主支付了项目进度款也不表明其完全同意或满意项目承包商的实际绩效，所以项目进度款也有某种预付性质（可追回）。

（2）项目进度款支付取决于合同模式。项目进度款支付还需要根据不同的项目合同模式来决定支付的多少和范围。项目固定总价合同和单价合同及成本加成合同的项目进度款制度内容是不同的。其中，固定总价合同因为是按照投标和签订的项目合同总价支付，所以在项目进度款支付范围中多数不包括项目造价变更，除非是业主提出要求而造成的变更，所以这种合同将主要风险分包给了项目承包商；而项目单价合同因为投标的报价和双方签订的是以综合单价为支付依据，所以在项目进度款支付时综合单价不能变化但必须按照实际工作量支付项目进度款；由于项目成本加成合同是一种按照实际项目成本情况最终确定项目进度款支付数额的依据，因此虽然这种项目合同也会有项目造价参考值，但是在遇到任何意外变化情况时都必须按照实际价格和工作量去调整项目进度款的支付数额（还需加上既定比例的利润等）。

（3）项目进度款的具体支付工作。绝大多数项目的进度款支付需要一系列的手续和具体支付工作。首先，项目承包商应在项目进度款支付周期到期后及时向项目业主提交已完项目进度款支付申请以详细说明自己认为本期有权得到的项目进度款额。其次，项目业主应在收到承包商进度款支付申请后及时根据项目绩效度量结果和合同约定对申请予以核实，这种项目绩效核实工作多会求助于第三方（监理）进行，在项目业主确认后就应向承包商出具进度款支付证书。项目业主应在签发进度款支付证书后的规定时间内，按照支付证书列明的金额向承包商支付进度款。由此可见，项目进度款与人们常规市场商品采购付款相似，生产商先垫付成本生产出产品，如果采购方对商品满意则可支付货款（包括生产商利润和税金等），如果后续发现商品有问题则可以无条件或有条件地要求全部或部分退款或赔款。

8.2.4　项目进度款的支付管理

这方面的管理主要包括两方面内容：首先是项目进度款支付过程的管理；其次是项目进度款的支付担保管理。有关这方面管理的过程如图 8-2 所示。

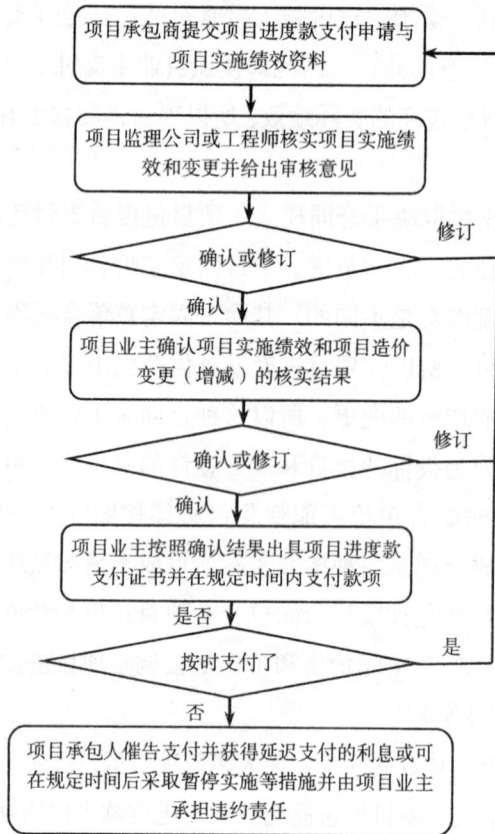

图 8-2　项目进度款的过程及其管理示意图

图 8-2 中项目进度款的支付过程及其管理工作内容和具体做法分别如下。

1. 项目进度款支付过程管理

项目进度款支付过程管理涉及一系列步骤和工作，主要包括以下几个方面。

（1）项目承包商提交项目进度款支付的申请。项目进度款支付过程管理始于项目承包商提出项目进度款支付的申请，承包商应在每个项目进度款支付周期到期的规定时间内（国内外不同）向项目业主提交已完成项目进度款支付申请，说明该项目进度款支付期有权得到的款额。项目进度款支付申请的款项内容包括累计已完成项目的价款、此前累计已实际支付的项目价款、本期间完成的项目价款、本期完成的计日工价款、本期应支付的调整项目价款、本期应扣回的项目预付款、本期应支付的各种规费、本期应支付的总承包服务费（如果有）、本期应扣留的项目质量保证金、本期应支付或扣除的索赔金额、本期应支付或扣回的其他款项，以及本期实际应支付的项目价款。同时，项目承包商必须提供上述各方面的证明资料，尤其是项目实施绩效的证明材料，以便供项目业主及其代理人的审核和确认。

（2）项目监理公司或工程师审核并给出审核意见。此后，项目业主（因为专业性等方面的问题）多数需要委托专业性的监理公司（国内做法）或工程师（国际惯例）审核项目承包商提出项目进度款支付的申请并全面性地度量或考核项目承包商的实际实施绩效（工程项目为工程量度量）及其提供的项目进度款支付的证明材料，修正或删除不合理的部分及修订或增加合理应付的部分并计算当期项目进度款的付款金额，然后给出专业性的审核意见和结果（多数需要有注册资质的工程师去做这种度量和审核）。当然，也有项目业主自己开展这种对于项目承包商提出项目进度款支付申请及项目承包商的实际实施绩效及其项目进度款支付的证明材料的审核的。如果这种审核结果没有问题则可进入下一步，如果有问题则需要退回给项目承包商去修订项目进度款支付款额。

（3）项目业主确认审核意见和造价变更结果。专业性的监理公司或工程师审核并认可了项目承包商提出的项目进度款支付的申请及其提供的项目进度款支付的证明材料并给出确认性的审核意见后，项目业主会有两种不同的做法：一是项目业主直接接收这些专业性审核结果；二是项目业主自己再根据这些专业性审核意见去进一步开展对项目承包商项目进度款支付申请及其证明材料的审核。无论是二者中的哪种情况，如果项目业主的最后审核结果没有问题则可进入下一步，如果审核的结果有问题则需要退回给项目承包商去修订项目进度款支付款额。

（4）项目业主出具项目进度款支付证书并付款。项目进度款支付过程管理多数在项目业主出具了项目进度款支付证书，然后在给定时间内支付了项目进度款支付就结束了。按照国内外规定，不管项目业主是否雇用第三方专业公司或人员去做项目实施绩效及相关证明材料的审核，项目业主都应在收到项目承包商进度款支付申请后的规定时间内，按照合同约定对项目进度款支付申请的内容予以核实，如果核实无误就必须在确认项目进度款申请后向承包商出具进度款支付证书。然后，项目业主需要准备好款项并在签发项目进度款支付证书后的给定时间内，按照项目进度款支付证书列明的金额向承包商支付项目进度款。项目业主后续发现已签发的项目进度款（及其他科目）支付证书有错漏或重复的数额，项目业主和承包商双方复核同意修正后应在发现后的当期项目进度款中增加支付欠付的部分或扣除多付的部分。

（5）项目业主未能按期足额支付项目进度款。项目业主如果逾期未签发项目进度款支付证书，则可认定项目承包商提交的项目进度款支付申请已被项目业主认可。此时，项目承包商有权向项目业主发出催告付款的通知，且项目业主应在收到通知后的规定时间内按承包商支付申请阐明的金额向承包商支付项目进度款。但是，有时项目业主会因各种原因而未能够按照合同约定支付项目进度款，此时项目承包商可催告项目业主支付并有权获得延迟支付的利息。项目业主在进度款付款期满后仍未支付时，项目承包商可在规定时间起暂停施工，并由项目业主承担由此增加的费用和（或）延误的工期，向承包商支付合理利润，并承担违约责任。

2. 项目进度款的担保管理

由图 8-2 与上述讨论可知，项目进度款支付管理的核心在于项目进度款的数额核实与担保管理，具体内容和方法如下。

（1）项目进度款的数额核实管理。项目进度款的数额核实需要做好五个方面的工作：一是全面核对项目承包商编制的项目进度款支付结算申请中给定的项目工作量，首先要对从项目图纸和项目合同一直到项目实施过程的动态资料进行核对，以确保审核工作依据完整和准确；二是全面审核项目承包商完成的项目工作量，因为项目工作量是决定项目进度款数额的主体，实事求是地去掉承包商多申请的项目工作量或补充承包商遗漏计算的项目工作量；三是认真审核项目承包商所完成工作量的质量情况和时间进度情况，因为项目承包商项目工作的实际完成质量和进度可能会在项目进度款支付申请中存在差距；四是对按照合同规定的项目具体工作综合单价的全面审核，因为项目具体工作综合单价是在项目计划阶段指定的，所以在项目实际实施过程中往往会出现偏差（包括资源数量和市场价格等）；五是全面审核各种项目变更费用的情况，包括应该扣回的项目预付款和项目业主及承包商应该承担责任的索赔费用等。所有这些方面的项目进度款的数额核实工作都属于项目进度款支付管理的工作内容。

（2）项目进度款的担保管理。如前文所述，项目承包商应对自己严格履约而自费取得履约担保，且保证金额与币种应符合项目合同相关条件的规定。同样，项目进度款也需要有项目承包商的履约担保，国内外都规定项目承包商应在双方签署合同协议书后给定时间内将履约担保交给项目业主。项目承包商的履约担保应由项目业主批准或认可的实体（组织或个人）提供，并且履约担保的形式应采用项目合同规定的要求。例如，我国最新的《项目招投标实施细则》规定，项目招标文件要求中标人提交履约保证金或其他形式履约担保，履约保证金可以是银行保函、转账支票、银行汇票等。履约保证金金额不超过中标合同价的 10%。投标报价明显低于其他投标报价或者在设有标底时明显低于标底，但中标人能够合理说明理由并提供证明材料的，招标人可以按照招标文件的规定适当提高履约担保，但最高不得超过中标合同价的 15%。国际上规定项目承包商应确保履约担保直到其完成项目的施工、竣工和修补完任何缺陷前持续保持有效和可执行，对于项目承包商的错误导致的损失项目，业主可以要求索赔履约担保的部分或全部金额，而项目业主应在承包商有权获得履约证书后的规定时间内将项目履约担保退还承包商。

项目进度款的支付管理也需要依法进行管理，和项目合同双方共同开展的项目成本与价值的管理。项目进度款的支付管理与其他项目款项支付管理的最大不同在于项目进度款的支付管理是多次性的管理，而其他多为一次性的管理。

8.3　项目最终付款的支付管理

项目最终付款是在项目实施全部完成后所进行的项目款项，这方面的支付管理也是项目成本管理的重要内容之一，这方面管理主要包括项目最终付款内容及其相关规定（工程项目称项目竣工结算）和项目最终付款的支付两方面的工作。

8.3.1　项目最终付款的内容

如前文所述，项目最终付款是在项目合同内容实施完成以后所进行的项目价款（但是并非是项目最终结清的付款）。根据项目合同模式和项目范围的不同，项目最终付款又可分为子项目的最终付款、单个项目的最终付款和项目整体的最终付款三种，但是不管哪一种项目最终付款都必须按项目合同和国家法律法规进行。

1. 项目最终付款的具体内容

项目最终付款的根本性质是在项目（或子项目）合同全部内容实施完成以后，并且是项目承包商全部责任结束之前，项目合同双方所进行的一种项目价款的支付。所以项目最终付款所应支付的金额应该是合同价款，加上合同价款调整，再扣除预付款和进度款及保修金，由此而得出的项目价款数额。项目最终付款的应付金额计算公式如式（8-3）所示：

$$项目最终付款=合同价款+合同价款调整-预付款和进度款-保修金 \qquad (8\text{-}3)$$

项目最终付款是综合以下几个方面最终计算得到的结果，具体内容如下。

（1）项目合同价款。项目合同价款是指在项目合同签署之时，合同双方所确定的项目合同价款总额。在工程项目造价管理界又将此称为"项目合同造价"。由于项目合同价款是项目合同双方达成合同的四大要件之一，因此不管人们采用何种项目合同模式（固定总价、综合单价和成本加成），项目正式合同中都会有规定的项目合同价款总额的规定，而这种项目合同中规定的合同价款总额是人们确定项目最终付款的基础。

（2）项目合同价款调整。任何项目的合同价款总额并非固定的，如多数项目合同价款中都会有各种项目暂估价或项目暂定金额等不确定性的部分。所以，项目会有合同价款调整的情况，这涉及与项目有关的各种政策变化带来的调整、项目所需资源价格的调整，以及项目范围、质量、进度等各方面的调整所造成的项目合同价款的调整。在我国工程项目造价管理规定中有十多种项目合同价款调整的科目，国际工程项目造价管理也有近十种项目合同价款调整的科目，这是构成项目最终付款总额的重要组成部分。有关项目合同价款调整的各种情况及其调整方法将在后续讨论中进行说明。

（3）项目已支付的预付款和进度款。项目的预付款和进度款已经在前面作了全面的讨论，这是项目业主为保障项目承包商能够有足够资源去开展项目实施所做的垫付（项目预付款）和补偿（项目进度款），所以在项目最终价款的支付中必须减掉这些项目业主已经支付给项目承包商的款项。由于项目预付款会在后续的项目进度款的支付中予以逐步扣回，因此在使用式（8-3）计算项目预付款和进度款的时候一定不能出现重复计算的情况。

（4）项目质量保证金。项目质量保证金也是一种履约担保金额，多数是对于项目质量的担保金额。因为项目实施完成以后人们虽然可以检验项目的某些质量指标，但无法确保这些质量指标的延续性，所以按照国际惯例就需要按照项目合同价款的一定比例扣留一笔项目质量保证金（保修金）。通常，这种项目质保金或保证金占项目合同价款的5%左右，而扣留时间为2~5年不等。这需要根据不同项目生命周期和质量要求，按照国家的分类规定和合同双方约定，这应在项目最终结清的时候支付给项目承包商。

2. 项目最终付款内容的相关规定

在上述项目最终付款的具体内容中，前两项有相应的规定，这些规定对于项目最终付款管理而言是至关重要的，这两方面的规定分别如下。

（1）项目合同价款的规定。项目合同价款的相关规定是：这是项目承发包双方依据国家有关法律、法规和国家标准等规定，按照双方签订的合同约定所确定的价款。这包括在履行项目合同过程中按既定合同约定所进行的各种项目变更和项目索赔等方面的款项，这是在项目承包商按项目合同约定完成了全部项目的承包工作后，项目业主应付给项目承包商的合同总金额，但项目因为各种原因造成的合同价款调整不包括在项目合同价款中。按照国际惯例，在项目合同条款中有专门规定：项目合同价款的支付必须以合同价格约定为基础，然后按照合同规定做必要变更。项目合同价款应包括根据国家要求应由其支付的各项税费，而且项目合同价款不能违反国家现行财税制度而对这些税费进行缩减。

（2）项目合同价款调整的规定。任何项目合同价款都会有调整的情况，其规定如下。

1）项目有关各种政策变化造成的调整。项目在规定时间内遇有国家的法律、法规、规章和政策发生变化而引起项目合同价款出现增减的，项目合同双方应当按照国家主管部门或其授权机构发布的规定或办法去调整项目合同价款。但是在这种情况中因项目承包商原因导致的项目工期延误而造成的项目价款增加不属于这种项目合同价款调整的范畴。

2）项目所需资源价格变化造成的调整。这是指在项目合同履行期间，出现项目所需人工、材料、设备和其他资源价格超出合同约定的规定价格之外的波动，且这种波动范围超出了项目合同约定的风险范围，项目合同双方协商调整项目合同价款。这种调整的幅度和多少需要按照项目合同约定的调整系数计算，如果项目合同中没有相关约定则应由双方协商决定，此时承包商应编制和提交书面报告作为调整项目合同价款的依据。

3）计日工与现场签证带来的调整。国内外的项目最终价款支付都需要包括计日工与现场签证带来的调整，它是指在项目业主要求项目承包商以计日工方式实施的零星工作时，项目承包商应予以执行，而项目业主应该支付任何采用计日工计价的项目变更工作。为此项目承包商应提交有关计日工记录汇总的现场签证报告，项目业主应在计日工工作实施结束后核实和确认计日工应付价款，并将计日工价款列入当期项目进度款中予以支付。

4）项目实施时间变化造成的调整。它包括项目提前完工付款（工程界称其为"赶工补偿"）和项目误期赔偿。前者是项目业主对项目最终结算价款进行调增的部分，而后者是项目业主对项目最终结算价款进行调减的部分；前者是项目业主要求承包商提前竣工和在承包商采取了加快项目进度的措施并取得相应绩效后由项目业主支付给项目承包商的新增费用并在项目最终价款支付中进行支付的，后者是在项目承包商未按照项目合同约定施工而导致项目实际进度迟于进度计划，项目承包商应赔偿由此给项目业主造成的损失。项目误期赔偿费应按照项目合同双方确认的数额从项目最终付款额中予以扣减。

5）项目合同双方索赔带来的调整。当项目合同任何一方有正当的索赔理由和有效的索赔证据，他就有权向另一方提出项目费用的索赔。其中，项目承包商如果认为非承包商原因发生的事件造成了承包商的损失，项目承包商有权在规定时间内向项目业主提出索赔。同样，根据合同约定如果项目业主认为由于承包商原因而造成其某种损失的时候，同样有权向承包商进行索赔。如果项目业主要求承包商支付索赔款项，或者项目承包商要求项目业主支付索赔款项，此时就会导致项目最终付款出现变动。这种索赔造成的项目最终价款调整都必须有专门的书面索赔文件，并以此为依据进行项目最终价款的调整。

另外，项目合同价款调整还有其他一些相应调整的规定，所以这种调整是项目最终付款总额的重要组成部分，是项目成本管理中必须做好相应的管理工作。

（3）项目质量保证金的规定。在项目最终付款中应扣留的项目质量保证金的实质是一种项目承包商对于项目质量的履约担保金，如果项目承包商未按照法律法规要求的项目质量规定和项目合同约定履行项目质量保障和保修义务，则项目业主有权从扣留的质量保证金中支付用于项目质量保修的各项费用和支出。所以，在项目最终价款的确定和支付中必须按照项目合同约定的质量保修金比例（通常为5%），审核和确认在项目每个支付期中支付给承包商的进度款中所扣留的项目质保金总额是否达到项目合同规定的总额。在项目承包商的保修责任期终止后的规定时间内（通常为项目完工后两年时间），项目业主应将扣留的剩余质量保证金全部返还给承包商。

8.3.2 项目最终付款的过程

项目最终付款是一个由项目合同双方按既定内容和步骤所开展的一个过程，在此过程中双方必须按照项目合同和国家现行财税制度等规定去开展各个步骤的工作。按照国际惯例和国家规定，项目承包商应在项目完工后首先编制并提交项目完工验收申请及项目最终付款申请文件，项目业主收到这些申请文件后在规定时间内需要审核完毕项目最终付款文件，整个最终付款的程序如图8-3所示。

由图8-3可以看出，项目最终付款过程涉及多项具体工作和环节，有关图8-3中项目最终价款的确定和支付的核心工作的具体内容和做法分别如下。

```
┌─────────────────────────────────────┐
│ 项目承包商在项目完工后应提交完工验收申请 │◄──────┐
│          和最终付款申请文件            │       │
└─────────────────────────────────────┘       │
                  │                            │
                  ▼                            │
┌─────────────────────────────────────┐       │
│ 项目业主应在规定时间内对项目完工验收和最   │       │
│      终付款申请进行审核                 │       │
└─────────────────────────────────────┘       │
                  │                            │
                  ▼            修改            │
              ◇确认或修改◇ ────────────────────┘
                  │ 复核
                  ▼
┌─────────────────────────────────────┐
│ 项目业主对承包商再次提交的最终付款文件进行复 │
│    核并将复核结果通知承包商              │
└─────────────────────────────────────┘
                  │
                  ▼                 无异议
           ◇复核结果有无异议◇ ──────────────┐
                  │ 有异议                   │
                  ▼                          ▼
 纠纷解决                            ┌──────────────────┐
   ┌──────◇异议处理◇                  │ 项目业主应在规定时间内签│
   │         │ 部分支付              │ 字确认最终付款文件并向承│
   │         │                      │ 包商签发最终支付证书   │
   ▼         ▼                      └──────────────────┘
┌────────┐ ┌────────┐                        │
│对于项目最终│ │对于项目最终│              ┌──────────────────┐
│付款复核结果│ │付款复核结果│              │ 项目业主按照项目最终结算│
│有异议部分由│ │中无异议部分│              │ 支付证书向项目承包商支付│
│项目合同双方│ │按照规定办理│              │ 项目最终付款的全部款项 │
│通过友好协商│ │不完全项目最│              └──────────────────┘
│进行解决   │ │终价款支付 │                       ▲
└────────┘ └────────┘                          │
     │                                          │
     ▼              成功                         │
  ◇是否协商成功◇ ──────────────────────────────┘
     │ 不成功
     ▼
┌──────────────────┐
│ 按照合同约定的争议解决方│
│      式处理         │
└──────────────────┘
```

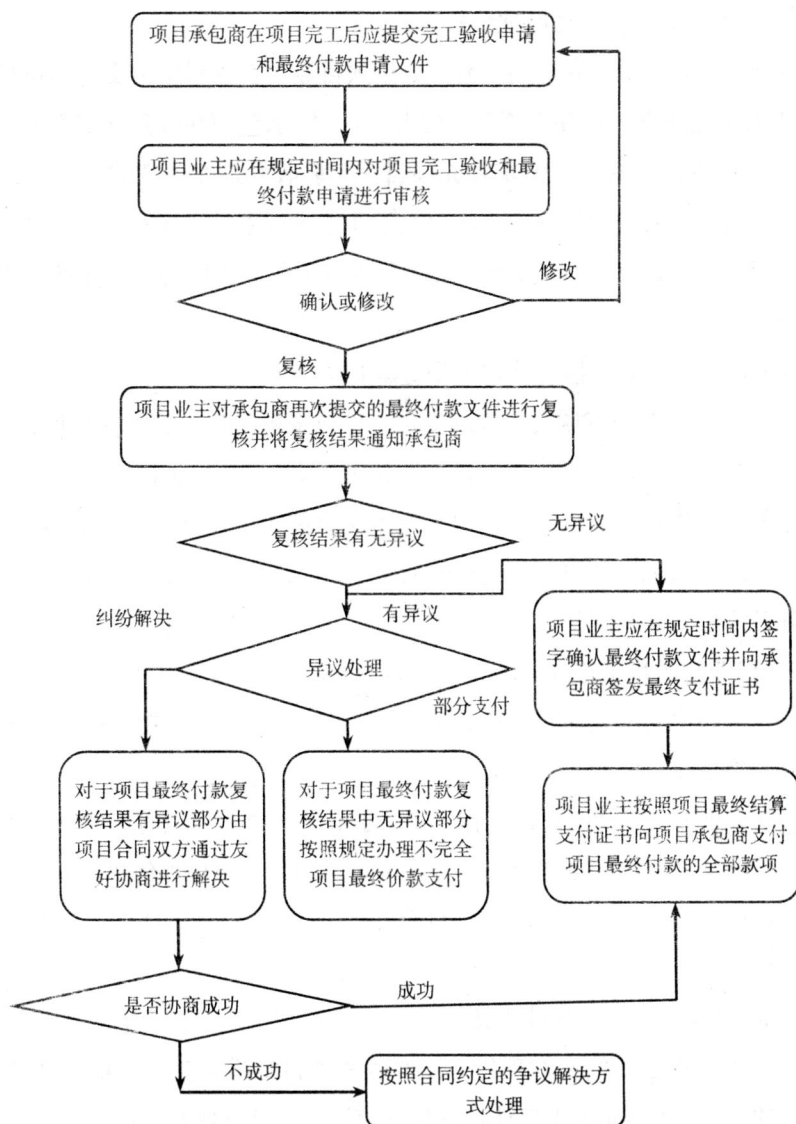

图 8-3　项目最终付款的过程示意图

1. 项目承包商的相关工作

项目最终价款的支付过程始于项目承包商的支付申请工作,所以在项目最终价款支付过程中项目承包商是起主导作用的一方,项目承包商的相关工作如下。

(1)项目承包商的付款申请工作。在项目全部工作完成以后,承包商应首先编制好项目完工验收资料即申请和项目最终支付的申请文件,并按规定时间和程序将这些文件同时提交给项目业主,以便项目业主对这些文件进行审核,具体文件内容包括项目最终价款支付总额、项目已支付的合同价款,以及项目应扣留的质量保证金和项目实际应支付的最终价款金额。

（2）项目承包商的文件修订工作。如果项目业主在支付申请文件的审核中提出异议或要求承包商进一步补充资料和修改文件时，承包商在收到核实意见后的规定时间内按照业主提出的合理要求补充项目完工验收和最终价款的支付申请资料和修改相关文件。然后，承包商应再次提交给业主进行审核，这种项目最终付款文件的审核和修订有可能多次反复，直到最终业主对承包商提供的相关文件复核并予以批准为止。

（3）项目承包商对审核的认定工作。如果项目业主在收到承包商最终价款支付文件后的规定时间内未审核最终价款支付文件或未提出相应的审核意见，承包商可认定其提交的最终价款支付文件已被业主认可；反之，如果承包商在收到业主提出的核实意见后的规定时间内未确认也未对审核意见提出异议，业主可认定其所提出的核实意见已被承包商认可。在这两种情况下，项目合同双方都可按照其认定的结果去办理最终价款支付工作。

2. 项目业主的相关工作

在项目最终价款的支付过程中，项目业主对项目最终价款的支付是起决定性作用的一方，项目业主的相关工作如下。

（1）项目业主对申请的督促工作。项目业主必须督促承包商在规定时间内提交项目最终价款支付所需的申请文件，若规定时间到期后项目承包商仍未提交，项目业主有权根据已有项目资料去编制项目最终支付的文件，并以此作为办理项目最终价款的支付依据。

（2）项目业主对申请的审核工作。项目业主收到承包商提交的最终价款支付申请文件后必须在规定时间内对项目完工验收和项目最终价款支付申请文件的内容进行全面的审核，如果业主审核认定承包商应进一步补充资料和修改文件时必须在规定时间内向承包商提出书面的核实意见。业主对承包商补充和修改的文件需反复审核，直至最终予以批准。

（3）项目业主的最终付款工作。当项目业主和承包商都对项目最终付款文件的复核结果没有异议的时候，业主应在规定时间内在项目最终价款支付文件上签字予以确认，并在规定时间内向承包商签发项目最终付款的支付证书。当业主或承包商对复核结果有异议的时候，双方须首先对无异议部分按规定办理不完全的项目最终价款支付，而对有异议的部分由项目合同双方去协商解决，协商不成时则按照合同约定的争议解决方式处理。

有关项目最终价款支付中的纠纷解决，因为属于项目最终价款支付中的管理问题，所以将在后续的项目最终结清的管理中进行相应的讨论。

8.3.3　项目最终结清的管理

所谓项目合同价款的最终结清是指在项目合同约定的承包商所应承担的质量责任或缺陷责任到期后，即在承包商已按项目合同规定和要求完成了全部项目质量保障工作且项目各方面质量合格后，业主为承包商结清项目全部剩余款项的项目合同价款支付与管理工作。需要特别注意的是，一旦项目最终结清的款项支付以后，承包商在项目合同期内向业主进行索赔的权利也全部自行终止。

1. 项目最终结清的过程和内容

项目最终结清项目价款支付工作的主要步骤和内容包括以下四个方面。

（1）项目承包商的最终结清申请。项目最终结清工作首先需要由项目承包商提出最终结清申请，项目承包商应根据项目合同双方在项目合同中约定的项目最终结清款的支付时限，按照项目合同约定的各种依据和条件及要求，向项目业主提交项目最终结清的支付申请。

（2）项目业主的最终结清审核。项目业主应在承包商提交最终结清支付申请后，在规定时间内对项目最终结清支付申请进行审核。业主通过审核对最终结清申请有异议的可要求承包商进行修正和提供补充项目结清申请的资料和文件，直到最终结清支付申请无异议为止。

（3）项目最终结清的办理工作。项目业主应在收到承包商最终结清支付申请后的规定时间内核实完毕，并向承包商签发项目最终结清证书。然后，业主在签发了项目最终结清支付证书后的规定时间内，按照项目最终结清支付证书列明的金额向承包商支付最终结清款项。

（4）项目最终结清的纠纷处理。若项目业主未在约定时间内核实或提出具体意见，承包商可认定其所提交最终结清支付申请已被业主认可。当业主未按期进行项目最终结清支付，承包商可催告其支付并有权获得延迟支付的相应利息。若项目合同双方对项目最终结清款有异议的，则需要按照项目合同约定的争议解决方式去解决。

2. 项目最终结清的主要文件

项目最终结清的主要文件包括两种，有关这两种文件的具体说明如下。

（1）项目最终结清申请书。项目最终结清的申请书必须在项目质量保障责任期满以后提出，并且必须在项目承包商获得了项目质量保障责任终止证书后按项目合同条款约定的格式和内容，在规定时间内向项目业主或其代理人（如项目监理人员）提交项目最终结清申请书及其相关证明材料。这种申请书的内容主要包括两个方面：一是对于项目最终结清的申请；二是需要项目业主最终确认的项目最终结清证书。其中，项目最终结清的申请中要包括项目合同的相关规定、项目合同价格、项目合同价格变更、项目已经支付的款项、扣留的项目质量保证金数额及项目最终结清的应付金额等。

（2）项目最终结清证明。国际通行的做法是，项目最终结清以后必须办理项目最终结清的证明文件，这种项目最终结清证明文件是项目合同双方权利和义务最终解除的凭证和文件。所以，项目承包商在提交项目最终终结报告的同时应提交一份自己编写的项目最终结清的证明文件，有关这种项目结清证明的内容和格式可以参见表8-1给出的示例。

表8-1　×××项目最终结清证明

合同名称及编号			
甲方：			
乙方：			
原合同金额：		最终合同金额：	

　　鉴于我方已经履行完成了项目合同规定的质量保障和缺陷修复责任，并向甲方移交了项目质量合格的相关文件，因此我方已经根据合同规定向甲方递交了最终支付申请表。我方证明在项目最终支付申请表上申请支付的金额：××××万元，这是甲方根据项目合同应支付给我方的最后一笔款项，我方特此证明。甲方在向我方支付了上述款项后，其合同责任和义务即已经全部履行和执行完毕，且我方也对项目合同再无任何争议。在任何情况下审计部门对本项目合同审计后，如果决定对最终合同金额进行调整，我方保证无条件服从审计决定。本项目结清证明在我方收到甲方支付的上述最终结清的款项后即刻生效。

甲方法定代表人 或授权代理人：	甲方（盖章）	
乙方法定代表人或 授权代理人：	乙方（盖章）	
附件：	相关文件	

本证书正本两份，交甲方；副本一份，交乙方。

8.4　项目索赔支付与纠纷管理

在项目价款支付管理中总会有各种各样的项目变更出现，这是由项目本身存在的不确定性和风险性决定的。然而只要项目出现任何一个方面的变更，多数情况下就会出现项目价款的变更，结果就会导致项目的索赔。

8.4.1　项目索赔及其支付管理

项目价款支付有个重要组成部分就是项目索赔，而项目索赔又分成项目承包商索赔和项目业主索赔。有关项目索赔及其支付管理的具体讨论如下。

1. 项目索赔概念和分类

国际上通行的项目索赔主要有四种，即通融性的索赔，项目变更的索赔、项目业主违约的索赔和项目承包商违约的索赔，这四种索赔的定义和内涵分述如下。

（1）通融性的项目索赔。这是由项目承包商提出，由于项目环境与条件发生了人们意料之外的变化（没有项目合同作为依据或支持），所以项目业主在道义上有进行商业赔偿的义务。例如，在人们签署了项目固定总价合同后，项目所需资源的价格出现大幅上涨，而这种大幅上涨并非项目承包商能够预见的。虽然从项目固定总价合同来说，项目业主没有任何合同义务去对项目承包商进行补偿，但如果此时项目承包商又确实无法承受全部损失，则项目承包商只能指望项目业主的好意通融了，多数时间这种项目承包商的索赔不可能获得全部损失的赔偿或补偿。

（2）项目变更的索赔。这是由于主观和客观两种项目变更所造成的，通常需要由项目承包商提出索赔。由于此时承包商有项目合同作为依据和支持，因此项目业主必须根据项目变更的实际发生情况去对项目承包商进行补偿。例如，在项目业主提出改动项目设计方案或项目施工组织方案时，业主就有义务对由项目变更给项目承包商带来的实际损失进行补偿，即做项目变更索赔。但有时确定这种索赔的数额和时间会遇到某些困难，通常，采用综合单价的项目合同双方较容易确定项目索赔数额和时间而不易出现项目合同纠纷，但采用"项目成本加成+奖励"合同就相对更好办了，只要将项目变更新增成本或费用直接打入项目成本即可（所以称为"项目成本加成合同"）。

（3）项目业主违约的索赔。在所有形式的项目合同中都有关于项目业主责任的规定，如准备项目施工场地、提供项目信息，甚至提供项目所需设备和材料（包工不包料）等。如果项目业主不能按时和按合同规定去履行这些项目合同义务就会造成项目承包商的额外成本和时间增加的损失，此时项目承包商有权开展项目索赔。

这种索赔最大的困难在于项目承包商如何确定由于项目业主的违约而造成的各项损失，他们有时很难拿出足够的证据去证明这些成本和时间损失。因此，他们需要切实分析项目业主违约带来的项目工作增加、项目进度延迟和项目资源损失，并在项目索赔时效期内拿出证据进行索赔。

（4）项目承包商违约的索赔。同样，在所有项目合同中也都有承包商应该履行义务的相应规定，如确保项目质量、按期完成项目工作、及时报告项目进展情况等。如果承包商不能按时和按合同规定去履行项目合同义务就会给业主造成额外的成本或时间的损失，此时业主则有权向承包商开展项目索赔（也称"反索赔"）。在这种项目索赔中业主也不好确定和给出因承包商违约而造成的各项具体影响和损失，他们更难拿出足够的证据来证明这些额外的成本和（或）时间损失。因此，他们也需要切实分析因承包商违约而带来的各种成本和时间损失，并在项目索赔时效期内拿出具体证据和进行索赔。

上述四种项目索赔都会导致项目业主和承包商收入与支出的变化，因此都必须作为项目成本管理与控制的核心工作。另外，项目索赔多数时间只能是对于人们所受损失的一种补偿，或者说是对于项目费用或时间的垫付行为的一种事后索回。

（5）国内的项目索赔相关规定。由于我国多采用项目固定总价合同，因此国内项目索赔多是通融性的项目索赔。现在国内的工程项目成本管理有了《建设工程工程量清单计价规范》（GB 50500—2013），该规范要求项目采用综合单价合同，所以国内的项目索赔更多变成了双向索赔。该规范规定，"施工索赔是在工程合同履行过程中，合同当事人一方因非己方的原因遭受损失，按合同约定或法规规定应由对方承担责任，从而向对方提出补偿的要求"。由此可见，我国项目索赔既可以是项目承包商向项目业主进行索赔，也可以是项目业主向项目承包商进行索赔。除了我国规定中的"施工索赔"外，包括项目"误期赔偿""提前竣工（赶工补偿）"和"工程变更"等项目索赔都需要按此办理。因此，项目索赔成了我国项目承包商取得风险性收益的主要手段，因为项目承包商的项目收益主要是各种项目费用的索赔。按我国 GB 50500—2013 的规定："项目最终付款支付价款是项目合同双方依据国家有关法律、法规和标准规定，按照合同约定确定的，包括在履行合同过程中按合同约定进行的工程变更、索赔和价款调整，所以项目最终付款就是项目承包商按合同约定完成了全部承包工作后，项目业主应付给承包商的合同总金额。"由此可见，项目承包商的收入预算基线是项目造价，其收入预算的最大值应该是项目造价加上项目费用索赔费，因此项目费用索赔是项目成本管理与控制的主要对象之一。

2．项目成本索赔的内容

项目成本索赔是项目索赔中最重要的组成部分，所以项目成本重要管理任务是项目业主和项目承包商的成本索赔问题。因为他们作为项目合同的双方都需要开展项目成本控制，而项目成本索赔就是项目成本管理控制的核心工作。

（1）国际通行的项目成本索赔的内容。根据项目索赔发生原因不同，国际通行的项目成本索赔主要有以下六种情况。

1）由于项目及其环境变化造成的项目成本索赔。这是由于项目业主主观意愿改变，项目业主提供的图纸资料发生变更，或项目所处环境与条件发生变更，包括项目所在社区人员干扰等原因造成的项目停工、赶工、费用损失等的费用索赔。

2）由于不可抗力造成的项目成本索赔。这是因恶劣气候、地质条件和各种天灾等项目条件变化引起的地震、洪涝、火灾等不可抗力所造成损失的费用索赔。

3）由于项目工期变化造成的项目成本索赔。即由于项目业主要求提前竣工或由于项目业主原因导致工期延误引起的施工费用增加而导致的索赔。

4）由于项目所需资源价格变化造成的项目成本索赔。这是由于项目所需资源的物价上涨超过一定幅度或项目所需物资运输价格等发生变化而造成费用增加的费用索赔。

5）由于项目保险方面的问题导致的项目成本索赔。这是项目承包商为转移项目风险购买各种设备、工程和人身保险等保险后，一旦出现相关遭受损失时就应该根据投保的内容在规定期限和范围内向保险公司提出的费用索赔。

6）由于其他方面造成的项目成本索赔。这是项目合同中约定的其他索赔条款或需要双方协商的通融性索赔。

在国际项目成本管理实践中，这些都属于应该开展项目成本索赔的范畴，因此项目成本索赔的内容是涉及项目各个方面的。

（2）国内规定的项目成本索赔的内容。我国所规定（GB 50500—2013）的项目成本索赔内容要比上述国际通行的六种情况更加详细和具体，这方面所涉及的具体内容讨论如下。

1）法律法规变化。在规定的时间内，由于国家的法律、法规、规章和政策发生变化引起项目造价增减变化的，发承包双方应当按照国家或建设主管部门或其授权的工程造价管理机构据此发布的规定调整合同价款。

2）工程变更。由于工程变更引起已标价工程量清单或其工作量发生变化的，按照具体工程的综合单价进行调整。工程变更引起施工方案改变并使措施项目发生变化的，合同双方应重新商定项目措施方案并调整措施费。如果工程变更出现偏差超过综合单价的 15%及以上者则按照比例进行项目费用调整，承包商出现利润损失也要合理地补偿。

3）项目特征描述不符。项目合同履行期间出现实际施工设计图纸（含设计变更）与招标工程量清单特征描述不符，且该变化引起项目的工程造价增减变化的应按照实际施工的项目特征重新确定相应工程量清单项目的综合单价，计算调整的合同价款。

4）工程量清单缺项。合同履行期间，由于招标工程量清单项目缺项而造成新增工程量清单项目的；由于招标工程量清单中部分项目工程出现缺项而引起措施项目发生变化的，应按造成新增措施清单项目，由发承包双方调整合同价款。

5）工程量偏差。合同履行期间出现工程量偏差，发承包双方应按照偏差是否超过 15%分别计算和调整合同价款。另外，如果工程量出现变化且该变化引起相关措施项目相应发生变化，因工程量而增加的措施项目费调增，因工程量而减少的措施项目费适当调减。

6）物价变化。在项目合同履行期出现由工程造价管理机构发布的人工、材料、工程设备和施工机械台班单价或价格与合同工程基准日期相应单价或价格比较出现涨落，且符合规定涨落幅度，合同双方应调整合同价款。如果是由业主供应材料和工程设备的，则由项主按照实际变化调整列入合同工程的工程造价内。

7）暂估价。项目业主在招标工程量清单中给定暂估价的材料、工程设备，中标价格或实际采购价格与暂估价的差额及相应的规费、税金等费用应列入项目合同价格。项目业主在工程量清单中给定暂估价的专业工程，中标价格或实际采购价格与暂估价的差额及相应的规费、税金等费用应列入项目合同价格。

8）计日工。项目业主通知承包商以计日工方式实施的零星工作，承包商应予执行。采用计日工计价的任何一项变更工作，承包商应在该项变更的实施过程中每天提交报表和有关凭证送项目业主复核和确认，每个支付期期末承包商应按照规定向项目业主提交本期间所有计日工记录的签证汇总表和有权得到的计日工价款，以便列入项目进度款支付。

9）现场签证。承包商应业主要求完成合同以外的零星项目、非承包商责任事件等工作的，业主应及时以书面形式向承包商发出指令，承包商在收到指令后应及时向业主提出现场签证要求，承包商应在现场签证工作完成后的 7 天内计算价款，报送业主确认后作为追加合同价款，该合同价款与工程进度款同期支付。

10）不可抗力。因不可抗力事件导致的费用规定：因工程损害导致第三方人员伤亡和财产损失及运至施工场地用于施工的材料和待安装的设备的损害由项目业主承担，业主和承包商的人员伤亡由其所在单位负责并承担相应费用，承包商的施工机械设备损坏及停工损失由承包商承担，停工期间承包商应项目业主要求留在施工场地的必要的管理人员及保卫人员的费用由项目业主承担，工程所需清理、修复费用由项目业主承担。

11）提前竣工（赶工补偿）。项目业主要求承包商提前竣工应在征得承包商同意后与承包商商定采取加快工程进度的措施并修订合同工程进度计划，项目业主应承担由此增加的费用并按照合同约定向承包商支付提前竣工（赶工补偿）费。双方应在合同中约定提前竣工每日历天应补偿额度，此项费用列入项目最终付款支付文件中与结算款一并支付。

12）误期赔偿。如果承包商未按照合同约定施工而导致实际进度迟于计划进度的，项目业主应要求承包商加快进度以实现合同工期。合同工程发生误期，承包商应赔偿项目业主由此造成的损失，并按照合同约定向项目业主支付误期赔偿费。即使承包商支付误期赔偿费，也不能免除承包商按照合同约定应承担的任何责任和应履行的任何义务。

13）施工索赔。合同一方向另一方提出索赔时应有正当理由和证据，并应符合合同的相关约定。根据合同约定，承包商认为非承包商原因发生的事件造成了承包商的损失，应按程序向项目业主提出索赔；根据合同约定，项目业主认为由于承包商的原因造成项目业主的损失，应参照承包商索赔的程序进行索赔。

14）暂列金额。已签约项目合同价中的暂列金额由项目业主掌握使用，项目业主在按规定做出了所有应该的支付后，暂列金额如有余额归项目业主所有。

15）发承包双方约定的其他调整事项。如果发承包双方还有其他约定的项目价款调整事项，则按照双方约定办理。

综上所述，我国规定的项目成本索赔内容多且详细，这是由我国自 1999 年开始工程造价管理体制改革以来，总结归纳出来的适合中国国情的项目成本变更或索赔的规定，这也表现出我国项目成本控制的核心内容是对项目费用索赔的控制。

3．项目索赔的具体方法

项目索赔的方法分为国际通行和国内索赔的方法，具体内容如下。

（1）国际通行的项目成本索赔方法。国际通行的项目成本索赔的方法分为项目业主索赔和项目承包商索赔两种，并且这两种不同的项目索赔各自使用不同的项目索赔方法。

1）项目业主的索赔方法。国际通行的项目业主索赔的方法基本都是由项目业主就项目承包商应负责任的错误或失误而造成的损失去提出索赔，并根据项目业主的索赔内容去要求项目承包商支付索赔费用和（或）项目质量保障或项目缺陷修复期限的延长。例如，在国际咨询工程师联合会的 FIDIC 合同条款中就规定，如果项目业主认为他有权得到项目索赔付款和（或）要求项目质量保障或项目缺陷修复期限延长，那他就应向承包商发出通知说明细节。

这种项目业主的索赔通知应说明项目业主提出索赔所根据的项目合同条款或其他依据，以及项目业主认为根据合同他有权得到的索赔金额和（或）项目质量保障或项目缺陷修复期限延长的事实依据。在专家确定或双方商定了项目索赔的结果后，项目业主可将项目索赔金额在给付项目承包商的进度款或其他付款中扣减或要求承包商支付索赔款项。

由此可知，国际上通行的项目业主的索赔方法包括四个步骤：一是由项目业主发出索赔通知；二是由项目业主发出索赔细节说明文件；三是双方或由专家确定索赔金额和（或）项目质量保障或项目缺陷修复期限延长期；四是由项目承包商支付索赔款项和（或）执行项目质量保障或项目缺陷修复期限延长期。

2）项目承包商的索赔方法。国际通行的项目承包商索赔程序和方法则包括两个部分：一是由项目承包商就项目业主应负责任的错误或失误而造成的损失去提出索赔；二是由项目承包商就项目环境或条件变化而造成的损失去提出索赔。这两种情况都可以根据项目承包商索赔的情况去要求支付索赔款项和延长项目工期。例如，FIDIC 合同条款规定，如果承包商认为他有权得到项目时间的延长和追加付款，项目承包商应向项目业主发出通知说明引起索赔的事件或情况。

项目承包商的索赔通知应在承包商察觉或应已察觉该事件或情况后的规定时间内尽早发出，否则项目承包商就无权得到项目完工时间延长和获得追加付款。项目承包商在发出索赔通知后还应进一步提交有关索赔的所有详细资料和证明文件，项目业主收到项目承包商索赔通知后应核查实际情况，项目承包商应允许项目业主检查并应向项目业主提供情况说明的复印件。另外，在项目承包商察觉或应该察觉了引起索赔的事件或情况后的规定时间或双方商定的时间内，向项目业主递交一份充分详细的索赔报告。如果引起项目承包商索赔的事件或情况具有连续影响，则项目承包商应按月向项目业主递交中间索赔报告，最终在规定时间或双方商定期限内递交一份最终的项目承包商索赔报告。

项目业主在收到索赔报告或证明资料后在规定时间内或双方商定期限内，作出批准或不批准项目承包商索赔的回应。项目业主应按照项目合同规定去确定或双方商定项目完工时间的延长期和（或）项目承包商有权得到的追加付款。由此可见，项目承包商的索赔包括五个方面的工作：一是要向项目业主发出项目索赔通知；二是要提供索赔的证明和索赔报告；三是确定或商定项目承包商索赔的金额和（或）项目工期延长；四是获得项目业主对于索赔报告的批准；五是由项目业主支付索赔金额和（或）延长工期。

综上所述，项目索赔是双向的，是按照谁造成项目时间或成本变更谁承担相应责任执行的。由于项目索赔会直接影响业主和承包商的支出和收入预算，因此项目索赔管理是项目成本管理与控制的核心内容。另外，项目承包商不仅可针对业主的责任进行索赔，还可针对项目环境与条件发生变化带来的损失向业主进行索赔。由于上述这些项目索赔的存在使得项目业主和承包商的成本具有了不确定性，因此项目业主和承包商的成本控制最重要的是项目风险性成本的控制。

（2）国内项目索赔方法的规定。我国的项目索赔方法也涉及项目业主和承包商两个方面的索赔方法。

1）有关项目业主的索赔方法，GB 50500—2013 规定根据项目合同约定，当项目业主认为由于承包商的原因造成业主的损失，应参照承包商索赔的程序进行索赔。这包括延长项目质量保障或项目质量缺陷的修复期限、要求项目承包商赔偿给项目业主造成的实际损失费用、要求项目承包商按合同约定支付违约金等。由此可见，项目业主的索赔也包括项目工期和项目成本两个方面。另外，该规范还规定，项目承包商应付给项目业主的索赔金额可从拟支付给承包商的合同价款中扣除，或由承包商以其他方式支付给项目业主，这与国际上通行的惯例也是完全一致的。

2）有关项目承包商的索赔方法的规定是：项目承包商根据项目合同约定而认为非自身原因发生的事件给自己造成的损失，应按规定程序向项目业主提出索赔。首先项目承包商应在索赔事件发生后的规定时间内向项目业主提交索赔通知并说明发生索赔事件的情况，然后项目承包商应在发出索赔通知书后的规定时间内向项目业主正式提交索赔申请并详细说明索赔理由和附上必要的记录和证明材料，若项目业主同意则在索赔事件影响结束后的规定时间内由项目业主支付项目索赔费用和（或）顺延项目工期。项目承包商的索赔可选择延长项目工期、要求支付实际发生额外费用、要求支付合理预期利润和要求按合同的约定支付违约金中的一项或几项方式获得赔偿。当项目承包商的费用索赔与工期索赔要求相关联时，项目承包商应综合做好项目费用赔偿和工程延期。由此可见，我国 GB 50500—2013 中的项目承包商索赔规定与国际的 FIDIC 合同条款的索赔办法是一致的，甚至两者的索赔处理程序也是一致的，所以我国有关项目索赔的方法和程序已经实现了与国际惯例的接轨。

4．项目承包商索赔的过程

如果项目承包商认为他根据项目合同或有关的其他文件有权得到项目完工时间的延长和追加的项目价款支付，则承包商应向业主发出项目索赔的通知，并说明引起项目索赔的事件或情况从而开始承包商的索赔，这方面具体步骤说明如下。

（1）项目承包商发出索赔通知。项目承包商的索赔通知应在承包商察觉或应已察觉项目索赔事件或情况后的规定时间内发出项目索赔通知。如果承包商未能在规定时间内发出索赔通知则不但项目完工时间不得延长，而且项目承包商也无权获得项目索赔的追加付款，即项目业主可以不为该项目索赔承担任何责任和后果（责任和后果归于承包商）。

（2）项目承包商开展索赔记录。如果项目承包商及时发出索赔通知，随后承包商还应提交所有有关项目索赔事件或情况的说明和支持其索赔的各种详细资料和证明材料。为此，承包商应在现场或业主认可的地点保持用以证明项目索赔可能需要的各种相关记录，业主在收到项目索赔通知后应检查这种记录的保持情况，并可指示承包商保持后续的同期记录。承包商应允许项目业主检查所有这些索赔用的记录，并应向业主提供其复印件。

（3）项目承包商递交索赔报告。在项目承包商觉察或应已觉察引起项目索赔的事件或情况后的规定时间内或在承包商与业主协商认可的期限内，承包商应向业主递交一份充分详细的索赔报告，这包括项目索赔的依据、要求延长的时间和要求追加的项目价款支付数额与方法等全部的详细资料和说明报告。如果引起项目索赔的事件或情况具有连续影响，则承包商应按月（或规定的时间周期）向项目业主递交中间索赔报告，说明累计索赔的延误时间和（或）金额，以及项目业主可能合理要求的此类进一步详细资料。

（4）项目业主批准项目索赔报告。项目业主在收到索赔报告或关于索赔的各种证明资料后，在项目合同规定时间内或双方商定的时间内作出回应，回应须明确表示是否批准并附具体意见。业主还可以要求承包商提供或补充任何项目索赔所必需的资料和证明材料，但业主必须在上述时间内对项目索赔的原则作出回应。业主对于任何索赔的应付款额有权要求提供详细的资料以证明索赔的合理性，承包商只有权在项目索赔中得到他能证明的部分。业主应按照项目合同约定或双方协商确定应给予的延长时间和（或）索赔款项。

（5）项目业主支付项目索赔款项。项目业主在批准了承包商的索赔报告以后，在项目合同规定的时间或双方商定的时间内支付项目索赔的款项。这种项目索赔款项多数是同项目进度款一起支付的，如果引起项目索赔的事件或情况具有连续影响，则项目索赔款项的支付可以按月随同项目进度款项一起支付。如业主无法或未能在项目合同规定时间或双方约定时间内支付项目索赔款项，则承包商有权按法律或合同规定收取滞付造成的融资利息。

5. 项目业主索赔的过程

如果业主认为根据项目合同规定或根据任何有关的法律法规的规定，因承包商的责任而使得业主利益受到损害时，业主有权得到相应的项目费用索赔和（或）项目质量保障或项目缺陷修复期限的任何延长，这就是项目业主的索赔。

（1）项目业主发出索赔通知。项目业主应在出现上述索赔的情况时，向承包商发出索赔通知以说明其索赔的细节。业主的索赔通知应在他了解引起索赔的事件或情况后尽快发出，特别是项目业主关于项目质量保障或项目缺陷修复期限延长的通知，必须在项目合同规定的该期限到期前发出，因为一旦过期且项目最终结清已经完成，则业主的这种索赔权利就已经丧失了，但是业主的费用索赔仍然是可以的。

（2）项目业主发出索赔报告。项目业主在发出索赔通知后，还应该用报告的形式给出业主索赔的细节，并说明业主提出索赔所依据的项目合同条款或其他法律法规依据。业主的索赔报告中还应包括业主认为根据项目合同他有权得到的索赔金额和（或）项目质量保障或项目缺陷修复期限延长期的事实依据，必要时还应该提供相应的实时记录和证明资料。

（3）确定项目业主索赔结果。项目业主应按项目合同规定或国家法律法规要求，确定或商定项目业主有权得到的项目承包商应该支付的索赔金额，以及按照项目合同规定或国家法律法规的要求他所应该得到的项目质量保障或项目缺陷修复期限延长期。

（4）项目业主索赔的支付。项目业主可将确定或商定的项目业主索赔金额在支付给项目承包商的当期或下一期的项目进度款或项目其他应付款项中进行扣减或冲销。项目业主也有权按照项目合同约定和法律规定要求项目承包商另行支付项目业主的索赔金额。

8.4.2　项目合同价款争议的解决

项目合同的争议多数都会伴随有项目合同价款的争议，所以项目合同价款争议的解决也是项目成本管理与控制中的主要工作之一。

1. 项目合同价款争议的产生

项目合同价款争议的起点是项目合同争议，一旦项目合同争议涉及项目造价方面的问题，即项目合同双方的经济利益问题时就会产生项目合同价款的争议。如前所述，在项目合同实施过程中会遇到很多项目及其环境的发展与变化，当这些项目及其环境的发展与变化直接影响到项目合同双方利益时，如果项目合同双方无法协商达成一致就会产生项目合同纠纷，就有可能最终导致项目合同价款的争议。这种争议如果解决不当将会破坏项目合同各方的协作关系，从而严重影响项目的实施和成功。因此，项合同双方都应该十分重视项目合同价款争议的及时、合理解决。项目合同价款争议的产生原因如下。

（1）项目价款变更引发的争议。如前所述，国际国内都有关于项目价款变更的各种法律、法规和规定，但是人们在项目价款变更中遇到自己利益受到损害的时候还是会产生项目价款争议。例如，在我国最新的有关项目合同价款调整的一般规定中就明确指出：如果项目合同双方对项目价款调整具有不同意见且不能达成一致时，双方应按照项目合同规定的争议解决方法去解决（但在纠纷解决中不应影响项目合同双方继续履约）。实际上，当项目因遇有法律法规变化、项目内容变更或者项目所需资源变化等事项而发生项目合同价款调整的时候，项目合同双方经常会为了维护各自的利益而出现争议，这是项目合同价款争议最主要的原因，也是较难解决的项目合同价款争议。

（2）项目价款支付引发的争议。在项目价款支付中也会因为项目合同双方的利益冲突而引发项目合同价款争议，不管是在项目进度款支付还是最终价款支付中都会出现项目合同价款争议。例如，在我国的有关项目最终价款支付的规定中就明确指出：项目业主和承包商对于最终价款支付文件有异议的部分应由项目合同双方协商解决，协商不成时应按照项目合同约定的争议解决方式处理。在我国该标准有关项目最终结清的规定中指出：当项目承包商对项目业主支付的最终结清价款有异议时，项目合同双方应按照合同约定的争议解决方式处理。实际上不管是项目价款支付的数额还是项目价款支付的时间，项目合同双方都会因自己的利益而出现不同的要求，只要双方无法达成协议就会出现项目合同价款争议。

（3）项目费用索赔引发的争议。项目费用索赔是引发项目合同价款争议最主要的原因，因为不管是项目承包商向项目业主进行的索赔，还是项目业主向项目承包商进行的索赔，只要双方对于索赔理由、索赔内容或索赔数额无法达成一致就会产生项目价款方面的争议。特别是在我国现有工程建设项目造价管理中存在着项目价款的"低中标，高索赔"及项目业主滥用自己在项目招投标中的优势地位等方面的问题，结果造成我国有很多项目（特别是工程项目）出现有大量的这方面的项目合同价款争议（欧美在 20 世纪 80 年代前后也有很多这方面的问题）。

2. 项目合同价款争议的解决

任何项目一旦产生了合同价款的争议，项目合同双方就必须积极地解决这种争议，以防止因为项目合同价款争议而给项目合同双方招致不必要的利益损失。有关项目合同价款争议的解决方法包括以下几个方面。

（1）避免项目合同价款争议的方法。项目合同价款争议解决方法中首要的是积极努力避免项目合同价款争议的方法，这包括在项目合同条款签订过程中和项目实施过程中两个方面的具体方法：首先是在项目招投标或项目合同的制定过程中如何更加科学、严密、公平和清楚地制定有关项目价款及其支付的合同条件；其次是在项目实施过程中如何严格按照项目合同去严格履约和依法与依照合同进行项目价款的支付和管理。

（2）项目合同双方友好协商的方法。按照我国法律和国际惯例，一旦项目出现合同价款争议，项目合同双方应首先在自愿和平等的基础上通过友好协商的方法去解决争议。例如，按照国际咨询工程师协会的 FIDIC 合同条件的规定：如果项目合同双方出现项目合同价款等方面的争议应在着手仲裁前，首先以友好协商的方式来解决争端。同样，按照我国 GB 50500—2013 规定：在项目合同价款争议发生后，项目合同双方任何时候都可以进行友好协商，如果友好协商达成一致的，双方还应签订书面协议，书面协议对项目合同双方均有约束力；如果双方协商不能达成一致协议时，项目合同双方才可以按项目合同约定的其他方式解决争议。

（3）项目合同双方借助调解的方法。如果项目合同双方经过友好协商不能达成解决项目合同价款争议的协议时，双方可申请业务主管部门（如工程造价管理机构等）或权威人士（如执业的监理工程师或造价工程师）出面进行调解。这种借助中间人或第三方调解的解决项目合同价款争议的方法是一种非对抗性的争议处理方法，通过独立和客观的第三方来解决争议不但可以保持项目合同双方之间的良好商业关系，而且可以使这种争议较快地得到解决且可节约项目的相关费用。例如，我国规定若项目合同双方出现各种争议时，首先应根据合同约定提交职责范围内的总监理工程师或造价工程师解决，如果项目合同双方或一方不同意解决结果的，可提请建设管理机构进行解释或认定，而有关项目合同价款方面的争议应提请建设工程造价管理机构作出解释或认定，这些都应该算是调解的范畴。另外，我国规定，项目合同双方应在合同中约定争议调解人，负责双方在合同履行过程中发生争议的调解，如果项目合同双方接受调解意见的，经双方签字后作为合同的补充文件而对项目合同双方均具有约束力。同样，国际惯例中也有专门针对项目争议和项目合同价款争议的调解方法的规定（如 FIDIC 条款）。

（4）借助仲裁委员会进行仲裁的方法。假如项目合同价款争议双方不愿通过友好协商和调解进行争议解决，或者项目合同双方通过友好协商或调解不成时，如果项目合同约定可以使用仲裁的方法并签订有仲裁协议的，就必须选择仲裁作为解决项目合同价款争议的方法。项目合同价款争议的仲裁结果具有与法院诉讼同等的法律地位和强制执行效力，而且仲裁机构比法院更独立、更专业和更公正，同时仲裁程序简便和审理期限短且没有上诉或再审程序，并且仲裁费用更低和因不公开审理而更能保守商业秘密。所以我国规定，如果项目合同双方的友好协商或调解均未达成一致意见，其中的一方应就此争议事项根据合同约定的仲裁协议申请仲裁并同时通知另一方。同样，国际咨询工程师协会的 FIDIC 条款也有规定：如果经友好协商或调解未能解决项目合同争端的应通过国际仲裁对其作出最终裁决，这种争端应根据国际商会仲裁规则最终解决，且这种仲裁解决的决定应该是最终的。

（5）采用法律诉讼的解决方法。按照我国法律和国际惯例，人们需要在项目合同中对于使用仲裁还是诉讼去解决项目合同争议作出规定，所以只有在项目合同中没有选择仲裁的时候才能通过诉讼去解决项目合同价款争议。例如，我国规定：项目合同双方在履行合同时发生了争议，且双方不愿和解、调解或者和解、调解不成，又没有达成仲裁协议的，可依法向人民法院提起诉讼。这种诉讼必须首先由一方向有管辖权的人民法院起诉，如果项目双方在合同中有约定采用向具有管辖权的人民法院起诉的办法去解决争议时，项目合同价款争议的任何一方均可以向有管辖权的人民法院提起诉讼。但是这种项目合同价款争议的手段是最严肃和最终的争议解决方法，因为这种方法的诉讼程序烦琐，耗时漫长，并且诉讼费和律师费也会使争议的解决费用增高。我国现行法律和法规针对项目合同价款争议诉讼的主要依据包括合同法、招标投标法、建筑法等，如我国合同法第 16 章"建设工程合同"中对工程项目价款及其支付都有相关的规定，这些都是项目合同价款争议诉讼中的依据。

8.4.3　项目合同解除的价款支付管理

项目并非都能全部实施完成到整个项目终结，有很多项目会因各种原因在项目实施过程中的某个节点宣告终止，此时就有了项目合同解除的价款支付管理的问题。一旦出现项目合同解除，就必须对项目合同已经实施的部分进行全面的项目价款支付工作，而这种项目价款结算涉及诸多项目变更和变更责任问题，所以这方面的管理也是项目成本管理与控制整个工作中的一个非常重要的组成部分。

1. 项目合同解除的原因

项目合同解除的原因有两个：一是项目及其环境与条件发生的变化并且这种变化使项目已经无法实现初始决策或跟踪决策既定的项目目标，结果导致了项目合同的解除；二是由于业主或承包商对于项目及其目标的主观意愿发生变化，结果导致了项目合同的解除。但是，项目合同解除的主要原因是业主或承包商中一方对另一方的不当行为提出解除项目合同，项目合同解除的原因具体如下。

（1）项目业主提出解除项目合同。按照国内外项目管理的法律、法规和习惯做法，项目业主在发现项目承包商存在严重不当行为时有权终止项目合同。这包括项目承包商没有遵守项目履约担保的规定而提供项目履约担保的；项目承包商没有按照项目业主提出的要求去改正违约行为的；项目承包商放弃项目实施或明确表现出不继续按照项目合同履行其义务的；项目承包商在没有合理解释或理由的情况下没有按照项目开工、延误和暂停的规定进行项目实施的；项目承包商未按照法律或合同规定而将整个项目分包出去或将项目合同转让给他人的；项目承包商破产或无力偿债且已有组织或个人获得了对其财产的接管令或管理令的；项目承包商直接或间接向他人行贿的等各种项目承包商的严重不当行为。若出现上述情况，业主可在规定时间内向承包商发出终止项目合同的通知，并要求承包商在规定时间内离开项目实施现场。通常，在上述最后两种情况出现的时候，业主可向项目承包商发出通知并立即终止项目合同。

（2）项目承包商提出解除项目合同。同样地，按照国内外项目管理的法律、法规和习惯做法，承包商在发现业主存在严重不当行为时有权解除项目合同。通常，承包商首先可提出暂停项目，进一步才是提出终止项目合同。其中，承包商提出暂停项目工作的情况主要是当业主未能遵守项目合同规定安排项目支付资金或付款时间的，承包商可在规定时间内通知项目业主并暂停工作（或放慢工作速度）直到承包商收到付款证书或合理的付款为止。承包商提出终止项目合同的情况包括：业主未能按期支付项目合同价款且承包商在规定时间内也没有收到项目业主按照规定发出的项目合同价款支付证明的；业主实质上未能根据项目合同规定履行其应尽项目义务的；业主未遵守项目权益转让的规定去转让项目权益的（如以银行为受款人的担保转让其根据合同规定的到期应得款项的权利）；业主未按照项目暂停所述要求而导致停工拖长并影响了整个项目工期的；业主破产或无力偿债且已有组织或个人获得了对其财产的接管令或管理令的。此时承包商应该在规定时间内通知业主对于项目合同的终止。同样，在上述最后两种情况出现的时候，承包商可向业主发出通知立即终止项目合同。

（3）其他原因导致的项目合同解除。除了由于上述业主或承包商中某一方出现了严重不当行为而导致的项目合同终止以外，还有很多其他原因导致的项目合同的解除。例如，由于不可抗力导致项目已经不具备实施条件的情况，或者业主在项目跟踪决策中作出了终止项目的决定等。当这些并非由于项目某一方的严重行为失当造成的项目终止而导致项目合同解除时，项目合同双方多数需要通过友好协商做出项目合同解除工作，以及项目合同解除所导致的各种项目合同权利与义务的变更和项目价款支付的改变工作。

2. 项目合同解除的价款确定

不管是项目业主还是承包商，在作出终止项目合同决策的时候都不应损害项目其他相关利益主体根据项目合同或法律法规所应该享有的合法和合理的权利。通常，在项目合同解除的过程中应对项目合同解除的价款作出确定，在项目合同双方友好协商达成的项目合同解除协议时确定项目合同解除价款的数额和支付时间。

（1）项目业主提出解除项目合同的价款确定。因项目承包商违约而导致业主解除合同的，业主应暂停向项目承包商支付任何款项。业主应在合同解除后的规定时间内核实项目合同解除时承包商已完成的全部工作和已经支付的项目价款，以及承包商已经运至项目现场的材料和设备的价值和货款。业主有权扣除承包商应付的误期赔偿费和业主已支付给承包商的各项不合理款项，并同时将结果通知承包商。项目合同双方应在规定时间内对项目合同解除价款的数额和支付予以确认，并办理这些款项的支付工作。如果在这种确定过程中发现业主应扣除的项目合同款项超过了业主应支付的项目合同款项，则承包商应在项目合同解除后的规定时间内将差额退还给业主。

（2）项目承包商提出解除项目合同的价款确定。对于因项目业主违约而由承包商提出解除项目合同的，业主首先应按照不可抗力导致的项目合同解除价款的规定向承包商支付各项款项。同时，业主还应支付给承包商由于解除项目合同而引起的损失或损害的相应款项。这种赔付损失的项目合同解除价款由承包商提出，业主核实后在与承包商友好协商确定后的规定时间内向项目承包商签发支付这些款项的证书。当然，如果项目合同双方对于这种赔付损失的项目合同解除价款的友好协商不能达成一致的时候，人们可以按照项目合同约定的争议解决方式处理，这包括前述的仲裁或诉讼。

（3）其他原因导致的项目合同解除的价款确定。这方面主要是由于不可抗力而解除项目合同的情况，此时业主应向承包商支付项目合同解除之日前已完成项目工作但尚未支付的项目款项并退回项目质量保证金。此外，业主还应支付的款项包括项目已实施或部分实施工作的应付款项、承包商为项目合理订购且已交付的材料和设备货款（业主支付此项设备货款或该材料费，然后材料或设备即成为业主的财产）、承包商为完成项目合同而预先开支的任何合理性的款项、由于开展不可抗力应对的工作所应支付的款项、承包商撤离现场所需的合理款项（包括雇员遣送费、临时工程拆除、施工设备运离现场的项目款项）等。

3. 项目合同解除的价款支付与管理

同样地，无论是项目业主还是承包商作出了终止项目合同的决策，都需要对项目合同解除的价款进行支付和管理。具体确定方法分别如下。

（1）项目业主解除合同的价款支付与管理。由项目业主终止项目合同之前首先应该通知承包商进行改正，即要求承包商在规定的合理时间内纠正和补救自己的不当或违法行为。业主作出终止合同的选择时，承包商应撤离现场并将任何需要的货物和所有承包商文件及由承包商或为承包商所作的其他设计文件全部交给业主。同时，承包商应立即尽最大努力遵从业主的通知和指示，包括通知中关于如何转让任何分包合同及如何保护项目所涉及的生命与财产安全的各种合理要求和指示。在这种项目合同解除的终止发生后，业主还可以继续自行完成项目或安排其他项目实施组织去完成项目。这时项目业主和新进入的项目实施组织可以使用任何项目原有的货物、文件和设计图纸等，但是业主应发出通知将承包商的设备和临时设施等还给原来的承包商。但是如果承包商有应付业主的款项尚未付清的情况，业主也可以出售承包商的这些物品以收回欠款，这种出售的收益如有任何余款应付给承包商。

由项目业主解除项目合同在发出解除通知生效以后，业主应立即按照项目合同解除价款确定的要求商定或确定项目、货物和承包商文件的价值及承包商按照合同实施的工作应得的其他任何款项。按照我国的相关规定，业主可以按照业主索赔的相关规定进行项目合同解除价款的确定，在确定项目设计、实施、完工和修补缺陷的费用及因延误完工（如果有）的损害赔偿费及由业主负担的全部其他费用前不能向承包商支付进一步的款额；在根据项目解除日期时的项目合同价款估算规定答应付给承包商的任何款额时应先从承包商处收回业主蒙受的任何损失和损害赔偿费；但业主在收回所有这类损失、损害赔偿费和额外费用时尚有余额的应将余额付给承包商。

（2）项目承包商解除合同的价款支付与管理。对于项目承包商提出解除项目合同的价款支付与管理涉及暂停和终止两种情况的支付和管理。如果承包商在发出最终的终止通知之前收到了业主改正错误而开具的项目付款证明或实际的项目付款，则承包商应该尽快恢复正常的项目实施工作。但是对于因承包商合理暂停项目工作（或放慢项目工作）过程中使项目承包商遭受时间延误或招致费用损失，承包商应向业主发出通知并有权根据承包商索赔的规定提出项目工期的延长（项目工期索赔）和任何承包商损失的费用和合理利润（项目费用索赔），承包商应将这些索赔费用加入项目合同价款，而业主在收到这种索赔通知后应按照要求对这些索赔事项进行商定或确定并向承包商进行支付。

如果项目业主在收到承包商解除项目合同的通知后，未能遵照业主的资金安排和支付的规定向承包商提供项目付款的合理证明或承包商在规定的时间内没有收到业主支付的应付款额，或者业主实质上已经不能根据项目合同规定履行其相关义务也没有遵守项目权益转让的规定，则承包商有权终止项目合同并获得相应的项目合同解除价款的赔付。承包商在作出项目合同解除的选择时不应影响承包商根据合同或其他法律法规所享有的其他任何权利，这包括停止所有的后续项目工作（为保护生命、财产或项目产出物安全的工作除外）和撤出承包商的设备，向业主移交已得到付款的各种项目文件、生产设备、材料和其他东西，从项目现场运走（安全需要的除外）所有承包商的东西并撤离项目现场。这种项目合同解除价款的支付包括业主应支付的承包商索赔款项、业主应将承包商的履约担保退还给承包商、业主应向承包商支付所有已经完成的项目工作尚未支付的付款，以及付给项目承包商因项目合同解除而蒙受的任何利润损失或其他方面的损失或损害的款额。

复习思考题

一、单选题

1. 我国 GB 50500—2013 规定，实行招标的项目合同价款应在中标通知书发出之日起（　　）天内由合同双方依据招标文件和中标人的投标文件通过书面合同进行约定项目合同定价。

  A. 7   B. 14   C. 30   D. 28

  2. 我国 GB 50500—2013 规定，项目业主应对在收到项目预付款支付申请的
（　　）天内，对申请及其保函或保证金进行核实后向承包商发出预付款支付证书。

  A. 7   B. 14   C. 30   D. 28

  3. 对于项目合同工期短、技术难度低且图纸设计审查完备的项目可以采用
（　　）。

  A. 总价合同   B. 单价合同

  C. 成本加浮动酬金合同   D. 成本加固定酬金

  4. 按照（　　）分类，项目价款支付包括项目预付款支付、项目进度款支付、
项目变更款支付和项目完工价款支付及最后结清支付等。

  A. 不同项目合同类型的项目价款支付

  B. 不同用途和时点的项目价款支付

  C. 不同项目类型的项目价款支付

  D. 不同项目周期长短的项目价款支付

  5. （　　）不是项目价款支付管理的方法。

  A. 依据项目合同规定进行管理的方法

  B. 依据企业内部制度进行管理的方法

  C. 依据法律和法规进行管理的方法

  D. 借助专家和调解人进行管理的方法

  6. 如果仲裁是在仲裁机构要求停止项目实施的情况下进行，则应对项目采取
保护措施且由此增加的项目费用由（　　）承担。

  A. 败诉方   B. 胜诉方

  C. 项目业主   D. 项目承包商

  7. （　　）不属于合同双方需要在项目合同中确定项目的预付款事项。

  A. 项目预付款数额或比例的确定

  B. 项目预付款支付条件的确定

  C. 项目预付款扣回办法的确定

  D. 项目预付款支付地点的确定

  8. 项目预付款的扣回方式有多种，使用最多的是（　　）。

  A. 按照比例从项目后续进度款中扣回

    B. 按照项目合同双方约定的扣回次数和金额进行扣回

    C. 按照合同双方约定一次性全部扣回

    D. 在最终结算款中一次性全部扣回

9. 投标报价明显低于其他投标报价或者在设有标底时明显低于标底，但中标人能够合理说明理由并提供证明材料的，招标人可以按照招标文件的规定适当提高履约担保，但最高不得超过中标合同价的（   ）。

    A. 5%   B. 10%   C. 15%   D. 20%

10. 项目最终付款的应付金额计算公式为（   ）。

    A. 项目最终付款=项目合同价款+项目合同价款调整-预付款和进度款-保修金

    B. 项目最终付款=项目合同价款+项目合同价款调整-预付款和进度款+保修金

    C. 项目最终付款=项目合同价款+项目合同价款调整+预付款和进度款-保修金

    D. 项目最终付款=项目合同价款+项目合同价款调整+预付款和进度款+保修金

11. （   ）是由项目承包商提出的，但是项目承包商并没有项目合同作为依据或支持，只是由于项目环境与条件发生了人们意料之外的变化，所以项目业主在道义上有进行商业赔偿的义务。

    A. 通融性的索赔   B. 项目变更的索赔

    C. 项目业主违约的索赔   D. 项目承包商违约的索赔

12. 如果工程变更出现偏差超过综合单价的（   ），则按照比例进行项目费用调整，承包商出现利润损失也要合理的补偿。

    A. 5%   B. 10%   C. 15%   D. 20%

二、多选题

1. 下列关于项目价款支付的说法正确的有（   ）。

A. 项目价款支付是项目承包商向项目业主办理项目价款支付的请求和项目业主根据承包商请求进行复核并支付款项的工作

B. 项目价款支付包括由于项目变更而导致的项目造价变更和项目各种索赔的全部支付

C. 项目价款支付包括项目承包商的利润

D. 项目价款支付包括项目应该上缴的国家规定税金和各种规费

2. （   ）是 FIDIC 条款的项目价款支付管理主要涉及的内容。

A. 按照合理数额支付项目价款 B. 按照合理时间去支付项目价款

C. 按照哪个币种去支付项目价款 D. 按照合理地点去支付项目价款

3. （   ）属于我国 GB 50500—2013 关于调解人的规定。

A. 项目合同双方应在项目合同中约定争议调解人

B. 调解人负责双方在合同履行过程中发生争议的调解

C. 对任何调解人的任命可以经过双方相互协议终止

D. 对任何调解人的任命和终止项目合同双方都能单独采取行动

4. 关于项目预付款的内涵，下列说法正确的有（   ）。

A. 只能用于项目实施的款项

B. 从项目进度款中逐步扣回

C. 是一种项目价款支付的预支与垫付的款项

5. 项目进度款中所包含的其他付款主要有（   ）。

A. 本期已完成的计日工价款

B. 本期应支付的调整项目价款

C. 项目实施中的费用和应得利润

D. 本期应支付的安全文明施工费

6. 项目合同价款争议的解决方法包括（   ）。

A. 采用法律诉讼的解决方法 B. 避免项目合同价款争议的方法

C. 项目合同双方友好协商的方法 D. 项目合同双方借助调解的方法

7. 我国因不可抗力事件导致的费用规定，下列说法中正确的有（   ）。

A. 因工程损害导致第三方人员伤亡和财产损失及运至施工场地用于施工
的材料和待安装的设备的损害由项目承包商承担

B. 项目业主和承包商的人员伤亡由业主负责并承担相应费用

C. 承包商的施工机械设备损坏及停工损失由承包商承担

D. 停工期间承包商应项目业主要求留在施工场地的必要的管理人员及保
卫人员的费用由项目业主承担

8. 按照国内外项目管理的法律、法规和习惯做法，项目业主在发现项目承包
商存在严重不当行为时有权终止项目合同。这包括（   ）。

A. 项目承包商没有遵守项目履约担保的规定而提供项目履约担保的

B. 项目承包商放弃项目实施或明确表现出不继续按照项目合同履行其义务

C. 项目业主未能按期支付项目合同价款且在规定时间内也没有收到项目业主按照规定发出的项目合同价款支付证明的

D. 项目承包商未按照合同规定而将整个项目分包出去或将项目合同转让给他人的

三、简答题

1. 简述项目进度款支付的前提条件。

2. 简述项目进度款的具体支付工作。

3. 简述项目进度款的数额核实管理需要做好哪些工作。

4. 简述国内的项目索赔相关规定。

5. 简述国际通行的项目成本索赔内容。

6. 简述国际上通行的项目业主的索赔方法。

[1] 财政部会计司编写组. 企业会计准则讲解 2010[M]. 北京: 人民出版社, 2010.

[2] 中华人民共和国财政部. 企业财务通则[M]. 北京: 中国财经出版社, 2006.

[3] 中华人民共和国财政部. 企业会计准则第 15 号——建造合同:财会[2006]3 号, 2006.

[4] 孙茂竹. 管理会计的理论思考与架构[M]. 北京: 中国人民大学出版社, 2002.

[5] 戚安邦. 项目成本管理[M]. 天津: 南开大学出版社, 2006.

[6] PMI Standard Committee. A Guide to the Project Management Body of Knowledge[M].New York: PMI, 2008.

[7] Ashworth, A. How Life Cycle Costing Could Have Improved Existing Costing, Chapter 7 of: Life Cycle Costing for Construction[M].London: Blackie Academic & Professional, 1993.

[8] The International Cost Engineering Council. A History of the ICEC[EB / OL]. ICEC Website, 1997.

[9] BullJohn W. Life Cycle Costing for Construction [M].London:Blackie Academic & Professional, 1993.

[10] 戚安邦. 工程项目全面管理方法论研究[D]. 天津: 南开大学, 1999.

[11] Westney Richard E. Total Cost Management: AACE-I Vision for Growth[J].Cost Engineering, October 1992.

[12] DelaSJ.Life Cycle Costing for Construction[J]. London: Blackie Academic & Professional, 1993.

[13] BadiruAB., Pulat P S., Comprehensive Project Management[M].New Jersey:Prentice-Hall Inc., 1995.

[14] Fleming Quentin W. The Management Guide to C/SCSC[M]. Illinois: Probus Publishing Company, 1992.

[15] 赵宝江. 在全国工程建设标准定额工作会议上的讲话[J]. 工程造价管理,

1997(6).

[16] 国家住建部和国家标准局. 建设工程工程量清单计价规范[S]. GB50500—2013，2013.

[17] 戚安邦. 工程项目全面造价管理[M]. 天津：南开大学出版社，2000.

[18] 戚安邦. 项目管理学[M]. 2 版. 北京：科学出版社，2012.

[19] 戚安邦. 现代项目组织集成管理模型与方法的研究[J]. 项目管理技术，2003（8）.

[20] ［英］丹尼斯·洛克. 项目管理[M]. 李金海，等译. 8 版. 天津：南开大学出版社，2005.

[21] Garold D. Oberlender.Project Management for Engineering and Construction [M]. New York：McGraw-Hill Higher Education, 2000.

[22] 哈罗德·科兹纳. 项目管理：计划、进度和控制的系统方法[M]. 杨爱华，等译. 7 版. 北京：电子工业出版社，2002.

[23] Cooper Robin, et al. Implementing Activity-Based Cost Management: Moving From Analysis to Action [M].Montvale, N.J.：Institute of Management Accountants, 1992.

[24] 戚安邦，项目风险管理[M]. 天津：南开大学出版社，2010.

[25] Webb Alan. 项目经理指南：项目挣值管理的应用[M]. 戚安邦，等译. 天津：南开大学出版社，2005.

[26] 戚安邦. 项目挣值分析方法中的错误与解决方案[J]. 数量经济技术经济研究，2004(5).

[27] 戚安邦，刘俊业. 项目挣值绩效差异分析方法缺陷与解决方案[J]. 数量经济技术经济研究，2012(2).

[28] 戚安邦. 挣值分析中项目完工成本预测方法的问题与出路[J]. 预测，2004(4).

[29] Rodney Turner.项目中的合同管理[M]. 戚安邦，等译. 天津：南开大学出版社，2005.

[30] 戚安邦. 项目评估学[M]. 北京：科学出版社，2012.

[31] 戚安邦. 工程项目全过程造价管理原理与方法[M]. 天津：天津人民出版社，2004.

[32] 戚安邦. 项目论证与评估[M]. 北京：机械工业出版社，2009.

[33] 戚安邦. 项目管理概论[M]. 北京：清华大学出版社，2009.

《项目管理软技术（第2版）》

赵丽坤 编著　　　　　　　定价：28.00 元

ISBN 978-7-5123-9568-8　　　出版时间：2016 年 8 月

本书介绍了项目管理软技术的概念以及体系框架，主要包括项目领导力与决策、项目合作伙伴管理、项目团队管理、项目冲突与沟通管理、项目风险与安全管理、项目文化与知识管理等内容。同时，书中每个章节都有开篇小故事、学习导航、学习目标、本章小结、案例分享，以及课后复习思考题等内容，帮助读者加深对相关知识的理解和掌握。

《项目风险管理》

赵丽坤 主编　　　　　　　定价：28.00 元

ISBN 978-7-5123-6211-6　　　出版时间：2015 年 1 月

本书以《PMBOK®指南（第 5 版）》中项目风险管理的基本框架为基础，结合作者多年的教学和研究经验，对各部分相关理论进行了系统的梳理和补充，全面介绍了项目风险管理的基本流程、重要原理和方法。全书共分 6 章，主要内容包括项目风险管理概述、项目风险管理规划、项目风险识别、项目风险分析、项目风险应对规划和项目风险监控等。

本书体例完整、结构严谨、内容新颖，注重知识的系统性、简明性和可操作性。书中每章前面都有学习目标、引导案例、学习导航，每章后都有小结、关键概念和复习思考题，可作为全国自学考试项目管理专业、高等学校项目管理方向以及工硕项目管理专业的教材或教学参考书。

《项目采购管理》

吴守荣 主编　任英伟 代春泉 副主编　　　定价：36.00 元

ISBN 978-7-5123-6210-9　　　　　　　出版时间：2015 年 1 月

　　本书从项目采购的基本概念入手，由浅入深、系统全面地论述了项目采购管理的基础知识。主要内容包括项目采购管理的基本原理，项目招标，项目投标，项目评标，合同的法律基础，常见的几种合同形式，合同实施管理，合同变更、转让和终止，风险管理及合同担保，合同索赔管理及违约责任，国际工程项目常用合同简介，FIDIC《施工合同条件》等。本书在介绍理论知识的同时结合实际案例，便于读者理解。通过学习书中的内容，读者可以掌握项目采购管理的基本知识和操作技能，可作为高等教育自学考试项目管理（独立本科段）专业所开设的专业证书课程教材，也可作为本科院校工程管理专业和土木工程专业的教材，还可以作为招投标工作培训用书。

《企业项目管理》

欧立雄 主编　　　　　　　　定价：36.00 元

ISBN 978-7-5123-6212-3　　出版时间：2015 年 3 月

　　本书从项目管理和企业管理两个不同的视角呈现了企业项目管理形成的过程及其重要性，基于企业管理的视角系统地介绍了企业项目管理的基本概念、核心思想、体系框架和主要方法，重点且较为深入地介绍了大型计划管理和项目组合管理方法及企业项目管理能力建设的机制和手段。

　　本书旨在为拓展项目管理人员的战略视野和组织环境适应能力、企业管理人员的项目视角和战略实施方法能力提供支持，适合作为高层次项目管理专业人才和企业管理专业人才培养的教材或参考书。

以上图书各大新华书店均有售，也可按如下地址咨询：

中国电力出版社（北京市西城区三里河路 6 号）

邮编：100044　　电话：010-58383379/3440　　E-mail: pmr@pmreview.com.cn